U0500114

本書爲古文字與中華文明傳承發展工程規劃項目「甘肅簡牘與絲綢之路研究」（G3937）的階段性成果

甘肅簡牘博物館論簡說牘集 (2012—2022)

甘肅簡牘博物館 編

朱建軍 主編

甘肅文化出版社

甘肅·蘭州

圖書在版編目（ＣＩＰ）數據

甘肅簡牘博物館論簡説牘集 ：2012—2022 / 甘肅簡牘博物館編 ； 朱建軍主編. -- 蘭州 ： 甘肅文化出版社，2024.3

ISBN 978-7-5490-2715-6

Ⅰ．①甘… Ⅱ．①甘… ②朱… Ⅲ．①簡（考古）－中國－文集 Ⅳ．①K877.5-53

中國國家版本館CIP數據核字(2023)第090141號

甘肅簡牘博物館論簡説牘集（2012—2022）

GANSU JIANDU BOWUGUAN LUNJIAN SHUODU JI

甘肅簡牘博物館 | 編

朱建軍 | 主編

責任編輯 | 何榮昌

封面設計 | 蘇金虎

出版發行 | 甘肅文化出版社

網　　址 | http://www.gswenhua.cn

投稿郵箱 | gswenhuapress@163.com

地　　址 | 甘肅省蘭州市城關區曹家巷 1 號 | 730030（郵編）

營銷中心 | 賈　莉　王　俊

電　　話 | 0931-2131306

印　　刷 | 甘肅發展印刷公司

開　　本 | 787 毫米 ×1092 毫米　1/16

字　　數 | 470 千

印　　張 | 29.25

版　　次 | 2024 年 3 月第 1 版

印　　次 | 2024 年 3 月第 1 次

書　　號 | ISBN 978-7-5490-2715-6

定　　價 | 138.00 元

版權所有 違者必究（舉報電話：0931-2131306）

（圖書如出現印裝品質問題，請與我們聯繫）

編輯委員會

主　　編　朱建軍

副 主 編　楊　眉　徐　睿

學術顧問　張德芳

編委成員　朱建軍　楊　眉　徐　睿　肖從禮　韓　華　常燕娜

　　　　　高倩如　王麗娜

執行編輯　伍楚嘉

序 言

　　王國維先生有言:"古來新學問之起,大都由於新發現。"①簡牘文書與殷墟甲骨、敦煌文書、明清大內檔案被譽爲20世紀中國考古學界的四大發現。尤其20世紀70年代以來,大量簡牘文獻的出土,揭開了中國早期文明研究的序幕,加速了中國傳統學術向現代轉型的進程,引起了海內外研究中國古代思想文化學者的極大關注,取得了令人矚目的學術成就。

　　20世紀初甘肅敦煌漢簡的發掘是中國簡牘學的發端,由此簡牘學開始成爲一門國際性顯學。簡牘學將考古學、古文字學、文獻學、歷史學、文學、哲學等諸多學科結合起來,成爲研究中國早期文明取得創新與突破的重要學科。自1907年斯坦因發現敦煌漢簡以來,甘肅迎來簡牘出土的高峰期。甲渠侯官、肩水金關、地灣、敦煌馬圈灣、懸泉置簡牘出土呈井噴之勢,天水放馬灘、武威、甘谷、高臺、玉門等地也相繼發現從秦到十六國時期的簡牘。到目前爲止,全國共出土漢簡11萬枚,甘肅出土6萬多枚,占全國出土漢簡的一半以上。其中甘肅簡牘博物館收藏有4萬多枚。漢塞邊關出土的簡牘內容豐富,不僅記錄了悠久燦爛的中華文明,還忠實地反映了萬千士卒的屯戍生活以及絲綢之路上中亞、西亞等地區古老的歷史文化,在歷史研究領域具有補史、證史和糾史作用。通過對甘肅簡牘的研究,人們對簡牘的認識也有了進一步的提高。

　　甘肅簡牘博物館作爲簡牘專題博物館,在簡牘整理研究領域具有極大的優

---

① 王國維:《王國維文集》(第四卷),中國文史出版社,1997年,第33頁。

勢。甘肅簡牘博物館自成立以來,不斷推進館藏簡牘的整理出版工作,成果豐碩,已陸續完成國家文物局邊疆考古項目——"肩水金關漢簡"(5卷)、"地灣漢簡""懸泉漢簡"(3卷),甘肅省宣傳文化系統高層次人才資助項目——"玉門關漢簡",國家古籍整理出版專項經費資助專案、華夏文明傳承創新區古(典)籍整理出版項目——"甘肅秦漢簡牘集釋"(10卷)的整理出版工作。其中"懸泉漢簡"剩餘五卷計畫在五年內全部完成。屆時,館藏所有簡牘資料均向學界及社會公佈。這些出版成果在國內率先採用紅外線掃描、高清拍照和釋文同時推出的方式,已成爲目前國內出土文獻資料整理出版的主要方式。館藏文物資源的公佈工作進行得如火如荼,甘肅簡牘博物館內的科研態勢也欣欣向榮。爲總結和展示館內科研成果,激勵館內學者深耕簡牘學領域,提高學術研究水平,我們編輯了《甘肅簡牘博物館論簡說牘集(2012—2022)》一書。

甘肅簡牘整理研究的專門機構始自1986年。甘肅省博物館和甘肅省文物考古研究所分設後,漢簡整理研究室爲省文物考古研究所的內設機構,先後開展了大量的整理和研究工作。2007年8月甘肅簡牘保護研究中心成立,張德芳擔任研究中心主任。在各方人士共同努力之下,2012年12月12日甘肅簡牘博物館成立,張德芳擔任館長,他對簡牘博物館的建設、成立及發展做出了極大貢獻。

本書分爲六部分,即"簡牘文化""西域史論""絲綢之路""郵驛交通""軍事塞防""藝文典籍"。書中收錄甘肅簡牘博物館原館長張德芳、館長朱建軍及甘肅簡牘博物館同仁的部分代表作品。張德芳的文章闡述了西北簡牘研究的源起與脈絡,通過簡牘文獻研究漢代中原與西域的關係、絲綢之路的意義以及漢代郵驛傳書系統等,內容全面,有很強的指導性。張德芳等學者在簡牘學研究領域高屋建瓴,爲館內青年學者的研究學習起了帶頭作用,希望書中收錄的文章能爲甘肅簡牘博物館的未來學術發展奠定基礎,同時方便專家學者查找資料、討論學術。

簡牘的整理研究工作道阻且長,希望青年學者們繼續努力,在前人堅實的研究基礎上,對甘肅簡牘進行更加深入的整理與研究,配合簡牘博物館的展覽社教活動,嘉惠學林,服務社會。

編者

2023年8月

目　録

簡牘文化

西域史論

絲綢之路

郵驛交通

軍事塞防

藝文典籍

附録

簡牘文化

圖 1-1　簡牘文化

西北漢簡一百年

張德芳

　　在造紙術發明之前，世界各文明古國就已經有了幾千年的文字傳承和文明發展。在這一過程中，埃及人用紙草，兩河流域用泥版，印度人用貝葉，中國人則用竹木簡牘。我們今天看到的甲骨文、金文，前者用於王室的占卜，後者則主要鐫刻在銅器上。而簡牘文書，在我國歷史上曾有過多次重要發現，但年湮代久，未曾把實物保存下來。直到20世紀初，隨着樓蘭、尼雅漢晉文書和敦煌漢塞簡牘文書的發現，才使我們對竹木簡牘的形制、規格、樣式和文字內容有了直觀的了解。

　　一個世紀以來，包括北京、內蒙古、河北、河南、安徽、湖南、湖北、四川、廣西、廣東、山東、江蘇、江西、陝西、甘肅、青海、新疆在內的17個省、自治區、直轄市都曾發現了不同時代的簡牘和帛書。上海博物館、香港中文大學、清華大學、北京大學、嶽麓書院和浙江大學等文博部門和大專院校還有數量不等的收藏，其總數超過26萬件。簡上書寫的文字除漢文外，還有佉盧文、婆羅迷文、粟特文和後來的吐蕃文等。簡牘內容除了100多部典籍文獻外還有大量的社會經濟文書。名稱分別爲楚簡、秦簡、漢簡、吳簡、晉簡等以及前述各時代的出土帛書。

　　我國西北地區是秦皇漢武建立過文治武功的地方，又是絲綢之路和中西交通的重要通道。一個世紀以來在甘肅、新疆發現的大量漢代簡牘真實而生動地記載了這一歷史的全貌，是研究西北史、秦漢史以及中西交通史的重要資料，并深刻地影響了一個世紀以來的學術研究。

一、兩千年間，中國的歷史文化得以保存，竹木簡牘作爲書寫材料和文字載體承擔了這一歷史重任

簡牘的使用年代在古書裏很早就有記載。《尚書・多士》有："惟殷先人，有册有典"。甲骨文中的"册"就是簡牘用兩道編繩聯起來的形式，而"典"則是雙手奉册之形。殷革夏命，在公元前17世紀。如果這個記載不誤，那麽早在公元前17世紀，竹木簡牘就已作爲文字的載體進入中華文明的歷史長河。這個過程經歷了多長時間？20世紀初在樓蘭、尼雅出土的魏晋文書中，除了木簡外，還有大量紙文書。學術界一般認爲，這一現象説明紙張和木簡正處在相互交替的過程之中，後者已逐步退出歷史舞臺。如此看來，從公元前17世紀到公元4世紀的2000多年間，是簡牘時代。2000年間，中國的歷史文化之所以能够保存下來，中國的古代典籍能够傳世，中華民族的智慧和知識能够繼承弘揚，是因爲竹木簡牘作爲書寫材料和文字載體而得到廣泛應用。

當然，甲骨、縑帛、金、石、玉、磚、瓦、陶、璽印、封泥、錢幣等等，也都附着了大量文字信息，但它們一般都用於一些特殊的場合。祇有簡牘，才兼具取材方便、製作簡易、書寫適宜、傳遞便捷、保存長久等特點，因而成爲華夏民族找到的非常適合書寫的材料。

正如中國古代用於日常交往的文字不是寫在甲骨銅器上，而是寫在竹木簡牘上一樣，古埃及用於社會生活的文字也不是寫在建築物的牆壁上，而是寫在紙草上。正是這種紙草和留存後世的遺迹遺物共同承載了幾千年的埃及文明。紙莎草是尼羅河兩岸的特有植物，剥了皮，切成木簡一樣寬窄，横擺一層、竪擺一層，用强力擠壓粘合，再浸泡去糖，然後從水裏取出曬乾，就可以用來寫字。埃及人就地取材，找到了這種適合自己的書寫材料。公元前3世紀，托勒密一世在亞歷山大建起了世界上最大的圖書館，其中收藏的50多萬件卷軸書籍就是用紙草寫成的。當時許多著名的科學家、哲學家、思想家和藝術家都曾來這裏讀書、研究、講學，成就了他們科學事業的輝煌。而亞歷山大圖書館和那些用紙草製作的書籍，就成了古代世界智慧的寶藏和文明的燈塔。

在古代兩河流域有着無與倫比的燦爛和輝煌。從公元前3200年起，先後出現過蘇美爾王國、阿卡德王國、烏爾第三王朝、巴比倫王朝、亞述帝國等。他們發明的文字叫楔形文字，文字的載體就是泥板。用削尖了的蘆葦把文字刻在泥版上，再把泥板曬乾或燒乾。這種文字看上去像木頭楔子，所以叫楔形文字。以1851年英國"皇家亞洲學會"正式宣布貝希斯敦銘文釋讀成功爲標志，楔形文字釋讀成功。其中阿卡德文的釋讀開啓了"亞述學"的大門，古波斯文的釋讀叩響了伊朗學的大門。截至目前，世界各地的博物館收藏了大約26萬塊刻有楔形文字的泥磚，承載了兩河流域和波斯高原的古老文化。

古代印度婆羅門教、印度教和佛教的經典是用梵文寫在貝葉上的。貝葉是一種叫貝多羅樹的樹葉。這種樹屬棕櫚科喬木，盛產於印度、緬甸、錫蘭、馬來群島及熱帶非洲。樹葉呈扇狀，葉面平滑堅實，可書寫經文。人稱貝葉或貝多羅葉。《大唐西域記》卷十一就有(恭建那補羅國)"城北不遠有多羅樹林，周三十餘里，其葉長廣，其色光潤，諸國書寫莫不采用"的記載。用貝葉書寫的佛經在我國和世界各大寺廟和圖書館都不難見到。

總之，文字是人類文明傳承的主要形態，而文字的載體各民族各地區因時而宜因地而宜。華夏族選擇了竹木簡牘，它使中華文明源遠流長，綿延不絕。

二、從瘋狂盜挖到科學考察，西北簡牘的發現與保存分爲前後兩個階段

西北簡牘的發現以1949年爲界分爲前後兩個階段。在前一階段，開始是在清政府風雨飄搖、國勢衰微的情況下，外國探險家一批批湧入西北，對大量千年古迹瘋狂盜挖，所獲文物陸續成了西方列強博物館的藏品。最早的樓蘭、尼雅魏晉文書和敦煌漢簡就是在這種背景下與世人見面的。在"五四"以後中國知識界已經覺醒的情況下，由中國學術團體同瑞典斯文·赫定共同組織的中瑞西北科學考察團，從1927年至1935年進行了歷時八年的科學考察，著名的居延漢簡就是

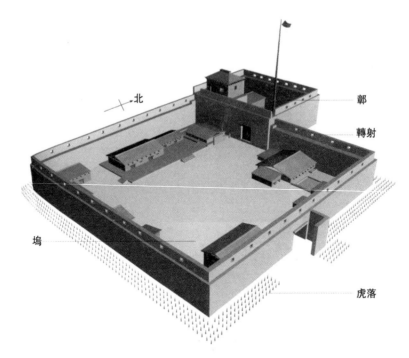

北

鄣

轉射

塢

虎落

圖1-2 甲渠候官復原圖

在這次考察中發現的。

1900—1901年，匈牙利人斯坦因受英國政府派遣進行了第一次中亞考察，在新疆尼雅遺址掘獲魏晉漢文木簡40餘枚和佉盧文木簡524枚，法國學者沙畹受斯坦因委托對此進行研究，先發表在1905年的《亞洲人雜志》上，後又正式刊於1907年出版的《丹丹烏里克、尼雅與安迪爾發現的漢文文書》一書中，斯坦因將之附於同年出版的《古代和闐考》一書之後。

1901年3月，瑞典人斯文·赫定在樓蘭掘獲120多枚漢文木簡和36張紙文書以及大量佉盧文木簡。他將這批出土文獻委托德國人卡爾·希姆萊進行研究，希姆萊去世後，又轉交另一位德國漢學家奧古斯特·孔拉第。1920年，孔拉第在斯德哥爾摩出版了《斯文·赫定在樓蘭發現的漢文寫本及零星物品》，公布了這批文獻。斯文·赫定自己撰寫的《我的探險生涯》也記述了樓蘭簡的發現發掘過程。

1906年4月27日到1909年1月，斯坦因完成了第二次中亞考察。他在新疆重新發掘了拉瓦克窣堵波、尼雅、米蘭和樓蘭遺址，并於1907年3月22日到5月21日，考察了敦煌附近的長城烽燧，掘獲了大量漢簡，經沙畹整理釋讀後於1913年在牛津出版了《斯坦因在東土耳其斯坦考察所獲漢文文書》，公布了708枚漢簡的釋文和圖版。2004年7月，英國大英圖書館和倫敦大學聯合召開了"斯坦因未刊敦煌漢簡國際學術研討會"。會後由上海辭書出版社出版了《英國國家圖書館藏斯坦因所獲未刊漢文簡牘》，公布了斯坦因第二次中亞考察時所獲敦煌漢簡未曾刊布的2300餘枚，可見斯坦因第二次中亞考察時在敦煌掘獲的漢簡總數近3000枚。

1913年8月到1916年3月，斯坦因第三次考察中亞，重訪新疆尼雅、安德悅、米蘭和樓蘭遺址後，從1914年5月起，經安西到酒泉，前往喀拉浩特。除在敦煌——酒泉一綫漢塞烽隧再次挖掘外，還在黑城地區（喀拉浩特）挖掘了大量西夏、吐蕃、回鶻文文書。這次掘獲的166枚漢簡先交沙畹考釋，沙畹逝世後，又轉交其高足馬伯樂繼續研究。其時，中國學者張鳳在法國受業於馬伯樂，回國時帶回了馬伯樂存放的斯坦因第三次中亞考察時所獲簡牘照片和出土編號。1931年，張氏在上海有正書局出版了《漢晋西陲木簡彙編》，其中將斯坦因第二、第三次所獲簡影匯爲一編，并對第三次發現的簡文作了考釋，讓國人提前20多年看到了這批簡牘的全部內容。而馬伯樂的著作《斯坦因第三次中亞考察所獲漢文文書》，遲至1953年才在其妻子的多方奔波下得以在倫敦出版。

居延漢簡的發現是中瑞西北科學考察團的重要成果。它同此前幾批漢晋簡牘的發現有着不同的國際國內環境。首先，它不同於清末民初那種外國探險家利用中國政府的昏庸愚昧而隨意胡挖濫掘的盜掘行爲，而是由章程和協議規範約束的科學考察；其次，考察團團長由中瑞雙方共同出任，考察團成員由中外科學家共同組成；再次，考察經費由斯文·赫定籌措，考察成果由雙方發表。尤其重要的是所獲文物必須留在中國，不許帶出國境。考察團的考古學家有瑞典的貝格曼和中國的黃文弼。黃文弼曾在樓蘭土垠遺址發現漢簡72枚，而貝格曼則在居延地區掘得漢簡10200多枚，這就是著名的居延漢簡，是有史以來出土數量最多且内容十分重要的一次重大發現。兩漢的居延地區隸屬河西四郡的張掖郡。兩漢政府不僅在此先後設置了居延縣、張掖居延屬國,還修築障塞烽隧,設居延都尉和肩水都尉屯兵駐守。這10200多枚漢簡就是當時管理和駐守此地的軍政系統留下的歷史檔案。

1949年以後,漢簡在陝西、青海、新疆等地都陸續有發現,但較爲重大的發現大都集中在甘肅,下面分地區叙述之:

武威漢簡 武威簡主要包括《儀禮》簡、王杖簡和醫藥簡。《儀禮》簡是1959年在武威磨咀子6號漢墓發現的。整理者根據内容和形制分爲甲、乙、丙三種。甲種本378簡,有《士相見》《服傳》《特牲饋食》《少牢饋食》《有司徹》《燕禮》《大射》七篇,除《士相見》一篇完整外,其餘六篇均有缺失。乙種本衹有《服傳》一篇,37簡,同甲種《服傳》内容相同,衹是簡形短小狹窄,字小而密。丙種本34簡,《喪服》經一篇。根據陳夢家先生研究,武威簡本《儀禮》既不是今文的兩戴本,也不是劉向的古文本,而很可能是慶氏禮的一部分,對於我們研究《儀禮》的版本、流變、思想内容和文字訓詁具有重要意義。王杖十簡也是1959年在磨咀子18號漢墓出土的。1981年又在該地發現《王杖詔令册》26枚,二者互爲補充,記録了兩漢時期尊禮高年、優撫老人的詔令和案例,是研究古代社會保障制度和倫理關係的重要資料。武威醫藥簡,1972年出土於旱灘坡東漢墓,共92簡,包括30多個醫方,涉及内科、外科、婦科、五官科、針灸科等。總共用藥100多種,其中見於《神農本草經》者69種,見於《名醫别録》者11種,兩書未經記載者20多種,是我國醫學的重要遺産。

居延新簡 沿額濟納河流域、從金塔到額濟納河下游居延海大約250千米的地段,在兩漢時期分屬肩水都尉和居延都尉,20世紀30年代在此發現的漢簡通稱爲居延漢簡。爲了區别,我們把1949年以後在該地區發現的漢簡統稱爲居延新簡。居延新簡的大宗是1972—1974年間在甲渠候官遺址、甲渠塞第四隧和肩水金關三個地點發掘的。甲渠候官(破城子遺址)出簡7944枚,第四隧出簡262枚,肩水金關出簡11000多枚,總共近20000枚。這是居延漢簡的又一次重大發現,數量相當於20世紀30年代出土的兩倍,而且内容豐富,完整或基本完整的册書就有 70 多件。最早的紀年簡爲昭帝始元二年(前 85 年),最晚爲東漢安帝永初五年(111 年),前後跨越近 200 年,是研究這一時期西北地區政治社會和歷史文化的第一手資料。居延簡後來的重要發掘是 1999 年、2000 年、2002 年由內蒙古考古所陸續完成的。發掘地點分別是第七隧、第九隧、第十四隧、第十六隧、第十七隧、第十八隧和察幹川吉烽隧 7 處,掘獲漢簡 500 餘枚,其中王莽時期的册書頗爲重要,現以"額濟納漢簡"命名之。

敦煌漢簡　敦煌簡主要包括馬圈灣漢簡和其他地點零星出土的散簡。馬圈灣漢簡出土於 1979 年 10 月,其地點在敦煌市西北 95 千米的漢塞烽隧遺址。所出 1217 枚漢簡中,最早紀年爲元康元年(前 65 年),最晚爲王莽地皇二年(21 年)。這批簡中關於出入玉門關的資料爲探索玉門關的確切位置提供了新證據;關於王莽用兵西域的記錄對研究新莽政權與西域關係具有重要價值。敦煌漢簡除馬圈灣漢簡,還包括其他若干處零星采集和出土的 300 多枚。出土地點分別是後坑墩、小方盤城及其南面烽隧、鹽池墩、大坡墩、臭墩子墩、小月牙泉東墩、酥油土、清水溝等。還有玉門花海出土的 91 枚簡,因收入《敦煌漢簡》一書,習慣上也包括在敦煌漢簡中。

懸泉漢簡　懸泉簡是 1990—1992 年在敦煌懸泉置遺址發掘的。該遺址共出木簡 35000 多枚,有字簡 23000 多枚,已經整理編號者 18000 餘枚。出土地點在敦煌市以東 64 千米的一處漢晉郵驛遺址。由於數量多,且集中於一個地點,簡牘內容又多爲郵驛資料和中西交通方面的記載,與純乎烽隧障塞出土者有所不同,所以習慣上稱之爲"懸泉漢簡"。懸泉漢簡就其數量、內容和發掘工作的科學化、規範化而言,都可推許爲近百年西北簡牘出土之最。簡上最早紀年是武帝元鼎六年(前 111 年),最晚爲東漢安帝永初元年(107 年),主要反映這 218 年及其前後的有關史實。整體內容以中亞西域、郵驛交通、民族關係、絲綢之路、河西地區的歷史地理和經濟發展爲其特色。

甘谷漢簡　1971 年 12 月發現於甘肅甘谷縣渭陽鄉劉家屲的一座漢墓中,衹有 23 枚。這裏是隴中黃土高原,不同於河西走廊的沙漠戈壁,所以將其名之爲甘谷漢簡。簡文內容是東漢桓帝延熹二年(152 年)一份優禮宗室的詔書,對研究東漢中後期貴族與豪强之間的矛盾有重要價值。

永昌水泉子漢簡 2008年8月在河西走廊的永昌水泉子漢墓中出土木簡600多枚,内容主要是《倉頡篇》。其中的章法和句讀與過去發現的同類識字教材多有不同,爲研究《倉頡篇》的内容、流傳和版本提供了新資料。

青海上孫家寨漢簡 1977年出土於青海大通縣上孫家寨115號漢墓,共出漢簡240多枚。内容主要是兵書、軍法、軍令類的摘抄和彙編,時代在西漢武、昭、宣時期,是繼山東銀雀山漢簡之後的又一次軍事文獻的重要發現。

西安漢簡 1980年4月出土於西安未央宮前殿遺址。共出殘簡115枚,内容主要是醫方和病歷,還雜有祥瑞的記載。同墓出土王莽時期的貨幣,漢簡的時代當在西漢末年或新莽時期。

圖1-3 寇恩册(部分)

圖1-4 懸泉置遺址

圖1-5　玉門關遺址

　　1949年以後的60年中,西北簡牘除上述8處集中發現外,還有一些零星的發現,比如新疆文博部門和日本學者聯合考察樓蘭、尼雅時就有少量漢簡發現;近年來河西各市、縣在文物普查時,也采獲過少量漢簡。

三、西北漢簡是一個歷史文化寶藏

　　西北漢簡,是一個歷史文化寶藏,而且它是原始記錄,是當時留下的文件檔案,對我們研究漢代的政治、經濟、軍事、外交、絲綢之路、民族關係、郵驛交通、科學文化、宗教信仰、社會生活等提供了重要的材料,具有極高的科學價值。

　　(一)爲研究兩漢西北地區的區域政治和軍事管理體系提供了生動翔實的原始記錄

　　漢武帝開拓河西,研究河西的政治歷史,光靠兩《漢書》的材料是遠遠不夠的,漢簡材料無疑是一個極爲豐富的寶藏。比如郡縣門下諸曹掾、史的設置和職權,《漢書·百官公卿表》和《續漢書·百官志》并沒有明確具體的交待,但漢簡中提供了用以歸納、概括的豐富記錄;除郡縣設置外,河西還有張掖屬國和居延屬國,體現了匈奴降漢後漢朝在邊地對少數民族實行的不同於内地的政治制度,而漢簡中對屬國的豐富記載則補充了傳世文獻的不足,對研究漢朝的民族關係和民族政策具有重要意義;縣以下的基層組織有鄉、亭、里、聚,每縣有多少,職能如何? 過去是不甚清楚的,而漢簡則讓我們看到了這些基層組織的設置、分布、運行和作用,一個個有血有肉的基層社會;郡縣及其以下基層吏員的來源、祖籍、出身、門第、任職資格、任免程序、爵秩俸禄、考課升降、撫恤養老等,在漢簡材料中均有原始生動的記録;還有皇帝的詔書、朝廷的公文、郡縣官府的文件如何一級一級下達到基層? 公文如何簽發、如何傳遞、如何運行,政府的政令如何貫徹,如何監察? 漢簡中都有極爲豐富的實例。

與行政組織相對獨立的還有一個軍事系統,那就是都尉、候官、候長、隧長。都尉秩級略低於太守,受太守節制。但開府治事,另有自己的運行機制,而且邊郡不同於内地。内地大多一郡祇設一個郡都尉,但邊郡尤其是北部邊郡,肩負着防守匈奴的任務,所以敦煌就設有玉門都尉、陽關都尉、中部都尉和宜禾都尉,酒泉則有西部都尉、北部都尉和東部都尉,張掖有居延都尉、肩水都尉和農都尉等。居延、敦煌漢塞烽隧出土的漢簡主要是駐兵屯戍方面的内容,是我們研究漢代軍事制度的原始材料。

(二)爲研究河西地區的軍事防禦和漢匈關係提供了第一手資料

漢武帝開通河西後,第一個措施是把内郡人口陸續遷往西北及河西;第二個措施是修築障塞烽隧,派兵屯駐。河西的障塞分四次從令居(今永登)往西延伸,從永登到酒泉、從張掖到居延、從酒泉到玉門、從玉門到羅布泊。而漢簡所給我們的知識要比上述傳統記載多得多。我們能夠清晰地看到從敦煌西部到張掖、再從張掖到居延東西500千米的邊防綫上城障烽隧的分布和戍卒的駐守。比如居延,這是游牧民族從塞外進入河西的重要孔道,是漢朝當年屯兵駐守的重點。北邊有居延都尉,南邊有肩水都尉。而居延都尉之下從北往南分布有珍北候官、居延候官、遮虜候官、甲渠候官、卅井候官五個候官;肩水都尉之下分布有廣地候官、橐他候官、肩水候官、倉石候官、庚候官等。每個候官下面有若干個候部,候部下面有七八個或者十多個烽隧。候部由候長統領,烽隧由隧長負責,每隧有三至四名戍卒。通過漢簡的記載,兩千多年後的今天我們甚至能夠確切地知道當時每個烽隧的名稱、隸屬關係、戍卒人名、守禦器裝備等。戍卒的來源、服役時間、日常巡守、糧食供應、武器裝備，傷殘撫恤等也是漢簡的重要内容。如烽火報警系統，烽、煙、表、苣火、積薪等五種信號工具根據敵人來犯的數量、遠近、方位如何組合、使用和傳遞，當時都有最原始的記載留存下來。

（三）爲研究兩漢的法律制度、律令條文和法律思想提供了具體内容和典型案例

兩漢的法律制度和律令條文在傳世史籍中没有留下完整的材料。清人薛允升著有《漢律輯存》和《漢律決事比》，沈家本著有《歷代刑法考》和《漢律摭遺》，稍後的程書德《九朝律考》有將近五分之二的篇幅是《漢律考》。但它們都屬於爬梳剔抉、勾沉索隱方面的輯佚工作，不能反映漢律的全貌。近年出土的張家山《二年律令》是漢律方面最集中的材料，此外在西北漢簡中有大量這方面的内容可彌補上述不足。比如蕭何九篇之律的賊、盜、囚、捕、雜、具、户、興、厩，都可在其中找到有關條文。再如詔書律、版詔令、捕斬匈奴虜反羌購賞科別、罪人得入錢贖品、烽火品約、大司農部掾條等，這些律、令、科、品、條、約的具體内容可謂舉不勝舉。

此外還有一些完整的訴訟卷宗，提供了研究當時訴訟程式和法律制度的生動材料。著名的《寇恩册》就是其中之一。該册由36枚簡牘組成，全文1526字，是東漢建武初年甲渠候官粟君和客民寇恩發生的一宗經濟糾紛的案卷材料。内容包括四個部分：一是建武三年十二月癸丑朔乙卯（初三日），都鄉嗇夫宫根據居延縣轉來甲渠候官的文書，對被告寇恩進行傳訊的口供筆録，即"乙卯爰書"；二是十二月戊辰（十六日）的另一份爰書，除日期不同外其他内容與前大致相同；三是十二月辛未（十九日）都鄉嗇夫就此案驗問情況給縣廷的報告；四是十二月己卯（二十七日）居延縣廷對案子的判辭。這樣完整的司法文書，對研究當時法律制度的方方面面都具有重要價值。

（四）爲研究兩漢郵驛制度提供了歷史標本

古代的郵驛是人際交往的紐帶，是政令暢通的標志，是國家綜合國力的體現。那麼兩漢時期皇帝的詔書是怎麼下達，朝廷的公文是怎麼傳遞的？各級官員巡行和出使，外國使節朝貢奉獻，一路的車馬食宿問題怎麼解決？漢簡材料給

我們提供了一幅清晰的畫面。

20世紀90年代發現的懸泉置遺址位於東西往來的交通要道上。根據出土漢簡的記載,從東往西有魚離置、懸泉置、遮要置,每個置的規模功能相同,大致間隔30千米,設在交通要道上。像這樣的"置"在敦煌郡共有9處。懸泉置的日常工作由置嗇夫總領,其上受效穀縣直接領導,并由敦煌郡派太守屬吏監領。其編制人員有"官徒卒御"37人,其吏員除置嗇夫外,還有置丞、置佐協助嗇夫處理置務。工作人員有卒、御、徒、奴、復作等。值得注意的是:置是一個綜合性的郵驛接待機構,凡是有置的地方,郵、驛、厩、厨、傳舍、騎置都設在一起,是置的内設機構,在置的領導下分司其職。懸泉置的錢、糧和車輛、牛、馬,大宗的由效穀縣配給,其方式除了直接配給外,有些要分攤給所屬的鄉、里百姓,由民户直接送往懸泉置。其中一部分可能還要自籌,自種一部分糧食和草料來解決。其開銷主要是吏員的膳食俸禄、來往人員的接待、牲畜飼養和車輛的維護。懸泉置有傳車10~15輛,牛車5輛,定額傳馬40匹,養牛若干頭,辦公用房20多間。懸泉漢簡主要是傳遞公文的登記和接待客人的記録,與此主要職能相關而涉及的其他内容也十分豐富。

(五)提供了絲綢之路的詳盡路綫走向和沿途國家與地區的歷史資料

絲綢之路從漢唐以來就一直是聯接歐亞大陸的一座橋梁,是一條友誼之路、文化之路。凡是絲綢之路輻射到的國家、民族、人群,其歷史文化的發展,無一不受到絲綢之路的影響。儘管語言不同、信仰不同、人種不同,但他們對絲綢之路與自己的關係有着普遍的共識。西北六萬多枚漢簡從廣義上講都跟絲綢之路有密切關係。

絲綢之路東段從西安(或者洛陽)出發,經陝西、甘肅而到達敦煌。中段橫穿新疆全境,從敦煌陽關玉門關出發,經天山以南城郭諸國到帕米爾高原。西段越過帕米爾,南到南亞次大陸,西到中亞和西亞以及地中海沿岸。

先説東段,居延漢簡的里程簡和懸泉漢簡的里程簡,把從西安到敦煌的整個路綫連接了起來。兩簡共列出34個地名,分別記録了7個路段所經過的縣、置和區間里程。居延簡上的4段分別是:第1段西安以西106千米,第2段今寧夏固原東西100千米,第3段甘肅景泰到古浪137千米,第4段山丹、民樂、張掖100千米。懸泉簡上的3段是:第1段古浪到武威涼州區以西111千米,第2段張掖境內102千米,第3段酒泉到敦煌99千米。由於簡文的殘斷,呈現的路綫時斷時續,但不影響我們對東段絲路的整體認識。它告訴我們:從長安出發,沿涇水河道西北走,經平涼、固原繞過六盤山,在靖遠過黃河,再穿過景泰和古浪到武威涼州區,經河西四郡出敦煌,這是當時東段的主要路綫,是官員、使者和商旅的首選。祇有當這條路綫受阻時,人們才選擇另一條路綫,即從長安出發沿渭水河道西行經寶雞、天水、臨洮,而後進入青海橫穿柴達木盆地,再到若羌,此即所謂的羌中道。兩條東、西平行的道路中間,還有兩條支綫可以南北互通。一條是從臨洮到蘭州,沿今天312國道進入武威;一條是經青海扁都口到張掖。直到平帝元始四年(4年)羌人才獻出青海湖一帶而成立西海郡,所以整個西漢時期羌中道幾乎無法通行。即令選擇渭水西進,到了臨洮也得北向經金城進入武威。

關於中段路綫,《漢書·西域傳》是這樣記載的:"自玉門、陽關出西域有兩道:從鄯善傍南山北,波河西行至莎車,爲南道;南道西逾蔥嶺則出大月氏、安息。自車師前王庭隨北山,波河西行至疏勒,爲北道;北道西逾蔥嶺則出大宛、康居、奄蔡焉。"西域漢簡和河西漢簡中有關樓蘭、鄯善、且末、小宛、精絕、扜彌、渠勒、于闐、皮山、莎車、蒲犁的材料就是南道交通的生動記錄。除小宛、渠勒兩國偏處昆侖山溝谷,不當孔道外,其他都是南道可供來往人員食宿給養的重要國家。南北兩道的國家不僅自己需要爲東來西往的客人提供食宿和交通,同時又作爲客人穿行在東往西來的道路上。比如從懸泉漢簡中記載這些國家出使、朝貢或商旅往來的情形中可以看到:就前來漢朝的西域國家,有一個國家單獨前來的,也有數個國家甚至十多個國家結伴而行的;就前來人數而言,有幾個人同行,也有幾百人甚至上千人浩浩蕩蕩東進的;就來客的身份而言,有國王、質子、貴人、使者、副使、從者、商旅。可見自從張騫"鑿空"後,一方面是漢朝"使者相望於道,一輩大者數百,少者百餘人","漢率一歲中使者多者十餘,少者五六輩,遠者八九歲,近者數歲而反";另一方面是西域各國"馳命走驛,不絕於時月;商胡販客,日款於塞下"。除天山以南南北兩道外,還有一條是橫跨天山以北的草原之路。這條道路是游牧民族縱橫馳騁的通道,早在張騫"鑿空"前,中原的絲綢就通過游牧民族的間接交易到達中亞和南俄草原。但兩漢時期的官方通道主要在天山以南,就連漢朝直接與烏孫的使節往來也是通過天山以南的北道實現的。

絲綢之路的西段主要是蔥嶺以西。南道從莎車越過懸度,進入南亞次大陸,可到難兜、罽賓和天竺,就是今天的巴基斯坦和印度;從莎車西行到蒲犁,翻越蔥嶺進入大夏、大月氏,可達安息,即今天的阿富汗、伊朗等地。北道從疏勒可到大宛、撒馬爾罕、馬雷、馬什哈德,經里海南岸到巴格達,再經大馬士革西南到北非。另外從天山以北的草原之路通過伊黎河谷到達哈薩克斯坦,沿錫爾河東岸,繞咸海、里海、黑海北部草原,到君士坦丁堡。懸泉漢簡中關於烏孫、大宛、康居、大月氏、罽賓和烏弋山離的記録,是研究絲綢之路西段交通的重要資料。

(六)爲研究西域和中亞的歷史以及中西關係提供了實物和文獻上的新證據

西域這一概念,在不同的歷史時期有着不同的指向。西漢時期,西域有36國。西漢末年分爲55國。除康居、大月氏、大夏、罽賓、難兜、烏弋山離、安息"不屬都護"外,其餘48國,在漢末有221570户,總人口達到1254991人。這片土地山河壯美,幅員遼闊,今天的面積是166萬多平方千米,如果加上清代被割走的巴爾喀什湖以東及以南的44萬平方千米,應該是210多萬平方千米。兩漢時期,西域的歸屬和向背先是隨着漢與匈奴勢力的消長而搖擺於兩者之間,後來則因爲匈奴的衰落而徹底歸屬漢朝,最終成爲漢朝統治下的一個地方政權。在這方面,漢簡材料爲我們提供了第一手檔案文獻和實物資料。西域55國中,漢簡中記載了其中34國的材料。除上文所列20國外,還有車師(分爲4國)、且彌(分爲2國)、胡狐、烏貪訾離、烏孫、大宛等10個國家。

烏孫是張騫第二次出使通好的主要對象。而張騫於元鼎二年(前115年)回返時,"烏孫發道譯送騫,與烏孫使數十人,馬數十匹,報謝,因令窺漢,知其廣大"。緊接着漢朝遠嫁公主與烏孫和親,標志着漢與烏孫的鄰國關係進入結盟階段。本始二年(72年),漢與烏孫十五萬騎擊匈奴,之後丁零、烏桓、烏孫三道并出,使匈奴人畜蒙受重大傷亡。張騫出使烏孫所謂"不得要領"而没有完成的使命,四十多年後完全實現了。甘露元年(前53年)烏孫内亂,分爲大、小昆彌,常惠率三校在赤谷城常川駐屯，鎮撫大昆彌，并且爲大、小昆彌頒賜印綬，使其接受朝廷的封拜，這説明此時的烏孫已由先前的盟國變成了漢朝的屬國。西北漢簡中有大量關於烏孫的記載，同傳世文獻相互印證，有力地證明公元前的一個世紀里，烏孫同漢朝的關係由鄰國而盟國、由盟國而屬國的歷史過程。

《漢書·西域傳》記載："匈奴西邊日逐王置僮僕都尉，使領西域，常居焉耆、危須、尉黎間，賦税諸國，取富給焉。"但是到了神爵二年（前60年），日逐王先賢撣率12000人降漢，被封歸德侯。僮僕都尉由此罷，衛司馬鄭吉"既破車師，降日逐，威震西域，遂并護車師以西北道，故號都護。都護之置自吉始焉"。西域都護的設立標志着漢朝在西域設立了一個不同於内地的行政機構，天山南北成爲漢朝疆域的一部分。除了上述文獻記載外，漢簡中有日逐王降漢後，一路由西域經河西送往長安的記録，從文物、檔案和出土文獻的角度有力地證明從西域都護設立的那一天起，天山南北廣大地區就已成爲中央王朝不可分割的一部分。

中亞是歷史上最早與漢朝建立官方外交的地區。漢簡中關於大宛、康居和大月氏的材料爲我們提供了漢朝與中亞關係的實證。比如漢簡關於元平元年（前74年）天馬的記載，就説明李廣利伐大宛時"歲獻天馬二匹"的約定，20多年後仍然在踐行，而且朝廷相當重視，每次都要派官員到邊地迎取。結合其他大宛簡研究，漢朝與大宛的關係始終未曾中斷過。再比如漢朝與康居的關係，有一份《康居王使者册》，全文7枚簡，293字。其中所記永光五年（前39年）康居王使者一行前來中原朝貢。按慣例他們進入漢地後一路的食宿要由沿途安排，所帶貢物要由地方官進行合理評估。但是他們没有得到這樣的接待。一路飲食要自己負擔，尤其是酒泉太守評估貢獻的駱駝時未讓康居王使者現場參加，本來"肥"，却定爲"瘦"，本來是白駱駝却被指爲"黄"，"不如實，冤"。朝廷得到上訴後，便下文一級一級追查此事。這一事例生動地反映了漢與康居正常外交關係之下的糾紛處理。這些簡牘材料不僅是研究漢與中亞關係的實物記録，而且是研究中亞各國古代史的重要資料。因爲希臘的古典著作中缺乏這一地區的記録，波斯的銘文中也找不到中亞的材料，考察這段歷史可以憑借的除了《史記》《漢書》的簡單記載，就衹有中國西北的漢簡了。

（七）漢簡的新材料爲我們揭開了一個個歷史的謎團

歷史上有很多謎團，後人衆説紛紜，莫衷一是。西北漢簡的發現，爲我們廓清了迷霧，解開了疑團。舉兩個例子：

比如佛教傳入中國的問題。佛教是世界性宗教，對世界歷史和人類文明有着深遠的影響。同樣，佛教傳入中國後，又成爲中國歷史文化的重要組成部分。那麽佛教是何時傳入中國的？又是通過什麽路綫傳入的？歷來是學術界聚訟紛紜的問題。敦煌當時是東西交通的門户，也是佛教流傳中土的必經之地。敦煌的佛教何時傳入何時落户是研究西域佛教和中原佛教何時傳入的一個參照。作爲佛教聖地的敦煌莫高窟所能考證到的最早建造年代在前秦建元二年（366年）。再往前推，有一個叫竺法護的和尚，其先月氏人，世居敦煌，八歲出家，事外國沙門竺高座，游歷西域36國，帶回佛經165部。從泰始二年（266年）到永嘉二年（308年）的42年間，曾來往譯經於敦煌、酒泉、洛陽、長安各地，其中在敦煌譯經爲太康五年（284年），酒泉譯經爲元康四年（294年），這就是文獻記載中的敦煌歷史上最早的佛事活動。但是懸泉漢簡中有關佛教的記載告訴我們，早在公元1世紀的下半葉，佛教就已進入敦煌，并有相當影響。這比莫高窟建造的最早年代早了300年，比竺法護在敦煌譯經早了200年，從而爲研究佛教傳入西域和中原的時間提供了間接證據，是佛教傳播史上難得的第一手資料。

再比如驪軒與羅馬戰俘問題。公元前53年，羅馬三巨頭之一的克拉蘇將軍親率4萬大軍在卡萊爾與安息（帕提亞波斯）軍隊交戰。結果克拉蘇慘敗，4萬大軍全軍覆没，倖存者不是被俘就是失蹤，留下了世界史上一曲凄絶哀婉的悲歌。與此同時，遠在7000多千米以外的河西張掖郡有一個驪軒縣，地點在今永昌縣西南的者來寨。從唐代的顔師古到清人的地理著作都一致認爲：驪軒者，大秦也；大秦者，羅馬也。所以驪軒縣應與羅馬有關。建昭三年（前36），西域都護甘延壽和副校尉陳湯發胡漢4萬人馬出兵郅支城，在今哈薩克斯坦江布爾一帶，消滅了輾轉西遷後留居此地的北匈奴郅支單于。後來有人把此三事聯繫起來加以想象，認爲在卡萊爾戰役中失散的羅馬軍隊曾長期流落在中亞一帶，後來被西遷至塔拉斯河沿岸的北匈奴郅支單于雇傭爲守城軍隊。而陳湯攻打郅支城時俘獲的145名俘虜和投降的千餘人,即是當年克拉蘇的部下。朝廷爲了安置這些俘虜,便在今天永昌縣者來寨設立了驪靬縣,這就是驪靬的由來。這不僅牽扯一個縣名的由來,而且更重要的是涉及中西文化交流史上的一椿公案。最早美國學者德效騫於1947年提出這一論點時衹局限在學術界討論,而從1989年以來,各種媒體將此炒得沸沸揚揚,甚至説"永昌曾經駐紮過一個羅馬軍團"。學術界撰文提出質疑,終因缺乏直接證據而無法使這一歷史之謎得以澄清。但是,漢簡給我們提供了鐵的證據。漢簡中關於驪靬的記載,是當時的原始檔案。其中神爵二年(前60年)的紀年簡早就記載了驪靬這一地名。結合其他簡文的整體研究所得的結論是:漢代的驪靬,至少在神爵二年之前就已出現。而且根據漢簡中對驪靬機構、官吏名稱的記載和經濟的發展狀況,驪靬縣也早已設立。它同陳湯伐郅支無關,更同羅馬戰俘無關。

六萬多枚西北漢簡是兩漢時期的原始檔案,是一幅多姿多彩的歷史畫卷,它涉及社會生活的各個方面和很多學科領域,是中華文明的瑰寶。

(原載《光明日報》2010年6月17日,據張德芳《簡牘樓札記》重校)

簡牘裏的中國文化

朱建軍

簡牘的吉光片羽中記録的是泱泱中華文明對世界所作出的卓越貢獻。簡牘中藴含、保留、書寫、叙述了兩千多年前絲綢之路上的動人故事、真實事件、智慧光芒。新時代，我們增强文化自信，就需要挖掘簡牘資源，探究書寫於簡牘之上的文化密碼，用它闡釋中國文化、中國精神。

什麽是簡牘

簡牘是紙張發明之前，中國古人最主要的文字書寫載體之一。一般來説，以竹製的稱爲“簡”，以木製的稱爲“牘”；或細條形的稱簡（簡札），方形的稱牘（方牘），簡和牘合稱作“簡牘”。人們因地制宜，南方地區盛産竹，故簡牘多爲竹質，西北地方因爲竹稀少，人們就多以松、胡楊和紅柳等製作簡牘。簡牘一般出土於長城烽隧遺址、墓葬和廢棄水井。

根據文獻記載，早在殷商就出現了簡牘。祇不過時代久遠，這些竹簡和木牘没有被保存下來。春秋戰國、秦漢魏晋時期是中國文化的興盛期，除金石外，簡牘帛書成爲中國古代最重要的書寫載體。東漢蔡倫改進造紙術後，適合書寫的紙張被大量用於文字書寫，到東晋時期，簡牘才被紙張替代，完成使命，退出歷史舞臺。可見,古人使用簡牘的歷史大概有三千多年。

1949年前,河西漢塞簡牘出土概況

1949年前所出土的萬餘枚敦煌漢簡和居延漢簡是漢代河西邊塞屯戍活動的遺棄物,其中絕大部分屬於邊塞和各級官府的各類簿籍文書,全方面記錄了當時的屯戍生活。涉及漢代的行政建制、經濟生產、文化教育、社會生活、民族關係、軍事塞防、歷史地理等各方面,是研究兩漢時期歷史文化的重要史料,同時上萬枚漢簡也極大地豐富了絲綢之路的內涵。

1949年以前,漢簡的發現地主要在今甘肅省和內蒙古自治區額濟納旗行政轄區內的漢代長城烽燧遺址。較重要的發現有如下幾次:

第一次是1907年英籍匈牙利人探險家斯坦因第二次中亞探險,在敦煌北漢長城烽燧沿綫掘獲708枚漢簡(把簡牘殘片算在內,此次所獲漢簡實際在3000枚以上,現這批殘簡已經公開刊布),這批漢簡習稱“敦煌漢簡”。

敦煌漢簡一經發現,立馬引起了中外學者的極大關注。由此而形成的簡牘學從一開始也如敦煌學一樣成爲一門國際性顯學。斯坦因把所獲敦煌漢簡委托法國漢學家沙畹整理。沙畹去世後由法國漢學家馬伯樂繼續整理工作。後來,中國學者張鳳也參與其中,他在1931年出版了《漢晉西陲木簡彙編》一書。

1914年,羅振玉和王國維合著《流沙墜簡》一書,并在日本出版,該書考釋了英籍考古學家斯坦因在中國發掘的敦煌漢簡、羅布泊漢晉簡牘及少量紙片、帛書等,共近600枚。《流沙墜簡》被稱爲簡牘學的奠基之作。該書直接躍過了國外漢學界的釋讀階段,進入簡牘文獻的內容研究。大庭脩稱,該書“是清朝考證學在木簡上開的一朵鮮花”。魯迅説:“中國有一部《流沙墜簡》,印了將有十年了。要談國學,那才可以算一種研究國學的書。開首有一篇長序,是王國維先生做的。要談國學,他才可以算一個研究國學的人物。”

第二次是在1913年至1916年間,斯坦因第三次中亞探險時在敦煌、酒泉漢長城烽燧遺址發掘了189枚漢簡。斯坦因兩次所獲漢簡現藏於英國國家圖書館。

　　第三次是1930年中瑞西北科學考察團瑞典考古學家貝格曼在漢代張掖郡居延邊塞遺址(今甘肅酒泉市金塔縣和内蒙古自治區額濟納旗轄區内)發掘1萬多枚漢簡,此批漢簡習稱"居延漢簡",現保存於臺北"中研院"歷史語言研究所。

　　貝格曼在報告書中這樣叙述木簡的發現過程:"測量這個方形遺址的時候,我的筆掉到了地上。當我彎腰去撿時,我在筆的旁邊發現了一枚保存完好的漢代銅錢(五銖錢)。仔細環顧四周,又發現了一個青銅箭頭和一枚銅錢。……翌日正式開始發掘,很快發現了一個窄木片,其形狀讓我想起樓蘭出土的赫定發現的木簡文書。那樣的東西,斯坦因也曾在甘肅、新疆發現了好多。正想説找找木片上是否寫着文字,話還没説完,我自己就發現木片上有墨寫的依稀可辨的漢字。"貝格曼的這種判斷也成爲發現多達萬餘枚居延漢簡的契機。

　　居延漢簡自發現之時起就引發了國内外學者的研究熱情。自1930年至20世紀末期近70餘年的時間里,有關居延漢簡的研究論著數以萬計,中國、日本、韓國等簡牘學者參與者眾多,從最開始從事居延漢簡整理研究以勞榦爲代表的中國學者,到以日本大庭脩爲代表的海外簡牘學界,直到現在居延漢簡仍然是海内外簡牘學界研究的重點。幾十年來居延漢簡的整理研究工作取得了令世人驚歎的成果。

　　1949年以後,以1959年武威儀禮漢簡的發現爲起點,甘肅簡牘步入了一個新的發現時代。

甘肅簡牘博物館國寶文物知多少

　　甘肅簡牘博物館屬國家公益一類專題博物館,成立於2012年12月12日。甘肅簡牘博物館主要承擔簡牘文物的收藏保管、保護修復、整理研究和展示利用的職責。坐落在蘭州七里河區馬灘文化島的甘肅簡牘博物館新館目前正在建設中,總建築面積37987.75平方米,展廳面積近萬平方米。館内現收藏有各類文物50129件(組),其中國家一級文物1679件(組),二級文物3160件(組)。

　　甘肅素有"漢簡之鄉"的美譽,漢簡是甘肅省獨特的歷史文化資源。作爲一家以簡牘收藏展示爲主的專題性博物館,甘肅簡牘博物館現收藏簡牘39465枚,其中有放馬灘秦簡、居延新簡、肩水金關漢簡、地灣漢簡、敦煌馬圈灣漢簡、懸泉漢簡及魏晉簡牘,漢代帛書、懸泉西漢紙、漢代毛筆、屯戍用品及其他文物10664餘件。這些簡牘是不可多得的書法藝術真迹珍品,對於書法藝術史研究具有獨特價值,也對於研究秦漢及魏晉時期河西走廊的歷史地理、風土人情、社會經濟、文化教育、科學技術、民族交流、軍事防禦、津關制度和文書制度等具有重要的學術價值。無論斷章殘句還是完整冊書,它們所留下的是中華民族在不屈不撓前進道路上的聰明才智、光輝思想和燦爛文明。

居延新簡　出土時間為1974年,主要包括1972—1974年在甲渠候官遺址和甲渠塞第四隧兩個地點出土的漢簡,共8206枚。"居延新簡"是相對於20世紀30年代出土的"居延漢簡"而言。居延新簡簡牘形制品類齊全,內容十分豐富,尤其是出土了完整和基本完整的冊書70餘個,具有極高的歷史文獻價值。紀年簡最早為西漢昭帝始元二年(前85年),最晚為東漢安帝永初五年(111年)。前後跨越200年之久,是研究這一時期歷史文化和政治社會最重要的材料。

其代表之一居延新簡《死駒劾狀》簡冊,1974年出土於甲渠候官遺址第22號房址內。共16簡,木質,長21.2~23厘米、寬0.9~1.1厘米。除一枚略有殘蝕外,其餘各簡均清晰如初。全篇章草,一氣呵成,瀟灑飄逸,既是一篇重要文獻,又是一幅書法珍品。可釋讀409字。文義連貫,內容完整。第一枚為題簽,第二簡以下為正文,簡背有書史之簽署。內容是一份追查死駒責任的文書。該冊書具體生動,宛然一幅戍邊士卒月夜巡行圖。冊書內容對研究漢代的馬政、邊塞行檄制度、責任追究制度等都有重要價值。

肩水金關漢簡　1973年出土於甘肅金塔境內漢代肩水金關遺址,整理編號的簡牘共10661枚。1930年,此地出土漢簡724枚。此次在金關遺址所出漢簡,出土數量大,出土地單一,內容集中,故習慣上稱之為"金關漢簡"。金關漢簡形制多樣,就內容而言,主要是邊塞地區軍事駐防和戍卒生活的具體記錄,有極高的歷史、科學價值。金關漢簡對研究漢代西北邊防、軍隊體制、民族關係以及日常社會生活具有重大價值。

其代表之一為《勞邊使者過界中費》簡冊。全冊9簡,編繩兩道,完好無缺,

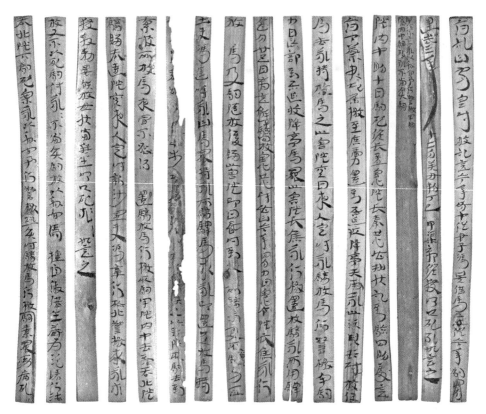

圖1-6 居延新簡《死駒劾狀》簡册

每簡長23厘米,寬1厘米,全文276字,原簡編號爲73EJT21:2-10。

　　此簡册記録的是肩水金關的27名官吏均攤招待費之事。從簡册記録知,朝廷派遣到邊塞的使者一行吃了粱米、即米若干,宰了兩隻羊,喝了二石酒,此外還有鹽、豉等調味品若干,一共花費了1470錢,肩水金關共有27名官吏,平均每人大概攤了55錢。由此簡册記載知,基層官吏之不易。該册的出土爲研究漢人的飲食構成、接待規格、勞邊制度以及册書編聯形式提供了實物依據。

　　地灣漢簡　出土於甘肅省酒泉市金塔縣東北約150公里處的黑河東岸戈壁灘上的地灣故城。據漢簡記載,地灣城原是漢居延肩水都尉府下轄肩水候官。1930年,中瑞西北科學考察團瑞典人貝格曼在地灣城發掘出土2300多枚漢簡,原簡現藏於臺北"中研院"歷史語言研究所。

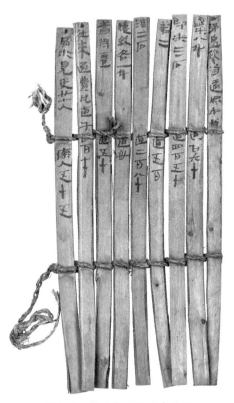

圖1-8 羊頭石六百

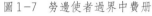

圖1-7 勞邊使者過界中費册

　　1986年甘肅省文物考古研究所再次對地灣城進行發掘,歷時一月,出土漢簡778枚。這兩批地灣漢簡對研究漢代居延的軍事塞防體系和屯戍生活提供了大量材料。

　　其代表之一《羊頭石六百》1986年出土於漢地灣城。原始編號爲86EDHT:10,木質,長10.1厘米,寬6.6厘米,厚0.5厘米。此簡名稱爲"楬",用於標記所存放器物的名稱、數量、所有者等,推測其使用方式應是懸掛於器物或置架之上。此楬所記"羊頭石六百"應屬肩水候官所備置的守禦器。羊頭石,體積如羊頭大小,白色石質,置於障塢之上,用於投擲殺敵之用。在2020年5月18日"國際博物館日",甘肅簡牘博物館組織人員去金塔縣地灣遺址(肩水候官)考察,整理研究部主任肖從禮就在地上發現了一枚2000年前的羊頭石。

　　敦煌馬圈灣漢簡　1979年10月出土於敦煌馬圈灣烽燧遺址,共出土1217

枚。内容有詔書、奏記、律令、品約、牒書、爰書、符傳、簿册、書牘、曆譜、術數、醫藥、契券等。根據所出土有紀年的漢簡記載可知,其時代從漢宣帝元康元年(前65年)至王莽地皇二年(21年)。這批漢簡爲探索玉門關的確切位置提供了新材料。

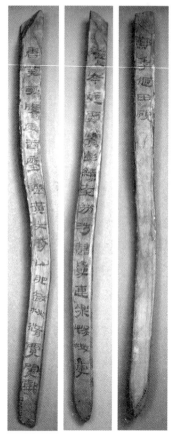

圖1-9 敦煌漢簡四棱觚

1979年在敦煌馬圈灣烽燧遺址出土一枚四棱觚,觚上有60個字。木觚是漢代人用來練習寫字的木頭,削成幾面,在上面書寫,寫完用削刀削去,繼續書寫。該觚用篆書寫成,爲漢代字書抄本。從章節的完整性來看,此觚寫滿了一章的内容,從其四字爲句以及用韻等情況來看,學術界一般認爲其屬於《蒼頡篇》而名之以“焦黨陶聖”章,并將其與有可能同屬於《蒼頡篇》的寫有姓名的相關簡牘一起稱作“姓名簡”。

敦煌懸泉漢簡 1990—1992年出土於敦煌懸泉置遺址,該遺址在漢魏時期爲一驛置機構,名懸泉置。共出有字漢簡23000多枚,其中經過整理編號者17916枚,其餘5000多枚多爲碎片。紀年簡2086枚,占全部簡文的11.6%。最早的紀年爲漢武帝元鼎六年(前111年),最晚者爲東漢安帝永初元年(107年)。其内容有詔書、律令、科品、檄記、簿籍、爰書、劾狀、符、傳、曆譜、術數、典籍字書、醫方、相馬經以及私人書信等,涉及政治、經濟、軍事、文化、民族、外交、郵驛、交通等各方面内容,尤以郵驛、西域史料和民族關係方面的材料爲特色。敦煌懸泉漢簡是研究漢代絲綢之路歷史文化極爲珍貴的簡牘文獻之一。

其代表之一《里程簡》,1990年出土於敦煌懸泉遺址,詳細記載了河西若干地區驛置道里,恰與1974年在居延破城子出土的從長安到河西的《里程簡》相銜接，構成了一幅較爲完整的從長安出發西到敦煌的驛置道里，對於研究兩關以東絲綢之路的行進路綫、兩漢時期西北地方的驛傳設置和詳細里程，以及對於今天河西一些漢代城堡遺址的考察，都具有十分重要的價值。

該簡所記述的資料反映西漢末年成帝、哀帝和王莽時期的情況，簡文分三欄，第一欄記述武威郡沿途各縣里程，向西延及張掖郡的顯美；第二欄記述張掖郡沿途各縣里程，向西延及酒泉郡的表是；第三欄記述酒泉郡沿途各縣釋置里程，向西延及敦煌郡的淵泉。每一欄内容連貫，相對獨立。在第38屆世界遺産大會上，敦煌懸泉置遺址和遺址出土的《里程簡》證明了漢代從長安到天山廊道的路網，爲"絲綢之路：長安——天山廊道的路網"申遺成功提供了重要的歷史根據。

天水放馬灘秦簡　1986年於天水市北道區黨川鄉放馬灘秦墓出土。竹簡置於棺内死者頭部右上方，同出器物還有算籌、毛筆、筆套等，共460枚竹簡，其中有《志怪故事》7簡、《日書》甲種73簡、《日書》乙種380簡。簡長27.5厘米，寬0.7厘米，厚0.2厘米，兩端及中部編綸共三道，文字分爲上下兩欄。編繩雖已朽蝕，但有絲織物痕迹，編繩處簡右有鍥口。每簡容25~40字不等，最多者達43字。《日書》甲乙兩種，是繼湖北睡虎地秦墓《日書》出土後又一次先秦術數文獻的重大發現，是研究秦人的天地觀念、思想信仰、社會生活和風俗習慣的珍貴資料。

其代表之一《天水放馬灘秦簡·志怪故事》簡册記載了丹死而復活的故事，與後世眾多志怪小説一樣，這個故事可能出於虛構。也可能丹實有其人，逃亡至秦，捏造出這個故事，藉以從事與巫鬼迷信有關的營生。故事裏丹以死人的身份給活人講了一些祭祀時人們應注意的事項。放馬灘秦簡中的這個志怪故事還需要我們進行更深入的研究。

除上述介紹的簡牘之外，甘肅簡牘博物館還藏有少量張掖臨澤西晋簡牘、天水甘谷漢簡、武威五壩山三號漢墓木牘、武威旱灘坡19號晋墓木牘等。

絲綢之路萬千故事盡在簡牘之上

西北邊塞出土的數萬枚漢簡内容豐富，可以説是記録兩千年前漢代絲綢之路的"百科全書"。簡文記載了兩千年前漢代河西邊塞的屯戍勞作、衣食住行、酗酗酒鬥毆、往來書信、行役戍備、思鄉之情、候望烽火、爲家私市、受雇趕車、捕魚賣魚、採摘野菜、借錢借糧、私吞錢物、逃亡他鄉、追捕逃犯、盜墓取衣、偷盜官物、編織衣鞋、巡視天田、砍伐茭草、畜牧馬牛、耕種田地、砍伐樹木、築墼砌牆、修建溝渠、遞送文書、因病請假、社祭臘祭、誦記烽火、秋射考核、廩糧領取、契約書寫、投親靠友、招待官員、使者往來、罷卒還鄉、收留流民、文書記録、年季月報、各種考核、獎勤懲懶、聚訟官司、詔書律令、儒家學説、仁孝之義、禁忌日書、精神信仰、文化學習、科學技術、漢塞月令……在這裏介紹一些有趣和有價值的記載:

酗酒鬥毆　在館藏的居延新簡中有不少反映漢代邊塞社會風氣的内容,西北邊塞環境惡劣,屯戍艱辛,人員複雜,飲酒之風盛行,酒後鬥毆時常發生。在居延新簡中就記録有數起酗酒鬥毆致人傷殘,甚至死亡的案例。

一位名叫讓的官吏帶了酒到甲渠候官,和甲渠候官的最高長官候一起飲酒,時逢第四守候長原憲到甲渠候官彙報工作,甲渠候於是叫第四守候長原憲和原憲的上級夏侯譚一起飲酒。飲盡讓帶來的酒後,甲渠候不盡興,又拿來酒,前後暢飲兩次。不知爲何,原憲和他的長官夏侯譚爭鬥起來,原憲用自已的劍在夏侯譚胸口上戳了一個大窟窿。原憲見闖下大禍,情急之下騎上馬就向南逃去。甲渠候立即與令史等人追捕,到原憲治所後未能捕得。經驗問隧長王長,説原憲已攜帶兵器糧物,帶着官府的1個弩機、11支箭、1個大革囊(内裝3斗米和5斗的軍糧——糒),騎馬私自越過隧界,從天田而出,向西南方向逃遁。

通緝令　甘肅簡牘博物館藏有的肩水金關漢簡裏就有枚通緝令,短短19個字,就將逃犯的體貌特徵大致勾勒了出來。簡牘原文爲"□細身,小頭,方面,小髭,少須,身端直,初亡時黑幘"。翻譯過來是説逃犯身材瘦小,身子細且端直,頭小,方臉,嘴上有小鬍子,面部鬍子較少,初逃時戴黑幘(幘:古人所帶頭巾)。

尺牘書信　甘肅簡牘博物館還藏有大量私人簡帛書信,有爲借褲子而思忖再三,最終落筆而成的;有因糧食短缺而向在關外邊塞勞作的好友求助的;有因家中雙親生病,却不能回家探望,只能寄思親之情於書信的;有聽聞朋友升職,以書信表以祝賀的;有因記掛友人,但公務繁忙,只能以書信方式送去問候的……

這些私人書信爲我們揭開了漢代河西屯戍吏卒的生活狀況。撫讀這些書信，我們既能真切地了解到當時河西漢塞吏卒的精神生活和文化活動，也可以隱約感受到他們在勞作和戍防時的艱辛與忠孝難兩全的無奈。

甘肅簡牘博物館有一件考古編號II01143：611的帛書，1990年出土於敦煌懸泉置遺址，爲國家一級文物，是"元"寫給"子方"的書信，故取名《元致子方書》，帛長23.2厘米，寬10.7厘米，10行，319字。

帛書詳細記載了"元"托好友"子方"代辦的四件事：

第一件事，元在敦煌戍邊值守，請子方代爲購買一雙尺碼爲27厘米（43碼）的鞋，并對鞋子的品質做了要求，即鞋子應爲質地如絲絹一樣柔軟的牛皮鞋，且鞋底要厚、耐穿，鞋買好以後請來敦煌出差的同事捎來即可，同時元還請子方代買五支上好的毛筆；第二件事，元請子方代爲問候次孺，如次孺不在，煩請問候次孺妻子容君；第三件事，吕子度想請子方刻一方印章，但不好意思自己開口，故請元代爲轉達，元請子方定給自己面子，爲吕子度刻一方規格爲"禦史七分"，有龜鈕，印文爲"吕安之印"的印章；第四件事，郭營尉寄了200錢，請子方代其購買一條響鞭。

《元致子方書》看似是朋友之間簡單的書信往來，但其深切地反映了漢代日常用品的供給問題。從帛文推出，元是一名敦煌的基層吏員，因鞋、筆、鞭三個物件不屬於朝廷供給範圍，所以需自己置辦。再者，漢代西北邊塞交通極爲不便，此封書信不可能寄往內地，又因酒泉郡較敦煌郡距離內地近，物資較敦煌豐富，故可以推斷子方有可能在酒泉。

月令，寫在牆壁上的大智慧

我們來講講漢代人是如何防疫的。甘肅簡牘博物館所藏國家一級文物——敦煌懸泉置出土的壁書《四時月令詔條》就介紹了古人的防疫方法。月令中記載，在漢代，人們對冬季死亡的鳥類屍骨，在春天氣候轉暖時，都會一一掩埋，這種掩埋動物屍骨的活動一直會持續到夏季，就是爲了防止死屍污染空氣，造成瘟疫流行。不僅如此，他們還明令禁止春夏不能捕殺動物、砍伐樹木，因爲春夏是動植物生命繁衍、萬物生長的季節，人們必須遵循自然規律，否則就會受到大自然的懲罰。

這些都記載於敦煌懸泉置《四時月令詔條》中，它是目前所見最完整的漢代生態環境保護法律文書，在繼承先秦以來"天人合一""以時禁發""用養結合"生態觀的基礎上，確立了以"四時"爲基礎的自然時序，要求人事活動和社會生產都應遵循自然四時規律，并對如何利用和保護自然資源做了明文規定，以宣導人與自然和諧共生。"綠水青山就是金山銀山""生態環境保護功在當代，利在千秋"等生態環境治理理念更是對其的發展與創新。

數量眾多、內容豐富的甘肅簡牘文獻，是絲綢之路上你來我往、萬千故事的日常書寫，又是秦漢時期政治、經濟、軍事、科技、文化、歷史、地理的第一手資料，對我們研究絲綢之路、研究中國古代史，具有十分重要的學術價值。

正如習近平總書記所說："將埋藏於地下的古代遺存發掘出土，將塵封的歷史揭示出來，將對它們的解讀和認識轉化爲新的歷史知識。"當前，甘肅簡牘博物館新館正在建設當中，這是甘肅省貫徹落實習近平總書記視察甘肅重要講話精神的有力抓手，甘肅簡牘博物館將不負重望，力爭將其建設成爲甘肅省堅定文化自信的世界之窗與創新名片。我們期待通過借助多方力量，深入挖掘文物資源，推動簡牘文化的創造性轉化和創新性發展，從而更好地"簡"述中國故事，傳播中國聲音。

（原載《讀者欣賞》2021年5月下）

簡牘與漢簡

楊　眉

　　簡牘是人類在紙張發明以前，用竹木製成的書寫材料。這裏之所以用"人類"而不用"中國"，是因爲在木質材料上書寫文字并非中國所獨有，古羅馬、古埃及、古印度都曾使用過木牘，祇不過没有中國這樣廣泛和歷時久遠。在中國，和簡牘幾乎同時使用的還有金石、甲骨、絹帛，但并未普及。

　　"簡牘"二字，各有所指。對這兩個字的區分，有一種通常的認識，是説竹質爲簡、木質爲牘，所謂"竹簡木牘"，但這種區分失之表面。

　　先看古人對"簡"字的解釋。東漢許慎《説文解字》對"簡"的解釋是"簡，牒也"；對"牒"的解釋是"牒，札也"；對"札"的解釋是"札，牒也"。段玉裁注説"牒"和"札"二字互訓，"長大者曰檠，薄小者曰札、曰牒"，并引用顔師古的話説："札，木之薄小者也。"從以上的引述可以看出一條比較清晰的訓釋關係：簡就是牒，牒就是札，札是小而薄的木片。

　　再看牘。《説文解字》的解釋是"牘，書版也"。對"版"字的解釋是"版，判也"。段玉裁認爲應該是片，之所以寫成"判"，是"淺人所改"。假設這兩種意思都不錯，再分別看看《説文解字》對"判"和"片"的解釋："判，分也"；"片，判木也"。段玉裁注"謂一分爲二之木"。

從以上的引述可以看出,牘就是書版,版就是判,或者是片,判是分的意思,片就是判木,將木一分爲二。

許慎所處的東漢,簡牘仍是書寫的主要材料,我們有理由相信他的解釋更接近這兩個字的本意。歸納一下看出,所謂簡牘,都是木製材料,在形制上,牘要比簡大,并没有竹簡木牘的鮮明分野。當然,許慎所説的"木",包括"竹"。也就是説,簡和牘的區分,主要是形制,而非材料。竹質的也有牘,木質的也有簡,這有近世出土的大量簡牘爲證。

簡牘的使用,始於何時,已渺不可知。王國維先生曾説:"竹木之用,亦未識始於何時。"①錢存訓先生也説:"竹、木應用於書寫的起源已不可考,但其時間必然很早。"②起始年代雖然不知,但通過史籍記載,我們至少可以知道至遲在商代,簡牘就已開始使用,正如李學勤先生所説:"竹木質的簡牘,至少自殷商以來,便是中國人書寫使用的載體,直到紙的發明和普及,歷時逾兩千年。"③雖然截至目前,戰國以前的簡牘,還没有發現實物,但這一認識是可信的。

《尚書·周書》這樣一句話:"惟殷先人,有册有典。"這句話裏的"殷"指殷商,就是我們通常所説的商朝。那什麽是"册"、什麽是"典"呢?"册"和"典"都是象形字。"册"就是將多枚簡用繩子編聯在一起。一枚簡,可容納的文字畢竟很有限,"册"則可以容納更多文字。《説文解字》關於"册"的解釋説:"符命也。諸侯進受於王也。象其札一長一短,中有二編之形。凡册之屬皆從册。"(圖1-10)"典"則是將册置於基座之上。《説文解字》關於"典"的解釋説:"五帝之書也。從册在丌上,尊閣之也。莊都説,典,大册也。"(圖1-11)"丌"即基座,《説文解字》説"丌,下基也……象形。平而有足。可以薦物"。這是一條商代已經使用簡牘的文獻證據。另外,我們在商代甲骨刻辭中也發現了"册"字(圖1-12),非常形象,這則是商代就已經使用簡牘的一個證據。

---

① 王國維著,胡平生、馬月華校注:《簡牘檢署考》,上海古籍出版社,2004年,第1頁。
② 錢存訓:《書於竹帛:中國古代的文字記録》,上海書店出版社,2006年,第64頁。
③ 李學勤:《簡牘檢署考校注·序》,王國維著,胡平生、馬月華校注《簡牘檢署考》,上海古籍出版社,2004年,序1。

圖1-10 《説文解字》"册"字　　圖1-11 《説文解字》"典"字　　圖1-12 甲骨文"册"字

另外，司馬遷在《史記·孔子世家》中講了一個孔子勤奮學習的典故：孔子到晚年的時候，非常喜歡《易》這部書，反復研讀，以至於"韋編三絶"。這裏雖然没有提到《易》的書籍形式，但從側面反映了孔子所讀的《易》就是"册"，因爲有"韋編"。編聯簡册的材料有多種，有用絲綫編連的，有用麻繩編連的，還有用熟牛皮繩編連的，用熟牛皮編聯的就叫"韋編"。孔子讀書，把串連竹簡的牛皮帶子都磨斷了幾次，可見他多麽勤奮。這可以作爲春秋時期使用簡牘的證據。

因爲材料易於獲取、製作方式簡便等優越性，簡牘的使用逐漸得到普及。從考古發現的實物中，簡牘幾乎存在於東南西北各個地域；從時間上來看，有戰國（楚）簡，有秦簡、漢簡，有三國簡、晉簡。尤以戰國至秦漢的簡牘出土最多。

現在我們可以説，漢簡是大量古代簡牘的一種，具體指"漢代的簡牘"。這個概念其實包含兩個層面的内容：一是形，即物質形態層面，祇要是具有簡牘形制的漢代實物，我們都可稱之爲"漢簡"。二是神，即精神實質層面，這時候，"漢簡"不單純是指物質形態的簡牘，而是指"漢代的文獻"或"漢代的寫本"。

漢代是我國歷史上的一個朝代。公元前202年，"漢王"劉邦在與"西楚霸王"項羽的戰爭中最終獲勝，登基稱帝，漢朝自此建立。公元220年，曹操的兒子曹丕廢掉漢獻帝，建立魏國，漢朝最終滅亡。其間，王莽曾建立新朝，漢代王統中斷，但很快，反抗王莽統治的起義風起雲湧，以劉秀爲代表的劉氏後人借助這一強大的力量，推翻新朝，劉秀在洛陽稱帝，漢朝得以復國。因此之故，後世史家將漢代中斷之前的一段(前202年—9年)稱前漢,因爲都城在長安,所以也稱西漢,共211年;將復國之後的一段(25年—220年)稱後漢,因爲都城在洛陽,地理方位在長安的東面,所以也稱東漢,共196年。

漢代在中國歷史上的地位很高,是繼秦朝之後第二個强盛的大一統國家,也是中國政治、經濟、文化等走向成熟的第一個朝代。這一時期開疆拓土,中國的疆域空前遼闊,國力强盛,人口眾多,文化燦爛,在很多領域都取得了前所未有的成就。正因爲此,"漢"字後來也成爲中國或中國人的代稱——比如漢人、漢族,比如漢字。

紙張發明之後,經過較長時期的簡紙并用時期,簡牘終被紙代替,漸次退出人們的生活,退出歷史舞臺。而之後,在漫長的歷史時期,在王朝的更迭和歲月的遷轉中,包括漢簡在内的大量古代簡牘或形神俱滅,化爲灰土,隨風而去;或形滅神存——原本是簡牘所承載的信息,載體發生了變化;當然還有第三種情況,就是形神俱存——因爲自然的塵封或者人爲的掩藏,而保留於地下。掩藏地下的則在後世累有發現,尤其晚清以來,大量簡牘的出土,讓我們對古代的簡册有了更爲清晰的認知。

自1907年英籍匈牙利人馬爾克·奧萊爾·斯坦因(Marc Aurel Stein, 1862—1943年)在敦煌漢代邊塞遺址掘獲漢簡以來,100年間,漢簡在全國很多地方都有發現。據不完全統計,百年來,全國出土漢簡超過50批次(不計零星發現和數量較少的徵集),有的出簡規模龐大,詳見"一百年來全國漢簡出土情況簡表"。當然,斯坦因的發現是第一次。此外,比較重要的有如下19批。

1. 1930—1931年,發現居延漢簡1萬餘枚;

2. 1959年,甘肅武威磨嘴子漢墓出土漢簡480枚;

3. 1972年,湖南長沙馬王堆漢墓出土漢簡361枚;

4. 1972年,山東臨沂銀雀山漢墓出土漢簡近5000枚;

5. 1973年,河北定縣八角廊漢墓出土漢簡約2500枚;

6. 1973—1974年,在古居延地區又發現漢簡近20000餘枚;

7. 1977年,安徽阜陽雙古堆漢墓出土漢簡6000枚;

8. 1979年，甘肅敦煌馬圈灣漢代邊塞遺址出土漢簡1217枚；

9. 1983—1984年，湖北江陵張家山漢墓出土漢簡1200枚；

10. 1990—1992年，甘肅敦煌漢懸泉置遺址出土漢簡23000餘枚；

11. 1993年，江蘇省連雲港市東海縣溫泉鎮尹灣村漢墓出土23枚木牘和133枚竹簡；

12. 1999年，湖南沅陵虎溪山漢墓出土漢簡1336枚；

13. 2000年，湖北隨州孔家坡漢墓出土漢簡785枚；

14. 2002年，湖北荆州印臺漢墓出土漢簡2360枚；

15. 2003年，湖南長沙走馬樓東側8號古井出土漢簡1萬餘枚；

16. 2004年，湖南長沙東牌樓建築工地7號古井出土漢簡206枚；

17. 2007年，湖北荆州謝家橋漢墓M1出土漢簡211枚；

18. 2009年，北京大學購藏西漢竹書3300餘枚；

19. 2008年，甘肅永昌水泉子漢墓出土漢簡1400餘枚。

就已經發現的漢簡來看，既有不少失傳已久的古代諸家著作、兵書、醫書及方術類著作，也有大量詔令、敕書、檄文、檔案等中央和地方的文書。這些信息，因爲大多不見於傳世文獻，所以極大地豐富了我們對歷史細節的認知，甚至爲有些歷史的重寫提供了可能。

（原載《檔案》2016年第6期）

懸泉漢簡中若干紀年問題考證

張德芳

　　漢簡中的紀年簡是全部漢簡的時間座標，不僅可以據之對漢簡材料作編年研究，還可以根據有關資訊把相關簡牘聯綴起來，把零星的材料有機地組織在一起。懸泉漢簡經過整理編號者共有17915枚，而紀年簡有2086枚，約占全部編號簡的11.6%。從字面看，最早的紀年簡爲漢武帝元鼎六年（前111年），最晚爲東漢安帝永初元年（107年），前後跨越218年。但實際上武帝時期的7簡，元鼎六年者當爲後來編定的施行詔書目録；太始年間2簡和征和年間4簡都是失亡傳信後御史大夫府發出的追查文書，均爲事後的追述，非當時所作，所以確切的紀年簡當從昭帝始元二年（前85年）算起。另需要説明的是，拙作《簡論懸泉漢簡的學術價值》（見《光明日報》2000年8月25日）一文曾説“現有編號17800多枚，有明確紀年者1900餘枚，占全部簡文的10.6%”。但後經反復釋讀，總數和紀年簡又增加100多條，而且這2086枚紀年簡仍不是懸泉紀年簡的全部，另有200多枚，雖無明確紀年，但有月朔干支等其他年代信息，相當一部分可考證出準確的紀年，所以懸泉漢簡的紀年簡當在2200枚左右。但本文爲論述方便，仍以有明確年代記載的2086枚爲基數，列爲一表。

　　懸泉漢簡紀年簡列表：

武帝		神爵元年	13	建昭元年	37	永始四年	26	始建國三年	5
元鼎六年	1	神爵二年	27	建昭二年	52	永始五年	10	始建國四年	1
太始三年	1	神爵三年	19	建昭三年	53	永始□□	3	始建國五年	4
太始五年	1	神爵四年	25	建昭四年	31	元延元年	5	始建國六年	2
征和元年	2	神爵五年	3	建昭五年	33	元延二年	17	始建國□□	1
征和二年	1	神爵□□	2	建昭六年	1	元延三年	15	天鳳元年	1
征和三年	1	五鳳元年	14	建昭□□	4	元延四年	22	天鳳二年	1
昭帝		五鳳二年	20	竟寧元年	12	元延五年	2	天鳳三年	2
始元二年	2	五鳳三年	13	**成帝**		元延□□	5	天鳳□□	2
始元四年	1	五鳳四年	28	建始元年	28	綏和元年	4	地皇元年	1
始元□□	1	五鳳五年	9	建始二年	33	綏和二年	24	地皇二年	2
元鳳元年	2	五鳳□□	1	建始三年	14	**哀帝**		地皇□□	1
元風二年	1	甘露元年	37	建始四年	20	建平元年	4	**光武**	
元鳳三年	5	甘露二年	69	建始五年	8	建平二年	14	建武廿七年	2
元鳳四年	2	甘露三年	39	建始□□	4	建平三年	20	建武廿八年	1
元鳳五年	1	甘露四年	46	河平元年	19	建平四年	19	建武廿九年	1
元鳳六年	4	甘露五年	7	河平二年	18	建平五年	26	建武卅年	1
元鳳七年	1	甘露□□	9	河平三年	12	建平六年	3	**明帝**	
元鳳□□	1	黃龍元年	38	河平四年	32	建平□□	4	永平二年	1
元平元年	5	黃龍二年	3	河平五年	6	元壽二年	13	永平三年	1
宣帝		黃龍□□	2	河平□□	1	元壽□□	2	永平七年	1
本始元年	4	**元帝**		陽朔元年	39	**平帝**		永平十一年	2
本始二年	6	初元元年	45	陽朔二年	49	元始元年	16	永平十二年	1
本始三年	12	初元二年	32	陽朔三年	22	元始二年	14	永平十五年	2
本始四年	13	初元三年	27	陽朔四年	22	元始三年	6	**章帝**	
本始五年	11	初元四年	23	陽朔五年	1	元始四年	17	建初六年	2
本始□□	1	初元五年	25	陽朔□□	5	元始五年	32	**和帝**	
地節二年	3	初元六年	4	鴻嘉元年	2	元始六年	1	永元五年	1
地節三年	3	初元□□	5	鴻嘉二年	18	元始□□	10	永元十三年	1
地節四年	6	永光元年	26	鴻嘉三年	25	**孺子嬰**		永元十四年	1
元康元年	5	永光二年	20	鴻嘉四年	71	居攝元年	2	元興元年	1
元康二年	8	永光三年	22	鴻嘉五年	19	居攝二年	5	**安帝**	
元康三年	20	永光四年	28	鴻嘉□□	7	居攝三年	3	永初元年	1
元康四年	13	永光五年	87	永始元年	10	**王莽**		**總計 2086**	
元康五年	10	永光六年	3	永始二年	24	始建國元年	6		
元康□□	2	永光□□	3	永始三年	21	始建國二年	15		

列表中可以看出,懸泉簡中的紀年簡,大致有三種情況:一是其年號和年數同當時的改元和傳世文獻的記載相一致,如昭帝元鳳元年至六年、宣帝本始元年至四年、地節元年至四年等。這類紀年簡比較整齊、規範,使用起來爭議較少。二是衹有年號記載而具體如元年、二年等準確時間由於簡牘殘斷或者無法釋讀等原因付之闕如,如表中"元鳳□□""本始□□""元康□□"之類。這類簡雖然不能把具體時間準確地定位在某一年上,但仍然給出一個在本年號範圍內的相對時間,仍有重要的年代價值。三是與改元情況不符,本來某年號衹有四年或者五年,而實際記載沿用到六年或者七年,如宣帝本始、元康、神爵等都是四年,而簡中往往沿用到五年,這樣就造成了前後年號銜接處兩種年號混用,一年出現兩個年號的情況。懸泉簡中有130枚紀年簡,涉及19個年號。具體情況是:

元鳳七年	1	本始五年	11	元康五年	10	神爵五年	3	五鳳五年	9
甘露五年	7	黄龍二年	3	初元六年	4	永光六年	3	建昭六年	1
建始五年	8	河平五年	6	陽朔五年	1	鴻嘉五年	19	永始五年	10
元延五年	2	建平五年	26	建平六年	3	元始六年	1	始建國六年	2

爲便於懸泉漢簡的進一步整理研究,本文擬對上述第三種情況作一些梳理、輯録、排比和考訂,以供討論。爲使條理清晰,19個年號順序編爲20個標題(其中建平五年、六年各編一目),每個年號內5條簡以下者不再編號,6條簡以上者另編小號。月朔對照陽曆,皆根據徐錫祺《西周(共和)至西漢曆譜》(北京科學技術出版社,1997年),該書陽曆排列比陳垣《二十史朔閏表》和方詩銘《中國史曆日和中西曆日比照表》早一天。陳書和方書以元壽二年十一月十九日爲公元元年元月一日,而徐書則以元壽二年十一月十八日爲公元元年元月一日。

一、元鳳七年

　　出□馬錢廿三,以賦六年□錢。元鳳七年正月己亥朔甲子,新定里解律付嗇夫延、尉史遂。　　　　　　　　　　　　　　　(V92DXT1511⑤:1)

按:元鳳七年即元平元年,前74年。正月己亥朔,甲子爲二十六日,前74年3月18日。此簡乃歲末年初,七年記六年事,沿用六年年號。懸泉簡中尚有元平元年紀年簡5枚,記二月以後事。兩個年號6條紀年簡,前後銜接,記同一年事。

二、本始五年

本始五年即地節元年,前69年。懸泉簡中有本始五年紀年簡11枚,而未見地節元年簡,不同於其他兩個年號交替時兩者混用的情況。11簡中有明確月朔干支記録的5枚。

1. 西檄一,詣大守府,印曰王廣。本始五年閏月戊戌□☑　　A
來到,日中時付遮要。　　　B　　　　　　　(Ⅰ90DXT0112③:97)

按:是年閏正月,己巳朔,戊戌爲閏月三十日,前69年3月10日。本簡爲檄書路過懸泉置的摘要記録。

2. 入糜小石二石。本始五年二月乙卯,縣泉廄佐廣意受敦煌倉嗇夫過送長羅令史。　　　　　　　　　　　　　　(Ⅰ90DXT0209⑤:17)

按:地節元年二月己亥朔,乙卯爲二月十七日,前69年4月11日。此簡爲接待長羅侯常惠路過時的入糜簿。

3. 駟望亭長當市里士五王快,年卅七。不史,伉健。本始五年三月戊辰除。　　　　　　　　　　　　　(V92DXT1712④:15)

按:地節元年三月戊辰朔,初一日,前69年4月24日。此簡爲吏除簿。

　　4.縣泉譯本始五年四月譯騎名籍☒　　　　（Ⅱ90DXT0113⑥:5）

　　5.縣泉置本始五年四月官牛名籍☒　　　　（Ⅰ90DXT0209⑤:3）

　　6.本始五年七月丁卯朔壬□☒　　　A

　　七月壬辰,亭長則以來　　　　　　　B　　　（Ⅱ90DXT0113③:97）

　　按:地節元年七月丁卯朔,初一日,前69年9月21日。

　　7.本始五年七月壬辰☒　　　　　　　　　（Ⅱ90DXT0114⑥:57）

　　按:地節元年七月丁卯朔。壬辰爲七月二十六日,前69年9月15日。

　　8.縣泉譯本始五年十月以來軍書出入☒　　（Ⅱ90DXT0113③:105）

　　9.●縣泉置本始五年十一月石磨簿　　　　（Ⅱ90DXT0113⑤:9）

　　10.縣泉置本始五年□月□　　　　　　　　（Ⅱ90DXT0114S:228）

　　11.出錢四百,以顧六月更。本始五年☒　　（Ⅰ90DXT0209③:13）

三、元康五年

　　按:元康五年爲前61年,是年三月改元神爵元年。懸泉漢簡中有10枚元康五年簡。另有神爵元年13簡,共23枚。元康五年10簡中有6簡記正、二月間事,當是未改元的記録。另2簡記三月和閏四月事,雖已改元,仍沿用舊年號。

　　1.●縣泉置元康五年正月過長羅侯費用簿。縣掾延年、過。

　　　　　　　　　　　　　　　　　　　　　（Ⅰ90DXT0112③:61）

　　按:此簡是一封册書的篇題。該册18簡,如按編年簡聯綴,18簡都應計入紀年簡之内。但册書的聯綴尚需時日,本文爲叙述統計的方便,類似情況一律祇撿有紀年者單獨計入。

2.□□□□十四人□厩□十二月更。元康五年正月癸未朔癸未,縣泉置嗇夫弘付厩御進喜里董□□。　　　　　　（I90DXT0210①:20）

按:正月癸未朔初一日,前61年6月18日。

3.元康五年正月癸未朔丁未,縣泉置嗇夫弘敢言之……傳馬一匹□□左剽,缺右後一齒,九歲,高五尺七寸,名曰種道,病狂不可用。令曰縣☑者勵□□□買□□□□□□□□□毋……病狂□不可用……

（I91DXT0309③:227）

按:正月癸未朔,丁未爲正月二十五日,前61年2月21日。此簡爲傳馬病死爰書。

4.元康五年正月癸未朔丁未,縣泉置嗇夫弘敢言之,爰書:傳馬一匹,駹,牡,左剽,齒五歲,高□尺五寸半寸,名曰海山,病狂不可用,令曰縣官馬牛……丞與□□☑

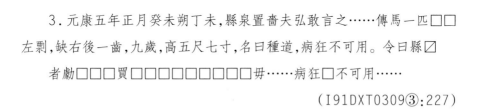

劇賣,復以其錢買馬牛。即與令史延年、佐安、厩佐禹√長富雜診都吏丑危、丞舒國前,病狂終不可用,以令劇賣,它如爰書,敢言之☑

（I91DXT0309③:277）

按:此簡同上述第3簡同一時間,或爲同一册文書。

5.■元康五年二月麥簿　　　　　　（V92DXT1309④:21）

6.入錢五百一十四,以賦二更。元康五年二月癸丑朔庚辰,厩御延壽里李☑　　　　　　（V92DXT1612④:12）

按:二月癸丑朔,庚辰爲二月二十八日,前61年3月25日。此簡爲入賦更錢的記録。

7. 元康五年三月癸未朔癸未,縣泉厩佐禹敢言之,爰書:厩御延壽里王延年告曰所葆養傳馬一匹,騂,牡,左剽,齒九歲,高五尺八寸半寸,名曰野頹,病中不能飲食,日加益篤,今死。即與嗇夫弘、佐長富襍診馬死都吏毋危前,身完,毋兵刃木索迹,病死,審證之。它如爰書。敢言之。

(I91DXT0309③:275)

按:三月癸未朔,初一日,前61年3月28日。上簡同上述第3、第4簡屬同類文書。病馬爰書。

8. ■元康五年閏月麥簿　　　　　　(V92DXT1309④:20)

按:元康五年即神爵元年閏四月。

9. ☐年正月乙未朔甲辰,縣泉傳舍嗇夫☐
謹移床席簿一編敢言之☐之告之☐　　☐　　　A
元康五年　　三
元康三年　青故長
元康　戊戌　三人　置丁　行寅廣之　　B (Ⅱ90DXT0214③:266)

按:此簡書寫較零亂,可能有習字内容。元康三年正月乙未朔,前"年正月乙未朔甲辰",當指此時。但後面又出現"元康五年"等字,故列入元康五年内。

10. ☐元康五年……癸丑死賣☐　　　　(Ⅱ90DXT0215S:366)

四、神爵五年

河東郡新成當利里乾克,字子游,神爵五年正月壬戌過,東　卩　　Ａ

章曰新成之印　　Ｂ　　　　　　　　　　　　　　(87—89DXC:7)

按:神爵五年即元鳳元年,前57年。五月戊午朔,壬戌爲五月初五日,前57年6月14日。此簡爲過客登記。

神爵五年二月庚寅朔□□,縣泉置嗇夫弘敢言之,謹移穀簿一編敢言之。

佐禹∨廣德　　　　　　　　　　　　　　(Ⅱ90DXT0213③:71)

按:二月庚寅朔,初一日,前57年3月17日。

神爵五年八月丁亥朔□□□□□領護敦煌、酒泉、張掖、武威、金城郡農都尉□□□□□□□□

□□□□□簿移敦煌大守□□□行部□酒泉玉門縣禄福男子王建等□

□□　　　　　　　　　　　　　　　(Ⅰ91DXT0309③:4)

按:此簡蟲蝕嚴重,紀年之處文字尚需進一步辨識。

五、五鳳五年

五鳳五年即甘露元年,前53年。懸泉漢簡中有五鳳五年簡9枚,有甘露元年簡37枚,兩種年號同時并存,可能是文書來源地不同或者出自不同人之手。根據月朔干支,是年應符合以下排列:正月丁卯、二月丁酉、三月丙寅、四月丙申、五月乙丑、閏五月乙未、六月甲子、七月甲午、八月癸亥、九月癸巳、十月壬戌、十一月壬辰、十二月辛酉。

　　1.五鳳五年正月☒　　　A
　　司御十人封☒　　　B
　　□□言御□☒　　　C　　　　　　　　　　　（Ⅱ90DXT0113③:106）
　　2.出穣麥小石一石。五鳳五年二月丁酉朔壬寅,縣泉置佐開付冥安厩
佐成。　　　　　　　　　　　　　　　　　　（V92DXT1311④:49）

按:二月丁酉朔,壬寅爲二月初六日,前53年3月5日。此簡爲出麥簿。

　　3.五鳳五年二月丁酉朔戊午,淵泉長弘、丞賀移縣泉置遺嗇夫忠送使
者段君所將客到淵泉,廩茭今□□案　　　　（Ⅱ90DXT0214②:545）

按:二月丁酉朔,戊午爲二月二十二日,前53年3月21日。此簡爲淵泉縣知
照懸泉置的過所文書。

　　4.五鳳五年二月丁酉朔庚申,敦煌大守少、長史奉憙庫丞捐之兼行丞
事謂過所置,龍勒左尉張義爲郡逐材酒泉郡中,乘用馬二匹,當舍傳舍,從者
如律令。卩七月乙卯一食,東。　　　　　　（Ⅵ92DXT1222②:2）

按:二月丁酉朔,庚申爲二月二十四日,前53年3月23日。此簡爲敦煌太守
府爲龍勒左尉張義所發過所登記。

　　5.五鳳五年三月賦御名籍　　　（Ⅱ90DXT0114④:238）
　　6.五鳳五年三月丙寅朔……敦煌十一月戊戌□令史紀卿□縣置
傳馬迎使者孫君置嗇夫忠□……□詣敦煌,其一匹罪,白,牡,左剽,齒
十一歲,高五尺八寸,名曰　　　　　　　　（Ⅱ90DXT0215③:151）

按：三月丙寅朔，朔後干支不清。此簡爲迎使者所用傳馬登記。

7.五鳳五年四月丙申朔丙申，縣泉置丞可置敢言之，鬼新陳道自言，以

縣☒　　A

　嗇夫忠佐☐☒　　B　　　　　　　　（Ⅱ90DXT0214③:213）

按：四月丙申朔，初一日，前53年4月28日。此簡説明，懸泉置尚有"鬼薪"
服役。

8.五鳳五年六月……五日丁卯……冥安農☐

　　　　　　　　　　　　　　　　　（Ⅱ90DXT0214②:584）

9.●縣泉置五鳳五年十一月☐　　　（Ⅰ90DXT0205S:17）

六、甘露五年

按：甘露五年即黄龍元年，前49年。懸泉簡有甘露五年簡7枚，有黄龍元年
簡39枚，共46簡。其特點是甘露五年的7簡，主要記正二月間之事，而黄龍元年
39簡，除少量(4枚)吏除簡對正二月之事追記外，其他都是三月以後簡，46枚簡
前後銜接，都記黄龍元年事。

1.甘露五年正月甲辰朔丙寅，張掖大守福、守部千人☐强行丞事☒

☐☐敦煌郡中，當舍傳舍，從者如律令……　（V92DXT1412③:97）

按：正月甲辰朔，丙寅爲正月二十三日，前49年3月8日。過所記録。

2.甘露五年正月甲辰朔甲子，張掖大守福、守部千人武强行丞事，謂
過所☐日勒守尉業拓送詔獄囚敦煌郡，當舍傳舍，從者如律令。二月辛

卯,西。 (V92DXT1411②:19)

按:正月甲辰朔,甲子爲正月二十一日,前49年3月6日。過所登記。

3. 板檄一封,酒泉大守章,詣敦煌大守府。甘露五年正月戊申日出時,縣泉御顧順受魚離御虞臨。 (Ⅱ90DXT0214③:185)

按:正月甲辰朔,戊申爲正月初五日,前49年2月19日。文書傳遞記録。

4. 甘露五年正月癸丑縣☐ (V92DXT1310③:88)

按:正月甲辰朔,癸丑爲正月初十日,前49年2月24日。

5. 封書二(三),其一封冥安長印,詣敦煌;一封大司農丞印,詣敦煌;一封弘農大守章,詣敦煌大守府。甘露五年正月甲午夜半時,縣泉御受魚離御虞臨。 (Ⅱ90DXT0114③:519)

按:正月甲辰朔,無甲午,疑抄寫或釋讀有誤。此簡爲文書傳遞登記。

6. 甘露五年二月癸酉朔庚辰,縣泉嗇夫申奴☐☐☐☐☐☐☐☐定漢里趙順所,約至九月,得三千四百,九月畢…… (Ⅱ90DXT0115③:68)

按:二月癸酉朔,庚辰爲二月初八日,前49年3月22日。簡爲契約性文書。

7. 甘露五年二月癸酉☐敦煌大守使守屬吕輔趣軍食郡中,以令爲駕一封輒傳。甘露五年☐☐癸酉朔甲申,敦煌大守千秋、長史奉憙謂☐☐,以次爲駕,當舍傳舍,如律令。二月丁亥,東。丙申,西。 A

……婢一人奴一人爲一人□一人　　　B　　　　（V92DXT1412③:1）

按:此簡前有"甘露五年二月癸酉",後有"甘露五年□□癸酉朔甲申",因是年二月癸酉朔,下文又有"二月丁亥",所以"甘露五年□□癸酉朔甲申"當爲"甘露五年二月癸酉朔甲申",甲申爲二月十二日,前49年3月26日;丁亥爲二月十五日,同年3月29日;丙申爲二月二十四日,同年4月7日。

七、黃龍二年

黃龍元年是宣帝最後一個年號,而黃龍二年實際上是元帝初元元年,即前48年。懸泉紀年簡中有3枚黃龍二年簡,42枚初元元年簡,簡中省一"元"字,作"初元年",兩個年號45簡,所記同一年事。而且黃龍二年3簡,都記正月間事,正月以後之事則由初元元年簡來記。

黃龍二年正月戊戌朔戊戌,酒泉庫令長壽以近□☑

謂過所,縣遣助府佐薛定國將轉輸敦煌,當舍☑

（Ⅱ90DXT0213②:96）

按:黃龍二年即初元元年,前48年,正月戊戌朔,初一日,2月3日。此簡爲過所記錄,殘斷。

黃龍二年正月戊戌朔癸卯,敦煌大守千秋、長史奉憙、守部千人車行丞事過所河津,遣廣至長唐充國送詔獄囚長安,乘用馬二匹,當舍傳舍,從者如律令。正月戊申,東。　　　　（V92DXT1310③:213）

按:正月戊戌朔,癸卯爲正月初六,前48年2月8日。過所記錄,内容完整。

黃龍二年正月己酉縣泉置丞　敢言之,廷調　（Ⅱ90DXT0214③:191）

按:正月戊戌朔,己酉爲正月十二日,前48年2月14日。

八、初元六年

按:初元爲元帝第一個年號,共五年,前48—前44年。而初元六年實則永光元年,即前43年。懸泉簡中有4枚初元六年簡,有25枚永光元年簡,兩年號簡共29枚,記同一年事。而初元六年4簡中,除1枚文字可能有誤外,其餘3枚均記正月之事,歲末年頭交替之際,改元後仍沿用了前一年年號。

> ☑初元六年正月癸酉,大穰里畜賜付縣泉順。　（V92DXT1410③:95）

按:正月己巳朔,癸酉爲正月初五日,前43年2月12日。

> 司寇大男某野鼕署傳舍,迺甲戌夜踰廚府完垣五尺以上,去署亡
> 初元六年正月己巳朔子,傳舍佐猛鼕亡未得,寫移獄,以律令
> 　　　　　　　　　　　　　　（V92DXT1410③:27）

按:正月己巳朔,丙子爲正月初八日,前43年2月15日。因徒逃亡記録。

> ●縣泉置初元六年正月傳馬病死爰書　　　（V92DXT1310③:8）
> ☑……初元六年九月庚午……　　　　　　（V92DXT1609⑤:28）

按:此簡簡影不清,疑釋讀有誤。

九、永光六年

永光六年實則建昭元年,前38年。懸泉簡中永光六年簡3枚,而建昭元年簡則有38枚,共41枚。

　　☑永光六年二月癸未,縣泉嗇夫遂付魚離厩佐賞（Ⅱ90DXT0216②:248）

按:六年二月己巳朔,癸未乃二月十五日,前38年3月28日。

　　　　永光六年二月己巳朔☑　　　　　　　　（V92DXT1411②:68）

按:己巳朔,前38年3月14日。

　　　　永光六年八☑　　　　　　　　　　　　（V92DXT1412③:2）

十、建昭六年

　　　　建昭六年……☑
　　　　☑☑☑☑書日☑　　　　　　　　　　（Ⅱ90DXT0216②:557）

按:建昭六年祇1枚,亦爲竟寧元年事,前33年。此簡右側"建昭六年"四字尚清晰,而左側一行不清,反映的資訊太少。

十一、建始五年

按:建始五年和河平元年的銜接類同於元康五年和神爵元年的情況。建始五年即前28年,三月改元河平,一年跨兩個年號。懸泉簡中有8枚建始五年簡,而河平元年紀年簡有19枚,共27簡。建始五年8簡中,有月朔和干支者6枚,有3枚記正二月之事,有3枚延至三四月。而河平元年19枚中則絕無正二月記録。

　　　1. 出粟三石。建始五年正月庚申,縣泉厩佐霸付敦煌厩佐宋昌,以食迎都護柱馬。　　　　　　　　　（I90DXT0110②:34）

按:建始五年正月壬寅朔,庚申爲正月十九日,前28年3月12日。出粟簿。

2. 建始五年二月辛未朔壬辰,敦煌玉門司馬襃☑

☑乘用馬二匹,軺車一乘,當舍傳舍☑　　A

市藥三輔界中,乘用馬二匹,軺車一乘☑　　B

（Ⅱ90DXT0214②:31）

按:建始五年二月辛未朔,壬辰爲二月二十二日,前28年4月13日。過所登記。

3. 建始五年二月辛未朔戊戌,右部守游徼☑　　（Ⅱ90DXT0114S:37）

按:建始五年二月辛未朔,戊戌爲二月二十八日。

4. 建始五年三月辛丑朔☑　　（Ⅱ90DXT0213②:50）

按:三月辛丑朔,初一日,前28年4月22日。

5. 建始五年三月辛丑朔癸卯敦煌☑

當舍傳舍如律令　　（Ⅱ90DXT0314②:125）

按:三月辛丑朔,癸卯爲三月初三日,前28年4月24日。過所登記,殘。

6. 出粟四斗五升。建始五年四月癸酉,縣泉置嗇夫付　遮要馬醫。

（Ⅱ90DXT0111②:122）

按:建始五年四月庚午朔,癸酉爲四月初四日,前28年5月24日。

7.建始五年……□田車師左部中曲候令史禮調罷將□
候行丞……□□□駕詣北軍爲駕一封輅傳有請當□　　A
敦煌大守府吏　　　B　　　　　　　（Ⅱ90DXT0214②:137）

按:過所記録,殘斷。

8.□以建始五□　　　　　　　　　（Ⅱ90DXT0115③:166）

十二、河平五年

按:河平五年即陽朔元年,前24年。懸泉中有河平五年簡6枚,除1枚習字簡外,其餘5枚均有月朔或干支,均記正、二月間事。此外還有陽朔元年紀年簡39枚,兩個年號紀年簡45枚。

1.出粟小石九石、荄十五石。西。卩　河平五年正月戊辰,縣泉嗇夫
遂□　　　　　　　　　　　　　（Ⅱ90DXT0214②:272）

按:河平五年即陽朔元年正月己酉朔,戊辰爲正月二十日,前24年2月27日。出粟簿。

2.入粟小石二石四斗。河平五年正月己巳,縣泉佐殷受遮要嗇夫敞,
以食使者董君。□　　　　　　　（Ⅱ90DXT0214②:105）

按:正月己酉朔,己巳爲正月二十一日,前24年2月28日。入粟簿。

3.出粟六斗。未利。河平五年正月甲戌,縣泉嗇夫光付遮要佐忠√
霸,送大農史食馬。 （Ⅱ90DXT0114②:213）

按:正月己酉朔,甲戌爲正月二十六日,前24年3月5日。出粟簿。

4.入五年二月更錢八百。比二,直八十四。河平五年二月丙申,□令
史博受柳里爰猛 （Ⅱ90DXT0111②:14）

按:二月戊戌朔,丙申爲二月十九日,前24年3月27日。入錢簿。

5.河平五年二月戊戌,縣泉置嗇夫光敢言之,謹案置徒□
（Ⅱ90DXT0115③:137）

按:二月戊戌朔,戊戌爲二月二十一日,前24年3月29日。

6.鴻大大守府　　A
求　河平五年
右右右　伏鴻嘉元□　　B （Ⅱ90DXT0114①:117）

按:此簡爲習字簡。

十三、陽朔五年

陽朔五年即鴻嘉元年,前20年。懸泉簡中有1枚陽朔五年簡,因簡影不清,
存疑。

陽逆五年□　　A
使……□　　B （Ⅱ90DXT0214②:672）

十四、鴻嘉五年

鴻嘉五年即永始元年,前16年。懸泉簡中有鴻嘉五年簡19枚,其中16枚有月朔或干支記載。另有永始元年簡10枚,共29枚簡。是年月朔排列當爲正月壬辰,二月壬戌,三月辛卯,四月辛酉,五月庚寅,六月庚申,七月己丑,八月己未,九月戊子,十月戊午,十一月丁亥,十二月丁巳。鴻嘉五年所記上半年月朔和永始元年所記下半月朔,與此相同。

　　1.入粟二石,鴻嘉五年正月乙未,縣泉佐博受☒

（Ⅱ90DXT0111①:25）

按:正月壬辰朔,乙未爲正月初四日,前16年2月12日。

　　2.入糶大麥百九十五石。鴻嘉五年正月癸卯,縣泉置嗇夫受常利里馮譚。　　　　　　　　　　　（Ⅱ90DXT0115②:111）

按:正月壬辰朔,癸卯爲正月十二日,前16年2月20日。入麥簿。

　　3.入糶大麥小石卌一石。鴻嘉五年正月癸縣泉置嗇夫敞受常利里馮賢。　　　　　　　　　　　　（Ⅱ90DXT0115①:60）

按:"正月癸"後,應有"卯"字,與第1簡屬同時同類文書。

　　4.入粟一石、入麋一石。鴻嘉五年正月丙午縣泉置☒

（Ⅱ90DXT0112①:8）

按:正月壬辰朔,丙午爲正月十五日,前16年2月23日。

5.入☑大麥小石卅九石。鴻嘉五年正月戊申,縣泉置嗇夫敞受益光里
石恩。　　　　　　　　　　　　　　　　　　　（Ⅱ90DXT0115①:53）

按:正月壬辰朔,戊申爲正月十七日,前16年2月25日。

6.入大麥卅八石。鴻嘉五年正月戊申,縣泉嗇夫敞受進惠里黄嘉。
　　　　　　　　　　　　　　　　　　　　　　（Ⅱ90DXT0215②:7）

7.入糶粟小卅四石。鴻嘉五年正月戊申,縣泉置嗇夫敞受步進里陳
宗。　　　　　　　　　　　　　　　　　　　（Ⅱ90DXT0114③:503）

8.入糶大麥卅九石,鴻嘉五年正月戊申,縣泉置嗇夫敞受執適里棣宗。
　　　　　　　　　　　　　　　　　　　　　（Ⅱ90DXT0214②:135）

按:第5、6、7、8簡屬同類文書,或可爲同一個簿册。

9.入粟小石十石。鴻嘉五年二月壬戌,縣泉置嗇夫敞受……☑
　　　　　　　　　　　　　　　　　　　　　　（Ⅱ90DXT0112④:14）

按:二月壬戌朔,初一日,前16年3月11日。

10.鴻嘉五年二月壬戌朔辛未,縣泉置嗇夫□敢言之,遮要置樊□治故
遣吏御持傳馬送迎客,往來過稟穀,謹寫券墨移。唯治所枸校受簿入……☑
□敢言之。　　　　　　　　　　　　　　　　（Ⅱ90DXT0111①:217）

按:二月壬戌朔,辛未爲二月初十日,前16年3月20日。懸泉置嗇夫上行公
文。

11.鴻嘉五年三月辛卯朔癸巳,縣泉置嗇夫敝敢言之,廷書曰:前府調

墾田糴書言,糴得　　　　　　　　　　　　　（Ⅱ90DXT0114③:408）

按:三月辛卯朔,癸巳爲初三日,前16年4月11日。置嗇夫上行公文。

12.出粟六石、稟五石。鴻嘉五年三月己酉,遮要置嗇夫慶☐

（Ⅱ90DXT0216②:608）

按:三月辛卯朔,己酉爲三月十九日,前16年4月27日。出粟簿。

13.入轉粟小石卅九石二斗五升,少七斗五升。鴻嘉五年三月丙辰,懸

泉嗇夫敝受步廣里工師博　　　　（Ⅱ90DXT0114③:497）

按:三月辛卯朔,丙辰爲三月二十六日,前16年5月4日。入粟簿。

14.出粟二斗、囊廿斤。鴻嘉五年四月丙寅,遮要置嗇夫慶付縣泉置佐

博。

（Ⅱ90DXT0115①:51）

按:四月辛酉朔,丙寅爲四月初六日,前16年5月14日。

15.出粟一斗五升、稟十五斤。鴻嘉五年四月壬申,遮要置嗇夫慶付縣

泉厩御許章　　　　　　　　　　　（Ⅱ90DXT0114②:187）

按:四月辛酉朔,壬申爲四月十二日,前16年5月20日。

16.出粟六斗、稟二鈞。鴻嘉五年五月丁巳,遮要置嗇夫慶付縣泉置

佐彭。 （Ⅱ90DXT0215②:23）

按:五月庚寅朔,丁酉爲五月二十八日,前16年7月4日。

17.出粟□斗五升,稟十五斤。鴻嘉五年六月□□□□

（Ⅰ90DXT0109②:67）

18.●鴻嘉四年十月盡五年九 （Ⅱ90DXT0112①:3）

按:楬,總一年記録或檔案的文書標籤。

19.●懸泉置鴻嘉五年十月□□□□□ （Ⅱ90DXT0113④:61）

十五、永始五年

永始五年即元延元年,前12年。懸泉簡中有永始五年簡10枚,另有元延元年簡5枚,共15簡。永始五年有月朔記載的8簡中,有7簡延用到三月,1簡爲七月。

1.永始五年閏月⟍ （Ⅱ90DXT0111①:380）

按:永始五年閏正月,己巳朔。

2.永始五年二月甲戌朔丁亥□⟍
戍卒敦煌郡,當舍□⟍ （Ⅱ90DXT0313S:58）

按:本簡記"永始五年二月甲戌朔",簡影字迹清楚。但根據曆譜,太初之後到王莽末年的一百多年間,二月甲戌朔者祇有永始四年(前13年)和王莽天鳳元年(14年),而永始五年二月爲戊戌朔,非甲戌朔。

    3.永始五年二月戊戌朔☐　　　　　　　（Ⅱ90DXT0212S:54）

    4.☐印詣府。永始五年三月庚午夜半時,縣☐

    ☐黨受魚離御蘇□即□☐　　　　　　　（Ⅰ90DXT0112④:21）

按:三月戊辰朔,庚午爲五月初三日,前12年4月27日。

    5.永始五年三月癸卯朔辛亥敦煌玉☐

    從者如律令☐　　　　　　　　　　　（Ⅰ90DXT0109②:51）

按:此簡簡影清晰,釋讀準確。但永始五年三月非癸卯朔。而永始年間癸卯朔者惟四年五月。疑書手致誤。

    6.入東書一……永始五年三月□☐　　（Ⅱ90DXT0111①:395）

    7.☐永始五年三月乙酉,遮要御☐　　　（Ⅱ90DXT0111①:449）

    8.出糜二石三斗。永始五年七月甲戌,遮要厩佐□付縣泉御四千秋。

    　　　　　　　　　　　　　　　　　（Ⅱ90DXT0115③:115）

按:七月丙寅朔,甲戌爲七月初九日,前12年8月29日。出糜簿。

    9.永始五年[削衣]　　　　　　　　　　（Ⅱ90DXT0114③:381）

    10.永始五年[削衣]　　　　　　　　　　（91DXC:11）

十六、元延五年

元延五年即綏和元年,前8年。懸泉簡中元延年號延用至五年者僅2枚,另綏和元年簡4枚,共6枚。

　　☒元延五年正月辛巳,少内嗇夫敞付卒史☒☒

（Ⅱ90DXT0112②:76）

按:正月丙子朔,辛巳爲正月初六日,前8年2月16日。

　　入粟一石,食馬五匹,芰茭斗。元延五年三月癸巳,冥安騎士馬年受縣泉嗇夫慶。

（Ⅱ90DXT0111①:317）

按:三月乙亥朔,癸巳爲三月十九日,前8年4月29日。

十七、建平五年

建平共四年,前6至前3年。但懸泉簡中建平年號延用到五年、六年。有建平五年紀年簡27枚,但無元壽元年簡,所記當爲公元前2年之事。有一個值得注意的問題是,建平五六年紀年簡,普遍没有月朔記載,有的衹有干支,而且如下列"十二月辛巳"的干支還有錯誤。

　　1.出鞈鞮各二。左部騎士高誼里。建平五年二月,送昆彌使者☒☒。

（Ⅰ90DXT0114①:70）

按:此簡前後兩次書寫,"建平五年二月"漫漶不清。疑釋讀有誤。

　　2.☒建平五年二月乙未☒☒　　　　（Ⅱ90DXT0114②:152）

按:建平五年二月辛未朔,乙未爲二月二十五日,公元前2年3月31日。

3.●效穀縣泉置建平五年四月☐　　　　　　（Ⅱ90DXT0114③:45）

4.☐☐建平五年四月丙戌日鋪時☐　　　　（Ⅱ90DXT0115②:130）

按：建平五年四月庚午朔,丙戌爲四月十七日,公元前2年5月21日。

5.建平五年五月庚申日食時,縣泉置佐博受魚離置御,即時行。

（Ⅱ90DXT0115②:121）

按：建平五年五月己亥朔,庚申爲五月二十二日,公元前2年6月24日。

6.出麥小石三百七十六石。建平五年五☐☐　（Ⅱ90DXT0111②:19）

7.☐府　　　　　☐☐百奉☐

建平五年五月☐　　　　　　　　　　（Ⅱ90DXT0215S:154）

8.建平五年五月☐☐☐☐　　　　　　　（92DXC:75.76）

9.入死馬錢二百卅。得王里吳忠百五十,定漢里王意七十。建平五年

七月甲辰,嗇夫陽受使校師政。十月六日課校。　（I90DXT0112①:4）

按：建平五年七月戊戌朔,甲辰爲七月初七日,公元前2年8月7日。

10.入傳馬廿五匹。建平五年七月丁卯,魚置佐郭☐受縣泉佐鄭憲☐

（I90DXT0114①:45）

按：建平五年七月戊戌朔,丁卯爲七月三十日,公元前2年8月30。

11.建平五年七月戊申　戊戌　甲戌　　A

府削入田吏穀尚粟廩及高誼里張忠入粟券墨石斗如牒,敢言之　　B

（Ⅱ90DXT0114④:7）

按：七月戊戌朔，戊申爲七月十一日，公元前2年8月11日。其他戊戌、甲戌等干支可能爲習字内容。

12.□建平五年九月甲寅，日蚤□□　　　（Ⅱ90DXT0114④:27）

按：九月丁酉朔，甲寅爲九月十八日，公元前2年10月16日。

13.建平五年十一月庚申，遣卒史趙平送自來大菀使者侯陵奉獻，詣在所以□　　　A

樂哉縣泉治　　　B　　　（Ⅱ90DXT0114④:57）

按：十一月丙申朔，庚申爲十一月二十五日，公元前2年12月21日。

14.入錢五十九，其廿再食平，卅九糯三斗。建平五年十一月壬戌，縣泉置嗇夫

譚受主簿晏。　　　（Ⅱ90DXT0115②:91）

按：十一月丙申朔，壬戌爲十一月二十七日，公元前2年12月23日。

15.入穬麥四斗。建平五年閏月己巳，縣泉置嗇夫博受遮要置護。

（Ⅱ90DXT0115②:244）

按：建平五年閏十一月，丙寅朔，己巳爲閏十一月初四日，公元前12月30日。

16.出麥四斗。巳。建平五年閏月□□，縣泉嗇夫　付宜禾書佐王陽，給食傳馬二匹，迎昆彌。　　　（Ⅱ90DXT0114④:53）

按:此簡缺干支,内容涉及漢與烏孫關係。

17.二二　一石　八
建叩頭言　建平五年閏月
二二　凡爲百卌五石正月
伏地叩教,幸甚。謹使王子春,承書,叩頭再拜。
建平五年閏月乙酉,縣泉置嗇夫　白　建　　　　（Ⅰ90DXT0305②:7）

按:此簡爲書信和習字内容。

18.出東書蒲封一,敦煌大守章。詣烏西使者意☒
建平五年十二月☒　　　　　　　　（Ⅱ90DXT0114④:46）
19.入東書五封。建平五年十二月辛未夕☒☒　　A
日入時　　B　　　　　　　　　（Ⅰ90DXT0114①:184）

按:建平五年十二月乙未朔,無辛未。簡影不清。

20.入茭十石。建平五年十二月辛巳,縣泉置佐鄭憲☒
　　　　　　　　　　　　　　　（Ⅱ90DXT0114①:8）

按:建平五年十二月乙未朔,無辛巳。但此簡文字清晰,釋讀無誤,或爲當時
抄寫致誤。

21.☒建平五年
正月以來卒名　　A
☒正月以來卒名　　B　　　　　　（Ⅰ90DXT0112①:73）

22.⊠建平五年正　　　A

茭出入簿　　　B　　　　　　　　　　　　　　　（I90DXT0114①:15）

23.⊠建平五年正月盡三月　　　A

⊠茭出入簿　　　B　　　　　　　　　　　　　　（I90DXT0114①:16）

24.□建平五年□　　　　　　　　　　　　　　　（I90DXT0114②:106）

25.出東板檄四,皆大守章。一詣督郵,一詣廣至,一詣冥安,一詣淵泉。

建平五年□□辛未,日下夕時,縣泉御厩放付魚離卒熹。

辛未下夕時　　　B　　　　　　　　　　　　　（Ⅱ90DXT0114④:21）

按:此簡爲公文傳遞記録。

26.□ 受簿建平五年 □　　　　　　　　　　　（I90DXT0116S:89）

十八、建平六年

懸泉簡中延用至建平六年的紀年簡3枚,加上元壽二年簡13枚,共16枚,所記爲公元前1年之事。

入穬麦四石,已入四石。建平六年正月戊寅,縣泉置佐鄭憲受破胡守令史眾。　　　　　　　　　　　　　　　　　（I90DXT0305②:1）

按:建平六年即元壽二年,正月乙丑朔,戊寅爲正月十四日,公元前1年3月8日。

□建平六年正癸未,縣泉置嗇夫受安樂鄉嗇□ （I90DXT0114①:93）

按：與上簡爲同一日簡。

入飯十一石，其六石馮并取以勞取吏，五石付置。建平六年正月癸未，
縣泉置嗇夫　受鄉嗇夫昌。　　　　　　　　　　（Ⅱ90DXT0114④:110）

按：正月乙丑朔，癸未爲正月十九日，公元前1年3月13日。

十九、元始六年

　　　　☐元始六年正月乙未縣☐　　　　　　　　（Ⅱ90DXT0113②:4）

按：簡影清晰，文字釋讀無誤。懸泉簡中將元始年號延用至六年者袛此1
枚。公元6年，正月庚寅朔，乙未爲正月初六日，公元6年2月22日。而同一年，
懸泉簡中有居攝元年紀年簡2枚，1枚記五月間事，1枚記九月間事。

二十、始建國六年

　　始建國六年，即公元14年。是年，王莽已改爲始建國天鳳元年，而懸泉
簡中則延用至六年，有2枚始建國六年簡，還有始建國天鳳元年簡1枚。
　　始建國六年四月乙卯，文德大尉……以置食粟八十斛
　　☐縣泉置守嗇夫☐☐☐☐☐☐　　　　　　（I91DXT0310③:2+③:5）

按：始建國六年即天鳳元年，正月甲辰朔，乙卯爲正月十二日，公元14年1月
31日。

　　　　☐始建國六年正月戊午☐　　　　　　　　（Ⅱ90DXT0314①:26）

按:始建國六年即天鳳元年,正月甲辰朔,戊午爲正月十五日,公元14年2月3日。

通過上面130枚簡的整理排比,可以看出,新舊年號交替時,兩種紀年混用的情況比較普遍。後世史書的紀年與改元年號完全相對應,祇是經過後人加工的結果。而漢簡中的記載則更符合當時的實際。一種情況是年中改元,如元康五年和神爵元年、建始五年和河平元年,一年跨了兩個年號,自然一年有兩個年號。一種情況是新年改元,年初正、二月甚至上半年仍沿用上年的年號,也造成一年用兩個年號記時的實際。還有一種情況就是,一年内兩種年號同時混用,有的甚至沿用了兩年,如建平五年、六年即是。不管哪種情況都説明,當時這種新舊年號交替時兩者混用的情況是被允許被認可的。過去凡遇此類情況即認爲地處邊地,書手尚不知改元所致。通過對懸泉簡的全面統計分析,可見并不盡如此。

(原載《簡牘學研究》第4輯,2004年)

秦漢簡牘所見"清酒"的祭祀功能考①

肖從禮

一、先秦時期"清酒"的祭祀功能

古代的清酒是用麴進行發酵釀製而成的糯米酒。文獻中似未見秦漢時期酒麴製作方法的記載。"麴"即籟，《説文》："籟，酒母也。從米，籟省聲。或從麥，鞠省聲。"段注："作麴或以米，或以麥。故其字或從米，或從麥。"即是説製作酒麴的原料是米或麥。漢簡中記載有"酒麴"，如簡文"□以□小麥麴二斗"（合284.17B）、"麴小麥□□"（敦1449B），"粟麴"（269.2），由簡文記載可知，漢時製麴的原料有"小麥"和"粟"。

先秦兩漢時釀製清酒的原材料主要是糯性黍。黍即糜子，碾去皮後稱黍米，今俗稱黃米，爲黃色小圓顆粒。黍的籽粒有粳性與糯性之分。粳性黍爲非糯質，不黏，一般供食用。糯性黍爲糯質，性黏，磨米去皮後稱作大黃米或軟黃米，用途廣泛，可磨面作糕點，古代廣泛用於釀酒。《説文》："黍，禾屬而黏者也。以大暑而種，故謂之黍。孔子曰：'黍可爲酒，禾入水也。'凡黍之屬皆從黍。"《中國經濟史

———————
① 本文係2013年度國家社會科學基金重大項目"懸泉漢簡整理與研究"（批准號13&ZD086）子課題"懸泉漢簡與漢代河西社會生活"的階段性成果。

辭典》：“粒比穀子略大而黃，所碾的米稱大黃米。黍分黏與不黏兩種。約在秦漢以後，黍中黏的品種仍稱黍，不黏的別稱穄，又稱穈。現在北方仍稱穈子。”漢簡中稱“黍米”者指糯性黍，即大黃米，是古代釀酒的主要原料。稱“穈子”或“米穈”者指非糯質不黏的黍米。如“出穈子一斗”（合4.12）；“舂米穈”（EPT56:144）。

先秦兩漢時期文獻中記載的酒屬於糧食發酵酒，它是以糖化發酵劑——麴、蘗來釀成的。古人把以蘗爲發酵劑釀成的酒稱之爲“醴”，而把以麴釀成的酒才稱之爲“酒”。如《尚書·商書·說命》：“若作酒醴，爾惟麴蘗。”這正是從釀造所用糖化發酵劑麴、蘗的不同而分言酒、醴。

釀醴之蘗，即發芽的穀物。“蘗”即《說文》之“糱”，“牙米也”。段注：“牙同芽。芽米者，生芽之米也。凡黍稷稻粱米已出於稃者不牙。麥豆亦得云米。本無稃。故能芽。”《周禮·天官·酒正》：“辨五齊之名，一曰泛齊，二曰醴齊，三曰盎齊，四曰緹齊，五曰沈齊。”據鄭玄之注[1]，“五齊”是以濁清分別稱之，皆屬醴酒，爲祭祀時專用於神享。此外，《酒正》所言“四飲之物，一曰清，二曰醫，三曰漿，四曰酏”也屬於醴酒。至西漢時期，以蘗釀醴酒的活動仍在進行。如《漢書·貨殖傳》就載有“蘗、麴、鹽、豉千合”。《漢書·匈奴傳》三次記載了漢朝送給匈奴單于釀酒所用的“蘗”。如“顧漢所輸匈奴繒絮、米蘗”，此“米蘗”即指以穀物發芽製成的蘗。“故詔吏遺單于秫蘗”。此“秫蘗”指以黏性粟發芽製成的蘗。“歲給遺我蘗酒萬石”，此“蘗酒”爲已釀成的醴。

釀酒之麴，爲穀物黴變而製成。《周禮·酒正》載有“三酒”。“辨三酒之物，一曰事酒，二曰昔酒，三曰清酒。”鄭玄注：“事酒，酌有事者之酒，其酒則今之醳酒也。昔酒，今之酋久白酒，所謂舊醳者也。清酒，今中山冬釀，接夏而成。”鄭玄則以他所生活的時代對三酒進行解釋。所謂“醳酒”，即爲事而釀一夜新成之酒。[2]“昔酒”則是舊醳酒。“清酒”釀造時間最長，自冬至夏而成。此“三酒”皆屬於以麴釀造的酒。

---

[1] 鄭注“五齊”曰：“泛者，成而滓浮泛泛然，如今宜成醪矣。醴猶體也，成而汁滓相將，如今恬酒矣。盎猶翁也，成而翁翁然，蔥白色，如今酇白矣。緹者，成而紅赤，如今下酒矣。沉者，成而滓沉，如今造清矣。自醴以上尤濁，縮酌者。盎以下差清。其象類則然，古之法式未可盡聞。杜子春讀齊皆爲粢。又《禮器》曰：‘緹酒之用，玄酒之尚。’玄謂齊者，每有祭祀，以度量節作之。”

[2]《禮記·郊特牲》：“縮酌用茅，明酌也。”鄭注：“事酒，今之醳酒，皆新成也。”孔疏：“言古之事酒，正是漢之醳酒，事酒與醳酒，皆是新作而成。”

先秦時期,醴和酒均用於祭祀,其主要區別在於醴是專供神靈享用,而清酒則是祭祀儀式完成後供參與者飲用。《周禮》中的"五齊"之醴和"三酒"之酒皆可爲祭祀品。"五齊"專用於神享,"三酒"專用於人飲。正如"三酒"條中鄭司農注:"事酒,有事而飲也。昔酒,無事而飲也。清酒,祭祀之酒。"再如《詩·大雅·旱麓》:"清酒既載,騂牡既備。以享以祀,以介景福。"《詩·小雅·信南山》:"祭以清酒,從以騂牡,享于祖考。"此"清酒"用於祭祀祖先。又《詩·大雅·韓奕》:"韓侯出祖,出宿于屠。顯父餞之,清酒百壺。"此處的"清酒"則用爲祖道之祭。

此外,《後漢書·南蠻西南夷列傳》載秦昭王時有白虎爲害於秦、蜀、巴、漢之境。時巴郡閬中夷人射殺白虎。昭王因與夷人盟曰:"秦犯夷,輸黃龍一雙;夷犯秦,輸清酒一鐘。"這裏一鐘清酒可等值一雙黃龍玉璧,可見巴郡閬中夷人所釀"清酒"之珍貴。此"清酒"是否也是麴釀糯米清酒或蒸餾酒(今之白酒)值得研究。

以上是關於先秦兩漢典籍文獻中有關"清酒"的記載,概言之,先秦時期的"清酒"的功用主要是祭祀神靈時作爲祭品。

二、睡虎地秦簡中"清酒"的祭祀功能

在雲夢睡虎地秦簡中"清酒"一詞記載如下。

(1)馬禖祝曰:"先牧日丙,馬禖合神。"●東鄉(向)南(向)各一馬□□□□□中土,以爲馬禖,穿壁直中,中三朘,(156背)四厩行:"大夫先兒席,今日良日,肥豚清酒美白粱,到主君所。主君筍屏調馬,敺(驅)其央(殃),去(157背)其不羊(祥),令其□者(嗜)□,□者(嗜)飲,律律弗御自行,弗敺(驅)自出,令其鼻能糗(嗅)鄉(香),令耳恩(聰)目明,令(158背)頭爲身衡,骹(脊)爲身剛,腳爲身□,尾善敺(驅)□,腹爲百草囊,四足善行。主君勉飲勉食,吾(159背)歲不敢忘。"(160背)

《睡虎地秦墓竹簡·日書甲種》①

---

① 睡虎地秦墓竹簡整理小組:《睡虎地秦墓竹簡》,文物出版社,1990年,第227—228頁。

該簡所載"馬祺祝"是關於祈禱馬匹繁殖的祭祀。馬祺或即祭祀馬祖①,畜馬無恙,善行。簡中的"主君"或即"馬祖"。祭祀時獻祭之物爲"肥豚""美白粱"和"清酒"。此三物是古人祭祀時常配的祭品。

三、肩水金關漢簡中"清酒"的祭祀功能

在肩水金關漢簡中亦見"清酒"的相關記載。

(2)不蚤不莫得主君聞微肥□□乳黍飯清酒至主君所主君□方□□□

《金關》73EJT11:5②

上簡中"聞微""肥□"據簡影或可釋作"閒假"和"肥豚"。閒假讀作"閒暇",指閒空。《漢書·趙充國傳》:"以閒暇時下所伐材,繕治郵亭,充入金城。""不蚤不莫"即"不早不暮",即今之言"不早不晚",意時機剛好。簡中"主君"爲受祭的神靈馬祖。③"得主君閒暇"指主君正得空閒。"肥豚""□乳""黍飯""清酒"四物爲祭祀供品。

四、居延新簡中"清酒"的祭祀功能

在居延新簡中也有"清酒"的記載。爲討論方便,兹將與此相關的一組簡文羅列如下,再進行分析。

---

① 睡虎地秦墓竹簡整理小組:《睡虎地秦墓竹簡》,文物出版社,1990年,第227—228頁。
② 甘肅簡牘保護研究中心等編:《肩水金關漢簡》(貳),中西書局,2012年,第2頁。
③ 王子今《肩水金關簡"馬祺祝"祭品用"乳"考》(《金塔居延遺址與絲綢之路歷史文化研究》,甘肅教育出版社,2014年,第5頁)結合睡虎地秦簡"馬祺祝"文和學者對漢畫像"馬首人身神怪"的研究成果,認爲"肩水金關簡文所見'主君',不排除與漢代畫像資料中看到的所謂'馬首人身神怪'存在某種内在聯係的可能。"按,此説有一定道理。

(3)□肥豬社稷神君所清酒白黃　　　EPF22:832①

(4)□今進孰清酒飯黍白黃人禺　　　EPF22:830②

(5)□社稷神君所君且所陽方令宰人殺亨　　　EPF22:544③

(6)鄉至社稷神君所强飲强食方相甲渠　　　EPF22:831④

(7)☑神君方相☑　　　EPF22:866⑤

(8)胡虜犯甲渠塞神强飲强食再拜☑　　　EPF22:835+836⑥

上列六簡均出土於甲渠候官編號二二的房址内,書體相同,内容相近,故推測此六簡當屬同一簡册,所記爲社祭所用之祝禱辭。下面對簡文略作疏通。

簡(3)中"肥豬"作祭祀社稷之用。商周時期,豬與牛羊組合的祭祀周代稱之爲"太牢",豬與羊組合的祭祀稱之爲"少牢"。《禮記·王制》載:"天子社稷皆太牢;諸侯社稷皆少牢。"祭祀所用的豬、牛、羊等犧牲的選擇均有一定的標準。《墨子·明鬼下》講到夏商周三代之王祭祀時即稱:"必擇六畜之勝腯肥倅,毛以爲犧牲。"《淮南子·時則訓》:"乃命宰祝,行犧牲,案芻豢,視肥臞全粹。"秦漢以降,豬用於各種祭祀,主要是因爲秦漢時期豬的飼養很普遍。正如《淮南子·氾論訓》載:"豕爲上牲者,非豕能賢於野獸、麋鹿也。而神明獨饗之,何也? 以爲豕者家人所常畜,而易得之物也。"

簡中四處"神君"均指社神。《韓非子·説林上》:"涸澤蛇將徙,有小蛇謂大蛇曰:'子行而我隨之,人以爲蛇之行者耳,必有殺子;不如相銜,負我以行,人以爲我爲神也。'"《史記·封禪書》:"神君最貴者,曰太一,其佐曰太禁、司命之屬。"可見,戰國秦漢時即已稱神異或神爲神君。居延簡中"神君所"指供立社神之所。春秋時,社神所有"社宮"之稱,《左傳》哀公七年,"曹人或夢眾君子立於社

---

① 此簡原釋作"□肥豬社稷□□□酒曰昔"。此據紅外綫圖版改釋。

② 此簡原釋作"□□□穀用君所移食……方相"。此據紅外綫圖版改釋。此簡上部份殘斷。疑首字爲"鄉",但不能確定,暫"□"之。

③ 此簡原釋作"……君且……"。此據紅外綫圖版改釋。

④ 此簡原釋作"□□鼓□□樂回聽"。此據紅外綫圖版改釋。

⑤ 此簡原釋作"□君等□"。此據紅外綫圖版改釋。

⑥ 此簡原釋作"胡虜犯甲渠塞辨强飲强食再拜"。此簡爲兩斷簡綴合而成。筆者核驗原簡,確可綴合。

宫。"杜注:"社宫,社也。"社宫即舉行社祭之所。簡文"……祠社所行人□遷徙"(EPT43:175)中"祠社所"亦證甲渠塞候官有社神祠。

簡(3)中"清酒"和《周禮·酒正》及睡虎地秦簡"馬禖祝"中的"清酒"一樣,供祭祀之用。簡(4)中"埶清酒"指精釀而成的清酒。按,《荀子·禮論》:"非順孰修爲之君子莫能知之也。"楊倞注:"孰,精也。"《備急千金要方》載:"美清酒和炒服之。"①此"美清酒"之"美"和"埶(孰)"均是對清酒品質的説明。

簡(3)中"白黄"即簡(4)中的"飯黍白黄"。《禮記·内則》:"飯:黍、稷、稻、粱、白黍、黄粱,稻、穛。"鄭注:"黍,黄黍也。"孔疏:"此飯之所載,凡有六種,下云白黍,則上黍是黄黍也。下言黄粱,則上粱是白粱也。"此簡和簡F22:832中的"白黄"當指白黍和黄黍。②

簡(4)中"人禺"即"人偶",《戰國策·齊策三》:"有木偶人與桃梗相與語。"《史記·孟嘗君列傳》作"見木禺人與土禺人相與語"。"偶"與"禺"通。按,人偶即偶人,以木或土爲之。《史記·殷本紀》:"帝武乙無道,爲偶人,謂之天神。"正義:"偶,對也。以土木爲人,對象於人形也。"《史記·酷吏列傳》:"匈奴至爲偶人象郅都。"索隱案:"謂刻木偶類人形也。"陳槃《粗製木偶》曾歸納古代木偶有"象人""象神""明器""厭勝""桃符"五類。③在河西邊塞遺址中出土有學界所稱"辟邪"的木面人簡,此簡上端削成人頭形繪以人面,下端削成尖榫形。木面人簡和上簡中的"人禺"是否有關係尚需證明。

簡(5)中"宰人",主膳者。《春秋公羊傳》"膳宰"條,何休注:"主宰割殺膳者,若今大官宰人。"《漢書·五行志》:"與驪奴宰人游居娱戲。"師古曰:"宰人,主膳者也。""殺④享",通"糳享",分發酒肉之義。《説文·米部》:"糳,糳糳,散之也。"段注:"糳本謂散米。引伸之凡放散皆曰糳。亦省作殺。《齊民要術》凡云殺米者皆糳米也。孟子曰:'殺三苗于三危。即糳三苗也。'"享,指酒肉之類。《淮南子·泛

---

① [唐]孫思邈著,李景榮等校釋:《備急千金要方校釋》,人民衛生出版社,1997年。

② 此外,黍還有黑黍,古稱"秬",一個米皮中含有兩個米粒。黑黍與香草所釀成的酒叫秬鬯,極爲名貴,是周天子賞賜諸侯臣下的珍品。

③ 陳槃:《粗製木偶》,《漢晋遺簡識小七種》,上海古籍出版社,2009年。

④ 按,此簡"殺(殺)"字形與"殺"(《敦煌》222)、"殺"(《敦煌》784)、"殺"(《敦煌》784)形近。

論》"犒以十二牛"條,高誘注:"酒肉曰享,牛羊曰犒。"秦漢以降,春、秋二季皆舉行社祭。此簡中"宰人殺享"的意思即指社祭儀式結束後由宰人負責給參加社祭的人們分發酒肉。《漢書·陳平傳》載:"里中社,平爲宰,分肉甚均。"即是説里中社祭時,陳平任宰人,主切分散肉。

簡(6)中"强飲强食"爲祭祀時的祝辭。《周禮·考工記》載天子祭侯之禮,其辭曰:"惟若寧侯,毋或若女不寧侯不屬於王所,故抗而射女。强飲强食,詒女曾孫諸侯百福。"據鄭注,天子祭諸侯之辭大意是説其先祖因有功德而侯,如果後人不具其德,則奪其侯。如有其德,則善飲善食,後世可續爲諸侯。"强飲强食",睡虎地秦簡"馬禖祝"則作"勉飲勉食"。

簡(6)(7)中的"方相"或即"方相氏"。按,方相氏之名,見於《周禮·夏官》:"方相氏狂夫四人。""方相氏掌蒙熊皮,黃金四目,玄衣朱裳,執戈揚盾,帥百隸而時難,以索室驅疫。大喪,先柩;及墓,入壙,以戈擊四隅,驅方良。"據此記載可知,方相氏具有十分獨特的外形:"蒙熊皮,黃金四目,玄衣朱裳。"方相氏的職能是"索室驅疫"和"大喪驅方良",即以驅鬼爲目的。"時難"即"時儺",按時節舉行儺儀。按《禮記·月令》載,每年在季春、仲秋和季冬之月舉行儺儀,方相氏僅在季冬儺儀中出現。由居延新簡記載可知,兩漢時方相亦出現在社祭儀式上。

簡(8)中"胡虜犯甲渠塞"指匈奴人進犯甲渠塞。"神"即"神君",在這裏指社神。春秋時期,"社"已具有軍隊保護神之意。隨軍隊而行的社稱作"軍社"。《左傳》襄公二十四年載楚使臣赴齊時,"齊社,搜軍實",即在社檢閱軍隊、車徒及軍器。這表明,齊國的社原來除了一般的神力之外,還與軍事有關。各諸侯國軍隊外出征伐的時候,"社"主要隨軍而行。春秋末年,衛國任大祝之職的子魚曾經説:"祝,社稷之常隸也,社稷不動,祝不出竟(境),官之制也。君以軍行,祓社釁鼓,祝奉以從,於是乎出竟(境)。"可見社神在君主率軍旅出征時,要先祭社,并且殺牲以血塗鼓,然後大祝奉社主從軍而行。軍主的社主之神稱爲"軍社"。《周禮·小宗伯》謂小宗伯之職守之一是"若大師,則帥有司而立軍社,奉主車",其中所提到的"主車",即載社主之車。《周禮·大祝》載"大師,宜於社,造于祖,設軍社,類上帝,國將有事於四望,及軍歸獻於社,則前祝"。所謂"宜於社",就是祭祀社神以求其福宜。社神所給予的福佑則通過祭社者"受脹"的方式來表達。《左傳》閔公二年載,"帥師者,受命於廟,受脹於社"。脹,即《説文》"祳",謂"社肉盛以蜃,故謂之祳"。祭社完畢,主祭者將祭肉分賜,受脹就是接受了社神所賜予的福佑。①此簡所記載的大概也是社祭時的祝辭之語。甲渠候官所立之社神,被賦予的職能,除庇護當地農業豐收外,另外一個即是庇佑甲渠塞在抵禦胡人進犯時取得勝利。從這點來理解,則邊塞的社神具有"軍社"的功能也是可能的。

關於居延邊塞社及社祭的情況學者們已根據傳世文獻記載及簡牘料有了較全面的研究。②這幾枚有關"社稷"簡文的發現,可以爲深入探究居延邊塞社的形式、性質及社祭的祭品、程式、祝辭和參與人員等提供新的材料。

(原載《簡牘學研究》第六輯,2016年)

---

① 晁福林:《試論春秋時期的社神與社祭》,《齊魯學刊》1995年第2期。
② 勞榦:《居延漢簡考證·社》,臺北"中研院"歷史語言研究所專刊之四十,1960年,第66—67頁。寧可:《漢代的社》,《文史》第9輯,中華書局,1980年。薛英群:《居延漢簡中的"社"及其源流》,《蘭州學刊》1984年第3期。汪桂海:《漢簡所見社與社祭》,《中國歷史文物》2005年第2期。

尺牘帛書——漢時邊塞親人的來信

朱建軍

　　我國目前已知最早的書信實物是出土於戰國晚期秦墓的兩件木牘。紙張發明之前，書信是寫在木牘之上的，而用於書寫信件的木牘規格是當時的一"尺"，秦漢時的一尺約合今天的23.1厘米，因此"尺牘"就是書信的代稱。所謂"尺牘如面談""見信如面"，都是相隔千山萬水的親朋至友收到彼此信件時喜悦心情的表達。在交通不便、信息滯礙的古代，人們交流的唯一方式就是"鴻雁傳書"。在甘肅河西漢塞出土的數以萬計的簡牘帛書中，就留存了不少内容豐富、形式多樣的珍貴書信。

　　甘肅簡牘博物館藏有大量私人簡帛書信，有寫信托友人代買東西的；有因物資短缺而寫信向友人求助的；有思念親友，祇能寄思親之情於書信的……這些私人書信爲我們揭開了漢代河西屯戍吏卒的生活狀況。撫讀這些書信，我們既能真切地了解當時河西漢塞吏卒的精神世界和文化活動，又能深入探知許多塵封已久的絲路往事。

　　相較於那些程式化的官府公文書，這些珍貴的私人書信能反映漢代河西屯戍吏卒的生活狀況、情感世界、人際交往及社會風氣等。這些簡牘帛書記載了古絲綢之路的發展歷程，是研究古絲綢之路的原始文獻，更是絲綢之路的全景式畫卷中不可或缺的部分。通過它們能深入了解漢代軍民之間的往來。

塞外病苦寒　家書抵萬金

作爲絲綢之路的守護者,默默無聞的邊塞戍卒千百年來被湮没在浩瀚的歷史海洋中。慶倖的是,甘肅簡牘博物館館藏簡帛私人書信爲我們生動地還原了不少河西邊塞吏卒的生活狀況。

河西地區乾燥少雨、風沙頻繁,夏季日照强烈,冬季寒冷异常。這種特殊的自然地理環境,對於從温暖濕潤的内郡遷徙而來的戍卒影響較大,他們往往因不適應這裏的氣候而生病,生病的戍卒更是衹能在信中以寥寥數語略表思親之情。甘肅簡牘博物館藏有一封家書,遺憾的是這封家書或許從未有機會到達收信人的手中。

(1)病,野遠爲吏,死生恐不相見□。毋它,昆弟與□□　(73EJT6:35)

這是一封出自肩水金關遺址的書信。至於其寫信人和收信人,我們現在都無從知曉。從書寫格式來看,可能是一封從未寄出的家書。寫信人在信中説因自己遠離家鄉到邊塞爲吏,與家中的兄弟一別數年,"邊塞苦寒,現在生病了,這一病恐怕今生無緣相見,衹有來生再做兄弟了"。一句"死生恐不相見",其悲切之情溢於言表,讀之令人動容。

邊塞實苦,比起自己生病,最無力的便是親友生病而自己不能照料。戍卒們因遠在邊塞,衹能以家書表達擔憂之情,甘肅簡牘博物館藏有不少這樣的家書。

(2)兄行,弟病。諸君幸爲　　　　　　　　　　　(10.2B)

這是哥哥寫給弟弟的一封家書。哥哥遠離家鄉,行役戍邊,留下弟弟在老家。現在聽家鄉來人説弟弟生病了,哥哥急忙在戍所寫了一封家書,請老鄉帶回去。信中特意囑咐老鄉一定要把哥哥的問候捎給弟弟……從簡牘出土地得知,這是一封没有發出的家書。信寫完後,就一直留在了大漠戈壁的戍所裏。我們不知道弟弟的病是否痊癒,但是讀了這封信,我們知道,遠戍居延的哥哥曾經很擔心生病的弟弟。

> (3)母病困,命在旦夕,願君以禹,故令况乘
> 故郭宜先　　　　　　　　　　(EPT44:34)

這是一封遺落在居延甲渠候官遺址的書信。寫信人已經無從知曉。但寫信人在信中述及某君的母親病得嚴重,命在旦夕,希望某君要趕緊回家,其擔憂之情躍然簡上。

> (4)少卿足下,善毋恙。惠君不起,病甚,痛,
> 無達。願自愛。迫府君新視事……甚善塞外……
> 近衣裘][□又作前幸財罪寒時真□□報公子長
> 君,近衣裘自愛善。幸甚……□謹使吏來……
> 　　　　　　　　　　(EPT51:233A/B)

這是一封寫給少卿的信。信中寫道,聽聞惠君因病臥床不起,疼痛難耐,十分擔心,本想前往探視惠君,但因寫信人供職機構的官長最近要外出巡視,所以抽不出身來,祇能希望惠君保重身體。從簡文中我們可以看出,儘管身處艱苦的戰爭環境,邊塞吏卒依然表現出愛崗敬業、盡忠職守的精神。

自古忠孝不能兩全,更何况在戰亂年代。親人生病,家中無人照料,迫於無奈祇能寫信給上級部門准予

圖1-13　73EJT6:35

其回家贍養老人,甘肅簡牘博物館所藏的乞歸信,雖寥寥數語,但情真意切。同爲人子,不免爲之唏噓。

(5)弟幼弱不勝,願乞胲骨,歸養父病 　　　　　(73EJT23:692)

這是一封在居延肩水金關服役的某吏寫給上級部門的乞歸信。因爲家中父親生病了,弟弟又太幼弱,不能擔負起照顧贍養老人的責任,故懇請上級部門能夠准許其歸家。撫讀簡文,我們可以想象到寫信人得知家人生病時的焦慮不安以及想要回家照顧父親的急切心情。漢代以孝治天下,這名戍邊者的父親年事已高,又有病在身,戍邊者提出歸家申請。我們無法得知這名戍邊者的請求最後是否被准許,却能真切地感受到邊塞戍卒們在勞作和戍防時的艱辛與恪守忠孝的精神。類似的書信在甘肅簡牘博物館所藏的簡牘裏并非個例。

衣食無着處　羞向友朋借

解讀千年簡牘文獻,我們可以較爲全面地了解邊塞戍卒們的生活狀況。但在2000年前的普通大眾眼裏,邊塞戍卒的生活是怎樣的呢? 甘肅簡牘博物館珍藏着一封《借糧記》,寫信人因糧食短缺向在關外邊塞勞作的好友求助。信中寫道:

(1)田子淵坐前,頃久不相見,閑致獨勞,久客關外,起居無它,甚善。致憂之,今接人來積三日,糧食又欲乏,願子淵留意,亟□□□□□][毋以邑邑非意忽於至計。原一、二知起居,唯爲　　　　　(236A/B)

圖1-14　236A/B

此簡出自敦煌馬圈灣。由簡文推測出寫信人想向田子淵借糧食。與我們現在的書寫習慣大致相同,信的開頭先說了一些問候田子淵的客套話——"近些年,因爲你一直在邊塞勞作,我們很久沒有見過面了,知道你起居無恙,我很是高興。"緊接着寫信人筆鋒一轉言及正事——"最近十分憂慮,因爲連續三天接待來我這裏的客人,糧食快吃光了,希望子淵能留心此事。"

讀着這封信,我們才知道,田子淵是一名久守邊塞的戍卒。在友人眼中田子淵"閑致獨勞""起居無它",故在自己糧食短缺的時候,希望田子淵能幫幫忙。但邊塞戍卒真如這封信中所寫的"居食無憂"嗎? 甘肅簡牘博物館珍藏着一封出自弱水河畔邊塞烽燧的《借褲記》,其中道出了邊塞戍卒生活的窘迫。信中訴説:

(2)敞叩頭言,子惠容□侍前,數見,元不敢衆言,奈何乎,昧死言。會敞綺元弊,][旦日欲使偃持歸補之。願子惠幸哀憐,且幸藉子惠韋綺一、二日耳,不敢久留。唯賜錢非急不敢道,叩頭白   (EPT51:203A/B)

從簡文推測,一位姓元名敞的吏卒向好友子惠寫信借褲子,并顯得尤爲急迫。元敞在信中并無過多寒暄,開門見山寫道:"我的褲子破了,需要送回家縫補,此前就想向你借褲子,但由於當時很多人都在,沒好意思提出來。現在實在沒有辦法,厚着臉皮向你開口,希望你能可憐我,把褲子借我穿幾天,一旦我的褲子補好,馬上就還給你。"簡文最後元敞還寫道,自己現在并不急需用錢,在萬不得已之時,會再和子惠説的。

與友人眼中"居食無憂"的田子淵相比,元敞顯然過得十分窘迫,連褲子都得向朋友借。我們無法得知元敞是否借到褲子,但是短短尺牘就透露出漢時邊塞戍卒缺衣少食的窘境,邊塞戍卒生活之苦,由此可見一斑。

頃久不相見　尺牘訴衷情

遙想當年悠悠弱水畔,蘆花飄揚,肩水金關高高地矗立在大漠落日餘暉中,千載歲月黃沙漫卷,雄關不復,唯餘廢墟,還有塵封了千年的字裏行間的孤獨和思念。

　　對於屯戍將士們來説,邊塞生活最苦莫過於難以言明的思鄉之苦。久居邊塞的戍卒們,唯有與友人通信,才能略解塞上生活的乏味苦悶,撫慰戰亂的恐慌與异鄉的孤寂。

　　(1)偉卿足下毋恙,叩頭,閒者起居無它,甚善,賢獨賜正臘□……□丞問起居燥濕,叩頭。偉卿强飯厚自愛,慎春氣][旦莫盡真不久,致自愛,爲齊數丞問甬君成起居,言歸……請,叩頭,因爲謝。騂北尹衡叩頭,塞上誠毋它可道者……
　　　　　　　　　　　　　　　　　　　　　　(73EJF3:127A/B)

　　這是一枚出土於肩水金關廢墟中的簡,從簡文得知這是尹衡寫給偉卿的一封問候信。信中提到的騂北,在當時屬肩水候官管轄,尹衡在居延戍邊,偉卿可能是尹衡老家之人。信中多處表達了尹衡對偉卿的殷切問候,"起居燥濕""强飯厚自愛""慎春氣"等,都是漢時書信中尋常問候習語。尹衡在信裏的一句"塞上誠毋它可道者",道出了邊塞生活的枯燥乏味,唯有在給友人寫信時,才能打發邊塞生活的乏味,聊表思鄉之情。

　　(2)哀憐賜記,恩澤誠深厚,得聞南方邑中起居,心中歡喜　　　　　　　　　　　(EPT44:4A)

　　此簡出自甲渠候官。從簡文推出,邊塞戍卒收到了親朋好友寄來問候的書信,心中實在感動不已。戍卒從信中知悉家中起居平安,自是歡喜异常。

　　(3)迫關外毋禮物,願少平因忍……][願少平□□故叩頭願少平　　　　　　(73EJT15:8A/B)

圖1-15　73EJT15:8A/B

由簡文看出，這是一封寫給少平的信，寫信人我們已無從得知。信中的"關外"更多是指塞外之地。寫信人説道，居延本塞外之地，物資匱乏，可以贈送的禮物很少。寫信人想給少平捎禮物，無奈并無拿得出手的東西相送，故衹能在信中表達愧疚之情。這封信雖寥寥數語，但情真意切、句意平遠，生動地向我們展現了邊塞戍卒的袍澤情誼。

漢代民眾赴邊服役從事屯戍，其服役都有期限規定，但一些戍卒往往會超期服役，久客塞外的戍卒思歸之情甚是强烈。無奈之下，有些戍卒也會給熟人寫信請求幫助。如下面這則出自敦煌馬圈灣的私記即是一例：

> (4)兒尚叩頭白記。閑來，上日久食盡乏，願貸穀一斛。穀到，奉詣前。又前計未上，甚自知。楊掾坐前，數數哀憐，恩德甚厚甚厚。又前欲遣持斛詣尹府，欲且鄀陽成士吏][令後歸，尚意中甚不安也。事不足亂平。尹府哀小姓貧人子久居塞外，當爲發代。唯掾以時移視事盈歲名尹府。須以調代，代到得歸，叩頭叩頭。
>
> (244A/B)

從簡文可知，這是兒尚寫給楊掾的一封信。這封私信書於木牘之上，正反兩面書，每面兩行。寫信人兒尚服役期已滿，按規定應當有人來接替他(發代)的工作崗位，然而上級機關(尹府)遲遲沒有下發遣返通知。兒尚歸鄉心切，苦無辦法。恰逢楊掾要到尹府辦事，兒尚便請楊掾把他的情況上報尹府，這樣他就有機會回家。兒尚爲了托楊掾幫忙，在信中先感謝楊掾曾經給予他的幫助，然後説尹府官員也會同情他這樣的小姓貧寒人子。言下之意，衹要楊掾肯幫忙，就一定能辦成此事。簡文中的"食盡乏""數數哀憐""小姓貧人子久居塞外"等，很直觀地向我們展現出這位名叫兒尚的貧苦戍卒困守邊塞、無法與家人團聚、倍加思親的情形。

路遙難言情　帛書寄心知

除簡牘外，帛書也是秦漢的書寫載體，因絲帛價格高昂，故在當時社會没有

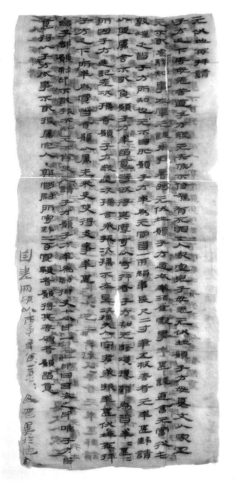

圖1-16 元致子方書

普及,又因不易保存,所以留存至今的秦漢帛書少之又少,但這些帛書對研究秦漢絲路文化具有重要的史料價值。

甘肅簡牘博物館藏有一件於1990年在敦煌懸泉置遺址出土的帛書,帛長23.2厘米,寬10.7厘米,10行319字。帛書是"元"寫給"子方"的信,故取名《元致子方書》。這份帛書是兩漢地下出土文物中保存最完整、字數最多的私人書信,爲國家一級文物。綜合已有研究成果,帛書可能時代爲西漢晚期。帛書記載:

(1)元伏地再拜請:

子方足下,善毋恙! 苦道子方發,元失候不侍駕,有死罪。丈人、家室、兒子毋恙,元伏地願子方毋憂。丈人、家室元不敢忽驕,知事在庫,元謹奉教。暑時元伏地願子方適衣、幸酒食、察事,幸甚! 謹道:會元當從屯敦煌,乏逯,子方所知也。元不自外,願子方幸爲元買逯一兩,絹韋,長尺二寸;筆五枚,善者,元幸甚。錢請以便屬舍,不敢負。願子方幸留意,逯欲得其厚、可以步行者。子方知元數煩擾,難爲逯。幸甚幸甚! 所因數方進記差次孺者,願子方發過次孺舍,求報。次孺不在,見次孺夫人容君求報,幸甚,伏地再拜子方足下! 所幸爲買逯者,願以屬先來吏,使得及事,幸甚。元伏地再拜再拜!

呂子都願刻印,不敢報,不知元不肖,使元請子方,願子方幸爲刻御史七分印一，龜上，印曰：呂安之印。唯子方留意，得以子方成事，不敢復屬它人。郭營尉所寄錢二百買鞭者，願得其善鳴者，願留意。

自書：所願以市事，幸留意留意毋忽，异於它人。　　　　　　　（II0114:611）

　　從這封帛書我們可以知道，元托好友子方代辦四件事：第一件事，元在敦煌成邊值守，請子方代爲購買一雙尺碼爲27厘米的鞋，幷對鞋子的品質做了要求，即鞋子應爲質地如絹一樣柔軟的皮鞋，且鞋底要厚能耐穿，鞋買好以後請來敦煌出差的同事捎來即可，同時元還請子方代買五支好毛筆；第二件事，元請子方代爲問候次孺，如次孺不在，煩請問候次孺妻子容君；第三件事，呂子度想請子方刻一方印章，但不好意思自己開口，故請元代爲轉達，元請子方定給自己面子，爲呂子度刻一方規格爲"御史七分"，有龜鈕，印文爲"呂安之印"的印章；第四件事，郭營尉寄了200錢，請子方代其購買一條響鞭。

　　《元致子方書》看似朋友之間簡單的書信往來，却透露出極爲重要的信息，能説明我們深入地了解漢代邊塞成卒的日常生活。從帛文推知，元是一名敦煌的基層吏員，因鞋、筆、鞭三物不屬於朝廷供給範圍，所以需自己置辦。再者，漢代西北邊塞交通極爲不便，此封書信不可能寄往内地，又因酒泉郡較敦煌距離内地近，物資較敦煌豐富，故推斷子方有可能在酒泉。

　　我們將元在信中請子方代買的物品與懸泉置遺址中出土的毛筆、硯、革履和絲綢、毛麻織品等相結合，就可以清晰地還原漢代絲綢之路普通大衆的服飾特徵和生活場景。

　　但從帛書出土地敦煌懸泉置遺址來看，書信可能因爲種種原因被耽誤在懸泉置，没有發往下一站。那麼子

圖1-17　建致中公夫人書

方是否知悉元委托他代辦的四件事？元的心願是否達成呢？這些都湮没在了歷史的長河中。

塵封了兩千多年的簡牘帛書不僅對我們研究絲綢之路、研究中國古代史具有十分重要的學術價值，而且是現存秦漢時期十分寶貴的書法墨蹟珍品，是研究中國書法史及文字演變不可或缺的稀見書迹。洗净污泥，脱去浮色，我們可以看到簡帛中形體勻整、瘦勁挺拔的篆書，字形多變、氣勢豪放的隸書，字字獨立、形迹肆意的草書，大小相兼、疏密得體的行書……這些簡帛使我們更加深入地了解秦漢書法風格的多樣性，再現絲綢之路的簡墨風貌。

甘肅簡牘博物館所藏帛書《建致中公夫人書》就是比較規整的隸書，對研究西漢書法的演變具有重要的史料價值。祇見帛書中有粗重醒目的磔筆，向右波磔、下向重尾筆，其中"恙、建、史、希、足、及"等字醒目大磔角長出本字數倍。秦到西漢初的隸變中，古隸多含斜向弧形長尾筆，是這些帛書中最引人注目的筆畫，西漢中後期漢隸成熟後，這類筆畫已演變成右橫向重磔筆，往往長出其他文字數倍，西漢後期以後，這類超長的橫向磔筆極少見，這可能是西漢中後期隸書較爲普遍的筆法。帛書記載：

(2)建伏地請：

中公、夫人足下，勞苦臨事善毋恙。建不肖奴□賴中公恩澤，幸得待罪侍御史。頃闕希聞中公□忽也。數屬中公及子惠於敦煌□□何君，不敢忽忽。敦煌卒史奉太守書賜建，建問卒史，言中公頃。中公幸益長矣，子孫未有善，歲賜錢，率夫人日夜有以稱太守功名行者，何患不得便哉！寒時□，慎察吏事，來者數賜記，使建奉聞中公所欲毋恙，建幸甚幸甚。謹因敦煌卒史中公足下。幸爲建多請長卿、夫人、諸子及子惠諸弟婦、兒子□謝，强飯。來者言長君、次公□□。　　　　　　　　　　Ⅱ90DXT0144:610

從帛書内容所知，這是一封建寫給中公、夫人的私信。建在信中除了問候中公、夫人等外，還提到仰賴中公的恩德，有幸擔任了侍御史。建在信中寫道："請中公和夫人注意身體，不可勞累過度。一段時間以來很少聽到中公的消息了，忽然聽說中公及其子惠到了敦煌，我不敢怠慢。敦煌卒史爲太守送信於我，我向卒史打聽，才得知中公的近況。中公恩德愈益綿長，我的子孫中未有可以稱善者，中公還每年賜錢。中公和夫人日夜所爲都與太守的功名德行相稱，還有什麼不便處可擔憂的呢？冬天嚴寒，我謹慎仔細地做好吏事。願中公以後多捎信給我，我就可以隨時知道中公如我希望的那樣健康無恙，那我將非常欣喜。我將通過敦煌卒史給中公您寫信。請您代我向長卿及夫人、子女以及子惠諸弟的夫人、兒子致以問候。望您下次能告知長君、次公等人的消息。"

此帛書出自敦煌懸泉置遺址。從帛書內容來分析，這應該是一封時在長安任侍御史的建寫給在敦煌郡的中公的信。有多重原因，這封信被遺落在了懸泉置。要麼是在發往敦煌的途中丟失在了懸泉置，或許就是建托卒史捎信，而卒史在懸泉置住宿時，不慎將此信遺失，最終沒有送到中公的手中；要麼是中公收到了此信，後來在返回途經懸泉置時將此信遺失。後一種可能性更大些。

此外，從信中所述可知，中公很可能當時任職敦煌太守，他曾叫卒史給建捎過書信，而建也通過向卒史打聽，知道中公在敦煌任太守的情況。按照漢代回避之制，中公能任敦煌郡太守，則他一定是非敦煌郡籍人，或即中原內郡之人。中公任期滿後，告老返鄉必經敦煌懸泉置，帛書私信就有可能遺落於懸泉置。

簡牘作爲最早家書、公文書寫的載體，爲我們研究秦漢絲路沿綫邊塞戍卒的生活狀況和情感世界提供了珍貴的第一手資料。撫讀收藏於甘肅簡牘博物館裏的尺牘帛書，2000多年後的我們依然能夠真切地感受到簡帛書信裏每一個活生生的人及其日常生活之片段，體會到字裏行間凝聚着的他們的情懷。如今，簡牘雖已完成其當日之使命，但它的無限光芒，尤其是在戈壁大漠、長風寒冰的無數個日夜溫暖彼此的家國柔情，不僅沒有褪色，還熠熠生輝，延綿不絕，這就是文脈賡續、生命接力。

（原載《中國社會科學報》2021年8月13日）

肩水金關出土書信類漢簡概述

李　晶

　　肩水金關遺址位於今酒泉市金塔縣境内，黑河流域東岸的戈壁之上。肩水金關屬於漢代張掖郡肩水都尉府下轄的一處關城，控扼着居延塞防區域的南門，拱衛河西諸郡，是出入居延緑洲的必經之地。肩水金關爲傳世史籍不載，直到20世紀30年代才被發現。1930年，西北科學考察團的瑞典考古學家貝格曼在此發掘漢簡850枚，學界習稱"居延漢簡"。筆者初步整理，肩水金關遺址出土漢簡中有書信23封，其中完整書信1封，殘缺書信22封。1973年，甘肅省考古工作隊對肩水金關再次發掘，共獲漢簡11577枚，爲與1930年出土居延漢簡相區别，加之此次所獲簡牘數量大，故稱之爲"肩水金關漢簡"，從2011年至2016年間，甘肅簡牘博物館等數家單位整理出版《肩水金關漢簡》5卷（共15册），公布了這批簡牘的圖版、釋文。經筆者統計，共整理有書信129封，完整書信37封，殘缺書信92封。

　　甘肅河西漢塞出土簡牘書信的研究工作起步較早，早在1907年，英籍匈牙利人斯坦因在第二次中亞探險活動時在敦煌漢塞所獲的敦煌漢簡中就有不少屬於書信類的漢簡。國内學者中羅振玉和王國維合著《流沙墜簡》一書在"簡牘遺文"即有敦煌漢簡中書信的相關研究,彙集并考釋了部分書札。①隨着居延漢簡、居延新簡、肩水金關漢簡的大量發現,學界對新出簡牘書信陸續開展相關研究,如李均明、劉軍合著《簡牘文書學》將書信作爲重要文書種類詳加介紹。②李均明著《秦漢簡牘文書分類集解》中列舉了74封較爲完整的秦、漢簡牘書信,讓人們從形式、内容上對秦漢書信有了整體認識。③李均明著《古代簡牘》從素材、形制與編聯,探討秦漢書信。④此外還有彭礪志博士論文《尺牘書法:從形制到藝術》⑤、楊芬博士論文《秦漢書信彙集校注》⑥、馬怡《居延漢簡〈宣與幼孫少婦書〉——漢代邊吏的私人通信》⑦等論著探討了簡牘書信的形制、書信制度、傳遞等問題,豐富了我們今天對兩千年前漢代書信的認識。

　　本文主要就肩水金關漢簡中的書信進行概述,擬從肩水金關漢簡書信的自稱、格式、内容等方面加以概述,其不妥之處,尚祈方家指正。

一、"書""記""報"的自稱名

　　漢代的書信稱謂與現代不同。漢代文獻常以尺牘、尺素指代書信,漢代簡牘所見書信中常有"書"或"記"的稱法。陳槃提出,漢代書牘或曰"疏",或曰"書",或曰"記"。⑧肩水金關出土書信簡中既有"書""記"單用作爲名稱,也有書、記連稱爲"書記"的情況,除此外,筆者認爲"報"也可作爲書信名稱。

①　羅振玉、王國維:《流沙墜簡》,中華書局,1993年,第108—116頁。
②　李均明、劉軍:《簡牘文書學》,廣西教育出版社,1999年,第268—271頁。
③　李均明:《秦漢簡牘文書分類集解》,文物出版社,2006年,第113—128頁。
④　李均明:《古代簡牘》,文物出版社,2003年,第81頁。
⑤　彭勵志:《尺牘書法:從形制到藝術》,吉林大學博士學位論文,2006年。
⑥　楊芬:《出土秦漢書信匯集校注》,武漢大學博士學位論文,2010年。
⑦　馬怡:《居延漢簡〈宣與幼孫少婦書〉——漢代邊吏的私人通信》,《南都學壇》2010年第3期。
⑧　陳槃:《漢晉遺簡識小七種》,上海古籍出版社,2009年,第26頁。

表 1　以"書"爲名稱的簡牘書信

出土地	簡文内容	簡牘編號	書寫材料	備注
肩水金關遺址	書寒時願	73EJT4:118	削衣	
肩水金關遺址	幸賜書	73EJT4:184A	木牘	
肩水金關遺址	諸事□賜書	73EJT6:93A	木牘	
肩水金關遺址	☑惠卿以□書爲	73EJT23:76B	木簡	
肩水金關遺址	……史賞致此書	73EJT23:359B	木牘	
肩水金關遺址	☑幸甚夷書☑	73EJT23:989	木簡	
肩水金關遺址	謹因往人奉書叩頭再拜	73EJT24:20B	木簡	
肩水金關遺址	□□□善毋恙甚苦候望□□□書記	73EJT26:20B	木簡	
肩水金關遺址	夫人御者□足辱蘇子孫賜書	73EJT30:259	木牘	
肩水金關遺址	☑書到願嗇夫出入毋	73EJT33:16B	木簡	
肩水金關遺址	因白寧有書記南乎欲與家相聞	73EJF3:183A	木牘	
肩水金關遺址	☑虞少卿書幸致☑	73EJH2:75	木簡	
肩水金關遺址	書告以事甚厚	73EJD:32A	木牘	

表 2　以"記"爲名稱的簡牘書信

出土地	簡文内容	簡牘編號	書寫材料	備注
肩水金關遺址	☑賜記奉聞	73EJT1:265	木簡	
肩水金關遺址	☑李延卿記	73EJT3:25	木簡	
肩水金關遺址	願時賜記	73EJT4:118	削衣	
肩水金關遺址	奉記受☑	73EJT4:181	削衣	
肩水金關遺址	幸記再＝拜＝受教☑	73EJT6:197	木簡	
肩水金關遺址	☑記白任威卿願	73EJT23:76A	木簡	
肩水金關遺址	卿幸謂 ☑□記 居延來	73EJT23:502A	木牘	"記"在木牘上方正中,其餘文字分爲兩欄
肩水金關遺址	褒叩頭白記大公	73EJT23:874	木簡	
肩水金關遺址	□賜記□☑	73EJT24:513B	木牘	
肩水金關遺址	時賜記令轉幸聞幼卿毋恙	73EJT26:21B＋T30:27B	木牘	
肩水金關遺址	☑□賜記□□	73EJT37:1278B	木簡	
肩水金關遺址	☑□即在河西幸爲傳一記	73EJC:447B	木牘	

表3 以"報"爲名稱的簡牘書信

出土地	簡文内容	簡牘編號	書寫材料	備注
肩水金關遺址	報。强叩頭幸＝甚＝	73EJT31:162A	木牘	
肩水金關遺址	弘報	《居延漢簡》32.20	木牘	

綜上知,在肩水金關漢簡材料中,有13封稱"書"的信件,主要搭配的短語有賜書、致書、奉書、書致、書告等。從常用搭配可以看出,以"書"爲稱的信件,没有强烈的謙卑感,語氣和緩自然;以内容較爲完整的書信簡判斷,"書"通常爲致下級、朋友或親近的長輩上級的信,用於朋友之間日常的交際往來。

以"記"爲信的有12封,相關的搭配有叩頭白記、奉記受教等,從内容上看,有向上級彙報的公務私記,也有求助信。據此,筆者認爲,"記"是較"書"更爲正式、謙卑的書信稱謂,用於致信上級或求助某人等較爲嚴肅、緊急的情境中。

記還有一種特殊的使用情況——作爲書信的標題,寫在木牘開頭的中央,將書信内容分爲幾欄,上表中編號爲73EJT6:197的書信即是這種格式。

以"報"爲信的肩水金關漢簡有2枚。搭配有報叩頭、某人報等用法,肩水金關的兩封"報"是某人報以及報强叩頭,"報"的使用頻率不高,用於官場致長官的私記,在一些語境下也可指代回信。

二、肩水金關書信中的格式特點

書信在演變的過程中漸漸形成了比較固定的格式。漢代的書信格式具有時代風格,體現時代風貌。出土書信如實地展現了人們在日常生活中對禮儀的重視。從甘肅河西地區出土的書信簡牘實物來看,漢代書信主要包括寫信人自稱、拜禮、收信人尊稱、信首問候語、正文、結尾問候語、信末拜禮七個部分。肩水金關書信除通用格式外,部分書信具有一些特殊格式,現討論如下。

(一)補字

因簡牘書信不易傳遞、材料不易獲得的特點,寫信人會利用補字的方法節省"信紙"。補字就是一塊木牘從右向左豎行書寫至左下角而内容還没有結束,寫信人在前幾段的空白處繼續寫未完成的信文。爲了與正文區别開來,補字前會留出幾個字的空間以起提示作用,或是以一些特殊符號爲標志,如"/""●"等。用分隔符號隔開,表示另起一行。這也是爲了在一枚簡牘中容納更多的字。[1]這裏列表説明。

表3　肩水金關漢簡書信分隔符號

簡牘編號	分隔標志	原簡内容	補字内容	補字判斷依據
73EJT23:731AB	●	實岩叩頭白: ●罪法何敢逆意哉 李掾□者見未久,辱記告以陋政敬☑ A 大急身常恐不能自脱榜菙欲幹□　縣官菱自完在燔籬中出公開之校☑　B	罪法何敢逆意哉	原簡上下端殘斷,補字在正面第二行,從格式看來寫在了文首問候之前,不合禮儀;從文意看來應在信件結尾處。故判斷符號"●"提示了補字。
73EJT24:339A	●	□伏地再拜請　●取□ 中叔足下夫御者頃刻不相見得毋 □草爲之故用家室累中叔中夫□□☑	取□	原簡下端殘斷。補字在正面第一行空白處。"中叔足下"爲信首收信人尊稱,應與第一行的拜禮相連接,故判斷符號"●"提示了補字。
73EJD:284A	●	弟宣叩頭言　●秦卿趙□子恩足下善毋恙閑者頃不☑	秦卿趙□	原簡下端殘斷,補字在正面第一行下半部分,與正文之間有留白。"子恩足下善毋恙"爲信首尊稱和問候語應與信首拜禮相接;"秦卿趙□"似是信末注明的收信人尊稱,故判斷爲補字。

---

① 李均明、劉軍:《簡牘文書學》,廣西教育出版社,1999年,第72—73頁。

续表

簡牘編號	分隔標志	原簡内容	補字内容	補字判斷依據
73EJT15:1A	/	□□賣□則叩頭願少君爲□ □□□□賣□不宜請少君□ □□ 亭則幸甚謹使奉書伏地再拜 / 少君足下 季少君☑	少君足下	原簡下端殘斷,補字出現在正面第二行信末拜禮之後,并留有空白。
73EJF3:183B	/	者且居關門上臥須家來者可 也何少乏者出之叩頭方伏前 幸甚謹使再拜白/并白虞勞馮 司馬家前以傳出今内之	并白虞勞馮司馬家前以傳出今内之	原簡完整,補字出現再背面第二行末尾,以拜禮結尾後又補充了信件内容。

(二)闕字

在漢代文書中有"平闕"之制,指各類上下行文、書信札記中行與行之間長短不一、字與字之間留白錯落的一種格式。按,平闕有"平出"與"闕字"兩層含義。平出也稱"抬頭",是在信中將收信人的尊稱另起一行頂格書寫的禮儀制度。闕字是指在敬辭上方空出一個或多個字的位置以體現尊卑關係。[①]

體現"平出"這一書信禮儀的例子在河西出土的漢代書信中較爲常見,共有70封,"闕字"則鮮有體現,或在正文中有表現但往往因爲殘斷而不得見,在已公布的西北書信漢簡中僅有2封可見闕字,其中一封出土於肩水金關。

(1)李延卿記　　子文□　　　　　　　　　　　　　　　(73EJT3:25)

此簡有殘斷,書信文句亦殘,不完整。正文内容因原簡下半部分殘斷而不可見,致書人李延卿,受書人子文,在受書人稱呼前有約兩個字元的空格,以表尊敬,這應該是闕字禮儀的體現。

---

① 彭勵志:《尺牘形制——從書法到藝術》,吉林大學博士學位論文,2006年,第159頁。

(三)縮小字體

以字形大小體現尊卑,常出現在文書簡中,尤其涉及"皇帝""制""詔"的文字,字形有時大於其他文字,以示皇帝獨尊的地位。刺謁類簡牘中,將致書人姓名寫於奏書稱爲"畫刺","皆達其體,盡書其邊,徐引筆書如畫也"[1],不僅要將名姓字體縮小,還要儘量靠邊書寫。馬鞍山朱然墓出土的東吳謁牘,右側上半部分書"持節右軍師左大司馬當陽侯丹楊朱然再拜"寫明自己的官職,就使用了側書小字以表對致書人的尊敬。

書信簡中字體大小不一的情況,除補字或在結尾處需要節省空間而使字體明顯小於前文外,也有禮節性的小字,提到與自己相關的内容時爲表謙遜縮小字形。

肩水金關出土的73EJT23:359是一封完整書信。釋文如下:

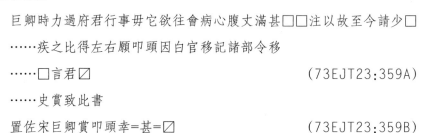

(2)孫常叩頭言
宋巨卿坐前毋恙頃久不望見舍中起居得毋有它先日數累左右毋它欲伏
前面相見加
巨卿時力過府君行事毋它欲往會病心腹丈滿甚□□注以故至今請少□
……疾之比得左右願叩頭因白官移記諸部令移
……□言君☒   (73EJT23:359A)
……史賞致此書
置佐宋巨卿賞叩頭幸=甚=☒   (73EJT23:359B)

原簡殘斷,内容集中在正面,背面右下角書有"史賞致此書",是典型的側邊小字書寫寫信人姓名,以表示謙卑的版式禮儀。

---

① [漢]劉熙:《釋名》,商務印書館,1939年,第98頁。

三、邊塞生活

河西出土的書信簡牘多屬於戍卒、平民之間的交際往來,書信的内容可窺見漢代邊塞百姓的日常生活——穿衣飲食、經濟狀況、家庭與工作。簡牘書信爲展現漢代社會風貌提供了豐富的材料。初步分析,主要有如下幾方面。

(一)衣物

衣物是文明的産物,是人類最基本的物質資料。衣裝也是軍隊吏卒的重要配備,除最基本的蔽體禦寒作用外,還有在戰争中避免受傷和識别敵我的功能。漢代衣裝有多種分類,西北漢簡涉及的衣裝主要有衣、褲、襦、襪、手套等幾種類型。

肩水金關出土的一封借衣的信,其中提到"襦"這種衣裝。寫信人趙憲,收信人掾,趙憲自稱"少吏",收信人似是其長官。

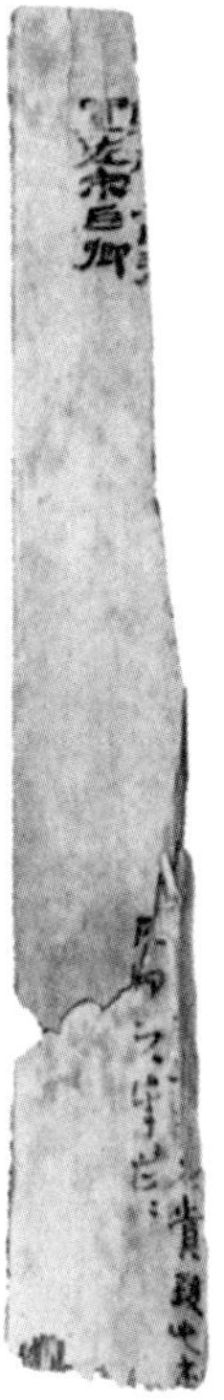

圖1-18　73EJT23:359A/B

(3)少吏趙憲叩頭言

掾坐前夫人御者足下善毋恙苦寒起居。毋它因言憲會今日

(73EJT24:15A)

解湲襦願且藉故襦一二日所不敢久叩頭　　(73EJT24:15B)

趙憲寫信向掾求助,借襦。"襦,短衣也。"[1]《釋名·釋衣服》:"襦,暖也,言温暖也。"[2]襦是漢代邊塞戍卒小吏冬季用以禦寒的常用裝束。據這封求助信可見,漢代給戍邊人員的衣裝配備有時并不及時,当气温骤降等意外情况出现时往往不

---

① 《説文解字》,中華書局,2013年,第169頁。

② [漢]劉熙:《釋名·釋衣服》,商務印書館,1939年,第79頁。

能即刻滿足需求。此外，從出土的衣物清單、衣橐簡來看，衣物由官府統一運送到邊塞，發放戍邊人員，或由戍邊人員自行領取。[①]

（二）糧食

（4）房叩頭白嗇夫趙卿爲見不一二幸爲得一石粟甚　（73EJF3:159A）

厚願幸爲以餘泉百五十糴一石米少俱來取之幸"甚"（73EJF3:159B）

此書信中提及糧食"粟"。"粟，嘉穀實也，禾屬而黏者也"，"粟之皮曰糠，中曰米"[②]，皮後稱小米，此書信中直接以米代稱粟。粟是穀的別稱，圓形或橢圓形，呈小顆粒狀，耐旱早熟，適應性強，是中國北方早期培育的糧食作物之一。粟適合在較爲乾旱的河西地區種植，生長周期短，是當時邊塞人的主要糧食。

在河西邊塞還有一種主食是黍。與黍相關的出土信件有：

（5）黍米願已買請二斗黍米謹使持錢受☒　（73EJT10:237A）

☒受教遣使錢伏前宜當自伏門下恐☒　（73EJT10:237B）

此簡中的收信人不詳，從內容看似乎是給朋友的信箋，請求幫忙買米，將錢與信一同捎往。推測某個時期裏，漢代邊塞的黍米短缺，市場供應也比較貧乏，故需要托人購買。信中所言"黍米"即黄米，有黏性。

除穀物糧食外，在肩水金關出土的書信簡中所見蔬菜有葵，簡文如下：

（6）☐坐前毋恙前見不一二叩頭因白幸爲并請麴一二斗及葵一二斗
所　　　　　　　　　　　　　　　　　　　　　　　　　（73EJF3:212A）

這是一封出土於肩水金關遺址的書信，信中寫信人向收信人求取酒麴和葵

菜。葵是漢代最爲常見的一類蔬菜,又稱葵苴,可醃製,以嫩莖葉或幼苗入食,先秦兩漢時期種植非常普遍。葵雖屬莖葉類蔬菜,但在信中所使用的計量單位與糧食類相同,即以"斗"爲單位。此外,這封信中提到的"麴"即釀酒之麴。在河西邊塞以曲釀酒的現象非常普遍,對酒麴的需求量大,求人提供酒麴是一種較爲普遍的現象。

(三)戍務勞作

勞役雜作、候望烽火等是邊塞戍卒最重要最基本的工作。從書信中可以知道,吏卒們會在信中訴及各種艱苦的勞作,或是抱怨,或是勸慰,"塞上春時不和""甚苦官事"等話語,既是習語,也是實話。在書信中多見生活瑣碎日常、戍卒勞動的記述。

候望是邊塞戍卒重要的軍事任務,即伺望和偵察,掌握敵情。北方少數民族騎兵頻繁來犯且機動性强。簡文有關於匈奴人犯塞南下,攻擊亭障,掠奪財物記載。偵伺候望預防敵人侵犯顯得尤爲重要,也逐漸形成了漢代河西書信中"苦候望""勞苦事"等問候語。

除候望烽火事外,戍卒的日常勞作還有耕田、治渠、灌溉、伐茭、采薪,等等。

(7)竇岩叩頭白:

●罪法何敢逆意哉　　李掾□者見未久,辱記告以陋政敬☐

(73EJT23:731A)

大急身常恐不能自脱榜華欲幹□　　縣官茭自完在燔籬中出公開之校☐

(73EJT23:731B)

簡文中記載的茭是重要的軍事物資,是河西邊塞牛、馬等牲畜的飼料。需要組織戍卒至河畔、沼澤地中割伐茭。此簡文具體含義不太清楚,大致推測應是寫信人竇岩在信中表示害怕自己被罰,信中自訴道,茭完好無損,且自己可以將其送往縣府。

(四)孝親

家庭是漢代封建宗法制度的核心,孝文化發展到漢代成爲社會化的道德準則,其至被賦予了政治色彩。漢代,子女對父母的義務包括養、敬與喪葬祭祀。養是普通勞動者通過自己辛勤勞動贍養雙親,父母生病,兒女在身邊侍奉也是孝道的要求。東漢蔡邕"性篤孝,母常滯病三年,邕自非寒暑節變,未嘗解襟帶,不寝寐者七旬。母卒,廬於冢側,動静以禮"①,被人們稱頌。漢代統治者基於"以孝治天下"的思想,制定了一系列政策法令,將"孝"擴展成爲全社會都必須遵守的行爲準則。

社會教育是儒家的重要的治國方針之一,宣傳道德倫理、推廣禮教,旨在教育民衆、改善社會風尚。爲了教育大衆,漢政府推舉表率,以供效仿。底層少吏因孝廉獲得官方認可,即可嘉獎升遷。王吉,"少好學明經,以郡吏察孝廉爲郎"②;宣"爲都尉太守功曹,舉孝廉爲郎"③;寬饒,"明經爲郡學,以孝廉爲郎"④,郎指歲俸三百石的官吏⑤。國家以孝悌教化百姓,反復教導民衆應將父母的撫育之恩、養育之情牢記於心,常念報答。孝的思想以各種方式貫穿漢代教育,形成崇尚孝行的社會風氣和良好的社會秩序,同時,小農社會下個體家庭也得到了維護與發展。

在肩水金關漢簡中有一封書信就提及孝親之請,簡文如下:

(8)☒弟幼弱不勝願乞骸骨歸養父病☒　　　　(73EJT23:692)

這封信中寫家人病困,請求歸家照顧贍養。信中流露出的焦急擔憂,表現的是割捨不下的骨肉親情。信中體現了遠在邊塞的孩子急於回家探望、侍奉父母疾病的情感。情感真摯樸實,没有功利主義的色彩,觸動人心,引發共鳴。漢代

---

① [南朝]范曄:《後漢書·蔡邕列傳》,中華書局,2007年,第631頁。
② [漢]班固:《漢書·王貢兩鮑傳》,中華書局,1985年,第3058頁。
③ [漢]班固:《漢書·王貢兩鮑傳》,中華書局,1985年,第3086頁。
④ [漢]班固:《漢書·蓋諸葛劉鄭孫毋將何傳》,中華書局,1985年,第3243頁。
⑤ 黃留珠:《秦漢仕進制度》,西北大學出版社,1998年,第142頁。

的尊老文化及養老制度使得這封"請歸信"具有現實意義。

四、結語

通過邊塞書信，我們可以更深入了解漢代邊塞吏卒艱苦的戰鬥生活，寂寥落寞的思鄉、思歸情感，感受到當時邊塞地區自然環境的淒涼蕭瑟、邊塞生活的寂寞痛苦。總之，簡牘書信的出土，彌補了傳世文獻很少表現底層人物生存狀態這一不足。這類文物既體現個體思想與活動，也反映時代的邊疆風貌，是研究邊塞人們日常生活、往來交際的寶貴材料。肩水金關漢簡中的書信簡也是進行陳列展示的重要内容，希望通過對這些簡牘材料的系統全面梳理，能爲相關陳列展示提供學術支撐。

西域史論

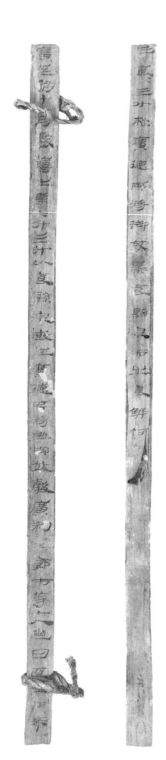

圖 2-1　西域史論

懸泉漢簡中的烏孫資料考證

張德芳

烏孫，按照張騫給漢武帝的報告和《漢書》的記載，同月氏一樣是游牧於河西走廊及東天山一帶的古老民族。由於公元前2世紀匈奴勢力的擴張而帶來的民族大遷徙，迫使月氏和烏孫一遷再遷，最後前者落腳於阿姆河流域及其以南，後者則以天山以北伊黎河流域作爲駐牧範圍。漢武帝時期張騫兩度西使的"鑿空"行動，之所以選擇大月氏和烏孫作爲出使目的，就是因爲他們曾經占據過河西走廊，是當時漢朝和匈奴共認的各自的鄰接地帶，都曾受到過匈奴的侵擾和打擊。

烏孫是西漢時期西域最大國，有630000人口。①自從張騫出使烏孫（前119—前115年）以後，漢與烏孫一直保持着一種特殊而複雜的關係。公主遠嫁、本始三年（前71年）聯手攻打匈奴、大小昆彌分設、常惠屯田赤谷城等，都是漢、烏關係史上的大事，深刻影響了漢與烏孫、匈奴以及整個西域歷史的發展。

河西出土的漢簡直接記載了漢與烏孫的來往，是研究西域關係史的重要資料。本文選擇一些重要簡文作一些考證，以補傳統史書記載之不足。

---

① 其他如康居有600000人口，月氏有400000人口，大宛有300000人口，都不及烏孫人口衆多。

一、本始年間,漢與烏孫聯手打擊匈奴後的活動

  入糜小石二石,本始五年二月乙卯,縣泉廐佐廣意受敦煌倉嗇夫過送長羅侯。   (I90DXT0209⑤:17)

  木簡,紅柳。長25.3厘米,寬1厘米。此簡是懸泉廐佐廣意從敦煌倉嗇夫處接受糜二石,以供給路過敦煌的長羅侯。時在本始五年二月乙卯,即地節元年二月十七日,前69年4月11日。至於被招待者是長羅侯本人還是長羅侯的部屬,本簡未記載。他們是西出還是東返從簡文上也看不出來。《漢書·西域傳》載:

  昭帝時,公主上書,言"匈奴發騎田車師,車師與匈奴爲一,共侵烏孫,唯天子幸救之"。漢養士馬,議欲擊匈奴。會昭帝崩,宣帝初即位,公主及昆彌皆遣使上書,言"匈奴復連發大兵侵擊烏孫,取車延、惡師地,收人民去,使使謂烏孫趣持公主來,欲隔絶漢。昆彌願發國半精兵,自給人馬五萬騎,盡力擊匈奴。唯天子出兵以救公主、昆彌。漢兵大發十五萬騎,五將軍分道并出。……遣校尉常惠使持節護烏孫兵,昆彌自將翎侯以下五萬騎從西方入,至右谷蠡王庭,獲單于父行及嫂、居次、名王、犁汙都尉、千長、騎將以下四萬級,馬牛羊驢橐駝七十餘萬頭,烏孫皆自取所虜獲。還,封惠爲長羅侯。是歲,本始三年也。漢遣惠持金幣賜烏孫貴人有功者。①

  以上所引材料,需要解釋的是:一、烏孫公主因匈奴與車師共侵烏孫而最初向漢朝求救,時在昭帝末年。確切地説可能就在元平元年(前74年)。朝廷還没有來得及派兵遣將,昭帝就駕崩了。二、宣帝即位之初,匈奴又連發大兵,"取車延、惡師地,收人民去"。據鍾興麒《西域地名考録》,車延、惡師地,當與今新疆托

---

  ①《漢書》,中華書局,1962年,第3905頁。

里縣、和布克賽爾蒙古自治縣地望相當。①三、漢軍大發十五萬騎,五將軍分道并出②和烏孫派五萬騎夾擊匈奴,在時間上有一個從決策、準備到出擊的過程。本始元年(前73年),主要處在廷議決策的階段,本始二年(前72年)秋開始調兵籌糧。真正出兵打仗已在本始三年(前71年)。四、這次戰役,前後持續五個月時間,正月出兵,五月軍罷。五、漢兵十五萬騎五道并出,在漢匈戰爭史上是一次大規模軍事行爲。但五將軍不光戰果甚少,而且祁連將軍田廣明以"知虜在前、逗留不進",虎牙將軍田順以"不至期、詐增鹵獲",皆下獄死。六、唯有校尉常惠和烏孫一路取得了重大戰果。

同時,此次戰役并沒有到此結束。當年冬天,"單于自將萬騎擊烏孫,頗得老弱,欲還。會天大雨雪,一日深丈餘,人民畜産凍死,還者不能什一。於是丁令乘弱攻其北,烏桓入其東,烏孫擊其西。凡三國所殺數萬級,馬數萬匹,牛羊甚衆。又重以餓死,人民死者什三,畜産什五,匈奴大虛弱,諸國羈屬者皆瓦解,攻盜不能理"③。對匈奴而言,先是天災,後是戰禍。時至兩千多年後的今天,阿勒泰每到冬季常有雪深數米的災害造成人畜凍斃,亦可想見當年的情形。

這次戰事結束後,校尉常惠回返朝廷因功被封長羅壯侯,封地在陳留(今開封市以東二十里有陳留鎮)。常惠受封之事見上引《西域傳》的記載,"是歲本始三年也"。其實按《功臣表》記載,時爲"本始四年四月癸巳(前70年5月25日)"而非本始三年。

受封之後,常惠又接受了新的使命,"持金幣賜烏孫貴人有功者"。時間當在本始四年下半年。此次出使,常惠不光是賞賜烏孫貴人有功者,還懷揣着路過打

---

① 鍾興麒:《西域地名考録》,北京圖書館出版社,2008年,第187頁。
② 《漢書·匈奴傳》:"遣御史大夫田廣明爲祈連將軍,四萬餘騎,出西河;度遼將軍范明友三萬餘騎,出張掖;前將軍韓增三萬餘騎,出雲中;後將軍趙充國爲蒲類將軍,三萬餘騎,出酒泉;雲中太守田順爲虎牙將軍,三萬餘騎,出五原:凡五將軍,兵十餘萬騎,出塞各二千餘里。及校尉常惠使護發兵烏孫西域,昆彌自將翕侯以下五萬餘騎從西方入,與五將軍兵凡二十餘萬衆。"
③ 《漢書》,第3787頁。

擊龜兹王的密令①,以隨行人馬有五百士卒,而非單槍匹馬。《漢書·常惠傳》載:"惠與吏士五百人俱至烏孫,還過,發西國兵二萬人,令副使發龜兹東國二萬人,烏孫兵七千人,從三面攻龜兹。"②最後的結果是,龜兹王絳賓把貴人姑翼交給常惠做了替罪羊,自己則與漢朝和親言好。常惠發兵五萬人圍攻龜兹,時間上也需要一個過程。所以等龜兹戰事結束常惠東返之時,也就到本始五年了。

簡中記載"本始五年二月"之事,當爲長羅侯常惠此次出使烏孫、圍攻龜兹後東返路過敦煌的記載。簡文雖然簡單,未能反映出五百人的出使隊伍回返時的更多細節,但仍不失其原始記録的意義。

二、神爵年間,烏孫請求再度和親,漢送少主到敦煌而和親未果的經過

●縣泉置元康五年正月過長羅侯費用簿　　縣掾延年過

入羊五,其二羍,三大羊。以過長羅侯軍長吏具。

入鞠三石,受縣。

出鞠三石,以治酒之釀。

入魚十枚,受縣。

入豉一石五斗,受縣。

今豉三斗。

出雞十隻一枚,以過長羅侯軍長吏二人,軍候丞八人,司馬丞二人,凡十二人。其九人再食,三人一食。

出牛肉百八十斤,以過長羅侯軍長吏廿人,庤侯五十人凡七十二人。

出魚十枚,以過長羅侯軍長吏具。

出粟四斗,以付都田佐宣以治庚。

---

① 《漢書·西域傳》:初,貳師將軍李廣利擊大宛,還過杅彌,杅彌遣太子賴丹爲質於龜兹。廣利責龜兹曰:"外國皆臣屬於漢,龜兹何以得受杅彌質?"即將賴丹入至京師。昭帝乃用桑弘羊前議,以杅彌太子賴丹爲校尉將軍,田輪臺,輪臺與渠犁地皆相連也。龜兹貴人姑翼謂其王曰:"賴丹本臣屬吾國,今佩漢印綬來,迫吾國而田,必爲害。"王即殺賴丹,而上書謝漢,漢未能征。

② 《漢書》,中華書局,1962年,第3004頁。

圖 2-2　過長羅侯費用簿

出豉一石二斗，以和醬食施刑士。

入酒二石，受縣。

出酒十八石，以過軍吏廿，遮(？)候五人，凡七十(廿？)五人。

●凡酒廿。其二石受縣，十八石置所自治酒。

凡出酒廿石

出米廿八石八斗，以付亭長奉德、都田佐宣以食施刑士三百人。

●凡出米卅八石。　　　　　　　　　　　　(I90DXT0112③:61—78)

木簡18枚,均長23厘米左右,寬0.8厘米左右。此18枚簡,筆者以前撰文討論過。①就其木質、字迹以及内容,當爲一個册書。

《漢書·西域傳》載:

元康二年,烏孫昆彌因(常)惠上書:"願以漢外孫元貴靡爲嗣,得令復尚漢公主,結婚重親,畔絶匈奴,願聘馬騾各千匹。"詔下公卿議……上美烏孫新立大功,又重絶故業,遣使者至烏孫,先迎取聘。昆彌及太子、左右大將、都尉皆遣使,凡三百餘人,入漢迎取少主。上乃以烏孫主解憂弟子相夫爲公主,置官屬侍御百餘人,舍上林中,學烏孫言。天子自臨平樂觀,會匈奴使者、外國君長大角抵,設樂而遣之。使長羅侯光禄大夫惠爲副,凡持節者四人,送少主至敦煌。未出塞,聞烏孫昆彌翁歸靡死,烏孫貴人共從本約,立岑陬子泥靡代爲昆彌,號狂王。惠上書:"願留少主敦煌,惠馳至烏孫責讓不立元貴靡爲昆彌,還迎少主。"……天子從之,徵還少主。

古人對時間的觀念不太强調,往往把諸多時段上發生的史實撮合在一起,模糊了很多重要的時間節點。從上述材料看,至少應該有以下幾個遞進的階段:一、烏孫昆彌通過常羅侯給朝廷上書,時在元康二年(前64年)。二、詔下公卿議,即朝廷討論決策,同意選公主再嫁漢外孫元貴靡。三、派使者去烏孫,告訴朝廷的意見,先迎取聘禮。四、烏孫派三百餘人迎娶少主。五、漢以解憂公主弟子相夫爲公主,并置官屬侍禦百餘人,舍上林苑中,學烏孫語。六、臨行前天子親臨送别,并派長羅侯常惠爲副,凡持節者四人,送少主至敦煌。七、結果未出塞而聞翁歸靡已死,烏孫貴人并未如約立元貴靡,而是立了岑陬的胡婦子泥靡爲昆彌。八、長羅侯馳至烏孫責問原因,而徵還少主。

---

①《〈長羅侯費用簿〉及長羅侯與烏孫關係考略》,《文物》2000年第9期。

其中有幾個問題需要探討:一是元康二年(前64年),烏孫昆彌因長羅侯上書。此時的長羅侯究竟身在何地? 史書有記載,早先屯田渠犁的漢侍郎鄭吉援救車師時被匈奴圍困,漢於是年,"遣長羅侯將張掖、酒泉騎出車師北千餘里,揚威武車師旁。胡騎引去,吉乃得出歸渠犁"。所以烏孫才就近把和親的意願通過長羅侯常惠帶到了朝廷。二是翁歸靡究竟死於何時? 前已說過,上引《西域傳》的材料給人一種錯覺,好像一切都發生在元康二年(前64年),包括翁歸靡也死於此時。但《蕭望之傳》記載:"神爵二年,遣長羅侯惠使送公主配元貴靡。未出塞,翁歸靡死,其兄子狂王背約自立。惠從塞下上書,願留少主敦煌郡。惠至烏孫,責以負約,因立元貴靡,還迎少主。"這就說明,從元康二年(前64)烏孫提出和親到神爵二年(前60年)翁歸靡死,送少主至塞下,前後經歷了五年時間。[①]

此簡册十八枚簡,時間在元康五年正月,即神爵元年正月(前61年)。其内容是懸泉置分批接待路過的長羅侯軍吏的賬目。其中記載的物品有羊(大羊和羊羔)、雞、魚、牛肉、酒、米、粟,還有醬、豉、鞠(麴)等調味品。在當時的條件下,可以說應有盡有。路過人員的身份有長史、軍候丞、司馬丞,都是些下級軍官,還有施刑士。其物品的來源有些是自制,如酒、醬之類。有些是"受縣",即由縣廷調撥。其招待的人次,有十二人次,有七十二人次,有七十五人次,有三百人次不等。總之,這份賬册不是一次性的消費,而是一個月内多批次接待消費的記録。

如果說翁歸靡死於神爵二年(前60年)而少主從長安出發的時間也在此年,那麼上列《懸泉置元康五年正月過長羅侯費用簿》記載的發生在前一年的史實,就是長羅侯前往烏孫迎取聘禮的活動。準此推斷,從元康二年(前64年)到神爵二年(前60年),漢與烏孫圍繞着再嫁公主的一系列活動,在懸泉漢簡中得到了更多細節的反映,可作爲研究漢、烏關係的重要資料。

---

① 關於翁歸靡在位時間,王炳華、王明哲《烏孫研究》一書中《關於昆彌世繫及在位年代表》(新疆人民出版社,1983年)和陸峻嶺、林幹《中國歷代各族紀年表》(内蒙古人民出版社,1980年)所記有較大出入。按前者所記是難兜靡(? —前177年在位)—獵驕靡(前177—前104年在位)—軍須靡(前104—前93年在位)—翁歸靡(前93—前60年在位)—泥靡(前60—前53年在位),翁歸靡在位近33年。而後者的排列是:軍須靡(前105—前72年在位)—翁歸靡(前71—前60年在位),軍須靡在位34年,翁歸靡祇有12年。本文從王炳華、王明哲説。

神爵二年正月丁未朔己酉,縣泉置嗇夫弘敢言之,遣佐長富持傳迎長羅侯敦煌。稟小石

九石六斗,簿入十月。今敦煌音言不簿入。謹問佐長富,稟小石九石六斗,今移券致敦煌□□　　　　　　　　(I91DXT0309③:215)

木牘,胡楊。長22.5厘米,寬1.5厘米。下部略殘。此簡的内容是:神爵二年正月丁未朔己酉(夏曆正月初三日,前60年2月17日),懸泉置嗇夫弘發給敦煌某一同類機構的移文,説的是前一年(神爵元年)懸泉置佐長富前往敦煌迎接長羅侯時,食用糧食九石六斗(小石),未按規定的時間在差事結束後於當年十月把報銷賬單交給該單位,對方音(人名)來文詢問此事,懸泉置嗇夫弘以此文作了回復。

簡文涉及的内容,與神爵元年(前61年)長羅侯路過敦煌有關。如果按當時的規定每人每頓飯以三升計,此"九石六斗",應是三百二十人次的消費。

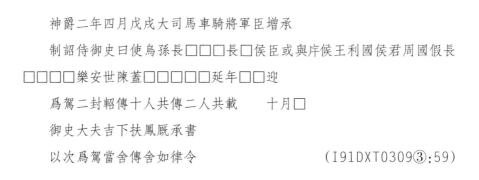

神爵二年四月戊戌大司馬車騎將軍臣增承

制詔侍御史曰使烏孫長□□□長□侯臣或與庌候王利國侯君周國假長

□□□□樂安世陳蓋□□□□□延年□□迎

爲駕二封轺傳十人共傳二人共載　　十月□

御史大夫吉下扶鳳厩承書

以次爲駕當舍傳舍如律令　　　　　　(I91DXT0309③:59)

木簡,紅柳。長23.7厘米,寬1厘米。有文字兩欄,上欄三行,下欄兩行。上欄中間一行多有漫漶。簡中所記時間爲神爵二年四月戊戌,當夏曆四月二十三日,前60年6月6日。

□□右候以下。少主馬六匹,乘馬六匹。私馬二匹。

(I91DXT0309③:126)

木簡,紅柳。長23厘米,寬0.9厘米。

　　　　日以少主所持□□　　　　　　　　　　　　　（V92DXT1812③3:47）

木簡,紅柳,下部殘。殘長9.1厘米,寬0.9厘米。

　　　　□縣泉置度侍少主長羅侯用吏　　　　　　　（Ⅱ90DXT0214②:298）

木簡,紅柳。上部殘,殘長20厘米,寬1厘米。

　　以上四簡所記,當與神爵二年(前60年)送少主至敦煌有關。前一簡字數較多,應是常惠奉命護持少主出發時御史大夫開具的傳信。後三簡雖然殘斷,但直接記載的是少主的活動。正如上文所說,烏孫昆彌翁歸靡在元康二年(前64)通過長羅侯向朝廷提出了再度和親的請求,中間經過討論決策、通使納聘、迎親送親,直到神爵二年(前60年)送少主到敦煌。結果翁歸靡死,漢外孫元貴靡不得立,徵還少主。上述四簡正是最後一階段的反映。此次選送的少主是解憂公主的侄女,兩者都屬漢高祖劉邦的弟弟楚元王劉交的一支。劉交之孫劉戊在景帝三年(前154年)"吳楚七國之亂"中自殺。半個世紀後其孫女解憂公主被送往烏孫和親,又過了四十多年,其曾孫女相夫被選爲公主擬送烏孫和親。上述漢簡印證了少主相夫被送和親的經過。

　　神爵二年(前60年),在河西和西域的時空中是一個山嶽般突顯的年份。漢朝大張旗鼓送公主往烏孫和親,但烏孫未能如約在翁歸靡死後立漢外孫元貴靡爲嗣。不論此事結局如何,都深遠地影響了其後漢與烏孫的關係并導致一系列事件的發生。另外還有兩件事,改變了中國歷史乃至中亞史的走向。一是先零羌反叛,朝廷調後將軍趙充國以及破羌將軍辛武賢、敦煌太守快等糾集六萬人馬圍攻羌人。二是長期統治西域的匈奴日逐王先賢撣率衆降漢,漢設西域都護管理西域。所有這些,傳統文獻和漢簡中都有豐富的記載,體現了"昭宣之治"的背景下,西域和河西歷史的波瀾壯闊。

三、甘露年間烏孫内亂,解憂公主、馮夫人及長羅侯一起分立大、小昆彌的活動在漢簡中的記載

> 上書二封。其一封長羅侯、一烏孫公主。甘露二年二月辛未日夕時受平望譯騎當富。縣泉譯騎朱定付萬年譯騎。 (Ⅱ90DXT0113④:65)

完整木簡,長23.5厘米,寬1厘米。存字44個。一封傳遞重要上書的交接記録。甘露二年二月辛未,夏曆二月十二日,前52年3月29日。

烏孫昆彌翁歸靡死後,泥靡繼位昆彌,從神爵二年(前60年)到甘露元年(前53年),在位七年。結果翁歸靡之子烏就屠襲殺泥靡,自立爲昆彌,烏孫再次内亂。"漢遣破羌將軍辛武賢將兵萬五千人至敦煌,遣使者案行表,穿卑鞮侯井以西,欲通渠轉穀,積居盧倉以討之。"此簡就是烏孫公主和長羅侯常惠在上述事件發生後於甘露二年(前52年)分别給朝廷的上書記録。當時大軍待發,軍情緊急,公主和常惠的上書當與此有關。

> 使烏孫長羅侯惠遣庐侯恭上書詣行在所　以令爲駕一乘傳
> 甘露二年二月甲戌敦煌騎馬充行大守事庫令賀兼行丞事謂敦煌以次爲當舍傳舍如律令。 (V92DXT1311③:315)

木牘,紅柳。長23厘米,寬1.4厘米。簡上有文字兩欄。甘露二年二月甲戌,夏曆二月十五日,前52年4月1日。這是長羅侯常惠專門派人詣行在所向皇帝上書時敦煌太守府爲其開具的傳信,與前簡通過驛騎所遞的上書,時隔三天。可見軍書旁午,上書之頻繁。

甘露二年二月庚申朔丙戌,魚離置嗇夫禹移縣泉置:遣佐光持持傳馬十

匹爲馮夫人柱,廩穬麥小石卅二石七斗。又茭廿五石二鈞。今寫券墨移書

到,受簿入三月報,毋令繆如律令。　　　　　　　　　　（Ⅱ90DXT0115③:96）

木牘,紅柳。長23厘米,寬1.5厘米。簡文内容是甘露二年二月丙戌(夏曆

二月二十七日,前52年4月13日)魚離置嗇夫給懸泉置的移文,其中談到馮夫人

及其隨行路過魚離置時使用穬麥和茭草的數目,印證了宣帝詔馮夫人回長安親

自詢問情況的史實。

《漢書·西域傳》載:"初,楚主侍者馮嫽能史書,習事,嘗持漢節爲公主使,行

賞賜於城郭諸國,敬信之,號曰馮夫人。爲烏孫右大將妻,右大將與烏就屠相愛,

都護鄭吉使馮夫人說烏就屠,以漢兵方出,必見滅,不如降。烏就屠恐,曰:'願得

小號。'宣帝徵馮夫人,自問狀。遣謁者竺次、期門甘廷壽爲副,送馮夫人。馮夫

人錦車持節,詔烏就屠詣長羅侯赤谷城,立元貴靡爲大昆彌,烏就屠爲小昆彌,皆

賜印綬。破羌將軍不出塞還。……漢復遣長羅侯惠將三校屯赤谷,因爲分別其

人民地界,大昆彌戶六萬餘,小昆彌戶四萬餘。"

甘露二年四月庚申朔丁丑,樂官令充敢言之:詔書以騎馬助傳馬,送破

羌將軍、穿渠校尉、使者馮夫人。軍吏遠者至敦煌郡。軍吏晨夜行,吏御逐

馬前後不相及,馬罷乏,或道棄,逐索未得。謹遣騎士張世等以物色逐各如

牒。唯府告部、縣官、旁郡,有得此馬者,以與世等。敢言之。

　　　　　　　　　　　　　　　　　　　　　　　　　（V92DXT1311④:82）

這是酒泉郡樂官(涫)縣令發出的一份通告,意思是破羌將軍、穿渠校尉、馮

夫人路過時,樂官(涫)地方派出人馬送迎,由於日夜兼行,人馬疲累,有些馬匹當

時就累死在路上,有些走失後不知所向。事後派人沿途找尋,希望各地給予配

合。木牘完整,松木。長24.3厘米,寬2厘米。有字3行,存字106個。甘露二年

四月庚申朔丁丑,時當夏曆四月十八日,前52年6月3日。簡文内容雖然是尋找

馬匹的,但同樣折射了"漢遣破羌將軍辛武賢將兵萬五千人至敦煌,遣使者案行表,穿卑鞮侯井以西,欲通渠轉穀,積居廬倉以討之"以及馮夫人路過時的情形。

四、甘露三年解憂公主年老思土而回返長安的情况

　　甘露三年十月辛亥丞相屬王彭護烏孫公主及將軍貴人從者道上傳車馬爲駕二封軺傳有請詔

　　御史大夫萬年下謂成以次爲駕當舍傳舍如律令

(V92DXT1412③:100)

　　甘露三年十月辛亥朔,淵泉丞賀移廣至、魚離、縣泉、遮要、龍勒,厩嗇夫昌持傳馬送公主以下過,廩穬麥各如牒,今寫券墨移書到,受簿入十一月報,毋令繆如律令。

(Ⅱ90DXT0114③:522)

木牘,紅柳。長23.5厘米,寬1.4厘米。甘露三年十月辛亥朔,前51年10月30日。

以上兩簡作爲朝廷公文和地方文件發自同一時間,即甘露三年十月辛亥朔,前51年10月30日。但前者是御史大夫陳萬年所發,後者是淵泉丞賀的移文。兩文件都關涉同一件事情,就是公主路過時的接待。《漢書·西域傳》:"公主上書言年老土思,願得歸骸骨,葬漢地。天子閔而迎之,公主與烏孫男女三人俱來至京師。是歲,甘露三年也。時年且七十,賜以公主田宅奴婢,奉養甚厚,朝見儀比公主。後二歲卒,三孫因留守墳墓云。"可見,烏孫公主回返漢地的時間是甘露三年(前51年),而上述兩簡記載的正是此時遠嫁烏孫的解憂公主回歸長安時路過河西的情况。

漢嫁烏孫的公主共有兩位,先是江都王劉建之女細君,後是楚王劉戊之孫女解憂。細君公主在元封中(前110—前105年)嫁給獵驕靡,由於憂思過度而早死,在烏孫祇生活了四五年時間。著名的《黃鵠歌》就是細君公主所作,至今讀來讓人凄愴。緊接着,漢朝又送解憂公主到烏孫,獵驕靡死後,按烏孫的習俗再嫁

軍須靡,軍須靡死後又嫁翁歸靡,翁歸靡死後又嫁泥靡。先後嫁了四代昆彌。她同翁歸靡在一起的時間最長,生三男兩女。"長男曰元貴靡。次曰萬年,爲莎車王。次曰大樂,爲左大將。長女弟史爲龜兹王絳賓妻。小女素光爲若呼翎侯妻。"從元封六年(前105年)算起到甘露三年(前51年),解憂公主在烏孫長達五十五年之久。回漢時"年且七十",那麼公主出嫁時大約十五歲左右。從元康年間漢、烏二十萬騎夾擊匈奴到最後大、小昆彌分立,爲漢朝與烏孫關係的發展作出了重大貢獻。

還有一個值得注意的現象。《漢書·西域傳》所記,翁歸靡死後(前60年),泥靡即位,號狂王。"狂王復尚楚主解憂,生一男鴟靡。"後來又説:"元貴靡、鴟靡皆病死。"顯然,從史書記載的口氣看,鴟靡爲公主所生。可問題是,公主再嫁泥靡時,至少已六十歲左右。此時的公主還能有生育能力? 這是值得懷疑的。

上述兩簡的記載,爲公主回到長安提供了佐證,至爲重要。

(原載《出土文獻研究》第14輯,2016年)

從懸泉漢簡看樓蘭(鄯善)同漢朝的關係

張德芳

一個多世紀以來,中外學術界關於樓蘭史的研究,可謂成果豐碩,成就輝煌。除了傳世文獻外,更多的則得力於大量的考古發現——簡牘、帛書和紙文書的出土以及相當數量的非漢語文獻的發現。20世紀30年代的居延漢簡中有少量有關樓蘭、鄯善的漢簡,黄文弼先生在土垠遺址掘獲的71枚漢簡、20世紀70年代的敦煌馬圈灣漢簡、20世紀90年代的懸泉漢簡以及甘肅、新疆出土的一些零星漢簡中,都有關於樓蘭、鄯善的記載,這對研究樓蘭、鄯善在兩漢時期的歷史極爲重要。本文就懸泉漢簡中有關這方面的内容,作一些介紹和考述,以供學術界進一步研究。

簡一

樓蘭王以下二百六十人當東傳車馬皆當柱敦 （Ⅱ90DXT0115②：47）

木簡,長18,寬0.8厘米。檉柳。下殘,存19字。簡文中"樓蘭王以下",當包括了樓蘭王。"當東"即東行,可能是進入漢地朝拜天子。"柱"即住,駐的通假字,《釋名·釋宫室》："柱,住也。"王先謙曰："住、駐、柱皆取止而不動之意。""敦"或爲敦煌某地,後文殘缺了。全文文意,似爲樓蘭王及其所屬260人要東來漢地,爲做好接待工作敦煌太守或效穀縣廷事先給懸泉置下達的接待通知。

觀《漢書·西域傳》,在元鳳四年(前77年)樓蘭改爲鄯善前,樓蘭王曾有過兩次來漢的記載。一次是太初四年(前101年),"貳師軍擊大宛,匈奴欲遮之,貳師兵盛不敢當,即遣騎因樓蘭候漢使後過者,欲絕勿通。時漢軍正任文將兵屯玉門關,爲貳師後距,捕得生口,知狀以聞。上詔文便道引兵捕樓蘭王。將詣闕,簿責王,對曰:'小國在大國間,不兩屬無以自安。願徙國入居漢地。'上直其言,遣歸國"。看來這次是成行了。一次是征和元年(前92年),"樓蘭王死,國人來請質子在漢者,欲立之。質子常坐漢法,下蠶室宮刑,故不遣。……樓蘭更立王,漢復責其質子,亦遣一子質匈奴。後王又死,匈奴先聞之,遣質子歸,得立爲王。漢遣使詔新王,令入朝,天子將加厚賞。樓蘭王後妻,故繼母也,謂王曰:'先王遣兩子質漢皆不還,奈何欲往朝乎?'王用其計,謝使曰:'新立,國未定,願待後年入見天子'"。這次未能成行。

該簡的内容可能與上述史實有關。因爲全部懸泉漢簡的年代集中在宣帝以後,而武帝元鼎、太始、征和三個年號的簡祇有7枚,都是後來追述,不是當時之物。昭帝始元、元鳳、元平三個年號的簡有26枚,屬懸泉漢簡中較早的記録。而該簡所出探方中,最早的簡是昭帝元平元年(前74年)的。當然這祇是一個可供參考的座標,不排除一些無紀年的簡實際年代遠早於此。因爲紀年簡祇是其中的少數,祇占全部簡文的12%,大量的漢簡無法判斷其準確年代。元鳳四年(前77年),傅介子斬樓蘭王嘗歸,懸首北闕下,立尉屠耆爲王,改國號爲鄯善。此簡所記應該是元鳳四年以前之事,反映了樓蘭改國號前與漢代的關係。

居延漢簡303.8簡,出土於大灣遺址即漢代肩水都尉府遺址,《居延漢簡甲乙編》釋爲"詔夷虜候章發卒曰持樓蘭王頭詣敦煌留卒十人女譯二人留守證"。《居延漢簡釋文合校》改釋爲"詔伊循候章□卒曰持樓蘭王頭詣敦煌留卒十人女譯二人留守□"。

此事當指傅介子輕騎刺殺樓蘭王,時在元鳳四年,《漢書》有明確記載。但傅介子刺殺樓蘭王"輕將勇敢士","不煩師眾"。而且"馳傳詣闕,懸首北闕下",即是當時立竿見影之事。"伊循侯"何從而來,頗爲費解,所以《甲乙編》的釋文似更爲妥當。

簡二

　　　　出粟一斗六升　　　以食鄯善王=賜妻使者□□□□二人=再食=四升西

　　　　　　　　　　　　　　　　　　　　　　　（I90DXT0116②:41）

　　木簡,長21厘米,寬1.0厘米。檉柳。雖下部略殘,但文字完整。全簡包括重文號共29字。有幾個字漫漶不清,但仍可理解大意:出粟一斗六升。以食鄯善王,王賜妻使者□□、□□二人,人再食,食四升,西。鄯善王和王妻所派使者二人,路過懸泉置用飯兩次,每飯每人四升,用粟一斗六升。由東向西,從漢地回國。這是一份典型的接待記録,内容包括被接待者的身份、姓名、人數、用飯次數、接待標準、開支情況以及客人去向。該簡出土的探方,從宣帝五鳳到王莽居攝,各年號的紀年簡都有,大致可定在宣帝晚期以後。

　　元鳳四年(前77年),傅介子斬樓蘭王,更其國名爲鄯善,立曾在漢爲質子的尉屠耆爲王。漢朝"爲刻印章,賜以宫女爲夫人,備車騎輜重,丞相將軍率百官送至横門外,祖而遣之"。尉屠耆不僅受到漢文化薰陶,而且帶着漢朝的宫女回國,鄯善和漢朝的關係發展到一個新的階段。來漢朝貢,不僅有國王的使者,而且有王妻的使者。這個王妻,很可能就是漢朝的宫女。這枚漢簡雖文字簡單,却透露了漢朝與鄯善以宫女和親後的歷史信息。

簡三

　　　　以食守屬孟敞送自來鄯善王副使者盧□等再食西

　　　　　　　　　　　　　　　　　　　　　　　（I90DXT0116②:15）

　　木簡,長16.2厘米,寬0.9厘米。檉柳。上部殘斷,存字21個,其中一字模糊,原釋"盧匿",恐不確,今存疑。其餘20字,清晰可辨,隸書寫成,書體優雅而莊重。依文例,前半殘斷1/5,内容應是:出粟若干。大意是:守屬孟敞送鄯善王副使盧某等返回鄯善,路過懸泉置,懸泉置出粟若干,供膳兩次,西行而去。鄯善王副使屬於"自來"而非朝廷正式邀請。同前簡一樣,是一份招待過往使節以及開支情況的登記文件。時代當在宣帝以後。因爲該探方所出,從宣帝五鳳年間到王莽居攝時期各個年代的紀年簡都有。

簡四

　　二月甲午以食質子一人鄯善使者二人且末使者二人莎車使者二人扜闐使者二人皮山使者一人踈勒使者二人渠勒使者一人精絶

　　□斗六升使者一人使一人拘彌使者一人—乙未食渠勒副使二人扜闐副使二人貴人三人拘彌副使一人貴人一人莎車副使一人貴人

　　一人皮山副使一人貴人一人精絶副使一人—乙未以食踈勒副使者一人貴三人凡卅四人　　　　　　　　　　（Ⅱ90DXT0213③:122)

木牘,長21.4厘米,寬1.4厘米,上部殘,胡楊。抬頭記"出粟"若干,後三欄記接待的各國使者及其人數。標點斷句,全文應是:

　　……斗六升。二月甲午,以食質子一人,鄯善使者二人,且末使者二人,莎車使者二人,扜闐使者二人,皮山使者一人,踈勒使者二人,渠勒使者一人,精絶使者一人,使一人,拘彌使者一人。

　　乙未,食渠勒副使二人,扜闐副使二人,貴人三人,拘彌副使一人,貴人一人,車副使一人,貴人一人,皮山副使一人,貴人一人,精絶副使一人。

　　乙未,以食踈勒副使者一人,貴三人。凡卅四人。

木牘文字細密,多有訛奪。每一段之間用一粗横綫隔開。第一段"質子"之前未交待是哪一國質子。于闐的"于"寫作"扜"。疏勒的"疏"寫作"踈"。"精絶使者一人"後,又有"使一人",漏寫了國名和"者"字。第二段,"車副使"之前可能脱一"莎"字。

該探方第三層所出紀年簡主要是地節、元康、神爵、五鳳、甘露等宣帝年號的簡。另有元帝初元和成帝河平年間的簡。推測上述木牘的年代大致在宣帝時期。簡文内容仍然是懸泉置接待西域使者的記録。所不同的是,國家之多,達到10個,使節人數有34人,身份也各不相同,有質子,有使者,有副使,有貴人。甲午、乙未兩天之内接待了10個國家的各類使節,不僅説明這些國家同漢朝的關係密切,也説明這些國家相互之間的關係也比較融洽。還有一個值得注意的現象,就是這10個國家都是南道諸國,簡文内容反映的史實當在安遠侯鄭吉都護西域前後,北道諸國尚未進入或者剛剛進入都護的管轄,對漢朝的朝貢使節還没有南道諸國那樣頻繁。

簡五

　　　永光元年二月癸亥敦煌大守=屬漢剛送客移過所縣置自來焉耆危須鄯
善王副使
　　　匹牛=車七兩即日發敦煌檄到豫自辦給法所當得都尉以下逢迎客縣界
相　　　　　　　　　　　　　　　　　(V92DXT1310③:162)

木簡,長13厘米,寬1.0厘米。檉柳。簡體發黑,借助紅外綫方能看清。因下部殘斷,兩行文字不連屬,僅存兩段殘文。第一行37字,第二行30字,共存67字。加標點句讀,應是:

　　　永光元年二月癸亥,敦煌大守守屬漢剛送客,移過所縣置,自來焉耆、危須、鄯善王副使……匹、牛、牛車七兩,即日發敦煌,檄到,豫自辦給,法所當得。都尉以下逢迎客縣界。相……

這是一份敦煌太守派員迎送西域使者的過所抄件。永光元年二月癸亥,即二月十六日,前43年4月3日。三國使者及馬若干匹,牛車七輛,從敦煌出發,沿途所需自行采買，都尉以下要在縣界迎接。從行文看，三國使者由西向東，剛剛入境，前往京師途中。

根據《漢書·西域傳》，焉耆國，王治員渠城，去長安7300里，約今3035千米。有4000户，人口32100人，勝兵6000人。西南至都護治所400里，約今166千米。南至尉犁100里，約今41.5千米。北與烏孫接。近海水多魚，當指博斯騰湖。危須國，王治危須城，距長安7290里，約今3031千米。有700户，人口4900人，勝兵2000人。西至都護治所500里，約今208千米。至焉耆100里，約今41.5千米。

焉耆、危須、尉犁三國鄰近，曾是匈奴西邊日逐王僮僕都尉所駐之地。"賦稅諸國，取富給焉"，是匈奴統治西域的中心地區。神爵二年（前60年）日逐王降漢，漢設西域都護管理西域。此時已有17年時間。在這段時間裏，鄯善、焉耆、危須三國，地域相近，關係敦睦，同時與漢朝保持了經常的使節往來和朝貢關係。一方面接受西域都護的節制，一方面又作爲特殊地區常來京師謁見皇帝，保持着政治上的羈縻關係和絲綢之路的暢通。

簡六

　　鴻嘉三年正月壬辰遣守屬田忠送　　敦煌長史充國行大守事丞晏謂敦
煌
　　自來鄯善王副使姑麗山王副使烏不豚奉獻詣　　爲駕當舍傳舍郡邸如律
令
　　行在所爲駕一乘傳六月辛酉西　　　　　　　（Ⅱ90DXT0214②:78）

木牘，長23.6厘米，寬2.4厘米，厚0.5厘米。松木。右下略殘。上下兩欄，3行書寫，72字，文意完整，草書清晰。如標點斷句，全文當作：

　　鴻嘉三年正月壬辰，遣守屬田忠送自來鄯善王副使姑麗、山王副使烏不豚奉獻，詣行在所，爲駕一乘傳。敦煌長史充國行大守事、丞晏謂：敦煌爲駕,當舍傳舍、郡邸,如律令。六月辛酉,西。

這是一封爲西域使者提供食宿乘車的傳信,類同於後世的官方介紹信。但不是原件,祇是抄録了主要内容。鴻嘉三年正月甲戌朔,壬辰爲十九日,前18年2月20日。此時,鄯善王副使姑麗、山王副使鳥不朦到京師朝貢回國,朝廷派守屬田忠護送,駕一乘傳,即四匹馬拉的車。敦煌太守不在署,而以長史充國和丞晏的名義簽發文件,要求境内傳舍和郡邸,按規定安排食宿。六月辛酉即二十日,前18年7月19日西去,前後五個月時間。

根據《漢書·西域傳》記載:山國,王去長安7170里,約今2980千米。有450户,人口5000人,勝兵1000人。西至尉犁240里,約今100千米;西北至焉耆160里,約今66.5千米;西至危須260里,約今108千米。其地當在今托克遜南部山區。

鄯善和山國,處西域東端,離敦煌最近,使者結伴同行,朝貢頻繁,簡文中反映的就是此類情況。

簡七

　　敦煌大守遺守屬馮充國上伊循城都尉□印綬御史　五鳳元年五月戊午朔戊寅受敦煌大守常樂丞□謂部□
　　以令爲駕二封軺傳　七月庚午食時□□　　□□□駕當舍傳舍如律令
　　　　　　　　　　　　　　　　　　　　(I91DXT0309③:193)

木簡,長23.5厘米,寬1.3厘米。檉柳。簡文分兩欄書寫,每欄兩行。標點句讀應是:

　　敦煌大守遺守屬馮充國,上伊循城都尉□印綬。御史以令爲駕二封軺傳。七月庚午食時□　五鳳元年五月戊午朔戊寅,受敦煌大守常樂、丞□謂部□□□□駕,當舍傳舍,如律令。

　　這是一份御史大夫開具的傳信。文中要求爲持傳人提供駕兩馬的軺車,提供傳舍住宿。五鳳元年五月戊午朔戊寅,乃是年五月二十一日,前57年6月30日。此時的伊循城都尉可能發生了變故,或者不稱職被褫奪了印綬,或者因公殉職等,所以敦煌太守派守屬馮充國要把伊循都尉的印綬上交給朝廷。路過懸泉置的時間是七月庚午,十四日,前57年8月21日。離敦煌太守下達傳信的時間50天左右。簡中“伊循城都尉”後有一未釋字,爲人名,不可得知。“七月庚午食時”之後的兩個未釋字,一般爲“過東”或者“過西”,記錄客人的去向;“丞”後的未釋字爲人名,常樂任敦煌太守時,丞是“賢”,懸泉漢簡中有兩處“敦煌太守常樂、丞賢”一起合署的文件,因此該簡“丞”後的未釋字應是“賢”。“以令爲駕,當舍傳舍,如律令”是一般傳信套語,所以,“駕”前三個未釋字應補爲“以令爲”。伊循城都尉的印綬要由敦煌太守派人負責上交,證明伊循城都尉是由敦煌太守節制的。

　　簡八

　　　　甘露三年四月甲寅朔庚辰金城大守賢丞文謂過所縣道官遣浩亹亭長桼賀以詔書送
　　　　施刑伊循當舍傳舍從者如律令　　　　　　　　　　　（Ⅱ90DXT0114④:338）

木簡,長22.8厘米,寬1.6厘米。檉柳,完整。全文兩行48字,標點句讀爲:

　　　　甘露三年四月甲寅朔庚辰,金城大守賢、丞文謂過所縣道官,遣浩亹亭長桼賀,以詔書送施刑伊循,當舍傳舍,從者如律令。

　　這是金城太守賢和丞文合署開具的一份過所文件,事由是派浩亹亭長桼賀送刑徒到伊循。甘露三年四月甲寅朔庚辰乃是年四月二十七日,前51年6月1日。此時離元鳳四年(前77年)已有26年時間。開始“漢司馬一人、吏士四十人,田伊循以填撫之”。而到後來,規模擴大了,不僅設置了都尉,而且除吏士外,還派了弛刑徒。簡文中“施刑”當爲“弛刑”,“弛,式爾反”,同音字。《漢書·宣帝紀》

李奇注曰:"弛,廢也。謂若今徒解鉗飲赭衣,置任輸作也。"師古曰:"李説是也。若今徒囚但不枷鎖而責保散役之耳。"既然金城郡按詔書要把弛刑徒送往伊循,那麽河西四郡以及其他内地郡縣送弛刑到伊循的情況,應該不是個例。

簡九

> 敦煌伊循都尉臣大倉上書一封
> 甘露四年六月庚子上　　　　　　　　　　（Ⅱ90DXT0216③:111）

木簡,長6厘米,寬1厘米。胡楊。下部殘斷近3/4,存字22個。雖爲殘簡,但文字可完整理解。這是一份公文傳送記録,是伊循都尉給朝廷的上書路過懸泉置時所作的登記。有紀年,甘露四年六月庚子爲是年六月二十四日,前50年8月15日。通過紀年簡可以判定,大倉任伊循都尉的時間在宣帝時期。

簡十

> 敦煌伊循都尉大倉謂過所縣
> 傳舍從者如律令　　　　　　　　　　　　（Ⅰ90DXT0111②:73）

木牘,長7.8厘米,寬2厘米。松木。上下均殘,僅存殘文兩段。第一段留12字,第二段7字。從殘文判斷,這是一份過所抄件。過所者,所經過的地方,是通行證上的常用術語。但完整的句子一般應是"某官謂過所縣道津關"之類,是指某人路途所經縣道關津。但久而久之,"過所"由叙述語言變成了名詞,成了通關文牒和一般通行證的代稱,出入關津,都得有過所,否則不予放行。簡中這一過所,是由伊循都尉大倉發的。大倉其人,懸泉簡中數見,説明他擔任伊循都尉的時間可能較長。"伊循都尉"之前有"敦煌"二字,可能伊循都尉如同敦煌玉門都尉、敦煌陽關都尉一樣,是敦煌太守下屬的一個部都尉。

簡十一

　　伊循城都尉大倉謂過所縣舍傳舍從者如律令　　（V92DXT1312③:6）

　　木簡，長6.7厘米，寬1.2厘米。松木。上下殘斷，存殘文兩行。其內容與上簡相同，是一份過所抄件。所不同的是，上簡發掘時出自一區，而此簡出自五區；簡九有大倉任職在甘露年間的記載，此簡亦當在此時期。

簡十二

　　伊循城都尉大倉上書　　　　　　　　　（Ⅱ90DXT0114④:349）

　　木簡，長5.8厘米，寬0.9厘米。松木。下部殘斷。同前簡一樣，是伊循都尉大倉給朝廷上書經過懸泉置的記錄。

簡十三

　　七月乙丑敦煌大守千秋長史奉憙守部候修仁行丞事下當用者小府伊循城都尉守部司=馬=官候移縣置廣
　　校候郡庫承書從事下當用者如詔書/掾平卒史敞府佐壽宗
　　　　　　　　　　　　　　　　　　　　（V92DXT1312③:44）

　　木牘，長23.4厘米，寬1.3厘米。胡楊。兩面呈脊形，完整，文字兩行存69字，包括2個重文號。句讀標點應是：

　　七月乙丑，敦煌大守千秋、長史奉憙、守部候修仁行丞事，下當用者：小府、伊循城都尉、守部司馬、司馬官候，移縣置、廣校候、郡庫。承書從事下當用者。如詔書。掾平、卒史敞、府佐壽宗。

　　出土該簡的探方,所出紀年簡主要是宣帝本始到甘露年間的,還有元帝初元時期的。"敦煌大守千秋、長史奉憙、守部候修仁"一起簽發的文件有"初元二年四月"的。"敦煌太守千秋、長史奉憙"兩人合署的文件有五鳳、甘露、黃龍、初元的。所以該簡所記内容當在宣、元時期,更可能在元帝初元(前48—前44年)年間。

　　太守下文,應由太守、長史、丞三個人或者至少兩個人一起合署,這是當時的定制。如果其中一位不在,就由就近的下屬兼行或攝行。此外,具體辦事人員也要在文件落款處具名,以示負責,如同現在文件後面的起草、校對人之類。該簡最後的掾、卒史、府佐就是三位辦事人員。

　　根據勞榦先生《居延漢簡考證》,小府即少府。"小府者供太守用度之府藏,《漢書·文翁傳》:'省小府用度,買刀布蜀物,齎計吏以遺博士。'師古注:'小府掌財物之府以供太守者也。'蓋小府雖供太守私用,而官則郡官,故太守猶以詔書下之。"

　　這次下文的範圍較大,除了伊循城都尉以外,敦煌太守以下的軍政、倉儲、郵驛系統都包括在内。從時間上看,這一時期可能是伊循屯田最繁榮的時期。下達給伊循城都尉的官方文件是敦煌太守而不是西域都護,或可説明西域都護主要的職責是管理西域諸國,而漢朝派出的屯田機構除都護府自己在輪臺一帶舉辦的屯田外,其他如伊循屯田和車師屯田,其軍事、行政可能并不直接隷屬於西域都護。

簡十四

　　　　史安世丞博多下郡縣官伊循城承書從事下當用者□□
　　　　令亡人命者盡知之期盡上赦者數大守府罪別之□□□

(I90DXT0110④:4)

　　木簡,長17厘米,寬1.4厘米。檉柳。簡面呈脊形,上部殘斷,下部模糊,存殘文兩段。加句讀標點應是:

　　　　史安世、丞博多下郡縣官、伊循城,承書從事下當用者,……

令亡人命者盡知之,期盡,上赦者數,大守府罪別之。……

第一段能釋者21字,第二段可釋者20字。但從簡牘通行文書可以看出,這是一份逐級抄録下達到伊循城的大赦詔書。懸泉漢簡中,名叫"安世"的人很多,無法從這一綫索找到發文機關。但一般來講,給"郡縣官、伊循城"下文應是敦煌太守府,而且第二段中有"太守府罪別之"一語。"史"應是敦煌"長史"之類,"史"前脱"長"字。這是由長史和丞聯名下發的文件。"承書從事下當用者如律令"或"如詔書",是下行文的套語。"令亡人命者盡知之",意即讓那些有人命案而逃亡在外的人都知道。"期盡"是説大赦是有期限的。不同的赦罪和人數,應上報太守府備案。

此簡的下文對象是"伊循城都尉",是下給漢朝官員而不是下給鄯善的國王和百姓的。這説明當時在伊循屯田的士卒中,有被流放的罪徒;也説明漢朝的政令和法律,此時已經延伸到了鄯善境内。

簡十五正面

□□□　奉去迎子母五人廩五月十五日食三石八斗再八石四斗至尉梨石一斗□□

行到官旁　　奉書子母五人廩四月餔食三石五斗再爲四石五斗至尉梨廩六斗

簡十五背面

□□□　建昭元年十二月廿二日發□□□□　二月廿九日至敦煌積五十九日

□二十　□陽關積三月

□□□　三月五日發敦煌十九日至文侯積十五日留四日廿三□□□□

□□●閏月八日至伊循積□□　　　　　　(Ⅱ90DXT0115②:66)

　　木牘,長23厘米,寬1.8厘米,厚0.4厘米。松木。兩面書寫,文字細密,有些磨滅不清,難以認讀。正面是一位叫"奉"的人從伊循出發迎取家屬,一路由官府廩食的記録。可作如下句讀標點:

　　　　□□□奉去迎子母五人,廩五月十五日食三石八斗,再八石四斗,至尉梨石一斗□□行到官旁。奉書:子母五人,廩四月餔食三石五斗,再爲四石五斗,至尉梨廩六斗。

　　奉能夠帶家屬到伊循駐屯,并且由官府一路發放糧食,可見其身份不是一般的戍卒。還可看出,當時的伊循屯田,不僅有吏士、戍卒、刑徒,還有相當數量的隨從和家屬,持續時間較長,規模也比較可觀。

　　背面主要是一路行程的記録。有殘缺,途中一些停留的地方不連接,但總體上能看出從出發到到達的時間和路綫。句讀如下:

　　　　□□□,建昭元年十二月廿二日發□□□□。二月廿九日至敦煌,積五十九日。□二十□陽關,積三月。□□□,三月五日發敦煌,十九日至文侯,積十五日。留四日,廿三□●閏月八日至伊循,積□□。

　　建昭元年十二月廿二日出發,至次年閏月八日到伊循。建昭元年十二月小,二年是正月大、二月小、三月大、四月小、五月大、六月小、七月大、八月小、閏八月大。一路旅程花了252天,8個月又12天。如此漫長的旅途,説明奉的家屬是從内地而來,如果是河西五郡之人,用不了八個多月的時間。内地官員及其家屬遠屯伊循,可見伊循的開發,一開始就滲透着中原人民的勞動和汗水。

簡十六

獨屬伊循毋邑子貧不齋　　　　　　　　　　　　　　(Ⅱ90DXT0213S:29)

財物伊循別居去府遠恐得甚苦處爲部吏及　　（Ⅱ90DXT0216②:611)

這是兩枚斷簡,發掘時分別出自不同的探方。一枚原編號爲Ⅱ90DXT0213S:29,一枚原編號爲Ⅱ90DXT0216②:611。最近察看原物,才根據木質、紋理、書體、内容和斷茬,綴合成完整一簡。長23.5厘米,寬1.2厘米,松木。全文28字。句讀應是:

獨屬伊循,毋邑子,貧不齎財物。伊循別居,去府遠,恐得甚苦處,爲部吏及

書體渾厚規整,較典型的八分隸。簡文中"毋邑子"或可釋爲"毋臣子"或"母臣子",不敢斷。"去府遠"的"府",當指敦煌太守府。前半段殘簡散落在別處,後半段所出探方出的紀年簡主要是宣、元時期的,故此簡的大致時間亦當在宣、元年間。簡文不全,前後當有其他内容寫在另簡上,此簡祇是一册中的其中一簡。叙述的内容與伊循有關。"貧不齎財物",説明當時在伊循的駐軍和屯田人員,物質生活比較匱乏。後面有"爲部吏"的字樣,説明這是一份官方文書而不是私人信件,也許是一份上給朝廷的上書。

簡十七

……伊循都尉寫傳三　　　　　　　　（Ⅱ90DXT0214③:251)

這是一枚1厘米見方的多面觚,胡楊,長7.5厘米,下部殘斷。形制比較特別,可釋之字不多。一面能釋者祇"伊循都尉"四字,另一面有"寫傳三"三字。出土該觚的探方,從宣帝元康(前65年)到漢末新莽時期的紀年簡都有,無法再縮小其相對年代。

簡十八

四月庚辰以食伊循候傀君從者二人 （Ⅱ90DXT0215③:267）

木簡,長8.6厘米,寬0.7厘米。檉柳。上下均有殘斷,僅留中間一段文字,存15字。這是懸泉置接待伊循官員及其隨從人員的登記。按常見的記録格式,前面應有"出粟若干"的字樣,而後面還應有"人幾食,食幾升"以及"東"或"西"的記載,可惜上下都殘斷了。簡文中的"傀君"是伊循都尉下屬的候官,説明伊循都尉下屬的軍事建制是完整的。都尉是比二千石的官員,官秩僅次於二千石的太守,同"西域都護騎都尉"同級。

簡十九

入上書一封車師己校伊循司臣强　　九月辛亥日下餔時臨泉譯漢受平
望馬登利亚　　　　　　　　　　　　（V92DXT1310③:67）

木簡,長23.3厘米,寬0.8厘米。檉柳。完整。簡文31字。這是一份給朝廷上書經過懸泉置下屬有關驛站的交接記録。九月某日下餔時,即餔時到日入以前的一段時間裏,臨泉驛一位名叫"漢"的驛卒,從平望驛馬登的手中接到一份西域官員給朝廷的上書。譯、驛爲同音相借。上書是重要公文,有傳遞的時間限制,交接手續極嚴,便於一旦延誤滯留後逐一追查,所以該簡把交接時間和交接雙方人名寫得很清楚。"伊循司"後當漏一"馬"字,全稱應爲"伊循司馬"。至於上書人,既是車師己校,又是伊循司馬,頗爲費解,或者抄録時有訛脱,遺漏了有關內容;或者車師己校和伊循司馬有某種職務上的交叉,不敢遽斷。同探方出土的紀年簡多爲宣、元時期的,故此簡的年代亦當在此時。

簡二十

出米六　正月乙丑以食伊循卒史鄧卿程卿□ （V92DXT1411②:52）

　　木簡，長23.5厘米，寬1.1厘米。檉柳。可釋者17字。這是一份程式化的過客登記。"出米六"後當漏一"升"字，一般過客每飯三升，看來鄧卿程卿在懸泉置秖吃了一頓飯，停留的時間不長，後文不清，不知他們去向如何，是往東走了還是往西去了。出土此簡的探方所出紀年簡最早是甘露（前53年）以後的，此簡的年代亦當在宣、元之際。

　　西漢時期，樓蘭、鄯善與漢朝的關係主要以漢與匈奴勢力的消長和漢朝對西域的政策爲轉移。兩者的關係曾出現過多種不同的形態：一是完全役屬匈奴，受匈奴驅馳。當漢朝勢力尚未進入西域時，匈奴在焉耆、危須、尉犁間設置僮僕都尉，"賦稅諸國，取富給焉"。此時的樓蘭受匈奴控制，爲作耳目，遮殺漢使。二是依違於漢與匈奴兩者之間。當漢朝用兵西域，遠征大宛，大軍聲勢輻射到沿途各國時，樓蘭等國就不得不改變一邊倒的態度，觀察動向，依違其間。所謂"小國在大國間，不兩屬無以自安"。三是在漢朝幫助下建立親漢政權，與漢朝形成合作關係。樓蘭改爲鄯善，就是親漢政權的標志。傅介子斬殺樓蘭王，護送其降漢的王弟尉屠耆爲王，開啓了鄯善與漢朝關係的新篇章，此後的兩者關係通過通商、貢使和各種經濟文化交流進入了友好交往的階段。四是在政治上接受漢朝的領屬，成爲漢朝管理下的地方政權。"宣帝時，（鄭）吉以侍郎田渠黎積穀，因發諸國兵攻破車師，遷衛司馬，使護鄯善以西南道。"此事《資治通鑒》繫之於元康二年（前64年）。這説明早在西域都護建立之前，鄯善就已在政治上接受了漢朝的管理。五是同漢朝和親，從血緣上鞏固兩者的依附關係。尉屠耆回國時，"賜以宮女爲夫人"，就屬此類。六是接受漢文化的薰陶，在精神、文化和心理深層加強溝通、趨向一致。漢朝是當時的禮儀之幫、文化大國，對周邊少數民族多有影響。尉屠耆留滯京師，不能不受到漢文化影響；宮女遠嫁鄯善，如同龜兹王降賓夫人一樣，漢朝的禮儀制度、物質文化、生活方式等不能不隨之西行；另外樓蘭、鄯善還經常派子弟到京師學習。所謂"危須、尉犁、樓蘭六國子弟在京者"云云，説明樓蘭子弟在京師游學，早在武帝時就已開始。七是屯田積穀，開發經濟。而伊循屯田就是典型的範例。在今天米蘭之東有一塊三十五平方千米的土地上發現由一條總幹渠、七條支渠和許多斗渠、毛渠組成的古代灌溉系統,很可能就是當時伊循屯田區所在。屯田活動不僅解決了駐屯軍隊的糧食供應,使得軍隊的長期駐紮成爲可能,而且大量的屯邊士卒、家屬、流犯長期在此勞作、定居和生息,促進了漢與當地民族的交流融合,爲漢朝最終有效管理西域作出了貢獻。

除了傳世文獻外,出土漢簡有力地印證了上述過程和形態。

(原載《西域研究》2009年第4期)

漢簡中的絲綢之路：大宛和康居

張德芳

公元前138年至126年，張騫出使西域，歷史上稱之爲"鑿空"，是漢唐絲綢之路的開端。儘管根據考古材料和古希臘一些藝術品的判斷，中國的絲綢早在公元前6—前5世紀就已出現在阿爾泰山北部、克里米亞半島、希臘半島和德國的南部。但當時華夏大地還處在春秋戰國的擾攘之際，"禮樂征伐自諸侯出"，周天子祇是一個象徵。無論春秋五霸還是戰國七雄，大家都忙於問鼎中原，沒有精力也沒有實力把目光和觸角伸向遙遠的西方。所以公元前6—前5世紀的絲綢出現在西方，主要是北方游牧民族縱橫馳騁，轉手貿易的結果，并不意味着中原王朝同西方世界的直接對接。祇有張騫的出使，才以官方外交的形式溝通了東西方世界，使"絲綢之路"有了完整的意義。

根據史書的記載，張騫第一次出使西域，身所至大宛、康居、大月氏。至於"傳聞其旁大國五六"，如烏孫、奄蔡、安息、條枝等，祇是把相關信息帶了回來。

大 宛

大宛，地處費爾幹納盆地，東、南、北三面矗立着天山山脈、吉薩爾-阿賴山脈，中間一塊凹地東西長300多千米，南北寬70多千米。總面積7800多平方千米。烏兹別克斯坦、塔吉克斯坦、吉爾吉斯斯坦三國邊界犬牙交錯，但盆地内的大部分土地屬於烏兹別克斯坦。2000多年前張騫首到此地時，以農耕定居的居民已經有了好幾百年的歷史。

張騫到來之前，漢朝和大宛還處在完全隔膜的狀態。所謂"大宛之迹，始自張騫"就是這個意思。而大宛對遠來的客人也表示了極大的熱情和崇高的禮遇。飲食接待，派車派人，把張騫護送到了康居。從今天的觀點看，中國的外交史，當以此爲始。至於先秦三代招徠遠人，"蠻夷要服，戎狄荒服"，祇是華夏境内中原與周邊部族的關係。春秋戰國時各諸侯國縱横捭闔，折衝尊俎的外交斡旋，也祇是自家兄弟的事。

歷史上各民族的交往，除了語言、文化、宗教、商貿、人種等多種形式外，還有戰争。漢朝同大宛的關係一開始并不一帆風順，同樣經過了戰争的洗禮。大宛有汗血馬，漢武帝嚮往已久，於是派使者帶上金銀幣帛前往大宛求取。結果，大宛國王不光不買帳，還殺漢使者，搶奪財物。不光求取汗血馬的目的没有達到，還使漢朝的威嚴受到了嚴重侮辱，隨之引發了漢武帝遠征大宛的戰争。前104年至前101年，歷時四年，兩度出兵，傾全國之力，調十數萬之衆，遠征數千千米。結果十數萬將士抛骨荒野，祇有幾千人生還，獲善馬數十匹。但這次戰争的意義遠不至此。它使西域諸國從此威服漢朝，從根本上奠定了漢朝開拓西域、開通絲綢之路的基礎，使漢朝以天下大國的形象屹立於世。

李廣利伐大宛，祇是以聲威奪人，并没有發生正面戰争。最後在大宛貴人的配合下，更换了國王，訂了城下之盟。從此後，漢朝與大宛關係進入黄金時期，大宛"歲獻天馬二匹"，而漢朝的使者商團亦絡繹於途。

從漢宣帝（前73年即位）到漢末和新莽之世的70多年裏，是漢朝同西域大宛關係的緊密期。由於史書上留下的材料極少，具體情况仍然模糊。但敦煌懸泉置出土的漢簡彌補了這方面的空白。

比如有一枚漢簡，抄録的是公元前74年12月28日御史大夫田廣明下發的一份文件，意思是朝廷派專人前往敦煌迎取天馬，出了長安以後，從右扶風往西直到敦煌，沿途驛站傳舍，都要按規定接待并提供車馬食宿。此時，離太初四年

(前101年)李廣利伐大宛之後約定"歲獻天馬二匹",已有26年時間,這説明當時兩國所簽訂的盟約至少在公元前1世紀的前1/4時間裏是一直踐行的,此時絲綢之路上的中西交往也是正常的。專門派朝廷官員在當時的交通條件下遠赴敦煌迎取天馬,不僅説明漢朝政府對天馬西來的重視,也説明對大宛的使節和貢獻十分重視。從原始檔案、出土文獻、文物實體等多方面提供了漢與大宛關係的明證。

有兩枚簡記載車騎將軍長史出使大宛的情況。車騎將軍長史是車騎將軍的幕僚,秩六百石。其出使大宛的行爲應該直接代表朝廷的意旨。霍光以後的大司馬車騎將軍位高權重,勢傾朝野,往往蓋過丞相,位極人臣。宣帝時,出任車騎將軍者先後有張安世、韓增、許延壽,此兩簡反映的是張安世出任車騎將軍(後加大司馬)時出使大宛的情況,時當地節四年到元康四年(前66至前62)。

大宛雖遠處費爾幹納盆地,但它與漢朝的關係同康居、大月氏、罽賓、安息、烏弋山離五國不同,後者"不屬都護",而大宛則是西域都護領屬下的西域大國。所以大宛來漢使者,有時往往同西域其他國家結伴而行。有一簡記載:

> 客大月氏、大宛、踈勒、于闐、莎車、渠勒、精絶、扜彌王使者十八人,貴人
> □人……　　　　　　　　　　　　　　　　　　　　(Ⅰ91DXT0309③:97)

這是八個國家的使者18人、貴人若干人同時來漢路過敦煌的情況。8個國家中,大月氏、大宛遠在蔥嶺以外,其他的都在今天的新疆境內。各國使團結伴同行,有時候人馬眾多。有一條漢簡記載:"大宛貴人食七十一人,凡三百一十八人。"這在當時已經很具規模。

大宛給朝廷的貢獻不光是天馬,有時還有駱駝。比如有一條漢簡記載:

> 大宛貴人烏莫塞獻橐他一匹,黃、乘、須兩耳、絜一丈。死縣泉置。
> 　　　　　　　　　　　　　　　　　　　　(Ⅱ90DXT0214②:53)

這是貢獻的駱駝死於懸泉置的記載。其實,這種貢獻祇具有象徵意義,主要

體現政治上的羈縻關係。從經濟上來說,漢朝的賞賜要超過貢物的價值很多。

從時間上看,漢簡中記載大宛與漢朝的頻繁來往,從公元前70多年開始一直到公元前後。有一枚西漢晚期的簡記錄:

建平五年十一月庚申,遣卒史赵平送自来大菀使者侯陵奉献,诣在所以(當爲"诣行在所")　　　　　　　　　　　　　　　　　　　　(Ⅱ90DXT0114④:57)

此簡的時間是公元前2年12月21日。簡中的卒史,當是西域都護所派,任務是送大宛使者到京師。此時的西漢已形同落日夕陽,絲綢之路的第一段繁榮期也同此簡的記錄一樣定格在此時。後來王莽當政,措置失當,西域遂叛。天鳳年間(15—19年),派五威將王駿、西域都護李崇、戊己校尉郭欽用兵西域,王駿戰敗,李崇覆沒,"西域因絕"。到了東漢,漢與西域"三絕三通",呈現出絲綢之路的另一種歷史形態。

康　居

康居是絲綢之路上的大國,是張騫西使的第二站。根據班固《漢書》的記載,到西漢末年,有"戶十二萬,口六十萬,勝兵十二萬人"。其人口、戶數、勝兵正好相當於大宛的兩倍。也是五口之家,戶出一兵。其地理範圍,大致在錫爾河北岸、今哈薩克斯坦南部草原。"與大月氏同俗",屬於游牧民族。但是根據《漢書·西域傳》的記載,康居有五小王:一曰蘇薤王,治蘇薤城;二曰附墨王,治附墨城;三曰窳匿王,治窳匿城;四曰罽王,治罽城;五曰奧鞬王,治奧城。根據後人的考證,蘇薤城即唐代昭武九姓的史國,在今烏茲別克斯坦東南部卡什卡塔里亞省的沙赫里夏波茲。附墨城即何國,在今天烏茲別克斯坦納沃伊。窳匿城即石國,在今烏茲別克首都塔什干附近。罽城即安國,在今烏茲別克斯坦的布哈拉。奧鞬城即火尋,在今烏茲別克斯坦西部阿姆河下游花拉子模州首府烏爾根奇。五小國不是游牧部落,而是定居的城郭居民。

康居與漢朝的關係有一個發展的過程。張騫初次來此,曾得到康居的友好接待。"康居傳致大月氏。"同樣是派車、派人把張騫送到大月氏。其後太初年間（前104—前101年）李廣利伐大宛，康居怕唇亡而齒寒，曾爲大宛後援。北匈奴郅支單于西逃塔拉斯河（今江布林州），康居與之結盟，互爲翁婿。建昭三年（前36年）陳湯伐郅支，康居又暗地裏支持郅支。但從懸泉漢簡的記載看，在公元前的半個世紀裏，康居與漢朝始終保持著頻繁的來往關係。也就是說，今天哈薩克斯坦和烏兹別克斯坦的遼闊地區在2000多年前同東方漢朝的親密關係，保證了當時絲綢之路的繁榮。以漢簡實録爲証：

> 甘露二年正月庚戌，敦煌大守千秋、庫令賀兼行丞事，敢告酒泉大守府卒人：安遠侯遣比胥揵羿軍候丞趙千秋上書，送康居王使者二人、貴人十人、從者六十四人。獻馬二匹、橐他十匹。私馬九匹、驢卅一匹、橐他廿五匹、牛一。戊申入玉門關，已閲（名）籍、畜財、財物。
>
> （Ⅱ90DXT0213③:6+T0214③:83）

這是敦煌太守府發往酒泉太守府的平行文書，是懸泉漢簡中記載漢朝與康居來往較早的紀年簡，時在公元前52年3月8日。此次康居王所派使團從使者、貴人到從者，一共76人，隨行大牲畜78頭。這在當時中西交通的大道上是一支浩浩蕩蕩的隊伍。要接待這樣一個龐大的使團，沿途如敦煌、酒泉等地的地方官員必須認真辦理，否則要受到朝廷的追責。敦煌太守提前移書酒泉太守，要其做好接待準備。同樣，按照常規，酒泉太守也要移書張掖，以次類推。從簡文記載看，除了沿途地方官必須出面接待外，西域都護府還要派專人把他們陪護到京師。康居使團所帶78頭大牲畜中，有貢獻的馬匹和駱駝若干，有私馬、驢、駝、牛若干，前者是給朝廷的貢物，後者可能是使團人員自己的乘駕。至於牛，或可爲沿途遇到困難時，以供宰殺食用。這裏特別提到的是給朝廷的貢獻。《漢書·西域傳》載："至成帝時（前32—前7年），康居遣子侍漢，貢獻。"顯然不準確。從這條簡文看，至遲在宣帝甘露年間（前53—前50年），康居與漢朝就有了貢使關係。如果我們編寫絲綢之路編年史或者漢朝與康居的交往史，公元前53年3月6日，有76人的康居使團帶着78頭牛馬、駱駝等貢物浩浩蕩蕩開進玉門關并得到沿途官員的熱情接待。這不能不是一件需要特別記述的事。

還有一份七枚漢簡聯成的文件,十分生動地記載了康居王使者前來漢朝朝貢的細節:

康居王使者楊伯刀、副扁闐;蘇薤王使者姑墨、副沙困即貴人爲匿等,皆叩頭自言:前數爲王奉獻橐佗,入敦煌關,縣次購食至酒泉昆□官,大守與楊伯刀等雜平直肥瘦。今楊伯刀等復爲王奉獻橐佗入關,行道不得食。至酒泉,酒泉大守獨與小吏直畜,楊伯刀等不得見所獻橐佗。姑墨爲王獻白牡橐佗一匹,牝二匹,以爲黃。及楊伯刀等獻橐佗,皆肥,以爲瘦。不如實,冤。

永光五年六月癸酉朔癸酉,使主客諫大夫漢侍郎當,移敦煌大守,書到驗問言狀。事當奏聞,毋留如律令。

七月庚申,敦煌大守弘、長史章、守部候修仁行丞事,謂縣:寫移書到,具移康居蘇薤王使者楊伯刀等獻橐佗食用穀數,會月廿五日,如律令。掾登、屬建、書佐政光。

七月壬戌,效穀守長合宗、守丞敦煌左尉忠謂置:寫移書到,具寫傳馬止不食穀,詔書報,會月廿三日,如律令。掾宗、嗇夫輔。

(Ⅱ90DXT0216②:877-883)

全簡293字,內容可分爲四部分,主要記録康居王使者和蘇薤王使者及貴人前來貢獻,在酒泉評價貢物時發生了糾紛,朝庭責令敦煌郡和效穀縣調查上報。前4簡爲第一部分,143字,叙述康居使者及貴人到敦煌入關後,一般要對貢物即奉獻的駱駝進行評估,評估內容涉及牝牡、毛色、肥瘦、口齒、價值等。對方當事人5人:康居王使者楊伯刀、副使扁闐;蘇薤王使者姑墨、副使沙困、貴人爲匿。他們此次來奉獻駱駝不是第一次,而此前曾有過多次;他們每次從敦煌入關東往酒泉,沿途食宿由地方當局解決;到酒泉後,太守及下屬官員要會同朝貢者一起對貢物進行評估。此次的情況却不同。首先是他們入關後,從敦煌到酒泉,一路缺乏食物供應；其次，到酒泉後，酒泉太守和手下人對其奉獻的駱駝進行評估時沒有讓當事人楊伯刀等人現場參加，單方面作出了評價；第三，評價的結果有問題，楊伯刀帶來的駱駝本來是膘肥體壯，可酒泉太守及其下屬定爲羸瘦；姑墨奉獻三匹白駱駝，一牡二牝，可酒泉方面定爲"黃"。"不如實，冤。"因而上告到朝廷的有關部門。

第二部分一簡41字，是公元前39年7月21日朝廷主管對外交往和蠻夷事務的使主客諫大夫行文敦煌，要求敦煌太守接到文件後對此進行查詢并按時上報，不得留遲。

第三部分一簡62字，公元前39年9月6日敦煌大守弘、長史章以及兼行丞事的守部候修仁連署文件，下發效穀縣，要求縣廷接到文件後，將康居王使者路過縣境時爲之提供的穀物數量在七天之內，於当月25日上報太守府。後面有發文時掾、屬、書佐的具名。從京師行文到敦煌，中間相隔48天。

第四部分一簡47字，公元前39年9月8日效穀守長合宗、守丞忠聯署文件，下發懸泉置，要求在三天之內，於当月23日將傳馬食穀情況上報縣廷。最後是掾、嗇夫的具名。

簡文記載的是永光五年(前39年)之事，説明不光宣帝時期康居和漢朝保持着大規模交往關係，到元帝永光年間也有頻繁來往。

此外，到成帝陽朔年間，還有漢與康居的使節交往，如：

> 陽朔二年四月辛丑朔甲子，京兆尹信、丞義下左將軍、使送康居校尉，承書從事下當用者如詔書。四月丙寅，左將軍丹下大鴻臚、敦煌大守，承書從事下當用者如詔書。

具體內容是：公元前23年6月18日，有一封朝廷公文，先由京兆尹信、丞義下達左將軍和使康居校尉。6月20日，又由左將軍下達給大鴻臚和敦煌太守。其中的"使康居校尉"應該是比二千石的官員。

總之，從漢簡的記載看，公元前半個世紀裏，康居與漢朝的貢使質子關係是一種緊密的政治紐帶,是漢朝與中亞各國絲路暢通的保障。

漢簡中除了上述大宛、康居的記載外,還有大月氏的豐富記載,主要反映今天的土庫曼斯坦南部以及阿富汗一帶兩千多年前與漢朝的關係;漢簡中關於罽賓的記載,主要反映印度西北及克什米爾等南亞次大陸同漢朝的關係;漢簡中關於烏弋山離的記載,主要反映伊朗高原與漢朝的關係。當時的這些地區,是民族、人種、文化踫撞、交流和融合的歷史舞臺。波斯文化、希臘文化、本地的農耕定居文化以及北方塞人的游牧文化,都曾在這裏發生過深刻影響。絲綢之路的開通,把東西方連接在一起,爲人類文明的進步和世界歷史的發展作出了重要貢獻。河西地區出土的這些漢簡,對研究上述歷史,彌足珍貴。

(原載《絲綢之路》2015年第1期)

漢簡確證:漢代驪軒城與羅馬戰俘無關

張德芳

1989年9月30日,某報轉載了法新社關於澳大利亞教師戴維·哈里斯在甘肅境內發現古羅馬軍隊殘部流落地的電訊,緊接着新聞媒體爭相報導。《人民日報》又於同年12月15日以《永昌有座西漢安置羅馬戰俘城》爲題作了報導,稱:中、澳、蘇三國史學家聯合研究發現,西漢元帝時代設置的驪軒城是用作安置羅馬戰俘的。這一發現不僅解開了公元前53年,一支六千多人的羅馬軍隊在卡爾萊戰役中被安息軍隊打敗,後來突圍潰逃,不知下落的歷史之謎,而且對中外關係史有重大意義。據報導,中、澳、蘇三國史學家是從班固所著《漢書·陳湯傳》的研究中取得重要突破的。據《陳湯傳》載:公元前36年,漢西域都護甘延壽、副校尉陳湯,帶領四萬多名將士討伐北匈奴郅支單于,在郅支城(今哈薩克斯坦江布爾)看到一些奇特的軍隊:"步兵百餘人夾門魚鱗陳,講習用兵","土城外有重木城"。這種用圓形盾牌連成魚鱗狀防禦的陣式和修"重木城"的方法,祇有古羅馬軍隊采用。上述三國學者根據這一史料,認爲這些人就是失蹤17年的羅馬殘軍。陳湯誅滅郅支後,"生虜百四十五人,降虜千餘人"。戰俘中有不少驪軒人,西漢朝廷爲安置這批羅馬戰俘,便在今甘肅永昌境內設置了驪軒城。

此報導一出,確實產生了極大的轟動效應。一些新聞記者和媒體,連篇累牘,争相報導,一再掀起高潮。而且并不滿足上述事實,聲稱"考古專家揭開塵封2000年謎案——永昌:駐紮過羅馬軍團"。由原來的安置過羅馬降人一變而爲"駐紮過羅馬軍團",頓時吸引眼球,新人耳目。一些小説家也以此爲題材演繹出多部文學作品,正準備搬上銀幕。其實,這些説法最早來自美國人德效騫於1957年在倫敦發表的《古代中國的一座羅馬城》,其後還被一些學術著作引證過。至於把漢代"驪靬"和西域的"黎軒""犛靬"等從發音上聯繫起來,則最早始自漢人服虔和唐人顏師古。提出"驪靬"爲安置降人一説,也在1792年清人錢坫的《新斠注地理志集釋》一書中就有了,并不是什麽三國史學家的新發現。

早在美國學者德效騫發表《古代中國的一座羅馬城》之後,我國臺灣學者楊希枚就於1969年在臺灣《書目季刊》上發表了《評德效騫的〈古代中國境内一個羅馬人的城市〉》,對德氏一些牽强之辭進行了駁議。1989年,所謂中、澳、蘇三國學者的"發現"一經報導,就立即引起了國内學術界關注,先後發表了不少論文,從各個角度對上述説法進行了駁難。但在驪靬縣究竟設於何時這一關鍵問題上因缺乏直接證據,終歸難以形成定論。近來筆者整理20世紀70年代發掘的金關漢簡和90年代發掘的懸泉漢簡,接觸了若干關於驪靬的記載。其中有些有明確年代記載,這對判定驪靬縣的設縣時間乃至是否與公元前53年卡爾萊戰役中的羅馬戰俘有關具有重大價值,它將使這一争論十數年甚至數十年的歷史懸案得以澄清。

驪靬是否真與公元前53年的羅馬戰俘有關,長期糾纏不清的一個問題就是驪靬設縣的具體時間。金關簡中與驪靬有關的神爵二年(前60年)的紀年簡以及大致與此同時的其他簡文確鑿地證明了"驪靬"一名的出現和設縣時間。如簡一:"☐和宜便里,年卅三歲,姓吳氏,故驪靬苑斗食嗇夫,乃神爵二年三月庚寅,以功次遷爲"(金關73EJT4:98A)。簡二:"☐公乘,番和宜便里,年卅三歲,姓吳氏,故驪靬苑斗食嗇夫,乃神爵二年三月辛☐"(金關73EJH2:2)。兩簡不出自同一探方,但所述内容有聯繫,可能丟棄前已經散亂。兩簡記録一位基層小吏除補到任情況。這類簡牘當時名之爲吏員補除名籍。説的是一位姓吳的人,年三十三歲,爵位是公乘,原籍番和宜便里,原來做過驪靬苑的斗食嗇夫,後在神爵二年

（前60年）三月某日以工作成績和升轉次序提拔到了新的崗位上。兩簡均爲松木，上下殘，但基本内容是清楚的。按慣例，此類吏員除補名籍一般都由兩枚組成：一枚記錄某人因某事於某年月日遷爲某官；一枚記錄某人因某事於某年月日遷爲某官後於某時到任。因而兩簡上半部内容基本相同，下半部的干支（日期）和内容則不一樣。雖記同一人事，但未必爲一時寫成。上述兩簡即爲此類情況。第一簡具體日期爲“三月庚寅”。查漢代曆譜，神爵二年三月丙午朔，無“庚寅”，當“庚戌”“庚申”或“庚午”之誤寫。第二簡具體日期爲“三月辛囗”，後面缺字。按曆譜當爲“辛亥”“辛酉”或“辛未”。因爲兩簡干支無法確定，二者的先後難以判斷。兩簡相較，簡一“和”字前殘斷部分應爲“番”，“番和”之前當爲“公乘”。“公乘”，秦漢二十等爵的第八級。顏師古曰：“言其得乘公家之車也。”秦漢士民，人人得有爵位，從第一等公士到第二十等列侯，高低不等以别貴賤。漢時通行的人名籍，一般除寫明姓名、縣、里、年、身高和膚色外，還要注明爵位。《漢書·高祖本紀》詔曰：“七大夫、公乘以上，皆高爵也。”可見簡中這位吳姓人士爵位較高。“宜便里”，里名，屬番和縣。漢時郡、縣、鄉、里，猶今之市、縣、鄉、村，“里”是最基層單位。“斗食”，歲奉不滿百石的基層小吏。“嗇夫”，秦漢時除“鄉嗇夫”外，縣以下各基層單位的長官均可稱嗇夫。秦漢簡牘中常見有：關嗇夫、農嗇夫、田嗇夫、庫嗇夫、傳舍嗇夫、都田嗇夫、置嗇夫、厩嗇夫、厨嗇夫、倉嗇夫、司空嗇夫、少内嗇夫等。簡中的“斗食嗇夫”，當爲驪靬苑掌管某一事務的基層小吏。“以功次遷爲某官”，是依照功勞和政績按官吏升補次序遷升到某一官職的意思，是漢代通行的慣例。上述兩簡關於驪靬苑的記載，説明驪靬作爲地名早在神爵二年（前60年）以前就已出現。而驪靬苑是設在驪靬縣境的，同樣的情況可以在懸泉漢簡中看到敦煌、效穀縣的例子。如簡三：“出茭五十五石二鈞，以食敦煌苑橐他五十囗”（Ⅱ90DXT0216②：145）。簡四：“效穀假苑牛十二，其四在遮要置囗”（V92DXT712②：79）。這説明驪靬苑的存在是以驪靬縣的設立爲前提的。此外，金關漢簡中還有大致與此同時的記載，可以得到證實。如簡五：“閏月丙申，驪靬長樂亡，移書報府所囗”（金關73EJT1：199）。簡六：“驪靬尉史當利里吕延年，年廿四”（金關73EJT9：127）。簡五爲削衣，同探方所出318枚簡中紀年簡13

枚,占4%。其中始元1枚,本始5枚,地節5枚,元康1枚,甘露1枚,最早爲始元二年(前85年),最晚爲甘露二年(前52年)。因此,該簡大致可定爲昭宣時期遺物,下限在公元前52年。與簡六同出的紀年簡還有25枚,占該探方395簡之6%。其中本始1枚,五鳳6枚,甘露10枚,初元5枚,河平1枚,元始1枚。宣帝時期居多,共18枚,占25枚紀年簡的72%,因此簡六爲宣帝時遺物的可能性亦較大。《漢書·百官公卿表》:"縣令、長,皆秦官,掌治其縣。萬户以上爲令,秩千石至六百石。減萬户爲長,秩五百石至三百石。"簡三"驪靬長",説明當時的驪靬縣不足萬人。簡四"驪靬尉史",當爲驪靬縣尉的屬官。《史記·匈奴列傳》:"單于既入漢塞,未至馬邑百餘里,見畜布野而無人牧者,怪之,乃攻亭。是時,雁門尉史行徼見寇,葆此亭,知漢兵謀。單于得,欲殺之。尉史乃告單于漢兵所居。"《索引》引如淳曰:"近塞郡皆置尉,百里一人。士史,尉史各二人也。"其實"尉史"一職,未必都在近塞,内地亦置;未必盡爲郡尉之屬吏,縣尉亦有此屬吏。除上引材料外,還有與驪靬相關的簡文。簡七:"出錢五十,粟五斗,驪靬。出錢五十,粟米五斗,顯美。"(金關 73EJT37:915)簡八:"鞣得復作,驪靬當利里馮奉世☐。"(金關 73EJT24:964)簡九:"驪靬萬歲里公乘兒倉,年卅,長七尺二寸,黑色,劍一,已入,牛車一兩。"(《居延漢簡甲乙編》334.33)簡十:"出粟二斗四升,以食驪靬佐單門安,將轉從者一人,凡二人,人往來四食,食三升。"(懸泉 V92DXT1311③:226)。簡十一:"驪靬武都里户人,大女高者君,自實占家當乘物。☐☐,年廿七,☐☐。次女☐☐☐☐☐☐。"(懸泉 V92DXT1210:96)簡十二:"☐☐☐過所遣驪靬稟尉劉步賢☐。"(懸泉 V93DXT1511④:5)從上述簡文中,我們不僅可以看到驪靬設縣的時間早在神爵二年(前60年)以前,還可看到驪靬縣當時大致的情況。當時的驪靬,不到萬人,設長而不設令。除"驪靬長"外,還有"驪靬尉""驪靬尉史""驪靬佐"等。縣下轄鄉雖不得而知(一般爲兩到三個),但簡文中記載的里有"宜道里""當利里""萬歲里""武都里"等。

關於驪靬苑的情況,除前述紀年簡外,還有簡十三"驪靬苑奴牧番和宜便里☐"(金關 73EJT23:193)、簡十四"驪靬苑大奴尹福年卌長七尺八寸"。(金關 73EJC:95)"大奴",當爲15歲以上的成年奴隸。漢簡中"大奴""當奴",實際上同

"大男""大女""使男""使女""未使男""未使女"一樣,當爲社會上流行和户籍登記中的通用語。6至14歲爲使奴,15歲以上爲大奴。"奴婢名籍"中可以得到證實。簡十五:"驪靬苑監、侍郎古成昌以詔書送驪橐。"(IV92DXT0317③:68)"橐"即"橐他",文獻和漢簡中還可寫作"橐它""橐佗""橐駝",也就是駱駝。"苑監",《漢書注》:"太僕牧師諸苑三十六所,分布北邊、西邊,以郎爲苑監,官奴婢三萬人,養馬三十萬匹。"另,《漢書·食貨志》也有"其没入諸苑養狗馬禽獸"的記載。漢代設苑在漢景帝時期,當時尚不包括河西。但隨着西北邊疆的不斷開拓,上郡、北地、安順、武都、金城及河西各地均設苑監以牧苑。早在漢初,劉邦爲"都雒陽"問題猶豫不決時,張良曾有一段進諫:"夫關中左殽函,右隴蜀,沃野千里。南有巴蜀之險,北有胡苑之利,阻三面而守,獨以一面東制諸侯。"《索隱》引崔浩云:"苑馬牧外接胡地,馬生於胡,故云胡苑之利。"《正義》引《博物志》有胡苑之塞。《漢書·地理志》北地郡:靈州有河奇苑。歸德有堵苑、白馬苑。郁郅有牧師苑官。這是上郡、北地一直有苑馬的記載。《漢書·平帝紀》:"(元始二年)罷安定呼池苑,以爲安民縣。"顔師古注曰:"中山之安定也。"懸泉出土漢簡,"明昭哀閔百姓被災害,困乏毋訾,毋以自澹(贍),爲擇肥壤地,罷安定郡呼池苑"(II90DXT0115①:1),可見呼池苑在安定郡,而不在中山,顔師古搞錯了。《後漢書·馬援傳》李賢注引《續漢書》:"自援祖賓,本客天水,父仲又嘗爲牧師令。是時援爲護苑使者,故人賓客皆依援。"這與天水牧馬苑有關。《後漢書·西羌傳》載:建光元年(121年)秋,羌人忍良等"遂相結共脅將諸種步騎三千人寇湟中,攻金城諸縣,(馬)賢將先零種赴擊之,戰於牧苑,兵敗,死者四百餘人"。這是金城有牧馬苑的記載。同傳永和五年(140年),"且凍分遣種人寇武都,燒隴關,掠苑馬"。這是武都設苑養馬的記載,《後漢書·和帝紀》永元五年(93年),"二月戊戌,詔有司省減内外厩及涼州諸苑馬。"可見,設苑也是毫無疑問的。"驪靬苑"就是其中之一。漢簡材料還告訴我們:驪靬苑由苑監管,苑監一般由郎官充任,下屬還有"斗食嗇夫"的基層小吏掌管某一方面的具體事務。不僅養馬,還養牛,養驢,養駱駝,牧苑日常勞務由官奴婢承擔。

經過上述考證,不難看出,早在神爵二年(前60年)以前,驪靬縣就已設立。

西漢先在西北地區實行的牧苑制度也隨之建立。河西乃至驪軒,政治經濟已發展到相當規模。它既早於公元前36年陳湯伐郅支,也早於公元前53年的卡爾萊戰役。那種認爲西漢驪軒的設立與卡爾萊戰役中的羅馬戰俘有關的説法,純屬子虛烏有。

（原載《光明日報》2000年5月19日,本文校勘據張德芳《簡牘樓札記》,鳳凰出版社,2022年,第177—185頁。）

論漢簡所見漢代西域歸義現象

馬智全

在民族交往中，對歸順漢朝或支持漢朝的少數民族貴族以歸義的名義被封王封侯之事，在史書中屢有所載。漢朝對歸義問題高度重視，并設有專門機構予以管理。《漢書·百官公卿表》："典客，秦官，掌諸侯歸義蠻夷，有丞。景帝中六年更名大行令，武帝太初元年更名大鴻臚。"[①]同時，漢朝對歸義者還執行特殊的優待政策，如在武威出土的漢簡《王杖詔書令》中就有優待歸義者的律令："夫妻俱毋子男，爲獨寡，田毋租，市毋賦，與歸義同。"[②]這正說明漢朝給予歸義者"田毋租，市毋賦"的優待，以保證歸義者的穩定生活。漢代少數民族歸義現象大量存在，近世所出的官印文獻多有證明。[③]史籍以及官印所載的歸義者多是重要之王侯，而對於普通民眾的歸義記載較少。在 20 世紀出土的敦煌漢簡和懸泉漢簡中，正有一些反映西域民眾歸義的簡文，使我們對西域諸國的歸義現象有了新的認識。一些學者如袁延勝[④]、何海龍[⑤]、楊芳[⑥]已經就相關問題做了研究，并取得重

①《漢書》卷十九《百官公卿表》。
② 李均明、何雙全編：《散見簡牘合輯》，文物出版社，1990年，第16頁。
③ 參見羅福頤主編《秦漢南北朝官印征存》，文物出版社，1987年，第212—222頁。
④ 參見袁延勝《懸泉漢簡所見漢代烏孫的幾個年代問題》，《西域研究》2005年第4期。
⑤ 參見何海龍《從懸泉漢簡談西漢與烏孫的關係》，《求索》2006年第3期。
⑥ 參見楊芳《漢簡所見漢代河西邊郡人口來源考》，《敦煌研究》2010年第3期。

要成果。本文擬在前人論述的基礎上,就目前已發表漢簡所見的漢代西域歸義現象做集中討論,以加深對相關問題的認識。

一、大月氏人的歸義

據《漢書·西域傳》,大月氏原本居於敦煌、祁連間,由於匈奴的進攻,被迫西遷,西擊大夏而據有其地,後建立了貴霜王朝。關於漢朝與大月氏的關係,以張騫兩次出使西域最爲人關注。張騫第一次出使西域的主要目的就是爲了説服大月氏共擊匈奴,但由於大月氏已據有大夏地,生活穩定,無意報復匈奴。張騫第二次出使西域也派副使到過大月氏。所以儘管大月氏距漢地較遠,不臣屬於西域都護,但漢朝一直重視與其聯繫。大月氏與漢朝有使節往來,也爲史書所載《漢書·李廣利傳》:"匈奴爲害久矣,今雖徙幕北,與旁國謀共要絶大月氏使,遮殺中郎將江、故雁門守攘。"[1]懸泉漢簡中反映大月氏遣使漢王朝的材料更多,張德芳《懸泉漢簡與西域諸國》一文已有具體論述。[2]在該文所引漢簡中,有兩枚簡記載了大月氏與漢王朝的特殊關係。

簡1:歸義大月氏貴人一人,貴人□一人,男一人。自來龜兹王使者二人,□□三人,凡八人。　　　　　　　(I91DXT0309③:98)

據出土層位,這枚簡的時代爲西漢昭、宣時代。簡文記載了歸義的"大月氏貴人一人,貴人□一人,男一人"與龜兹國的使者等五人共同來到敦煌的史實。關於懸泉置來往人員的身份,簡文的記載相當明確,如有"使者""使""副使""自來"等稱號,而"歸義"則明確了他們的特殊身份。簡文中"貴人"當指王屬之貴族,"貴人□"不詳,"男子"則爲普通身份的人。這三人的身份前没有"使"的稱謂,説明他們不是受大月氏王國派遣的人,也没有朝貢等特殊任務。"歸義"的稱謂,正説明他們已歸順漢朝并得到了漢朝的認可。至於他們"歸義"的原因,簡文

---

[1]《漢書》卷六十一《李廣利傳》。
[2] 參見郝樹聲、張德芳《懸泉漢簡研究》,甘肅文化出版社,2009年,第201—207頁。

没有説明,但是可以推想,作爲西遷的大月氏,在他們的文化傳承中,一定有不少因素與河西相關。此外,漢朝對西北少數民族的優待政策以及漢朝的富庶、繁榮的文化可能是吸引因素。至於對他們安置的方式,如果他們初次來到敦煌,那麽歸義的名號應是敦煌郡所賦予。如果是中央政府相關機構授予,則敦煌也有記載,或者他們還有相關名籍。無論如何;"歸義"是明確他們身份的特定稱號。

簡 2:府移玉門書曰:降歸義大月氏聞湏勒等　(I91DXT0405④A:22)

據出土層位及簡文字體,此簡時代爲西漢末年。府當指敦煌太守府,玉門或指玉門都尉,或玉門關、玉門候官。"歸義"前冠以"降",則説明了接受歸義的方式。聞湏勒,人名,後有等字,可知歸義者不止一人。此簡是以移書形式發出,移書是不同機構之間傳遞信息的一種文書形式。這枚簡應是通報情況,説明來人的身份,以便對他們做相關安置,或者對行程予以安排。此簡明確記載了聞湏勒等人是以"降"的方式歸義,身份爲普通民衆,可見他們是專門歸義到漢地來的。

關於兩漢時期大月氏人到漢地來的現象一直是史學界密切關注的課題之一。因爲大月氏的貴霜翕侯丘就却後來統一大月氏五部翕侯,建立了鼎盛一時的貴霜王朝。後來由於貴霜王朝南北分裂,居住在北方的一些大月氏人曾向東遷移,這對中西文化交流特別是佛教的傳播有重要影響。馬雍《東漢後期中亞人來華考》一文結合《高僧傳》的記載,列舉了大月氏人支婁迦讖(支讖)、支曜、支亮、支謙之父、竺曇摩羅刹的先人等來華的例子,證明了東漢後期大月氏人來華現象的普遍。[1]林梅村《貴霜大月氏人流寓中國考》也考察了東漢末期大月氏人遷移到中國内地來的現象,特別是結合西域的出土文獻,多有闡述。[2]但是我們也看到,馬雍和林梅村所依據的事例和材料的時代多爲東漢後期,而上面列舉的簡牘材料則充分證明早在西漢中後期,歸義的大月氏人已隨西域使者來到了中土,大月氏與漢地的文化交流,在西漢時期已早有其例。

---

① 馬雍:《西域史地文物叢考》,文物出版社,1990年,第50—53頁。

② 林梅村:《西域文明——考古、民族、語言和宗教新論》,東方出版社,1995年,第33—67頁。

二、烏孫人的歸義

烏孫作爲西域較大的政權,與漢朝的聯繫較爲緊密。據《漢書·張騫傳》,烏孫本居祁連、敦煌間,大月氏攻没烏孫王昆莫父難兜靡,奪其地。昆莫依於匈奴,後匈奴占有河西地,大月氏西遷,占據塞王地。昆莫既健,向西攻破大月氏而據有其地。張騫二通西域,欲聯繫烏孫歸於河西故地與漢共擊匈奴,未能得其意。但昆莫遣使至漢,見漢朝的富厚,於是和漢相交通。武帝時曾先後以細君、解憂公主和親烏孫。宣帝時分立烏孫大、小昆靡,分而治之。哀帝時,大昆靡入朝,漢以爲榮。王莽時,烏孫大小昆彌遣使貢獻。至天鳳三年(16年)王駿征西域失敗,漢與烏孫的關係也隨之中斷。

由於烏孫是西域強國,漢朝一直特別重視與其聯繫,使者交往頻繁,相關人員往來密切。20世紀出土的簡牘文獻中頗有一些反映漢與烏孫相互交往的簡文,特別是常羅侯常惠來往烏孫的材料,更是引起了史學界的重視。[1]在有關烏孫的簡文中,有一枚簡反映普通烏孫女子歸義到漢地的情況,顯得比較獨特,下面略做探討。

簡3:降歸義烏孫女子

復帚獻驢一匹騂牡

兩拔齒□歲封頸以

敦煌王都尉章 (敦1906)[2]

首先從簡形來看,此簡是一枚封檢,上面有封泥槽,本是繫於物品之上,作爲辨識之用。其次,從内容來看,簡文分四行,語義連貫。"降歸義烏孫女子復帚獻驢一匹"點明了人物及事件。歸義説明是接受漢朝的管轄,降則是歸義的方式,這與因有功而接受賜封的方式不同。性別爲女子,姓名爲復帚,驢一匹爲所獻之

① 張德芳:《〈長羅侯費用簿〉及長羅侯與烏孫關係考略》,《文物》2000年第9期。
② 甘肅省文物考古研究所編:《敦煌漢簡》,中華書局,1991年。以下簡文標號以"敦"開頭者均出該著。

物。從史書記載來看，漢代中原與西域交往中，馬是最重要的交通工具。《漢書·西域傳》載："（烏孫）國多馬，富人至四五千匹。"而烏孫女子獻驢一匹，則説明所獻微簿。駼、牡、兩祛齒、□歲是所獻驢的特徵，駼爲紅色，牡爲雄性，兩祛齒、□歲，是説驢的口齒及年齡。"封頸以敦煌王都尉章"，《流沙墜簡》有考證："唐時苑馬皆加印於肩膊，漢時無之，故以印章封頸爲識也。前漢敦煌一郡置四都尉，曰宜禾、曰中部、曰玉門、曰陽關。無敦煌都尉之名。此云敦煌王都尉，則唯有一尉，故冠以郡名，是在光武省官之後矣。"[①]"敦煌王都尉"，這種稱謂在簡文中并不多見，不過接受或按驗烏孫女子獻物的肯定是敦煌之都尉，那麼相關歸義的安置問題，估計也是在敦煌。

圖 2-4　敦 1906

這枚漢簡記載的事實比較簡單，但蘊含的歷史信息極爲豐厚：其一，漢代烏孫普通民眾有歸義到漢地來的情況存在。其二，漢朝對烏孫歸義現象管理的常態，特別是相關登記工作具體細微。其三，敦煌在接受和管理烏孫歸義民眾方面具有重要作用。

西漢末年，烏孫小昆彌末振將弟卑爰疐將眾八萬餘口北附康居，欲依康居而兼并大小兩昆彌，後懼於漢朝勢力，殺了曾刺殺大昆彌雌離靡的貴人烏日領以自效於漢，漢封其爲歸義侯。但是卑爰疐仍侵陵二昆靡，終被西域都護孫建襲殺。在敦煌漢簡與懸泉漢簡中，有幾枚關於卑爰疐的簡文值得關注。

簡 4：五校吏士妻子議遣烏孫歸義侯疐清子女到大煎都候鄣　　（敦 90）

---

① 羅振玉、王國維：《流沙墜簡》，中華書局，1991 年，第 200 頁。

簡5:尉與車師前侯諏、車師伯、卑長憲清子俱求度,以己巳到如律令正
月丙辰移書敦德　　草　　　　　　　　　　　　　　　　　　　(敦89)

簡6:元始二年二月己亥,少傅左將軍臣豐、右將軍臣建,承制詔御史
日,候旦受送烏孫歸義侯侍子,爲駕一乘軺傳,得別駕載從者二人,御七十
六。大……如……　　　　　　　　　　　　　(I90DXT0116:S.14)①

這三枚簡,前兩枚出自馬圈灣,後一枚出自懸泉置,共同記録了一個史實,那
就是烏孫歸義侯卑爰疐曾遣子入侍的情況,相關細節已有學者做了深入研究。②
簡4説明議遣卑爰疐侍子到大煎都候障的情況。簡5以移書形式彙報到達日期
爲正月己巳日。簡6是傳車簿,説明接待卑爰疐侍子的吏員乘傳車的情況。這
三枚簡説明儘管卑爰疐頗有侵陵大、小昆靡輕視西域都護的行爲,但是一旦接受
了歸義的名號,也要送侍子到中原,接受漢朝的管理。由於卑爰疐侍子要經過敦
煌,所以在出土簡文中有了珍貴的記録。

三、車師人的歸義

車師是中原進入西域的北道門户,也是漢朝與匈奴争奪的關鍵地區。在漢
朝争奪車師的過程中,多次發生漢朝與匈奴争奪車師民衆的情況,其中涉及了車
師民衆的歸義問題。

宣帝地節年間(前69—前66年),侍郎鄭吉與校尉司馬憙攻下車師後,將千
五百人屯田車師,但最終因匈奴的屢次攻擊而使屯田不能正常進行,鄭吉請求增
加屯田士卒人數,但朝廷認爲道遠煩費,於是決定罷車師屯田。其後續措施是:
"於是漢召故車師太子軍宿在焉耆者,立以爲王,盡徙車師國民令居渠犁,遂以車
師故地與匈奴。車師王得近漢田官,與匈奴絶,亦安樂親漢。"③

除了將車師民衆安置在渠犁之外,漢朝還有將車師民衆安置在敦煌的記

① 張德芳:《懸泉漢簡中的"傳信簡"考述》,《出土文獻研究》第7輯,上海古籍出版社,2005年,第69頁。
② 袁延勝:《懸泉漢簡所見漢代烏孫的幾個年代問題》,《西域研究》2005年第4期。
③ 《漢書》卷九十六《西域傳》。

載。東漢桓帝永興元年(153年)車師後部王阿羅多與戊部候嚴皓不和,怒而反叛,逃往匈奴。敦煌太守宋亮上書請令故王軍就質子卑君爲後部王。但是不久阿羅多從匈奴還,與卑君爭國。戊校尉閻詳擔心阿羅多會招來北匈奴,"於是收奪所賜卑君印綬,更立阿羅多爲王,仍將卑君還敦煌,以後部人三百帳別屬役之,食其稅"①。卑君被立而後廢,安置他的地點在敦煌,似應有其他相關人員也居留在敦煌。

在簡牘文獻中,也有車師人歸順中原的相關記載。

　　　　簡7:車師侯伯與妻子人民奈十柰人願降歸德,欽將伯等及烏孫歸義

　　　　　　　　　　　　　　　　　　　　　　　　　　　　　　　(敦88)

"車師侯伯",應爲車師貴族;車師侯伯與烏孫歸義侯同到,則時代爲西漢晚期;柰即七,王莽時的字體特徵。聯繫簡5,可知此簡反映的是王莽時對西域作戰失利後車師貴族與百姓歸義到漢地來的情況。此簡出自馬圈灣,説明這些人是從敦煌經過。如此多的車師人歸義中原,是漢朝與西域交往的一件大事。

　　　　簡8:入郡倉居攝三年正月癸卯轉一兩半兩　　麥小石册一石六斗六升
大
　　　　居攝三年四月壬辰大煎都步昌候史尹欽隧長張博受就人敦煌里滑護字
君房　　　　　　　　　　　　　　　　　　　　　　　　　　　(敦282)

對於此簡,李并成有獨到的分析:"敦煌高昌里人滑護,觀其姓應爲西域滑國人。《梁書》卷54《諸夷傳·滑國傳》:'滑國者,車師之別種也。漢永建元年(116年)八滑從班勇擊北虜有功,勇上八滑爲後部,親漢侯。自魏晋以來,不通中國。'車師後部本西域國,前、後部均於西漢神爵二年(前60)歸屬漢西域都護府。"②如

　　①《後漢書》卷八十八《西域傳》。
　　② 李并成:《西涼敦煌户籍殘卷(S0113)若干問題新探》,《敦煌學》第25輯,第18頁。

圖2-5
归义羌人册

敦煌之滑氏確與車師有關,再聯繫高昌之里名,不妨可以做如是推論:滑護或其祖輩應是車師歸順於漢王朝的歸義民,簡文時間是居攝三年(8年),當時漢與車師的關係比較穩定。

此外,在《漢書·西域傳》的西域職官中,焉耆國有個"歸義車師君"的特殊職官。西域諸國的職官,多與漢朝在西域的活動有聯繫。對於在焉耆設置"歸義車師君",徐松説:"焉耆國在車師南,案《功臣表》有匈奴歸義樓刣王伊即軒,又有匈奴歸義王次公。此稱歸義車師君,蓋車師人之降漢者,封爲歸義君而處於焉耆。"[1]宣帝時,車師王軍就爲焉耆外孫,曾因懼於匈奴而逃向焉耆,漢朝在車師設置歸義車師君,情況可能正與此相似。

四、歸義研究的意義

以上簡文所反映的大月氏、烏孫、車師等西域諸國歸義到漢地的情況,豐富了我們對漢與西域關係的認識。葛劍雄在《西漢人口地理》中談到漢朝内地與西域間的人口流動時説:"西域向内地的遷徙,歷史文獻中缺乏明確的記載,僅能從片言隻語中推測。"[2]他進而認爲:"西域各國在長安常有使者、質子,但一般都是臨時居留,出使的漢人與漢軍也可能帶回一些西域人,但未見具體材料。"[3]從某種程度上説,上面所列舉的這些簡文正填補了這方面的空白。這種歸義現象的客觀存在,對於認識漢與西域的交往具有多方面的意義。

首先,在政治上,對歸義人的吸納促進了漢朝邊境地區的和平。西漢之初,漢朝統治者迫於匈奴的壓力,除了和親政策和武力對抗外,開始尋找新的策略。武帝建元中,"匈奴降者言

---

① 轉引自王先謙《漢書補注》卷九十六《西域傳》,中華書局,1983年,第1637頁。
② 葛劍雄:《西漢人口地理》,人民出版社,1986年,第185頁。
③ 葛劍雄:《西漢人口地理》,人民出版社,1986年,第186頁。

匈奴破月氏王,以其頭爲飲器,月氏遁而怨匈奴,無與共擊之。漢方欲事滅胡,聞此言,欲通使。"①因此,張騫踏上了前往西域的探險路程,但結果是:"大月氏王已爲胡所殺,立其夫人爲王。既臣大夏而君之,地肥饒,少寇,志安樂。又自以遠漢,殊無報胡之心。騫從月氏至大夏,竟不能得月氏要領。"②後來,張騫又向武帝進言説:"今單于新困於漢,而昆莫地空。蠻夷戀故地,又貪漢物,誠以此時厚賂烏孫,招以東居故地,漢遣公主爲夫人,結昆弟,其勢宜聽,則是斷匈奴右臂也。既連烏孫,自其西大夏之屬皆可招來而爲外臣。"③於是張騫第二次出使西域,結果仍是"未能得其決"。從張騫兩次出使西域的目的來看,其本意皆是招引原本居於敦煌、祁連間的大月氏、烏孫返回故地,共擊匈奴,但是均未能得到回應。不過,雖然這種策略在武帝時未能得以立即實現,但漢朝建立了河西四郡,有效掌控了河西。漢簡所載的大月氏、烏孫歸義現象正説明了這一策略是持續實施的。車師作爲西域北道要國,其民眾一直是漢與匈奴爭奪的對象,簡文中反映的大批車師民眾歸漢,對於增强漢朝對西域的控制有重要影響。

其次,在經濟文化交流中,歸義也具有重要作用。張騫通西域後,爲武帝言諸奇異之物,特別是汗血馬,引起了武帝極大的興趣。李廣利征伐大宛與此有直接關係。《漢書·西域傳》説漢武之世"睹犀布、玳瑁則建珠崖七郡,感枸醬、竹杖則開牂柯、越巂,聞天馬、蒲陶則通大宛、安息。自是之後,明珠、文甲、通犀、翠羽之珍盈於後宮,薄梢、龍文、魚目、汗血之馬充於黄門,巨象、師子、猛犬、大雀之群食於外囿。殊方异物,四面而至"④。一方面,這種經濟文化交流是由漢朝與西域各國使節和商胡販客往來所致;另一方面,歸義民眾的到來也豐富了漢地的經濟文化生活。爲人所關注的懸泉"浮屠簡",揭示了佛教在漢代敦煌民間的傳播,可能與大月氏人的到來有一定的關係。⑤

其三,對於民族交往的影響。早在漢武帝開河西四郡之前,河西一帶就是少

---

① 《漢書》卷六十一《張騫傳》。
② 《漢書》卷六十一《張騫傳》。
③ 《漢書》卷六十一《張騫傳》。
④ 《漢書》卷九十六《西域傳》。
⑤ 參見郝樹聲、張德芳《懸泉漢簡研究》,甘肅文化出版社,2009年,第192頁。

數民族聚居的重要地區。先是月氏與烏孫居於其間，而後匈奴進入，大月氏與烏孫先後西遷，霍去病出征河西之後，匈奴勢力退出河西，但西羌與小月氏等依舊游牧於此。隨着河西四郡的建立，漢朝屢遷民於此實邊。上述簡文中所反映的大月氏、烏孫及車師等歸義民的出現，説明河西地區特別是敦煌等地各民族之間的密切往來依然存在。

（原載《中國邊疆史地研究》2012年第4期）

絲綢之路

圖3-1　絲綢之路

漢朝在政治軍事上對絲綢之路交通體系的支撐

張德芳

　　漢朝經過七十多年的經營發展,到文、景之際(前179年—前141年),綜合國力已經十分強大。當時的史書記載:"國家亡事,非遇水旱,則民人給家足,都鄙廩庾盡滿,而府庫餘財。京師之錢累百巨萬,貫朽而不可校。太倉之粟陳陳相因,充溢露積於外,腐敗不可食。眾庶街巷有馬,仟伯之間成群,乘牸牝者擯而不得會聚。"換句話説,就是國家政治穩定,生産發展。大多年景風調雨順,没有大的自然災害。人民生活富裕,社會經濟繁榮。各地的倉庫餘糧充盈,貨財富足。國庫的錢多得無法計量,連穿錢的繩子都朽了。京師太倉存放的糧食多年吃不完,都已經變質。街巷田野間馬匹成群,誰如果騎着母馬與同僚和朋友聚會,就會讓人瞧不起。

　　雄才大略的漢武帝遇上了這樣的施政條件,一改過去幾十年那種子女玉帛、卑事匈奴的消極戰略。把漢朝的船帆駕到了實現其遠大政治理想的航道上。這就是消除北方匈奴的威脅,"廣地萬里,重九譯,致殊俗,威德遍於四海"。

　　漢武帝剛一即位便軍事外交并重,一方面派外交家張騫遠赴西域,同曾經與匈奴有過仇隙的月氏、烏孫交好,希望結成對付匈奴的同盟;另一方面多次派出大軍,橫掃漠北和河西,使匈奴勢力受到重創,漢朝西北邊疆得到鞏固與開拓。

歷史的發展往往令人始料不及。張騫通西域原本的意圖是聯絡大月氏共同對付匈奴,結果大月氏從河西一遷伊黎河流域,再遷阿姆河流域,最後臣服大夏,過上了安定舒服的日子,不願意回過頭來再跟匈奴糾纏。張騫第二次出使是因爲霍去病收復河西後,"河西地空",朝廷想聯絡此時已緊隨大月氏西遷伊黎河谷的烏孫"東居故地",目的還是對付匈奴。結果,月氏、烏孫都不願東返,張騫直接的外交目的并未實現。

但是,張騫通西域,開通了綿延2000多年的絲綢之路,溝通了中西文化的千年交流,其影響之深之巨,其意義之重之大,已遠遠超過了最初的目的。

雖然,早在張騫"鑿空"前一個相當長的歷史時期裏,絲綢之路上的中外貿易就已存在,但那是通過周邊民族的轉手貿易實現的,并不是中原王朝與西方國家的直接交流。祇有張騫到達西域後,才第一次建立了中西交往的官方外交并且開拓了真正意義上的絲綢之路。

人類文明的每條溪流最終都要匯入波濤洶湧的大江大河。古埃及3000年輝煌的歷史文化在公元前550年被突然崛起的波斯帝國所接收。後者在征服被征服民族的同時,亦不可抗拒地承繼了他們的優秀文化。作爲古代世界第一個地跨歐、亞、非的强大帝國,在它220年的統治過程中,波斯帝國把波斯本土的古老文化以及從征服地尤其是從埃及吸收的埃及文明的種子播散到了遼闊的帝國疆域。其中張騫後來訪問過的中亞、西亞等地,作爲波斯帝國統治下的若干行省,深受埃及、波斯等古老文化的影響。緊接着,年輕的馬其頓國王亞歷山大席捲而來,從希臘半島遠征埃及、橫掃波斯、挺進中亞、深入印度,像波斯統治者一樣再次把歐、亞、非遼闊的土地囊括其中。他每到一處就建起一座以自己名字命名的亞歷山大城。在把大批希臘移民遷到征服地的同時,還把希臘的科學、文化、語言、藝術、建築等傳播到所到之處。即使在亞歷山大死後很快分裂的若干王國裏,其中包括張騫後來所到的巴克特利亞(大夏)、帕提亞(安息)等國,在很長時間裏都以使用希臘語言、崇尚希臘藝術爲榮。其中大宛(今費爾幹納盆地)西南出山口的列寧納巴德(今屬吉爾吉斯斯坦)就曾建立過亞歷山大城,受希臘文化的影響十分明顯。除此以外,地處黑海北部、南俄草原的游牧民族斯基泰人

(中國史書上將其中一部分稱爲"塞人")經常南下,北部草原的游牧文化對張騫到來之前的中亞地區也産生了廣泛影響。他們中的一部分人還翻越天山,進入塔里木盆地,建立了自己的國家。總之,張騫第一次出使曾到過的大宛(今屬烏茲别克斯坦費爾幹納盆地)、康居(今屬錫爾河東北哈薩克斯坦以及烏兹别克斯坦部分地區)、大月氏(阿姆河流域土庫曼部分地區和阿富汗北部)、大夏(今阿富汗)以及"傳聞其旁國五六",都是西方世界古老文明的交匯之地。埃及文明、兩河流域文明、印度文明,以及波斯文明、希臘文明、北部草原文明都曾在這裏匯合、交融、碰撞、發展。正因爲如此,張騫的到來,使東西方文明連在一起,世界文明的血脈得以貫通融合。四大古老文明之一的中華文明從此以其特有的姿態,像黄河、長江般源源不斷注入了世界文明的海洋。

張騫在西域,得到西域各國的隆重接待,他們派出車隊,配以專門的嚮導和翻譯,一路接送。他們從張騫帶來的信息中初步知道了"漢之廣大",一直渴望了解東方文化的心願得以滿足。張騫回返時,西域各國也派出使者,通使漢朝。司馬遷《史記》中關於西域各國情况的記載,就是來自張騫的所見所聞。從此後,由張騫出使西域而拉開的中西文化交流的帷幕,就成了千百年來人們回望歷史長河的依托。

張騫通西域,開通了中西經濟文化交流,漢武帝"廣地萬里,重九譯,致殊俗,威德遍於四海"的宏偉戰略得以逐步實施。爲確保絲綢之路的暢通,漢朝在政治、軍事等多方面采取了一系列重要措施。

一、移民實邊,設四郡,據兩關,把郡、縣、鄉、里的行政管理體制覆蓋到新開發地區

元狩二年(前121年)霍去病三出河西,匈奴渾邪王、休屠王的10萬人馬歸服漢朝。該封王的封王,該封侯的封侯,一般的老百姓也作了適當安排。但河西走廊將近33萬平方千米的空地,祇有10萬人是不夠的。所以朝廷陸續對河西采取了以前漢景帝時根據晁錯的意見在北部邊疆實行過的移民實邊、輸粟塞下的政策。

第一次大規模移民70餘萬口,是在霍去病出征河西的第二年(即前120年),因爲山東(太行山以東)發了大水,要解決受災饑民的問題。

其明年,山東被水災,民多饑乏,於是天子遣使虛郡國倉廩以振貧。猶不足,又募豪富人相假貸。尚不能相救,乃徙貧民於關以西,及充朔方以南新秦中,七十餘萬口,衣食皆仰給於縣官。①

此次移民的目的地主要是内蒙古鄂爾多斯地區,寧夏南部和甘肅慶陽、平涼一帶。河西作爲新開發地區,本來是想召回烏孫東居故地的。既然未能如期召回,這次移民,就爲河西走廊以後的多次移民準備了範式。

第二次移民在元狩四年(前119年),史書上如此記載:

漢興至於孝武,事征四夷,廣威德,而張騫始開西域之迹。其後驃騎將軍擊破匈奴右地,降渾邪、休屠王,遂空其地,始築令居以西,初置酒泉郡,後稍發徙民充實之。②

這一段記載很不清楚,移民多少,移至何地,都不得而知。但有兩點很清楚,一是開始設置郡縣,二是"稍發徙民充實之",即不間斷地進行,不止一次。而且設郡和移民是相輔相成、同時進行的。

第三次移民是元狩五年(前118年),從時間上看,連續三年,不間斷的移民從未停過。

徙天下奸猾吏民於邊。③

---

① 《漢書·食貨志》,中華書局,1962年,第1162頁。
② 《漢書·西域傳》,中華書局,1962年,第3873頁。
③ 《漢書·武帝紀》,中華書局,1962年,第179頁。

把全國各地的治安不良分子流放到邊地,讓他們生活在艱苦環境中以爲懲罰。河西地區尤其是敦煌一帶,歷來是漢朝流放罪犯和不良人員的重點地區。有學者研究,天漢二年(前99年)李陵率步卒五千出居延時,軍中有"關東群盜妻子徙邊者",就可能是此次從内地流放至河西的人員。①另據《漢書·地理志》:"自武威以西,本匈奴昆邪王、休屠王地,武帝時攘之,初置四郡,以通西域,鬲絶南羌、匈奴。其民或以關東下貧,或以報怨過當,或以訞逆亡道,家屬徙焉。"②這都説明,在遷來河西的人口中,罪徒及其家屬占了重要部分。他們在人群中的比重甚至影響了河西地區數百年社會風尚。

第四次移民是在元鼎六年(前111年)。張騫第二次出使烏孫招引其東返故地的目的未能實現,漢朝又一次對河西進行了大規模移民:

> 遣浮沮將軍公孫賀出九原,匈河將軍趙破奴出令居,皆二千餘里,不見虜而還。乃分武威、酒泉地置張掖、敦煌郡,徙民以實之。③

據推測,此次移民的規模當在10萬以上④,基本上奠定了河西地區賴以發展的人力資源基礎。

經過一百多年的發展,到西漢末年,按官方的人口統計,河西四郡有71270户,有280211人。當不包括駐守邊防的軍人。這些長期生活在邊地的百姓爲社會繁榮發展及絲路暢通奠定了基礎。

關於河西四郡的設置時間,由於《史記》和《漢書》對各郡設置年代記載不一,引發後世學者的長久討論。大致説來,最先設置了酒泉、張掖二郡,其後隨着社會的發展和需要,又分割張掖郡東部和金城郡西部增設了武威郡,最後分酒泉郡

---

① 劉光華、汪受寬:《甘肅通史·秦漢卷》,甘肅人民出版社,2009年,第231頁。
②《漢書·地理志》,中華書局,1962年,第1644頁。
③《漢書·武帝紀》,中華書局,1962年,第189頁。
④ 劉光華、汪受寬:《甘肅通史·秦漢卷》,甘肅人民出版社,2009年,第231—232頁。

西部設了敦煌郡。①但這祇是行政區劃的變化,并不影響自酒泉、張掖二郡設置以來對河西地區的有效管理。

敦煌郡有六縣:敦煌、龍勒、效穀、冥安、廣至、淵泉。②酒泉郡有九縣:禄福、表是、樂涫、天㑊、玉門、會水、沙頭、綏彌③、乾齊。張掖郡西漢有十縣:觻得、昭武、删丹、氐池、屋蘭、日勒、驪靬、番和、居延、顯美。東漢獻帝時改居延爲西郡,割顯美屬武威郡。武威郡西漢有十縣:姑臧、張掖、武威、休屠、揟次、鸞鳥、撲䴢、媼圍、蒼松、宣威。東漢時割張掖郡顯美縣,安定郡祖厲、鸇陰二縣來屬,武威郡有縣十三。

縣以下設鄉,鄉以下設里。每縣有鄉3~5個。大都以東鄉、西鄉、南鄉、北鄉、都鄉來命名,也有個別以其他名字命名的。如敦煌縣就有都鄉,有北鄉。而效穀縣有安樂鄉,有魚離鄉等。每鄉設有秩、嗇夫、鄉佐來管理行政事務,有游徼專司治安防盜,三老、孝悌、力田等表率社會、導民風化。

鄉以下有里,里有里正或里魁,直接管理老百姓日常生活和社會治安。每縣有里40~50個,每里管理50户左右。④

總之,漢朝在新開的河西走廊建立了一套完整、嚴密、高效、暢通的行政管理體制,爲絲路交通體系提供了强有力的支撑。

---

① 關於河西四郡設置年代,從胡三省注《通鑑》以來,多有學者討論,主要有:清人齊召南《漢書考證》、全祖望《漢書地理志稽疑》、錢大昕《廿二史考异》、汪之昌《青學齋集》、朱一新《漢書管見》;近人勞榦《居延漢簡考證》,黄文弼《西北史地論叢》,吕思勉、翦伯贊各著之《秦漢史》,范文瀾《中國通史簡編》,岑仲勉《漢書西域傳地理校釋》,張維華《漢史論集》,施之勉《漢書辨疑》,陳夢家《漢簡級述》,張春樹《河西四郡建置年代考》,齊陳駿《敦煌沿革與人口》,周振鶴《西漢河西四郡設置年代考》,王宗維《漢代河西四郡始設年代問題》,李并成《河西走廊歷史地理》等。近期出版的劉光華主編的《甘肅通史》認爲,酒泉、張掖二郡始設於元鼎六年(前111年),武威郡始設於宣帝元鳳元年至地節三年間(前80年—前67年),敦煌郡始設於後元元年(前88年)。

② 東漢時改爲"拼泉"。

③ 東漢時改爲"安彌"。

④ 現以敦煌郡下屬之敦煌、效穀二縣爲例,列出漢簡中記載的準確里名,以見當時各縣最基層組織的一般情況。敦煌縣有里41個:安處里、安國里、安世里、長樂里、常安里、常樂里、乘威里、斥胡里、大富里、大陽里、東光里、東武里、對宛里、富貴里、高昌里、廣都里、廣漢里、强利里、進意里、敬上里、利成里、平安里、平定里、如昌里、擅利里、擅朔里、始昌里、壽陵里、壽王里、萬乘里、武安里、武修里、武陽里、孝里、新成里、新定里、興盛里、宜武里、益陽里、樂成里、樂世里。效穀縣有里42個:步廣里、步進里、長樂里、常利里、大穫里、得利里、得玉里、定漢里、富昌里、高里、高心里、高議里、故里、光里、廣大里、廣漢里、廣利里、進意里、敬君里、臨樂里、齊中里、千乘里、始昌里、壽里、壽貴里、壽親里、唐山里、萬歲里、延壽里、陽玉里、宜禾里、宜年里、宜農里、宜王里、益里、益富里、益光里、玉光里、樂成里、樂世里、執適里、尊賢里。

除了在河西走廊"設四郡,據兩關"以外,對兩關以西,帕米爾以東的天山南北地區,則采取了另外一種不同的政策。主要是在輪臺、渠犂置使者校尉率戍卒數百人屯田積穀,以保證來往使者的安全和糧食供應。到後來條件成熟時,設置西域都護代表中央總領西域。西域當時36國(後分爲55國),他們對漢朝的向背違依主要以漢朝與匈奴勢力的消長爲轉移。隨着漢朝對匈奴的節節勝利,西域各國陸續歸服了漢朝。而漢朝對西域的政策,主要是靠西域都護團結、吸引和幫助各小國人民管理自己的事務。政治管理、軍事體制甚至國王和各級官吏一仍其舊,祗要得到朝廷的承認,封拜授受即可。對一些有影響的大國,比如烏孫,漢朝采取和親政策,遠嫁公主以結甥舅之好,使其由鄰國變爲盟國,再由盟國變爲屬國。對一些繼續勾結匈奴,掠殺漢使,與漢朝爲敵者,輔之以軍事打擊手段。"明犯强漢者,雖遠必誅。"比如遠征大宛,比如在康居的地界上消滅北匈奴郅支單于。通過這些政策的推行,到西漢末年,"最凡國五十。自譯長、城長、君、監、吏、大祿、百長、千長、都尉、且渠、當户、將、相至侯、王,皆佩漢印綬,凡三百七十六人。而康居、大月氏、安息、罽賓、烏弋之屬,皆以絶遠不在數中"。他們腰掛漢印,行使的權力自然是朝廷的意志。這不僅説明天山南北的遼闊地區早在2000多年前就已與中原王朝結爲一體,而且爲當時絲綢之路的暢通提供了重要保證。

二、采取積極的鼓勵政策,支持漢朝的臣民出使、冒險,也歡迎西域各國人士前來通好

大漠戈壁,路途遙遠。沒有驚人的勇氣和毅力,沒有超凡的冒險精神和英雄氣概,不可能踏上如此艱險的旅途。所以漢朝一方面鼓勵所屬臣民不問其出身,祗要願意奉使前往,一概發給許可和節信,任其前往西域各國同異國民族打交道。回來後一律給予賞賜表彰。史書記載:

> 自騫開外國道以尊貴,其吏士争上書言外國奇怪利害,求使。天子爲其絶遠,非人所樂,聽其言,予節,募吏民無問所從來,爲具備人衆遣之,以廣其道。……其吏卒亦輒復盛推外國所有,言大者予節,言小者爲副……其使皆

私縣官齎物,欲賤市以私其利。①

　　因益發使抵安息、奄蔡、黎軒、條枝、身毒國。而天子好宛馬,使者相望於道。諸使外國一輩大者數百,少者百餘人,人所齎操大放博望侯時。其後益習而衰少焉。漢率一歲中使多者十餘,少者五六輩,遠者八九歲,近者數歲而反。②

　　另一方面,凡來中土的西域各國使者都會受到漢朝政府的保護和接待,沿途驛站和傳舍都要爲之提供食宿車輛。國王、公主、質子和使者等高級客人還要負責迎來送往和提供高等級的接待。河西漢簡中有大量沿途驛站接待西域客人的記載:

例一:

　　甘露二年正月庚戌,敦煌大守千秋、庫令賀兼行丞事,敢告酒泉大守府卒人:安遠侯遣比胥䂂罷軍候丞趙千秋上書,送康居王使者二人、貴人十人、從者六十四人。獻馬二匹、橐他十匹。私馬九匹、驢卅一匹、橐他廿五匹、牛一。戊申入玉門關,已閱(名)籍、畜財、財物。

　　　　　　　　　　　　　　　(Ⅱ90DXT0213③:6+T0214③:83)

　　這是一封敦煌太守發給酒泉太守的平行文書。如此龐大的中亞使團,從使者、貴人到從者,一共七十六人,隨行大牲畜七十八頭。這在當時中西交通的大道上算是一支浩浩蕩蕩的隊伍。再說涉及朝廷與康居(今哈薩克和烏茲別克斯坦部分地區)東、西兩個大國的外交關係,沿途地方官員如不認真對待,就要受到追究。自己的工作做好了,還要知會下一站,提前通知相關事項,讓其做好準備,此其一。其二,這一中亞使團中原朝貢,不僅河西沿途地方官員要出面接待,而且西域的最高長官西域都護還要派專人把他們陪送到京師。簡文中的軍候丞趙

---

　①《漢書·張騫傳》,中華書局,1962年,第2695頁。
　②《史記·大宛列傳》,中華書局,1959年,第3170頁。

千秋,就是奉都護之命陪同康居客人的。軍候相當於比六百石官員,同駐紮在河西邊防的候官同秩。丞是軍候的屬吏。按西漢的兵役制度,戍邊的戍卒一年一更,官員三年一更。趙千秋屬於軍官戍邊,可能早在五鳳三年(前55年)就來到了任所。此次更盡回返,順便受都護指派,陪同康居使團到京師長安。

例二:

> 甘露二年三月丙午,使主客郎中臣超承制詔侍御史曰:頃都內令霸、副
> 侯忠使送大月氏諸國諸國客,與
> 候張壽、侯尊俱爲駕二封軺傳,二人共載。
> 御屬臣弘行御史大夫事,下扶風厩,承書以次爲駕,當舍傳舍,如律令。
> (V92DXT1411②:35)

大月氏在公元前170年左右受匈奴、烏孫的壓迫從伊黎河谷西遷阿姆河流域,後於公元前125年左右征服大夏(巴克特利亞),後來由五翎侯之一的貴霜翎侯統一各部,在今阿富汗和北印度一帶建立了貴霜帝國,對佛教的傳播起過重大作用。而簡文中所說的大月氏諸國使者來漢,時當公元前52年,其時正值大月氏興旺發展之際。

例三:

> 出米四升,酒半斗,肉二斤。以食烏孫貴姑代,一食,西。
> (ⅡI90DXT0314②:355)
> 踈勒肉少四百廿七斤直千七十……酒少十三石直……　　　A
> 且末酒少一石直百……　　　B　　　(V92DXT1813③:24)

以上兩簡,前者是接待烏孫貴人的記載,後者是接待疏勒、且末使者的記載。前者記接待烏孫貴人姑代,一頓飯吃了四升米、半斗灑、二斤肉,這也是接待西域貴客的標準。而後者記載接待疏勒、且末二國客人尚需購買酒、肉若干。漢

朝的西北邊疆,物質供應并不充裕。在一般客人祇能滿足粟米供應的情況下,漢朝政府却要求河西各郡對前來中土的西域貴人提供一定數量的酒、肉,確是不同一般的禮遇。

三、沿途的網站體系爲絲綢之路的暢通提供了食宿交通的支持

近百年來,甘肅先後出土了六萬多枚漢代簡牘。總體來看,六萬多枚漢簡都與絲綢之路的歷史文化有着密切關係。比如對絲綢之路的走向路綫、停靠網站以及遠近里程,史書的記載都比較籠統,而漢簡則有生動具體的描述。

(一)絲綢之路東段,即陝西、甘肅段

根據漢簡的記載,從長安出發,到敦煌陽關、玉門關的路綫是:

第一段,京畿段:"長安至茂陵七十里,茂陵至茯置卅五里,茯置至好止(時)七十五里,好止至義置七十五里。"這五個網站中,長安、茂陵、好時是著名的歷史地名,至今有遺址留存(好時在今陝西乾縣東郊的好時村)。茯置在茂陵與好時之間,義置在今永壽縣以北。這一段路程全長255漢里,合今106千米。[①]從長安出發,經今興平縣境之茂陵,過乾縣、永壽、彬縣進入涇水流域,而後經長武進入今甘肅東部的平涼和寧夏南部的固原。

第二段,安定段:"月氏至烏氏五十里,烏氏至涇陽五十里,涇陽至平林置六十里,平林置至高平八十里。"這一段從月氏到烏氏、涇陽、平林、高平,240漢里,近100千米。高平是漢代安定郡首縣,遺址在今固原市原州區。涇陽古城在今平涼市西北安國鄉油坊莊村北,大體位置在東經106°30′41.17″,北緯35°39′15.66″左右。里程簡所記從涇陽到高平140漢里,約58千米。中間有一個平林置,當是涇陽和高平之間的一個驛置。位置在中間偏南。涇陽縣以南的兩個地名烏氏和月氏,分別相隔20千米,因此按里程簡的記載,烏氏的位置當在今崆峒區,月氏的位置當在今崆峒區以東四十里鋪。總之,這一段路綫是從平涼東部往西北到固原。

---

① 1漢里≈415.8米。

第三段，武威段："媼圍至居延置九十里，居延置至里九十里，里至揩次九十里，揩次至小張掖六十里，小張掖去姑臧六十七里，姑臧去顯美七十五里。"媼圍、居延置、䴔里、揩次、小張掖、姑臧、顯美七個站點472漢里，196千米。這是橫貫武威郡的路綫。漢代的媼圍，即今景泰縣蘆陽鎮響水村北的鸗溝城遺址，東經104°13′7.50″，北緯37°7′37.51″。尚有1~2米的城牆遺址留存。䴔里的大體位置在今古浪縣大靖鎮，揩次在今古浪土門鎮西3千米左右。①小張掖在今涼州區以南20多千米的武家寨子一帶。②小張掖即漢之張掖縣，前面冠以"小"者，以示區別於同名的"張掖郡"。由於漢代武威郡是在張掖郡設置若干年後從後者分離出來的，所以早先已經設立的張掖縣在武威郡分設時由於地理位置的原因就劃歸了武威郡，這就造成了張掖縣不在張掖郡而在武威郡的狀況。姑臧即今天的涼州區，顯美在今天涼州區以西的永豐一帶。

第四段，張掖段："删丹至日勒八十七里，日勒至鈞耆置五十里，鈞耆置至屋蘭五十里，屋蘭至氐池五十里，氐池去䴔得五十四里，䴔得去昭武六十二里府下，昭武去祁連六十一里，祁連置去表是七十里。"這一段有九個站點，484漢里，200千米。這是橫貫張掖境內的東西大道。其中删丹、日勒、屋蘭、氐池、䴔得、昭武、表是七地是當時的縣治所在地，而鈞耆置、祁連置是兩個驛置。

第五段，酒泉段："玉門去沙頭九十九里，沙頭去幹齊八十五里，幹齊去淵泉五十八里。右酒泉郡縣置十一，六百九十四里。"這一段祇有西半段四個地名玉門、沙頭、幹齊、淵泉（屬敦煌郡），而東面的七個站點尚不得而知。不過簡文後面一句總括的記載"右酒泉郡縣置十一，六百九十四里"，可知橫跨酒泉停靠網站的數目和過境里程。總共11個站點，694漢里，288千米，每個網站相距28.8千米。

第六段，敦煌段：漢簡記載，敦煌郡有"厩置九所，傳馬員三百六十匹"。這九處厩置其實就是類似懸泉置這樣的郵驛接待機構，其中反映的就是從東到西敦煌郡的交通路綫。這九處厩置從東到西依次是淵泉置、冥安置、廣至置、魚離置、

① 李并成：《河西走廊歷史地理》，甘肅人民出版社，1995年，第39頁。
② 郝樹聲：《敦煌懸泉里程簡地理考述》，《敦煌研究》2000年第3期，第104頁。

懸泉置、遮要置、龍勒置、玉門置以及一處尚不知名的置，從淵泉①往西，到敦煌郡最西部的廣武隧，直綫距離300千米。

（二）絲綢之路中段，即今天的新疆天山南北

今天的新疆，漢代稱西域。西域一詞在不同時代有不同指向和範圍。漢代的西域有廣狹二義，廣義的西域指兩關以西的廣大地區，包括新疆以及帕米爾以西以南。狹義的西域指天山以南城郭諸國，而本文的西域指狹義西域但包括天山以北。

《漢書·西域傳》記載：

> 西域以孝武時始通，本三十六國，其後稍分至五十餘，皆在匈奴之西，烏孫之南。南北有大山，中央有河，東西六千餘里，南北千餘里。東則接漢，阨以玉門、陽關，西則限以蔥嶺。其南山，東出金城，與漢南山屬焉。其河有兩原：一出蔥嶺山，一出于闐。于闐在南山下，其河北流，與蔥嶺河合，東注蒲昌海。蒲昌海，一名鹽澤者也，去玉門、陽關三百餘里，廣袤三百里。其水亭居，冬夏不增減，皆以爲潛行地下，南出於積石，爲中國河云。自玉門、陽關出西域有兩道：從鄯善傍南山北，波河西行至莎車，爲南道；南道西逾蔥嶺則出大月氏、安息。自車師前王廷隨北山，波河西行至疏勒，爲北道；北道西逾蔥嶺則出大宛、康居、奄蔡焉。

在今天的新疆，絲綢之路有三條通道：一條是上引《漢書》中所説的南道，横貫昆侖山北麓和塔里木盆地南緣；一條是上文所説的北道，横貫塔里木盆地北緣和天山南麓；還有一條，天山以北横貫廣大草原地區。後人爲了叙述的方便，乾脆稱之爲南、中、北三道。中道就是《漢書》中所説的北道。西域"本三十六國，其後稍分至五十餘"。司馬彪《續漢書》云："至於哀、平，有五十五國也。"這五十五

---

① 遺址即今瓜州縣旱湖腦古城。東經96°31′55.20″，北緯40°27′23.80″。見寧瑞棟《漢敦煌郡淵泉縣城新考》（《絲綢之路》2011年第18期，第103—105頁），李正宇《敦煌郡各縣建立的特殊過程》（《西北成人教育學報》2011年第6期，第23頁）。

國中,有七國"不屬都護"。其他四十八國的分布情況是:南道十七國,中道十五國,北道十六國。

南道十七國從東往西是婼羌、鄯善、且末、小宛、精絕、戎盧、扞彌、渠勒、于闐、皮山、莎車、蒲犁、依耐、烏秅、西夜、無雷、桃槐。這十七國中,漢簡中記載其當時在絲綢之路上的具體情況的有樓蘭(鄯善)、且末、小宛、精絕、扞彌、渠勒、于闐、皮山、莎車、蒲犁十國。而十國中,有些處昆侖山山谷,不當道。沿途最重要者是鄯善、且末、精絕、扞彌、于闐、皮山、莎車。

從我們今天的道路里程看,從敦煌沿塔里木盆地南緣到紅其拉甫山口的里程是2867千米。這條道路在當時是胡商販客使者往來的一條主要通道。沿途各國的情況如何,同中原王朝的關係如何?除傳統史籍之外,甘肅漢簡材料給了我們更直接的證據。

中道十五國從東到西分別是山國、危須、焉耆、尉犁、渠犁、烏壘、輪臺、龜茲、姑墨、温宿、尉頭、疏勒、捐毒、休循、大宛。十五國中,大宛和休循已不在今天的中國境内,捐毒處在阿賴山谷,所以處在中道(《漢書》中的北道)者祇有十二國。根據漢簡材料的記載,這十二國都曾在當時絲綢之路上發揮過重要作用。

從敦煌沿塔里木盆地北緣到喀什再到斯木哈納口岸,有2664千米的路程。在這段路上,根據漢簡材料的記載,當時的上述各國,在漢朝的支持下,都爲絲路暢通作出了貢獻。

北道十六國,烏孫爲最大國,有户12萬,有人口63萬,游牧於伊黎河穀和天山北部草原,其他十五國都是後來分割的一些小國,從東到西是車師前國、車師都尉國、車師後國、車師後城長國、蒲類、蒲類後國、胡狐、鬱立師、卑陸、卑陸後國、劫國、東且彌、西且彌、單桓、烏貪訾離。這些小國一千人以上的有八個,一百多人到幾百人的六個。其範圍祇在今哈密、吐魯番和昌吉自治州境内。在這條路綫上,漢朝一方面派出使者和親烏孫,赤谷屯田,扶持昆彌、團結烏孫打擊匈奴,爲絲路暢通提供保障;另一方面,在吐魯番一帶設戊己校尉領兵屯田,常川駐守。西漢時,不論到大宛、康居,還是到烏孫,一般都祇走天山以南的西域北道,直到西漢末年的元始以後(公元後),天山以北的草原之路才得以開通。

四、綿延千里的漢塞烽燧等軍事設施,爲絲路交通的暢通提供了安全屏障

漢武帝在掃清匈奴勢力之後,陸續從令居(治今甘肅省永登縣西南之連城)河口一直往西到敦煌以西的羅布泊(樓蘭地區)修建了長達1000多千米的城鄣烽燧,建起了完整的軍事防禦體系。

第一段,令居至酒泉。大致修建於元鼎二年至元鼎六年(前115年—前111年)。《史記》《漢書》都有記載:

> 其後驃騎將軍擊破匈奴右地,降渾邪、休屠王,遂空其地,始築令居以西,初直酒泉郡,後稍發徙民充實之,分直武威、張掖、敦煌,列四郡,據兩關焉。[①]

第二段,從酒泉到玉門。修築時間在元封四年(前107年)。

> 樓蘭、姑師小國,當空道,攻劫漢使王恢等尤甚。而匈奴奇兵又時時遮擊之。使者争言外國利害,皆有城邑,兵弱易擊。於是天子遣從票侯破奴將屬國騎及郡兵數萬以擊胡,胡皆去。明年,擊破姑師,虜樓蘭王。酒泉列亭鄣至玉門矣[②]。

第三段,居延塞的修建。沿張掖黑河進入額濟納地區。在太初三年(前102年):

> 遣光禄勳徐自爲築五原塞外列城,西北至盧朐,游擊將軍韓説將兵屯之。强弩都尉路博多築居延。[③]

---

①《漢書·西域傳》,中華書局,1962年,第3873頁。
②《漢書·張騫傳》,中華書局,1962年,第2695頁。
③《漢書·武帝紀》,中華書局,1962年,第201頁。

第四段,敦煌至鹽澤。李廣利伐大宛,歷時四年,從太初元年到太初四年(前104年—前101年),而此段長城的修建當在太初四年之後。

> 自貳師將軍伐大宛之後,西域震懼,多遣使來貢獻,漢使西域者益得職。於是自敦煌西至鹽澤,往往起亭,而輪臺、渠犁皆有田卒數百人,置使者校尉領護,以給使外國者[①]。

直到今天,漢長城長龍般蜿蜒於河西走廊北部,時斷時續,時塹時城。加上沿漢塞分布的烽燧和亭鄣城堡,嚴密的防禦系統依然呈現出兩千年前漢時風貌。

下面主要以漢簡材料舉敦煌郡漢塞爲例加以説明。

漢代的敦煌郡包括今天的敦煌市、瓜州縣和玉門市所轄地區。在這條長達300多千米的防綫上,依次從西到東分布着玉門都尉、中部都尉和宜禾都尉等三個都尉的駐防軍隊。連綿的塞牆、城鄣烽燧以及駐防的軍隊,構成了敦煌北部伴隨於兩漢始終的軍事防綫,保證了河西社會的安寧和絲綢之路的暢通。此外,在敦煌的西南部,有陽關都尉駐防。

玉門都尉下轄大煎都和玉門兩個候官,中部都尉下轄平望、破胡、吞胡、萬歲四個候官(其中的破胡候官,後期改爲步廣候官)。宜禾都尉下轄廣漢、美稷、昆侖、魚澤、宜禾五個候官,陽關都尉下轄雕秩等候官。

玉門都尉

玉門都尉的駐地在今小方盤城,是漢朝最西部的部都尉。其軍事防綫從最西的廣昌燧(93°08′22.30″,40°07′38.80″)到東面大方盤城南面的倉亭燧(93°58′11.60″,40°24′19.60″),直綫距離77千米。其中大煎都候官駐防防綫43千米,從廣昌燧到顯明燧。玉門候官駐防34千米,從顯明燧到倉亭燧。

大煎都候官[②]駐凌胡燧。其駐防地區和軍事要塞大致是西東走向,呈"丫"字

---

① 《漢書·西域傳》,中華書局,1962年,第3873頁。
② 漢簡中亦作"大前都""大泉都"等。

形。顯明燧及其以東屬於玉門候官的駐防地區。從顯明燧往西到馬迷兔,距離13千米。從馬迷兔往西北到今天的清水溝南墩,直綫距離20千米。由馬迷兔往西南到廣昌燧,30千米。此地屬疏勒河(漢稱藉端水和冥水)和黨河(漢稱氏置水)下游尾閭地帶,當年應是一塊濕地。沿濕地南北,濕地與沙漠接連的邊緣,漢朝駐軍因地制宜,修築了若干軍事要塞,現存烽燧15座。根據漢簡記載,大煎都候官所轄烽燧有廣昌燧、厭胡燧、凌胡燧、步昌燧、廣武燧、富昌燧、延年燧、大煎都、益昌燧、獲虜燧、斥地燧、美水燧、服胡燧、破胡燧、莫當燧。漢代的名稱和今天的遺址還不能一一確指,但出土漢簡的記載和田野調查的情況,基本吻合。此地最西端的廣昌燧西距樓蘭的直綫距離爲277千米,是通往西域的必經之路,戰略地位極其重要。

玉門候官駐馬圈灣候官燧,其管轄範圍從顯明燧到倉亭燧。今天的小方盤城即通常被認爲的玉門關位置,實際上也是漢代的玉門都尉駐地。1979年馬圈灣出土漢簡記載"玉門部,士吏五人,候長七人,候史八人,隧長二十九人,候令史三人",説明這一段防綫至少有29座烽燧。從漢簡材料看,有記載的燧名24個,即顯明燧、臨澤燧、廣明燧、誅虜燧、威嚴燧、千秋燧、臨要燧、候官燧、廣漢燧、却適燧、當谷燧、止寇燧、遠望燧、玉門燧、虎猛燧、宜秋燧、勇敢燧、察適燧、富貴燧、受降燧、倉亭燧、止奸燧、推賢燧、步偷燧。[①]

中部都尉

中部都尉下轄平望、破胡、吞胡、萬歲四個候官。這是1981年敦煌酥油土北墩出土的漢簡給出的明確記載:

> 四月戊午敦煌中部都尉過倫謂平望破胡吞胡萬歲候官寫重案候官亭隧
>
> (1366)
>
> 七月丁未敦煌中部士吏福以私印行都尉事謂平望破胡吞胡萬歲候官寫
>
> 移檄到　　　　　　　　　　　　　　　　　　(1367)

① 吴礽驤:《河西漢塞調查與研究》,文物出版社,2005年,第55頁。

但是,《漢書·地理志》有"中部都尉治步廣候官"的記載。這説明早期的中部都尉下轄平望、破胡、吞胡、萬歲四候官,而後期改爲平望、步廣、吞胡、萬歲。"步廣"由"破胡"改名而來。所謂"中部都尉治步廣候官"其地大致在今城墩子和土門墩附近,但具體遺址已無從查考。

平望候官是中部都尉最西的候官,駐地當在酥油土北墩。其管轄範圍當在西到朱爵燧,東到今天的二里半戈壁墩。但管轄範圍應該延伸到破胡候官的最西燧,即冰草湖西墩。東經94°0′40.70″到94°13′49.10″,直綫距離20千米。"現存候望燧7座,郵亭燧2座。"①

破胡候官駐防平望候官以東一段。西從冰草湖西墩開始,東到小月牙湖東墩(破虜燧),94°13′49.10″到94°25′56.80″,亦有20多千米的防綫。現存候望燧14座,郵亭隧2座。②但第三次文物普查時有烽燧15座。另外,上已言及,中部都尉下屬之破胡候官後期已改爲步廣候官,所以《漢書·地理志》記載西漢末年的情況,有"中部都尉治步廣候官",漢簡中也有步廣候官的記載。

吞胡候官駐破胡候官以東,大致駐地在從西面的四墩窯一號烽燧東到今天的半個墩子,如果從破胡候官的破虜燧算起到東面萬歲候官的西城墩,東經94°25′56.80″到94°44′13.30″,直綫距離有26千米。此段防綫現存候望燧13座,郵亭隧8座。

萬歲候官是中部都尉最東的候官。西到西城墩,東到顯武燧。如果從西面吞胡候官所轄的雷墩子算起,東經94°35′11.00″到95°,東西防綫35千米。

宜禾都尉

宜禾都尉下轄五個候官,即宜禾、魚澤、昆侖、美稷、廣漢。《漢書·地理志》敦煌郡廣至縣條下有:"宜禾都尉治昆侖障。"有學者認爲,此處昆侖障當爲今天瓜州境內六工破城東北角小城,其具體位置在東經95°36′5.05″,北緯40°23′49.47″③。宜

---

① 吳礽驤:《河西漢塞調查與研究》,文物出版社,2005年,第73頁。
② 吳礽驤:《河西漢塞調查與研究》,文物出版社,2005年,第73頁。
③ 李正宇:《昆侖障考》,《敦煌研究》1997年第2期,第33頁。

禾都尉下轄的五個候官中，宜禾、魚澤兩候官轄效穀縣北段塞防，昆侖、美稷兩候官轄廣至縣北段塞防，廣漢候官轄淵泉縣北段塞防。宜禾都尉的防綫相當於今天的敦煌、瓜州分界處到玉門東部疏勒河拐彎處。

陽關都尉

陽關都尉駐敦煌西南部，管轄敦煌郡西南部防綫，主要是防備當時的羌人。據現有資料，陽關都尉所轄，可能有雕秩候官和博望候官。此外，根據田野調查，敦煌縣南境還有偃泉候官，效穀縣南境有柳谷候官，冥安縣南境有益廣、廣校、屋蘭三候官，亦主要防範南部的羌人。[1]

敦煌郡如此，其他酒泉、張掖、武威各郡亦如此。20世紀以來，在居延地區出土的大量居延漢簡就是當年肩水都尉和居延都尉的屯戍文書，從中可以勾勒出兩都尉更加詳密的防禦系統。

根據對甲渠候官的研究，該候官通常有吏卒400人左右。[2]如果按此規模推測，敦煌郡北部防綫玉門、中部、宜禾三都尉所屬11個候官，全部兵力當在4500人左右。所有的戍卒來自全國各地。按照漢朝的兵役制度，戍卒一年一更，官員三年一更。當然，中央任命的高級官吏如太守、都尉不在此例。

如上所説，就是因爲有漢朝軍隊對邊境的常川駐守，才保證了絲路交通的安全和穩定。

五、祁連山水系對交通體系的支撐

河西走廊屬於典型的内陸地區。古往今來，横亘於走廊南部的祁連山一直是河西地區的生命之源。今天，覆蓋河西全境的石羊河、黑河、疏勒河3大水系和56條支流全部導源於此。近幾10年來，平均年徑流量70多億立方米。

石羊河，兩漢稱"谷水"。《漢書·地理志》在武威郡下記載："姑臧，南山，谷水所出，北至武威（漢武威治今民勤連城遺址，北緯38°55′55.70″，東經103°14′37.42″）

---

[1] 吳礽驤：《河西漢塞調查與研究》，文物出版社，2005年，第49頁。
[2] 李均明：《漢代甲渠候官規模考》，《文史》第34輯、第35輯，中華書局，1992年。

入海,行七百九十里。""休屠澤在東北,古文以爲豬野澤。"①

黑河,漢時稱弱水,上游有羌谷水、呼蠶水、千金渠等。《漢書·地理志》張掖郡條下云:"鱳得,千金渠西至樂涫入澤中。羌谷水出羌中,東北至居延入海,過郡二,行二千一百里。""刪丹,桑欽以爲道弱水自此,西至酒泉合黎。""居延,居延澤在東北,古文以爲流沙。"并在酒泉郡條下記載:"禄福,呼蠶水(即今日之北大河)出南羌中,東北至會水入羌谷。"②

疏勒河,漢稱籍端水,黨河,漢稱氐置水。《漢書·地理志》敦煌郡條下記載:"冥安,南籍端水出南羌中,西北入其澤,溉民田。""氐置水出南羌中,東北入澤,溉民田。"③

兩漢時期,祁連山分布着大量原始森林,而且古冰川冰磧地貌廣泛分布於北坡2700~2800米以上地區。而現代冰川下限,北坡爲4100~4300米,南坡4300~4500米。這説明兩漢時期河西走廊三大水系的水量要比現在豐沛得多。

除地表水以外,河西走廊還分布着大量井泉湖海。

正是這些地上地下的水源,孕育了河西走廊的一片片緑洲,保證了當地人民的生産生活,爲絲路交通的暢通提供了不竭的水源。

漢朝政府爲保障祁連山水系的永續使用,一方面十分重視對生態環境的保護,另一方面進行了合理的開發利用。

(一)采取嚴厲措施保護生態

漢簡中有嚴禁官民濫伐樹木的法令。

　　建武四年五月辛巳朔戊子,甲渠塞尉放行候事,敢言之,詔書曰:吏民毋得伐樹木,有無? 四時言。謹案:部吏毋伐樹木者,敢言之。掾譚

(EPF22:48)

　　建武六年七月戊戌朔乙卯,甲渠鄣候敢言之,府書曰:吏民毋得伐樹

---

① 《漢書·地理志》,中華書局,1962年,第1612頁。
② 《漢書·地理志》,中華書局,1962年,第1613頁。
③ 《漢書·地理志》,中華書局,1962年,第1614頁。

木。有無?四時言。謹案:部吏毋伐樹木。掾譚、令史嘉。　　(EPF22:53)

以上兩簡,第一簡是地方官員傳達皇帝的詔書,嚴禁吏民濫伐樹木,并要求春夏秋冬四季每季度將執行情況上報一次。後一部分是按詔書的要求上報的内容,明言無犯禁者。第二簡内容相類,不同的是發文官員傳達的是都尉府的命令。這説明,從中央朝廷到地方軍政當局對保護樹木等生態環境的法令是嚴格實施的。

還有一個重要例證就是懸泉置遺址發現的寫在牆壁上的皇太后關於保護生態環境的詔書。該文件按農時的變化,提出了一年十二個月中每月必須保護的生物物種和嚴加禁止的事項,包括保護動、植物資源的若干規定,還有禁伐樹木、毋焚山林、保護水澤陂池、修築堤防、通達溝澮、不准獵獲野生動物等明文規定。

所有這些措施,爲祁連山水系支撐、確保絲路暢通起到了積極作用。

(二)重視水利建設,發展農業,爲絲路交通提供物質支撐

漢朝在河西的水利建設與對河西的經營幾乎是同時開始的。《漢書·匈奴傳》:"漢度河自朔方以西至令居,往往通渠置田,官吏卒五六萬。"[1]"自是之後,用事者爭言水利。朔方、西河、河西、酒泉皆引河及川谷以溉田。"[2]

文獻和漢簡中有相當數量戍卒穿井挖渠治溝的記載,現引數例:

漢遣破羌將軍辛武賢將兵萬五千人至敦煌,遣使者案行表,穿卑鞮侯井以西,欲通渠轉穀,積居廬倉以討之。[3]

甘露二年四月庚申朔丁丑,樂官令充敢言之,詔書以騎馬助傳馬,送破羌將軍、穿渠校尉、使者馮夫人。軍吏遠者至敦煌郡,軍吏晨夜行,吏御逐馬前後不相及,馬罷,亞或道棄,逐索未得,謹遣騎士張世等以物定逐各如牒。唯府告部、縣官、旁郡,有得此馬者,以與世等,敢言之。(V92DXT1311④:82)

①《漢書·匈奴傳》,中華書局,1962年,第3770頁。
②《漢書·溝洫志》,中華書局,1962年,第1684頁。
③《漢書·西域傳》,中華書局,1962年,第3907頁。

穿渠校尉丞惠光私從者杜山羊四。　　　　　　　（V92DXT1312④:21）

以上三條材料中"卑鞮侯井"也稱"都護井"，地在今敦煌廣武燧以西的榆樹泉盆地。這是絲路交通中從敦煌到樓蘭這一艱險路段中一處重要的水源供應地。過了都護井，再經三隴沙、白龍堆，繼續西行，就到樓蘭了。簡文中的"穿渠校尉"就是專門負責敦煌以西這段路上穿渠挖井以保障過往人員水源供應的。由此可以看出絲路交通中水源的重要和漢朝對此事的重視。

民自穿渠第二左涇第二右內渠水門廣六尺衺十二里上廣丈

（II90DXT0213③:4）

續穿第一渠東端衺二里百步，上廣丈三尺二寸至三丈二尺八寸，深二尺

七寸至八尺　　　　　　　　　　　　　　　　（V92DXT1312③:17）

□月己丑朔庚寅，縣泉置嗇夫弘移淵泉府，調穿渠卒廿一人。

（I90DXT0116②:117）

初元三年正月，戍卒省助貧民穿渠冥安名簿　　（V92DXT1410③:50）

以上四條材料是關於老百姓修治管道或者調戍卒的記錄，說明貧民也參與修渠。這些渠道主要用於農業灌溉。

總之，上述材料說明，祁連山豐富的出山水源和漢朝政府的有效治理，爲絲路交通的長盛不衰提供了水利支撐。

（原載《甘肅社會科學》2015年第2期）

從出土漢簡看漢朝對絲綢之路的開拓與經營

張德芳

從20世紀初以來,中國西部的甘肅、新疆等地陸續出土大量漢晉竹木簡牘。這些出土簡牘幾乎都是絲綢之路的原始記録,對我們了解當時絲綢之路的路綫走向、沿綫地區和國家以及當時的中原王朝同中亞、西亞以及南亞次大陸古代國家的關係,具有十分重要的意義。根據傳統文獻和出土漢簡材料,通過對兩漢絲綢之路路綫走向的考察,可以看出漢朝以强合綜合國力對不同路段採取了不同措施,保證了絲綢之路暢通繁榮,爲人類文明和社會的進步作出了貢獻。

一、絲綢之路東段路綫走向和停靠站點

從長安到敦煌的絲綢之路東段,或曰秦隴段,或曰陝甘段,20世紀80年代就已引起歷史、地理學界的關注。學界大體認爲,從長安到敦煌,以黄河爲界,河東和河西屬於兩個不同的地理範疇。河西走廊兩山相夾,走廊内部有荒漠、戈壁、緑洲、城鎮,東西大道祇能沿着一個方向延伸。即使左右擺動,從武威到張掖,再到酒泉、敦煌,仍然還在一條綫上。但隴東高原就不同了,高山大川,道路險峻,不同時期人們會選擇不同路綫。最便捷的綫路是北綫,即從長安出發,溯涇水西北走,經隴山,過固原、海原,在靖遠縣北渡黄河,經景泰再抵武威。早在1971

年，嚴耕望先生就對唐代長安到涼州的南北兩道作了詳細考察："長安西北至涼州主要道路有南北兩綫，南綫經鳳翔府及隴、秦、渭、臨、蘭五州，渡河至涼州；北道經邠、涇、原、會四州，渡河至涼州，皆置驛。""大抵北道徑捷二百里，但平涼以西道較峻險，南道雖迂，但較平坦，且沿途亦較富庶，故唐人行旅，似取南道者爲多。"①唐代如此，實際上是繼承了漢代的路綫。鮮肖威在20世紀80年代研究兩漢時期甘肅境内的絲綢之路，他們的結論不謀而合，認爲北道是兩漢時期最便捷的選擇。②這表明至少在漢、唐兩代絲綢之路繁盛時，從長安到敦煌，北綫是一條主幹綫。這點在出土漢簡中得到充分證實。1974年在居延甲渠候官遺址和1990年在懸泉置遺址分別出土的兩枚里程簡，銜接起來記載了從長安到敦煌的驛置里程。③根據里程簡的記載，我們將所記路段分別定爲京畿段、安定段、武威段、張掖段、酒泉段以及懸泉漢簡中所記之敦煌段。其中的京畿段漢簡中記載了長安、茂陵、茯置、好止、義置五個地點。其實就是從長安出發，經今興平縣境之茂陵，過乾縣、永壽、彬縣進入涇水流域，再經長武進入今甘肅東部之涇川、平涼崆峒區。也就是上述嚴耕望、鮮肖威二先生所説的漢唐時期從長安到武威的北綫。特別值得注意的是，出土里程簡上記載的大都是驛置和城鎮（縣城），是附有基本供應和保障設施的停靠站點，而不是一般的地名。"這六段路綫，從陝西彬縣到甘肅涇川將近90千米、從寧夏固原到甘肅景泰200千米，因簡牘殘缺而有所中

①　嚴耕望：《唐代長安西通涼州兩道驛程考》，《中國文化研究所學報》總第6期，1971年；增訂版收入《唐代交通圖考》第2卷，"中研院"歷史語言研究所，1985年，第416、419頁。嚴文所記南北兩道均有詳細的驛站里程。

②　鮮肖威：《甘肅境内的絲綢之路》，《蘭州大學學報》1980年第2期。《〈兩關以東的絲綢之路〉一文究竟商榷了什麽？———答吳礽驤同志》，《蘭州大學學報》1981年第2期。《唐烏蘭縣何在？——兼論敦煌以東絲綢之路》，《蘭州學刊》1982年第4期。

③　居延里程簡（EPT59.582）實際上是一塊22.7厘米長、2.2厘米寬的木牘，上有文字4欄。前3欄記載從長安到武威的路綫，第4欄記載張掖、山丹一段，全文是："長安至茂陵七十里，茂陵至置三十五里，置至好止七十五里，好止至義置七十五里。月氏至烏氏五十里，烏氏至涇陽五十里，涇陽至平林置六十里，平林置至高平八十里。媼圍至居延置九十里，居延置至里九十里，里至次九十里，次至小張掖六十里。删丹至日勒八十七里，日勒至鈞著置五十里，鈞著置至屋蘭五十里，屋蘭至池五十里。"（甘肅省文物考古研究所等編：《居延新簡》，中華書局，1994年，第174頁。）懸泉里程簡（II90DXT02141:130）衹有19厘米長，2厘米寬，左下部殘缺，留存文字3欄，全文是："倉松去鸞鳥六十五里，鸞鳥去小張掖六十里，小張掖去姑臧六十七里，姑臧去顯美七十五里。氐池去觻得五十四里，觻得去昭武六十二里府下，昭武去祁連置六十一里，祁連置去表是七十里。玉門去沙頭九十九里，沙頭去乾齊八十五里，乾齊去淵泉五十八里，●右酒泉郡縣置十一●六百九十四里。"（胡平生、張德芳編撰：《敦煌懸泉漢簡釋粹》，上海古籍出版社，2001年，第56頁。）

斷,其餘都是連在一起的。河西四郡有35個站點,安定和京畿有記載的站點有10個。從今天的西安到敦煌近2000千米的距離,除上述兩段空白300千米外,其餘1700千米的路段上,分布着45個停靠站點,平均每兩個站點相距約38千米。這就是漢簡給我們提供的絲綢之路東段明確具體的行程路綫。"①我們通過出土漢簡的記載研究兩漢絲綢之路的路綫走向,是要説明:兩漢的絲綢之路,是有固定走向的,它需要沿途的站點并附有相應的保障設施,受到國家的保護和官府的支持。在當時的交通條件下,整個路段都分布着供人歇息、打尖、補給、喂馬的地方。如果没有這些基本條件,不可能長距離出行。因此,絲綢之路没有"路",而是一張"没有標識的道路網絡"的説法并不符合實際。②

懸泉置遺址是迄今爲止經考古發掘的規模最大、保存最爲完整、出土文物最多、漢簡内容最爲豐富的古代郵驛遺址,總面積22500多平方米。該遺址的主體建築是一個2500平方米左右的院落,院内外有29間房屋和其他附屬建築。根據懸泉漢簡的記載,正常情況下懸泉置的人員編制有官卒徒御37人,傳馬40匹和傳車10余輛。③而像懸泉置這樣的驛置機構,在當時敦煌郡東西300千米的地面上就有9座,這在漢簡中有明確記載:"郡當西域空道,案厩置九所,傳馬員三百六十四。"④如上文所説,從長安到敦煌邊關可以確知類似懸泉置這樣的停靠站點有45個。這樣一條保障綫一直延伸到邊關,説明當時漢朝政治上的高度統一和綜合國力的强盛,從政治、經濟、軍事各方面都爲絲綢之路的暢通提供了保障。

除北綫以外,還有南綫,即從長安出發,沿渭河西行,經今興平、武功、眉縣、

---

① 張德芳:《西北漢簡中的絲綢之路》,《中原文化研究》2014年第5期。

② 芮樂偉·韓森(Valerie Hansen):"絲路"并非一條'路',而是一個穿越了廣大沙漠山川的、不斷變化且没有標識的道路網路。""絲綢之路這個詞甫一出現就被看作是一條商旅往來不斷的筆直大道,但實際上從來就不是這樣。一百多年來的考古發掘從來没有發現過一條有明確標識的、横跨歐亞的鋪就好的路。跟羅馬的阿庇亞大道完全不同,絲綢之路是一系列變動不居的小路和無標識的足迹。因爲并没有明顯可見的路,旅人幾乎總是需要嚮導引領,路上如果遇到障礙就會改變路綫。"(《絲綢之路新史》,張湛譯,北京聯合出版公司,2015年,第5、9頁。)臺北學者李志鴻等譯本《絲路新史:一個已經逝去但曾經相容并蓄的世界》(麥田出版社,2015年,第14、16頁)的譯文略有不同,但基本意思大致相同。

③ 參見張德芳《懸泉漢簡中的"懸泉置"》,葛憲群、楊振紅主編《簡帛研究二〇〇六》,廣西師範大學出版社,2008年,第169—182頁。

④ 原簡是:"甘露二年七月戊子朔壬寅,敦煌大守千秋、長史奉憙、丞破胡謂縣,律曰:諸乘置其傳不爲急及乘傳者,驛駕口令葆馬三日,三日中死,負之。郡當西域空道,案厩置九所,傳馬員三百六十四,計以來死者……(II90DXT0115③:80)"。

寶雞,再沿汧水西北走,經千陽、隴縣、通渭、定西、蘭州,在蘭州以西渡黃河,沿莊浪河(烏亭逆水)過永登,翻過烏鞘嶺,到達武威。這條綫早在李約瑟(Joseph Needham)於1954年劍橋大學出版的《中國科學史》第1卷總論中就已提到。①此外李并成也利用出土漢簡對南道的走向進行了詳細考證并作了大量實地考察,認定了南綫的存在。②其他學者的研究也都肯定了該綫的存在,祇是在關於渡河的地方和進入烏鞘嶺的路綫的認識上有一些小的分歧。③有一枚漢簡里程簡記録了從懸泉到金城允吾、天水平襄、刺史(治所)、長安四個地點的里距④,證實了穿越烏鞘嶺這條道路的暢通。不過,金城郡置於昭帝元始六年(前81年),刺史升格開府治事也到了元帝(前48—前33年)時期。所以這條道路真正通行可能也到了西漢末年。漢簡的記載也没有像北道那樣詳細。但這條路一經開通,就綿延了很長時期。嚴耕望對這條道路的細密考證,説明到了唐代,這條路已經同北綫一樣,變成長安到敦煌的主幹道,綿延一千多年。祇有這些逐步固定化且有沿途保障設施的路綫,才是漢唐絲綢之路暢通繁榮的標志。

除上述兩條路綫外,還有學者提出另一條南綫"羌中道",就是從長安出發沿渭河西行,經寶雞、天水、隴西、渭源、臨洮,再經臨夏進入青海的西寧,或者出扁都口到張掖,或者繼續西行穿過柴達木盆地到若羌。這條綫最早由裴文中先生提出:"我推測,在漢以前中西文化交通的道路,似在湟水流域,不在河西走廊。"⑤當然,這是關於史前時期情況的推測。後來夏鼐先生根據西寧出土的76枚薩珊

---

① 李約瑟認爲:"從甘肅省會蘭州西北行是甘肅走廊,通過這條走廊,現在的省界隱約顯出古代絲綢之路的輪廓。這條商路通過南山或祁連山的融雪所形成的許多綠洲(融雪化水流入戈壁沙漠),而使中國和中亞相溝通。"(《中國科學技術史》翻譯小組譯:《中國科學技術史》第1卷總論,第1分冊,科學出版社,1975年,第122頁。)在後來由袁翰青等人翻譯,并於1990年出版的新版本中,譯文略有不同:"從甘肅省會蘭州西北行是甘肅走廊(形似鍋柄),通過這條走廊,現在的省界顯示出最古老最著名的古代通商之路——古代絲綢之路的輪廓。這條商路通過南山或祁連山的融雪所形成的許多綠洲(融雪化水流入戈壁沙漠),而使中國和中亞相溝通。"(袁翰青等譯:《中國科學技術史》第1卷導論,科學出版社,1990年,第57頁。)
② 李并成:《漢代河西走廊東段交通路綫考》,《敦煌學輯刊》2011年第1期。
③ 鮮肖威:《甘肅境内的絲綢之路》,《蘭州大學學報》1980年第2期。吳礽驤:《兩關以東的"絲綢之路"——兼與鮮肖威先生商榷》,《蘭州大學學報》1980年第4期。楊建新:《絲綢之路東段述略》,《西北史地》1981年第1期。齊陳駿:《絲路考察紀略》,《蘭州大學學報》1982年第4期。
④ "金城允吾二千八百八十里,東南。天水準襄二千八百卅,東南。東南去刺史□三□……一八十里……長安四千八十……(V92DXT1611③:39)"胡平生、張德芳編撰:《敦煌懸泉漢簡釋粹》,第59頁。
⑤ 裴文中:《史前時期之東西交通》,《邊政公論》1948年第4期。

朝銀幣認爲:"今日青海西寧在第四世紀末至第六世紀初,在當時中西交通路綫上是占有相當重要地位的。"①這是南北朝時期的情況。兩漢時期是否已開闢了"羌中道",學術界有爭論。②其實兩漢時期的青海湖以西及柴達木盆地,主要是羌人的游牧區,中原與西域的通道,祇能走河西而不能走羌中。張騫返回時,"欲從羌中歸",結果還是落到匈奴人手中。王北辰先生認爲,還有一條北綫居延道。③其實在兩漢時期,居延地區有軍事防綫,主要防範匈奴進入河西和河西的漢人進入匈奴,因而它不是兩漢時期絲綢之路的主幹道。

上面集中討論兩漢時期從長安到敦煌的兩條路綫,是想説明在張騫出使西域以後,漢朝經過一系列向西推進的戰略措施,同西域各國的關係與交往達到空前高度,中西來往的交通也形成基本固定的路綫,以及相應的保障措施。當然,這并不排除各個緑洲之間不管東西還是南北短距離交往,但不能由此認爲絲綢之路并不是一條路,而是一張隨意行走和縱橫交錯的網。需要説明的是,前文列舉的40多個停靠站點,祇是中西關係處在十分穩定情況下的産物,張騫出使西域、霍去病三出河西以及李廣利伐大宛時,這種情況尚不存在。

二、漢朝對絲路中段即西域南北兩道的經營管理

絲綢之路的中段,即天山南北,而兩漢時期狹義的西域則多指天山以南。當時一般通行的道路是塔里木盆地的南緣和北緣,即《漢書·西域傳》所説的南道和北道。天山以北的草原之路在西漢末年和東漢初年"北新道"開通以後才得以通行。儘管天山以北地區地勢平衍,水草豐茂,大部分地區還是烏孫的游牧地,但整個西漢時期,即使漢與烏孫的來往也要通過天山以南,折而轉向伊塞克湖(闐池),就是因爲天山以北游牧地區没有定居農耕地區那樣的固定站點,無法滿足長途出行的需要。

---

① 夏鼐:《青海西寧出土的波斯薩珊朝銀幣》,《考古學報》1958年第1期。又見《夏鼐文集》第3册,社會科學文獻出版社,2017年。夏鼐,夏正楷編:《絲綢之路考古學研究》,浙江大學出版社,2019年。

② 初師賓認爲"羌中道"在兩漢時期已經開闢,而吴礽驤則持否定態度。初師賓:《絲路羌中道開闢小議》,《西北師大學報》1982年第2期。吴礽驤:《也談"羌中道"》,《敦煌學輯刊》1984年第2期。

③ 王北辰:《古代居延道路》,《歷史研究》1980年第3期。

《漢書·西域傳》:"西域以孝武時始通,本三十六國,其後稍分至五十餘,皆在匈奴之西,烏孫之南。"①36國之數,歷代史家多有考證。但王先謙《漢書補注》中所列最爲可信。他認爲36國自東向西應爲:婼羌、樓蘭、且末、小宛、精絶、戎盧、扜彌、渠勒、于闐、皮山、烏秅、西夜、子合、蒲犁、依耐、無雷、難兜、大宛、桃槐、休循、捐毒、莎車、疏勒、尉頭、姑墨、温宿、龜兹、尉犁、危須、焉耆、姑師、墨山、劫國、狐胡、渠犁、烏壘。②這36國除《史記》《漢書》等傳統文獻有詳略不等的記載外,出土漢簡中有其中23國的記載,大都是分布在西域南北兩道的綠洲城邦,在兩漢絲綢之路上具有重要地位。

先看西域南道。《漢書·西域傳》載:"從鄯善傍南山北,波河西行至莎車,爲南道。南道西逾蔥嶺則出大月氏、安息。"③懸泉漢簡中對西域南道的記載有鄯善(樓蘭)、且末、小宛、精絶、扜彌、于闐、渠勒、皮山、莎車、蒲犁10國。尤其是神爵二年(前60年)西域都護府建立後,作爲西域都護府下屬的地方政權,爲過境使者提供保障是朝廷賦予南道諸國的職責和義務。他們既是絲綢之路上東西交往的主體,也是爲過往行人提供食宿安全的停靠站點。其中的鄯善、扜彌、于闐、莎車,都曾先後成爲南道大國,在後來的絲綢之路上發揮過重要作用。

西漢後期,對西域南道最重要的保障措施就是伊循屯田,《漢書·西域傳》記載,元鳳四年(前77年)漢遣平樂監傅介子刺殺樓蘭王。

> 乃立尉屠耆爲王,更名其國爲鄯善,爲刻印章,賜以宮女爲夫人,備車騎輜重,丞相將軍率百官送至橫門外,祖而遣之。王自請天子曰:"身在漢久,今歸,單弱,而前王有子在,恐爲所殺。國中有伊循城,其地肥美,願漢遣一將屯田積穀,令臣得依其威重。"於是漢遣司馬一人、吏士四十人,田伊循以填撫之。其後更置都尉。伊循官置始此矣。④

①《漢書》卷九十六上《西域傳上》,中華書局,1962年,第3871頁。
② 班固撰,王先謙補注:《漢書補注》,上海古籍出版社,2008年,第5758頁。
③《漢書》卷九十六上《西域傳上》,中華書局,1962年,第3872頁。
④《漢書》卷九十六上《西域傳上》,中華書局,1962年,第3878頁。

關於伊循屯田,我們從文獻記載衹能得到這些簡單信息,但懸泉漢簡却提供了豐富資料,讓我們看到伊循屯田從司馬到都尉的體制規模以及同敦煌太守的隸屬關係。比如:

> □敦煌伊循都尉大倉謂過所縣□。 （I90DXT0111②:73）
> 敦煌伊循都尉臣大倉上書一封。甘露四年六月庚子上。
> （II90DXT0216③:111）

在"伊循都尉"之前冠以"敦煌",説明伊循都尉受敦煌太守節制,行政上同河西四郡關係密切。

> 七月乙丑,敦煌大守千秋、長史奉憙、守部候修仁行丞事,下當用者:小府、伊循城都尉、守部司馬、司馬官候,移縣置、廣校候、郡庫,承書從事下當用者如詔書。掾平、卒史敞、府佐壽宗。 （V92DXT1312③:44）

這是敦煌太守府下發文件的範圍,包括"伊循城都尉"。

> 甘露三年四月甲寅朔庚辰,金城大守賢、丞文謂過所縣道官:遣浩亹亭長㯟賀以詔書送施(弛)刑伊循。當舍傳舍,從者如律令。
> （II90DXT0114④:338）

這是金城太守賢開具的一封過所文件,派浩亹亭長送弛刑徒到伊循,説明去伊循屯田的人員不光有官員、戍卒、家屬,還有弛刑徒。諸如此類,不再贅舉。可見,伊循屯田不僅是鄯善國王尉屠耆就任時的請求,同時符合漢朝開拓西域的旨意。從元鳳四年到西漢末年,伊循屯田一直是漢朝在西域南道保障絲綢之路的政治、經濟和軍事措施,對西域南道的暢通至關重要。

再看西域北道:"自車師前王廷隨北山,波河西行至疏勒,爲北道;北道西逾蔥嶺則出大宛、康居、奄蔡焉。"①北道也是從敦煌西出,沿着天山南麓、塔克拉瑪幹沙漠北緣西越蔥嶺到達中亞的路綫。漢簡中留下了車師、山國、危須、焉耆、尉犁、渠犁、龜茲、姑墨、温宿、疏勒 10 國的記載。除烏壘本身是西域都護的駐地外,其他沿途的綠洲城邦都是絲綢之路上的重要站點。爲使上述綠洲城邦能爲絲綢之路的暢通發揮應有作用,漢朝政府采取了一系列重要措施,其中最重要的莫過於西域都護府的設立和戊己校尉的屯田,這些在出土漢簡中都有豐富記録。

《漢書·西域傳》載:"匈奴西邊日逐王置僮僕都尉,使領西域,常居焉耆、危須、尉黎間,賦稅諸國,取富給焉。"②神爵二年秋,"匈奴乖亂,日逐王先賢撣欲降漢,使人與吉相聞。吉發渠黎、龜茲諸國五萬人迎日逐王。口萬二千人、小王將十二人隨吉至河曲,頗有亡者,吉追斬之,遂將詣京師。漢封日逐王爲歸德侯"③。日逐王降漢、西域都護的設立,標志着匈奴勢力的徹底衰落和漢朝對西域的完全控制,具有里程碑式的意義,影響了當時的世界格局和基本走向。懸泉漢簡提供了日逐王的行蹤和相關接待記録,從原始檔案的角度證實了日逐王降漢的相關史實。

神爵二年八月甲戌朔□□,車騎將軍臣增□謂御史□□制詔御史□□侯□□□敦煌酒泉迎日逐王,爲駕一乘傳別□載……御史大夫☑如律令☑

(ⅠⅠ90DXT0313③:5)

簡文雖多處漫漶不清,但時間、人物和事件原委都可以辨識。神爵二年八月,車騎將軍韓增派朝廷官員到酒泉迎接日逐王,由御史大夫頒發過所,要求沿途各地必須提供車輛食宿的接待。

神爵二年十一月癸卯朔乙丑,縣泉厩佐廣德敢言之,爰書:厩御千乘里

①《漢書》卷九十六上《西域傳上》,中華書局,1962 年,第 3872 頁。
②《漢書》卷九十六上《西域傳上》,中華書局,1962 年,第 3872 頁。
③《漢書》卷九十六上《西域傳上》,中華書局,1962 年,第 3872 頁。《漢書》卷七〇《鄭吉傳》,中華書局,1962 年,第 3005 頁。

畸利辨告曰:所葆養傳馬一匹,騅、牡、左剽,久生腹,齒十二歲,高六尺一寸,□□敦煌送日逐王,東至冥安病死。即與御張乃始√冷定雜診,馬死身完,毋兵刃木索迹,病死。審證之,它如爰書。敢言之。　　　(87-89DXC:12)①

這是敦煌懸泉迎送日逐王時,馬死途中的記載。

從第一任西域都護鄭吉到王莽時的最後一任西域都護李崇,先後任職者18人,歷時80多年。②代表西漢中央政府在西域行使職權,有力保障了這段時間内西域各地同中央政府的密切聯繫和絲綢之路中段的安全暢達。都護的職責是"督察烏孫、康居諸外國動静,有變以聞。可安輯,安輯之;可擊,擊之"③。從漢簡具體記載看,西域有什麽軍情要務,西域都護都要隨時通過河西驛道向朝廷報告,而朝廷亦隨時向西域都護髮出指令。

使都護安遠侯吉上書一封,□□元年十月庚辰日餔時,受遮要□□□□□□□行。　　　　(I90DXT0114③:62)

這是第一任西域都護安遠侯鄭吉給朝廷上書的記録。其職銜全稱應是"使都護西域騎都尉",此處用了簡稱。

出東:緑緯書□封皆完。其一封西域都護上,詣王路四門……上,詣王路四門。始建國元年十二月己亥,日蚤食時,遮要卒橋音付縣泉佐楊博。(II90DXT0115①:63)

這是王莽時期西域都護但欽給朝廷上書的記録。

①張德芳、石明秀主編:《玉門關漢簡》,中西書局,2019年,第109頁,簡1301。
②從神爵二年鄭吉任第一任都護到王莽時西域都護李崇還保龜兹,"數年莽死,崇遂没,西域因絶",共80多年。
③《漢書》卷九十六上《西域傳上》,中華書局,1962年,第3874頁。

詔書一封,丞相之印章。詣使都護西域騎都尉。縣厩置譯騎行●有請詔。建始元年四月庚戌,畫漏上十八刻起丞相府。(II90DXT0115③:37)

這是丞相府給時任西域都護的段會宗下發的詔書。諸如此類,所在多有,從中可以看出中央政府和西域都護對絲綢之路和西域事態的密切關注。

《漢書·西域傳》載:"至元帝時,復置戊己校尉,屯田車師前王庭。"[1]同書《百官公卿表》又說:"戊己校尉,元帝初元元年(前48年)置,有丞、司馬各一人,候五人,秩比六百石。"[2]西漢後期,漢政府在車師前王庭(交河城)設立戊己校尉屯田駐守,這是繼西域都護設立後又一保障絲路交通的重大措施。但是由於《漢書》記載的歧義,從唐朝顏師古以來,就對上述記載中產生的問題進行了不斷討論。一是所謂"戊己校尉"是一個校尉還是戊校尉和己校尉兩個校尉? 二是戊己校尉的秩級是比二千石還是六百石? 三是戊己校尉隸屬於西域都護抑或敦煌太守?或是中央直轄? 四是戊己校尉的下屬編制和人員規模究竟是何種情況?[3]出土漢簡中大量關於戊己校尉屯田的記載,提供了新材料,使人們得出新結論。漢簡中關於戊校尉、己校尉的分別記載,駁正了傳統史料中"戊""己"連稱造成的混亂。校尉、都尉都是比二千石的官員,同西域都護平級。其下屬丞、司馬、候則是六百石秩級。戊己校尉屬朝廷直接領導,但要受西域都護的節制,其戍邊吏卒三年一更,更盡回返,軍籍屬北軍。一校一般500人左右。校尉以下,設左右前後中等部曲候。戊、己校尉正常情況下,有近千人的吏士,平時屯墾,戰時打仗,因而車師屯田地區是扼守西域東大門,保障中西交通的戰略據點。西域都護總領西域,

①《漢書》卷九十六上《西域傳上》,中華書局,1962年,第3874頁。
②《漢書》卷十九《百官公卿表》,中華書局,1962年,第739頁。
③ 勞榦:《漢代的西域都護與戊己校尉》,《歷史語言研究所集刊》第28本上冊,1953年。侯燦:《漢晋時期的西域戊己校尉》,《西北史地》1983年第3期。林劍鳴:《西漢戊己校尉考》,《歷史研究》1990年第2期。李大龍:《西漢西域都護略論》,《中國邊疆史地研究》1991年第2期。余太山:《西漢與西域關係述考》,《西北民族研究》1994年第1、2期。高榮:《漢代戊己校尉述論》,《西域研究》2000年第2期。李炳泉:《兩漢戊己校尉建制考》,《史學月刊》2002年第6期。孟憲實:《西漢戊己校尉新論》,《廣東社會科學》2004年第1期。賈叢江:《西漢戊己校尉的名和實》,《中國邊疆史地研究》2006年第4期。劉國防:《西漢比胥鞬屯田與戊己校尉的設置》,《西域研究》2006年第4期。薛宗正:《西漢的使者校尉與屯田校尉》,《新疆社會科學》2007年第5期。

政治上代表朝廷行使職權。戊己校尉則在軍事上拱衛西域,保障絲路交通的安全。

絲綢之路的中段即前文分別談到的西域南道和北道,同東段即秦隴陝甘道的情況完全不同。秦隴陝甘道分布在中央政府直轄的郡縣地區,有45個沿綫城鎮和道路驛置作爲停靠站點來保障長途通行的安全。西域地區則完全不同,像天山以南的緑洲城邦,一片緑洲就是一個部落和族群,不管大小按當時的習慣都稱之爲"國",實際上同現代意義上的"國",完全不是一個概念。西域都護祇代表中央對西域各國實行羈縻,并不改變其内部的機能和體制,因而在絲綢之路的保障上實行完全不同的政策,就是上面所講的屯田、駐軍、設置都護。在傳統文獻的基礎上,大量出土漢簡更加確鑿地證明:没有漢朝對西域政治、軍事、經濟、外交等各方面强有力的保障,兩漢絲綢之路的暢通是不可能的。當然,從廣義上説,從長遠觀點看,北方的匈奴作爲漢朝的强敵也曾爲絲綢之路的繁榮作出過貢獻,更何況匈奴在後來融入了漢族和其他族群,成爲中華民族的一部分。但具體問題要放在具體的歷史環境中,放在特定的語境中來考慮、分析。在漢匈强烈對峙的情況下,漢朝作爲當時統一而强大的政治勢力,才是東方文明的當然代表。

三、從出土漢簡看中亞各國同漢朝的直接交往

從漢簡記載看,張騫"鑿空"後,絲綢之路的西端最早與漢朝保持直接來往的西方國家有烏孫、大宛、康居、大月氏、烏弋山離、罽賓等。下面祇舉烏孫和康居的例子。

烏孫是西域的重要國家,是張騫第二次西使的目的地。按照《漢書·西域傳》記載:"大昆彌治赤谷城,去長安八千九百里。户十二萬,口六十三萬,勝兵十八萬八千八百人。"[1]赤谷城在今吉爾吉斯斯坦伊塞克湖東南伊什提克一帶,但駐牧範圍在天山以北整個伊黎河流域。按照西漢末年的人口統計,烏孫人口63萬,

---

① 《漢書》卷九十六上《西域傳上》,中華書局,1962年,第3901頁。

在保存人口統計的西域諸國中爲最大國。①從張騫元狩四年(前119)到元鼎二年(前115)出使烏孫,到西漢末年王莽新朝的一百多年裏,漢與烏孫的關係有外交(如張騫出使),有政治(如朝廷對大小昆彌的分封和昆彌到朝廷的朝拜)、有軍事(如本始年間聯手出擊匈奴),有和親(兩公主遠嫁),有商貿(如朝貢、納聘和賞賜),還有駐軍屯田爲之維護秩序(如長羅侯率三校屯田赤谷城),等等。其間,長羅侯常惠六出烏孫,西域都護段會宗也就近五到烏孫。公主遠嫁,馮夫人錦車持節來往於漢、烏之間。這都是從長安到西域國家的遠距離交通。漢朝如此,烏孫亦然。史載:"元康二年,烏孫昆彌因惠上書:'願以漢外孫元貴靡爲嗣,得令復尚漢公主,結婚重親,畔絶匈奴,願聘馬、騾各千匹。……'上美烏孫新立大功,又重絶故業,遣使者至烏孫,先迎取聘。昆彌及太子、左右大將、都尉皆遣使,凡三百餘人,入漢迎取少主。"②從這300多人來漢朝迎親的規模,亦可想見當時絲綢之路上的盛況。

類似情況,除了傳世文獻外,漢簡中亦有大量記載:③

> 甘露二年二月庚申朔丙戌,魚離置嗇夫禹移縣泉置:遣佐光持傳馬十四,爲馮夫人柱,廩稹麥小石卅二石七斗,又茭廿五石二鈞。今寫券墨移書到,受簿入三月報,毋令繆,如律令。　　　(II90DXT0115③:96)

這是公元前52年4月13日相鄰的魚離置和懸泉置關於接待馮夫人時使用馬匹和開銷草料的帳目如何上報核銷的問題商洽的文件。

> 甘露三年十月辛亥,丞相屬王彭護烏孫公主及將軍、貴人、從者道上。傳車馬爲駕二封軺傳,有請詔。御史大夫萬年下謂成,以次爲駕,當舍傳舍

---

① 在西域都護管轄的48國中,人口上萬的9國,分別是烏孫630000人,大宛300000人,龜兹81317人,姑墨34500人,焉耆32100人,扜彌20040人,于闐19300人,疏勒18647人,鄯善14100人。
②《漢書》卷九十六上《西域傳上》,中華書局,1962年,第3905頁。
③ 張德芳:《〈長羅侯費用簿〉及長羅侯與烏孫關係考略》,《文物》2000年第9期。《懸泉漢簡中的烏孫資料考證》,中國文化遺産研究院編《出土文獻研究》第15輯,中西書局,2016年。

如律令。   (V92DXT1412③:100)

這是公元前51年10月30日御史大夫陳萬年下發的一封文件。丞相屬王彭護送烏孫公主、將軍、貴人、從者等,從長安以西第一站起,沿途都要提供食宿和車輛的接待。

出粟二斗四升。以食烏孫大昆彌使者三人,人再食,食四升,西。
                              (V92DXT1611③:118)

這是烏孫大昆彌使者三人在敦煌懸泉置吃過兩頓飯,每頓四升,用粟二斗四升。

☑烏孫小昆彌使者却適等三人,人一食,食四升。(V92DXT1509②:4)

這是小昆彌使者三人路過懸泉置,停留用飯的記録。

……鴻嘉三年三月癸酉遣守屬單彭送自來烏孫大昆彌副使者簿游、左大將□使□單,皆奉獻詣行在所,以令爲駕一乘傳。凡二人。三月戊寅東。敦煌長史充國行大☑六月以次爲駕如律令☑   (II90DXT0214②:385)

敦煌太守府開具的過所:守屬單彭護送烏孫大昆彌的副使和左大將的使者前往京師,詣行在所,朝見皇帝。時在公元前18年4月2日。路過懸泉置是在4月7日。

出粟十八石,騎馬六十四。都吏王卿所送烏孫客。元延四年六月戊寅,縣泉嗇夫欣付敦煌尉史褒馬。   (II90DXT0114③:454)

這是公元前9年8月17日都吏王卿護送烏孫客時路過懸泉置的記載。用粟

18石,用馬60匹,路過的人數可能不少。

　　從上列文獻和漢簡的諸多例證中,不難看出:烏孫作爲西域第一大國,遠在今天的中亞伊塞克湖以西以北,從張騫出使以後到王莽新朝,雙方的來往不曾間斷,都是遠距離跋涉。出使來往的内容包括政治、和親、軍事、外交,也不乏貢納賞賜等商貿活動。所有這些都應是絲綢之路上經濟文化交流的重要内容。

　　就因爲絲綢之路不同於羅馬阿庇亞(Via Appia)大道那樣經過修整,就不是"路"? 甚至説,在絲綢貿易量極少,又没有一條固定道路的情況下,所謂的絲路貿易衹能是一個緑洲到一個緑洲的短途行爲,"很少有人從撒馬爾罕穿越整個中亞到達長安"①。從上面引證的材料看,這些觀點是有待商榷的。

　　下面,舉一些康居的例子。史載康居國:"去長安萬二千三百里。不屬都護。至越匿地馬行七日,至王夏所居蕃内九千一百四里。户十二萬,口六十萬,勝兵十二萬人。"②康居是擁有60萬人口的大國,駐牧範圍主要在錫爾河北岸、哈薩克斯坦南部草原,勢力繁盛時可能達到澤拉夫善河流域(今布哈拉河)。③康居有五小王:一曰蘇薤王,治蘇薤城,地望在今烏兹別克斯坦東南部卡什卡達里亞省的沙赫里夏波兹;二曰附墨王,治附墨城,在今烏兹別克斯坦納沃伊;三曰窳匿王,治窳匿城,在今塔什干附近;四曰罽王,治罽城,在今烏兹別克斯坦的布哈拉;五曰奥鞬王,治奥鞬城,地望在今阿姆河下游花拉子模州首府烏爾根奇附近。事實上,康居包括今哈薩克斯坦和烏兹別克斯坦的大部分。

　　張騫初次來此,"康居傳致大月氏",曾得到康居的友好接待。其後太初年間(前104—前101年)李廣利伐大宛,康居怕脣亡而齒寒,曾爲大宛後援。④但西域

　　① 芮樂偉·韓森認爲:"絲'路'并非一條'路',而是一個穿越了廣大沙漠山川的、不斷變化且没有標識的道路網路。事實上,在這些艱苦的商路上往來的貨物量很小。"(《絲綢之路新史》,第5頁)對於這一看法,美國哥倫比亞大學東亞語言和文化所教授滕華瑞(Gray Tuttle)的評論是:"韓森挑戰了人們對這個中亞十字路口的慣常描述。她發現當地居民主要處於維持生計和以物易物的狀態,而非從事大規模的長途商業貿易;她發現中國軍隊在把絲綢帶到絲綢之路上扮演著重要角色,而非商人。"(見該書封底)
　　②《漢書》卷九十六上《西域傳上》,中華書局,1962年,第3891—3892頁。
　　③ 郝樹聲:《漢簡中的大宛和康居——絲綢之路與中西交往研究的新資料》,《中原文化研究》2015年第2期。
　　④ 郝樹聲:《漢簡中的大宛和康居——絲綢之路與中西交往研究的新資料》,《中原文化研究》2015年第2期。

都護建立後,康居同漢朝的關係進入互派使者的階段。康居的穩定和同漢朝的密切關係,亦爲絲路暢通的基本保證。漢簡記載:

甘露二年正月庚戌,敦煌大守千秋、庫令賀兼行丞事,敢告酒泉大守府卒人:安遠侯遣比胥鞬罷軍候丞趙千秋上書,送康居王使者二人、貴人十人、從者六十四人。獻馬二匹、橐他十匹。私馬九匹、驢卅一匹、橐他廿五匹、牛一。戊申入玉門關,已閱(名)籍、畜財、財物。

(Ⅱ90DXT0213③:6+T0214③:83)①

這是公元前52年3月6日和3月8日康居王使者路過懸泉置的記載。使團從使者、貴人到從者,一共76人,隨行大牲畜78頭。78頭大牲畜中,有貢獻的馬匹和駱駝若干,有私馬、驢、駝、牛若干,前者是給朝廷的貢獻之物,後者可能是使團人員自己的乘駕。②

還有康居王使者册:

康居王使者楊伯刀、副扁闐;蘇薤王使者姑墨、副沙困即貴人爲匿等,皆叩頭自言:前數爲王奉獻橐佗,入敦煌,關縣次購食至酒泉,昆□官大守與楊伯刀等雜平直肥瘦。今楊伯刀等復爲王奉獻橐佗入關,行道不得,至酒泉,酒泉大守獨與小吏直畜,楊伯刀等不得見所獻橐佗。姑墨爲王獻白牡橐佗一匹,牝二匹,以爲黃。及楊伯刀等獻橐佗,皆肥,以爲瘦。不如實,冤。永光五年六月癸酉朔癸酉,使主客諫大夫漢侍郎當,移敦煌大守,書到驗問言狀。事當奏聞,毋留如律令。七月庚申,敦煌大守弘、長史章、守部候修仁行丞事,謂縣:寫移書到,具移康居蘇薤王使者楊伯刀等獻橐佗食用穀數,會月廿五日,如律令。/掾登、屬建、書佐政光。七月壬戌,效穀守長合宗、守丞敦煌左尉忠謂置:寫移書到,具寫傳馬止不食穀,詔書報,會月廿三日,如律令。／掾宗、嗇夫輔。　　　　　　　　（ⅠⅠ90DXT0216②877-883）①

本簡册有七枚簡,293字,記載了公元前39年,康居王使者楊伯刀、副使扁閬、蘇薤王使者姑墨、副使沙困、貴人爲匿等五人來京師貢獻時,由於没有受到敦煌、酒泉等地方官員的應有禮遇,後來把冤屈上告到了朝廷。

　　陽朔二年四月辛丑朔甲子,京兆尹信、丞義下左將軍、使送康居校尉,承書從事,下當用者如詔書。四月丙寅,左將軍丹下大鴻臚、敦煌大守,承書從事,下當用者如詔書。　　　　　　（玉門關漢簡ⅠⅠ98DYT2:3）

這是説公元前23年6月18日,有一封朝廷公文,先由京兆尹信、丞義下達左將軍和使康居校尉。6月20日,又由左將軍下達給大鴻臚和敦煌太守。②

據上面三封出土漢簡可知,公元前52年至公元前23年這30年時間裏,康居和漢朝有着友好的往來關係,而且是經過長途跋涉,從絲路的一端到了另一端。所謂"很少有人從撒馬爾罕穿越整個中亞到達長安"的説法是站不住脚的。

總之,通過出土漢簡和傳世文獻,我們可以看到,兩漢時期的絲綢之路,從東到西有着大致固定的路綫和走向。從長安到敦煌,屬於漢朝直接統治的郡縣地區,沿綫建有綿延不絶且分布均勻的驛站館舍。這些交通設施的高效運轉,是國家統一而强大的綜合國力的集中體現。没有國家强有力的保障,就没有絲綢之路的暢通。所謂絲綢之路網狀説并不符合事實。至於絲綢之路的中段則與内地不同。天山以南是城郭之國,屬於農耕定居之地;而天山以北則屬於草原游牧地區。穿行在塔克拉瑪幹沙漠的南北兩道,以綠洲爲據點,在漢朝政治、經濟、軍事等多種措施的保障下,西域都護管轄的綠洲各國按照朝廷的意志,履行東道國的

---

① 郝樹聲:《漢簡中的大宛和康居——絲綢之路與中西交往研究的新資料》,《中原文化研究》2015年第2期。

② 郝樹聲:《漢簡中的大宛和康居——絲綢之路與中西交往研究的新資料》,《中原文化研究》2015年第2期。

義務,以此來保障絲路中段的正常通行。蔥嶺以西,漢朝軍事外交并用,保持同中亞各國以及西亞、南亞次大陸的直接來往。那種認爲絲綢之路上衹是一個緑洲到另一個緑洲短距離間接交易的説法同樣是不全面的。

絲綢之路的概念從1877年李希霍芬提出以後就是一個開放和發展的系統,隨着歷史的發展,在不同的歷史語境下應有不同的内涵和限定。不能由於西漢的絲綢之路尚未延伸到羅馬,就否定它的存在。羅馬的勢力不斷擴張從共和進入帝國是公元前30年以後的事,在此之前的絲綢之路實際上已經進入了繁榮時期。

（原載《中國社會科學》2021年第1期）

從出土漢簡看敦煌太守在兩漢絲綢之路上的特殊作用

張德芳

　　張騫開通西域後，漢武帝"設四郡，據兩關"，敦煌郡處在東西交通關鍵點上。而作爲地方最高行政軍事長官的敦煌太守，自然承擔了特殊的使命，發揮了重要的作用。隨着近百年來地下漢簡材料的大量發現和實地考察，大大豐富了我們對上述事實的認識。本文結合傳統史料和出土漢簡從軍事、政治、財政等多個方面對敦煌太守在兩漢絲綢之路上的特殊作用作一些初步論述，以求就教於學界同仁。

一

　　兩漢的太守職責，除了正常的行政公務，即"信理庶績，勸農振貧，決訟斷辟，興利除害，檢察郡奸，舉善黜惡，誅討暴殘"①外，還要掌管駐郡部隊的訓練，"會都試，課殿最"，"行障塞烽火追虜"②。邊郡告急，還要帶兵打仗。按照漢制，內地各郡在太守之下設郡都尉，一郡一個，專管軍隊之事，屬於地方部隊的性質。河西各郡地處邊防，郡太守之下設部都尉，數量不限一個，而是兩個、三個、四個不等，

---

　　① 孫星衍等輯，周天游點校：《漢官六種》，中華書局，1990年，第20頁。
　　② 孫星衍等輯，周天游點校：《漢官六種》，中華書局，1990年，第48頁。

屬於邊防野戰部隊的性質。敦煌郡特殊,有四個都尉,即玉門都尉、中部都尉、宜禾都尉和陽關都尉。

由於敦煌地區地處廣漠戈壁,特殊的自然地理環境和千百年來地廣人稀的特點,使得兩漢時期遺留下來的漢塞烽隧、城障遺址等格外豐富。直到今天,人們還可在千里河西走廊上看到連綿不絕的漢塞烽隧,這在全國全世界都是僅有的現象。還由於,從1907年斯坦因在敦煌邊塞掘得第一批出土漢簡以來,敦煌所發現的大量漢簡大都與當年的軍事駐防有關。甘肅是漢簡大省,全國80%以上的漢簡都出自甘肅。而甘肅漢簡又幾乎全部出自河西(甘谷漢簡23枚除外),河西所出漢簡又以敦煌爲最。從廣義上來講,所有6萬多枚河西漢簡,都與當年的絲綢之路密切相關,其中很大一部分就是軍事屯戍的内容。第三個原因是,近代科學考古學興起以來,尤其是1949年以後,對敦煌地區的考古調查受到了格外重視,除了那些日常的零星調查和有名的發掘外,還有如《疏勒河流域漢代長城考察報告》《河西漢塞調查與研究》①,對河西漢塞遺迹的全面調查,對了解漢代敦煌地區的軍事設防,極具參考價值。還有第四個方面的原因,就是第三次文物普查時對每一處不可移動的遺址遺迹利用GPS技術進行了定點描述。所有這些,都使我們對漢代敦煌郡的軍事防禦和敦煌太守的軍事職責有了更清楚的認識。當時敦煌地區的軍事駐防,每個都尉管轄的防區和防綫,下屬幾個候官、候部和烽隧,都有充分確鑿的材料來加以説明。甚至我們今天看到的靜默了幾千年的大部分漢代烽燧,當年叫什麽名字,先後有哪幾位戍卒駐防,他們分别來自何方,曾經發生過什麽事情等,都可以得到相當程度的描述。

當年的敦煌郡包括今天的敦煌市、瓜州縣和玉門市,加上南北兩山和西部沙漠,大致有10多萬平方千米的土地。②河西四郡是向西延伸出的一支臂膀,北部要防止匈奴的入侵,南部要防止羌人的襲擾,南北兩面都要防守。而相比四郡中,敦煌郡的防綫最長。敦煌郡北部自西向東,玉門都尉下轄大煎都、玉門兩個

---

① 嶽邦湖、鐘聖祖:《疏勒河流域漢代長城考察報告》,文物出版社,2001年。《河西漢塞調查與研究》,文物出版社,2005年。

② 今天的行政劃界大有變動,敦煌、瓜州、玉門有土地面積7萬平方千米左右,兩漢時上述地區的界綫在南、北、西延伸很長,實際面積要比現在大得多。

候官；中部都尉下轄平望、破胡（後改爲步廣）、吞胡、萬歲四個候官；宜禾都尉下轄宜禾、魚澤、昆侖、美稷、廣漢五個候官。從敦煌西部榆樹泉盆地的廣昌燧（93°08′22.30″，40°07′38.80″）到瓜州橋灣東 2 號烽燧（96°52′40.50″，40°33′39.70″），直綫距離 320 千米。敦煌郡的南部還有陽關都尉，負責敦煌西部和南部的防禦。陽關都尉的詳細情況我們還不太清楚，祇知道可能有雕秩候官和博望候官等。南部的防禦任務雖然没有北部那樣嚴峻，但防綫仍然很長。如果按北部 320 千米計算，敦煌的南北防綫就有 600 多千米（還未將西部計算在内）。這樣漫長的邊境防綫，決定了兩漢時期敦煌郡特殊的軍事位置。勞榦、陳夢家、永田英正、李均明等中外學者在研究居延漢簡時對甲渠候官的部、隧數量和人員規模進行過考證。李均明的結論最爲近似，他認爲甲渠候官通常情況下有吏卒約400 人[1]。參照這一規模，敦煌郡 10 餘個候官應有常駐吏卒 5000 多人。當然比起萬騎大郡來，不算駐軍最多的。所謂"邊郡太守各將萬騎，行障塞烽火追虜"也祇是個説法，實際各郡都未必真有萬騎。史書記載："元朔三年，以上郡、西河爲萬騎太守，月奉二萬。綏和元年，省大郡萬騎員秩，以二千石居。"[2]敦煌郡雖屬邊地，但從人口數量看，祇是個小郡。按始元二年的人口統計，當時的上郡有103683 户，606658 人。西河郡有 136390 户，698836 人。而敦煌祇有 11200 户，38335 人。人口是上郡的 1/16 左右，是西河的 1/18 左右。[3]而這樣一個小郡，駐5000 人的軍隊，足見其軍事任務的繁重。

敦煌太守所屬之軍隊不僅要負責平時的邊塞防守，戰時還要集中調派，出征打仗。西漢時典型的事件就是西羌反叛時，朝廷不僅派後將軍趙充國前往金城彈壓，還命令破羌將軍辛武賢率兵 6100 人，敦煌太守快率兵 2000 人，酒泉侯馮奉世等率兵 4000 人配合作戰。懸泉漢簡中就有這次參戰的記録：

簡一：

① 勞榦：《居延漢簡考證之部》，見《歷史語言研究所集刊》第 30 本上册，1959 年，第 404—407 頁。陳夢家：《漢簡綴述》，中華書局，1980 年，第 63 頁。［日］永田英正：《居延漢簡研究》，廣西師大出版社，2007 年，第 372 頁。李均明：《漢代甲渠候官規模考》，見《文史》第 34、35 輯，中華書局，1992 年。
② 孫星衍等輯，周天游點校：《漢官六種》，中華書局，1990 年，第 49、82 頁。
③ 梁方仲：《中國歷代户口、田地、田賦統計》，中華書局，2008 年，第 22—23 頁。

　　御史中丞臣强、守侍御史少史臣忠昧死言:尚書奉御史大夫吉奏丞相相
上酒泉大守武賢、敦煌大守快書,言二事。其一事,武賢前書穬麥皮芒厚,以
廩當食者小石三石,少不足。丞相請郡當食廩穬麥者石加。

　　　　　　　　　　　　　　　　　　　　　　　(I91DXT0309③:221)

　　簡長23厘米、寬1.5厘米,中間起脊,兩面坡形,一般稱之爲兩行,胡楊。有
字81個。從字面看,是御史大夫丙吉、丞相魏相通過御史中丞强和守御史少史
忠上給皇上的一份奏書,或者是已經皇上"奏可"後下發的一份詔書。内容是酒
泉太守辛武賢和敦煌太守快一起上書朝廷,涉及兩件事情。一是談到當時發放
戍卒的糧食按規定每月小石三石,但所發穬麥因爲皮厚有芒,分量不足。請求朝
廷批准,每石再加發若干(簡文在"石加"後結束)。第二件事寫在另一簡上,因未
找到相應的下文,我們不得而知。

　　簡文中涉及的人有七位:御史中丞强、守御史少史忠、尚書(缺名)、御史大夫
吉(丙吉)、丞相相(魏相)、酒泉太守武賢(辛武賢)、敦煌太守快。敦煌太守快的
任職時間在神爵元年至四年(前61—前58年)。①酒泉太守辛武賢在神爵元年
(前61年)下半年至次年上半年大致有一年的時間出任破羌將軍,神爵二年(前
60年)下半年又回到酒泉太守任上(或者在擔任破羌將軍期間,仍領酒泉太
守)。丞相魏相於地節三年(前67年)任丞相,死於神爵三年(前59年)。御史大
夫丙吉亦於地節三年上任,到神爵三年接魏相爲丞相。這四個人以其所任官職
在簡文上相交之時祇在神爵元年至二年(前61—前60年),所以此簡内容所反映
史實正當此時。當時羌人反叛,朝廷調六萬兵馬派趙充國西進之際,酒泉太守辛
武賢和敦煌太守快亦在奉調之列。此簡的内容,當與此次平羌戰爭有關。或者
在此前,説明正爲此而屬兵秣馬;或者在此後,説明正在處理善後,醫治戰亂的創

----

　　① 張德芳:《兩漢時期的敦煌太守及其任職時間》,《簡牘學研究》第五輯,甘肅人民出版社,2014年,第
176頁。

傷。①

總之,當時的敦煌太守不僅負責駐防邊疆,而且遇到戰事還要領兵打仗,這在傳世史籍和出土漢簡中都可得到論證。至於到東漢中原與西域"三絶三通",敦煌太守直接出兵西域、處理西域事務的事例就更多了。②

二

敦煌太守在一些特定的時期,還對西域一些地區進行過直接管理。在東漢的情況已有王宗維、劉光華等先生發文論述過。③至於在西漢尤其是西域都護府建立(前60年)前,由敦煌太守直接管理伊循屯田,就是一個典型的例子。

元鳳四年(前77年),朝廷派平樂監傅介子刺殺樓蘭王,"乃立尉屠耆爲王,更名其國爲鄯善,爲刻印章,賜以宫女爲夫人,備車騎輜重,丞相將軍率百官送至橫門外,祖而遣之。王自請天子曰:'身在漢久,今歸,單弱,而前王有子在,恐爲所殺。國中有伊循城,其地肥美,願漢遣一將屯田積穀,令臣得依其威重。'於是漢遣司馬一人、吏士四十人,田伊循以填撫之。其後更置都尉。伊循官置始此矣"④。

伊循所處,是絲綢之路南道上的必經之地。所謂"自玉門、陽關出西域有兩道。從鄯善傍南山北,波河西行至莎車,爲南道"⑤。鄯善的伊循屯田,是漢朝繼侖臺、渠黎屯田以後的又一處重要戰略基地。所以由先期的司馬一人、吏士四十人發展到後來的都尉駐屯。鄯善國都扜泥城,一般認爲即今婼羌的乞爾其都克古城。那麽伊循屯田之處何在? 一般認爲在今婼羌東北60多千米的米蘭古城

---

① 前揭拙文認爲"此簡所言史實或者在神爵元年上半年,或者在神爵二年下半年。但神爵元年上半年羌事正熾,趙充國率兵進駐金城,作爲酒泉太守的辛武賢正上書朝廷同趙充國就對羌作戰問題一論高下,一個主張速戰速決,一個主張屯田積穀,似乎還來不及注意到一石糴麥因皮厚芒長而不足數的問題。所以此事的可能性當在神爵二年下半年。羌事結束後,面對對羌作戰中發現的一些弊端諸如糧食發放不足數等問題向朝廷提出了改善的建議"。

② 王宗維:《漢代河西與西域之間的相互關係》,《新疆社會科學》1985年第3期。劉光華:《論東漢敦煌在中原與西域關係中之重要地位》,《1983年全國敦煌學術討論會文集(文史遺書編)》,甘肅人民出版社,1987年,第27頁。

③ 同上。

④《漢書》,中華書局,1962年,第3878頁。

⑤《漢書》,中華書局,1962年,第3872頁。

周圍。尤其在今36團東南部二三千米處發現了古代的灌溉管道,由一條總幹渠、七條支渠、若干斗渠、毛渠組成的灌溉網絡①,就是漢代屯田留下的遺迹。持此觀點的學者較多,林梅村還親自做過考察并著有專文②。但是孟凡人《樓蘭新史》認爲,"LK古城似爲伊循故城"③。其地理座標在北緯40°5′37.18″,東經89°40′4.98″。于志勇則認爲LE古城可能是漢代的伊循城,其位置在北緯40°38′39.28″,東經90°7′0.65″。④魏堅認爲伊循屯田的第一階段即"司馬一人,吏士四十人"時期,所駐伊循城當在LK,後來發展到伊循都尉屯田時期,所駐地點當在LE古城。⑤王炳華《伊循故址新論》則仍然認爲西漢的伊循屯田區衹能在米蘭綠洲上。⑥看來這個問題還要繼續討論下去。

不管伊循城的具體地望在哪裏,不影響我們下面的論述,即伊循的屯田在相當一段時間内,行政上屬敦煌太守管理。

根據出土漢簡,學術界對此問題已有過研究并提出過精到的見解。⑦我們在這裏繼續補充一些相關材料并作一些分析。

簡二:

　　敦煌大守遣守屬馮充國上伊循城都尉□印綬御史　五鳳元年五月戊午朔戊寅受敦煌大守常樂丞□謂□□

　　以令爲駕二封軺傳　七月庚午食時□□　□　　　　□□□駕當舍傳舍如律令　　　　　　　　　　　　　　　　　　(I91DXT0309③:193)

① 馬雍:《從新疆歷史文物看漢代在西域的政治措施和經濟建設》,《文物》1975年第7期。陳戈:《新疆米蘭灌溉管道及相關的一些問題》,《考古與文物》1986年第3期。新疆自治區編:《新疆維吾爾自治區第三次全國文物普查成果集成·巴音郭楞蒙古自治州卷》,科學出版社,2011年。

② 林梅村:《1992年秋米蘭荒漠訪古記》,《中國達疆史地研究》1993年第2期。

③ 孟凡人:《樓蘭新史》,光明日報出版社,1990年,第110頁。

④ 于志勇:《西漢時期樓蘭"伊循城"地望考》,見《新疆文物》2010年第1期,第218—230頁。

⑤ 魏堅、任冠:《樓蘭LE古城建置考》,《文物》2016年第4期。

⑥ 王炳華:《伊循故址新論》,《西域文史》第7輯,科學出版社,2012年,221—233頁。

⑦ 李炳泉:《西漢西域伊循屯田考論》,《西域研究》2003年第2期。賈叢江:《西漢伊循職官考疑》,《西域研究》2008年第4期。

木牘，長23.3厘米，寬1.3厘米，紅柳。簡文分兩欄書寫，有三個部分。有些看不清楚的□尚可補釋。"敦煌大守常樂丞□"可補釋爲"敦煌大守常樂丞賢"。因爲"敦煌大守常樂丞賢"一起簽署的文件還見於另一元鳳元年的簡文中。"□□□駕當舍傳舍如律令"，按照一般過所文字的慣用語詞，可補釋爲"以令爲駕當舍傳舍如律令"。如此，全簡可如此句讀："敦煌大守遣守屬馮充國，上伊循城都尉□印綬。御史以令爲駕二封軺傳。五鳳元年五月戊午朔戊寅，敦煌大守常樂丞賢謂□□，以令爲駕，當舍傳舍如律令。七月庚午食時□□□。"簡中"五鳳元年五月戊午朔戊寅"，五月二十一日，公元前57年6月30日。"七月庚午"：七月丁巳朔，庚午爲十四日，8月21日。此簡內容是敦煌太守開具的一份過所文件的錄副，意思是派守屬馮充國將伊循都尉印綬上交朝廷，要求沿途各地按照規定給予乘車和住宿方面的接待。是年，匈奴中"五單于争立"，是否影響到了西域，不得而知。伊循屯田區發生了什麼事情，何以要把"伊循城都尉"的印綬上交朝廷亦無法考實。但是上交印綬的這件事情由敦煌太守來承擔，似乎不是偶然的。這跟當時伊循城都尉的隸屬關係有關，實際上是敦煌太守領屬伊循屯田的一個重要證據。

簡三：

七月乙丑敦煌大守千秋長史奉憙守部候修仁行丞事下當用者小府伊循

城都尉守部司=馬=官候移縣置廣校候郡庫承書從事下當用者如詔書/掾平

卒史敞府佐壽宗　　　　　　　　　　　　（V92DXT1312③:44）

此簡屬兩行，中間起脊，兩面坡形。長23.5厘米，寬1.3厘米，胡楊。字跡比較清晰，分兩行書寫，69字。簡文的時間，可從"敦煌大守千秋長史奉憙"的記載來追尋。根據懸泉漢簡的記載，敦煌太守千秋和長史奉憙搭班子的時間從甘露二年（前52年）到初元二年（前47年）差不多六年時間。而在這六年中，七月有"乙丑"的曆日一是甘露四年（前50年），一是黃龍元年（前49年），還有初元二年（前47年）。除了初元二年是新舊太守交替的時間外，此間所記"七月乙丑"，祗能在上述兩個年份。簡文内容是敦煌太守逐級下達皇帝詔書的例行公文。全文句讀應是:"七月乙丑,敦煌大守千秋、長史奉憙、守部候修仁行丞事:下當用者小府、伊循城都尉、守部司馬、司馬官候,移縣置、廣校候、郡庫:承書從事下,當用者如詔書。掾平、卒史敞、府佐壽宗。"從這份下發詔書的行文範圍看,伊循城都尉顯然在敦煌太守的管轄之内。

簡四:

史安世丞博德下郡縣官伊循城承書從事下當用者□□
令亡人命者盡知之期盡上赦者人數大守府罪別之□□□

(Ⅰ90DXT0110④:4)

兩行,上部斷殘。殘長16.9厘米,寬1.4厘米,上部殘缺6厘米左右,松木。這是一份朝廷赦令的下達文件。按照已見的文例和格式,它的完整形式應該是:"(某年某月某某某朔某某,敦煌太守某、長)史安世、丞博德下郡縣官、伊循城,承書從事下當用者,(書到)(白大扁書鄉亭市里高顯處)令亡人命者盡知之,期盡,上赦者人數。大守府罪別之(如詔書)。"意思是,敦煌郡所屬郡縣官署以及伊循城都尉,接到朝廷詔書後,要將赦令内容公布在鄉亭市里高顯處,讓那些身負命案而在逃的人都能知道。在一定期限内由太守府上報該赦免的罪犯(或者該赦免的罪犯名單已經下發太守府),按詔書要求辦理。

在這一詔書赦令的下達中,我們仍然可以看到,伊循城在敦煌太守的管轄中。

簡五:

伊循城都尉大倉上書☐   (Ⅱ90PXT0114④:349)

斷簡,殘長5.8厘米,寬0.9厘米,松木,存字9個。

簡六:

敦煌伊循都尉臣大倉上書一封☐

甘露四年六月庚子上　　☐　　　　　　　（Ⅱ90DXT0216③:111）

斷簡。殘長6.1厘米，寬1厘米，松木，存字22個。

簡七：

☐敦煌伊循都尉大倉謂過所縣☐

☐傳舍從者如律令☐　　　　　　　　　　　（Ⅰ90DXT0111②:73）

木牘，上下均殘，殘長7.8厘米，寬2厘米，松木，存字19個。

簡八：

☐伊循城都尉大倉謂過所縣☐

☐舍傳舍從者如律令☐　　　　　　　　　　（V92DXT1312③:6）

木簡，上下殘斷，殘長6.7厘米，寬1.2厘米，松木，存字19個。

上列簡五和簡八雖都殘斷，但都記録了伊循都尉大倉的相關活動。前兩簡是伊循都尉給朝廷上書途經敦煌懸泉置時留下的記録。後兩簡是伊循都尉爲其派往京師的人員開具的過所經過懸泉置時留下的記録。四枚斷簡發掘時分別出自不同的探方，不在一處。簡六有時間，"甘露四年六月庚子"，即農曆六月二十四日，公元前50年8月15日。上列四簡中有兩簡直接作"敦煌伊循都尉"，由此引發了學界的關注。李炳泉認爲"敦煌伊循都尉"具有敦煌所領部都尉和屬國都尉的雙重性質。而賈叢江認爲，"敦煌伊循都尉"屬敦煌太守領導下的部都尉，類似於其下屬的玉門都尉、陽關都尉之類。但不管怎麽説，他們意見的共同點就是，此時"敦煌伊循都尉"隸屬於敦煌太守。[①]

① 李炳泉：《西漢西域伊循屯田考論》，《西域研究》2003年第2期。賈叢江：《西漢伊循職官考疑》，《西域研究》2008年第4期。

我們引列上述簡文的目的在於進一步説明,當時的敦煌太守不僅要管理敦煌六縣的日常行政,領導玉門等四個都尉駐防南北六百多千米的漫長邊界,把守陽關、玉門關的邊關要地,還在相當一段時期裏管理伊循的駐軍和屯田。就其行政職責看,肩負的責任更爲重大,在當時的中西交通和絲綢之路上發揮的作用更特殊。

三

在經濟上,敦煌郡及敦煌太守承擔了來往於絲綢之路上各類人員的食宿交通等的接待。其中食物的供應,就是一筆重大開支,是經濟上對絲綢之路的特別貢獻。

睡虎地秦墓出土的《秦律十八種》和張家山漢簡的《二年律令》,都有《傳食律》一章。根據當時的規定,朝廷的官員使者巡行出使,沿途厩傳要根據其身份地位提供食宿接待,而接待消費由官府承擔。[1]敦煌郡有九座類似懸泉置的傳置機構,它不僅接待朝廷官員,更重要的是接待行進在絲綢之路上東來西往的各國使者。其中的《康居王使者册》中所記載的康居王使者、蘇薤王使者來京師路過酒泉時未得到認真接待而上告到朝廷的情況就是典型的例子。[2]根據懸泉置遺址出土的大量這方面的材料,没有發現過路的官員使節吃飯住宿用車後支付費用的記載。顯然,這筆巨大的開支由地方政府承擔。特別之處就在於,敦煌地處邊郡,凡西域、中亞、西亞、南亞來漢使者都要當外國使節來對待。儘管西域都護府設立後西域(今天山南北的新疆地區)的大片土地已毫無疑問地屬於漢朝領地,但西域都護府與内地郡縣是不同的兩種制度,猶如今天的特別行政區。西域各小國來漢,同樣受到較内地一般官員更隆重的接待。

從漢簡材料看,接待外國使者和朝廷出使西域(廣義的西域包括中亞、西亞和南亞地區)的官員,除了米、粟、麥等日常飯食外,還必須要有酒肉。而每飯提

---

① 趙岩:《論漢代邊地傳食的供給——以敦煌懸泉置漢簡爲考察中心》,《敦煌學輯刊》2009年第2期。
② 郝樹聲:《簡論敦煌懸泉漢簡〈康居王使者册〉及西漢與康居的關係》,《敦煌研究》2009年第1期。《漢簡中的大宛和康居》,《中原文化研究》2015年第2期。

供酒肉,這在當時的生活條件下,是一種特殊的禮遇。

簡九:

出錢九十,買肉十八斤。以食使者卜君所將外國從者九人,人再食。積

十八食, 食一斤　　　　　　　　　　　　　　　　（I90DXT0114③:8）

木簡,完整,長23.4厘米,寬0.7厘米,紅柳,存32字。此簡是敦煌懸泉置接

待外國客人時用錢買肉的賬目。出錢90買肉18斤,肉價是每斤5錢,但簡中未

説明肉類,是牛肉還是羊肉,不得而知。漢代的度量衡,每斤等於245克左右,約

今天市斤的半斤。

簡十:

出錢百廿,買肉廿斤,斤六錢。以食扜彌、龜慈王使者四人,積八食,食

二斤半斤　　　　　　　　　　　　　　　　　（Ⅱ90DXT0113②:39）

完整木簡,長23.8厘米,寬0.9厘米,紅柳,存字30個。出錢買肉招待扜彌王

和龜兹王使者的帳單。一共4個人,吃了2頓,每頓10斤。每人每頓兩斤半,約

等於610克。肉價是每斤6錢。

簡十一:

右出錢四百七十,買肉九十四斤。以食外國王使者、貴人從者卌四人,

人再食。　　　　　　　　　　　　　　　　　（Ⅱ90DXT0215③:26）

完整木簡,長23.5厘米,寬0.8厘米,紅柳,存字30個。亦爲懸泉置出錢買肉

招待外國客人的賬單。出錢470買肉94斤,肉價是每斤5錢。被招待的外國客

人44人,吃2頓,每人每頓吃260克左右,相當於今天的半斤左右。

簡十二:

出錢七十二,買肉十二斤。以食使者姚君所送□□☑

(Ⅱ90DXT0216③:82)

殘簡一枚,下部兩側已削去。殘長13.4厘米,寬0.8厘米,紅柳。能釋讀的字祇有18個。但仍可看到當時的肉價和買肉的用途。72錢買肉12斤,肉價是每斤6錢。被招待的姚君等人是送客者,也可能同時包括了被護送的外國客人。

簡十三:

出　米四升　酒半斗　以食烏孫貴姑代一食西

肉二斤　　　　　　　　　(Ⅱ90DXT0314②:355)

完整木簡,長23.4厘米,寬0.9厘米,紅柳,存字20個,分3欄書寫。句讀應是:"出米四升、肉二斤、酒半斗。以食烏孫貴姑代,一食,西。"字數雖少,但記録完整。一位烏孫的貴人,名叫姑代,出使中原後從京師回國了。路過敦煌懸泉置時,吃了一頓飯,消費米四升、肉二斤、酒半斗。簡文"貴"後奪一"人"字。

簡十四:

使者貴人百八十九人,用肉千八百七十二斤。　　A

且末人廿斤,少卌斤●凡少千二百七十三斤。　　B

(V92DXT1309④:25)

木牘,長22.9厘米,殘寬1.1厘米。兩面書寫,字迹清晰,但内容不完整。正面是"使者貴人百八十九人,用肉千八百七十二斤"每人用肉十斤左右。背面是"且末人,廿斤,少卌斤●凡少千二百七十三斤"。因爲左邊殘缺,文義不完整。但所招待的"使者貴人"很清楚,在漢簡中都指西域諸國客人。而且這次招待的人數規模較大,共189人。不管是累積的人次,還是單獨一次的人數,規模都不能算小。用肉 1872 斤,還少 1273 斤,用今天的公斤折算,前者是 458 公斤之多,後者是 312 公斤左右,這在當時的懸泉置是一組龐大的數字。

簡十五:

疎勒肉少四百廿七斤直千······　酒少十三石直······☑　　A

且末酒少一石直······　　　　　　　　　　　☑　　B

(V92DXT1813③:24)

木牘,殘長 17 厘米,寬 1 厘米,左邊殘缺,松木。下部字迹漫漶,兩面書寫。正面記疏勒肉少若干,酒少若干,需錢多少。背面記且末酒少若干,需錢多少。簡文是一種省略的記法,不是説疏勒、且末本身少多少酒、缺多少肉,而是説疏勒、且末等國的客人路過敦煌懸泉置時,還需籌辦多少酒肉。同上簡所記內容一樣。

簡十六:

用米石八斗四升

使者廿三人再食　　用肉百一十五斤

用酒四石六斗　　(V92DXT1309③:20)

木牘,完整,長 23.5 厘米,寬 1.3 厘米,紅柳。字迹清晰,兩欄書寫。第一欄一行 7 字;第二欄三行 20 字。二十三人吃兩頓飯,用米一石八斗四升,每人每頓四升;肉百一十五斤,每人每頓用肉二斤半,合今 612.5 克;用酒四石六斗,每人每頓一斗。

簡十七:

六人乘傳,當食酒肉。案厨毋見酒、牛羊肉、肉脯☐☐,唯廷調給。

(I91DXT0309③:187)

木簡,完整。長23.2厘米,寬0.9厘米,紅柳,存字24個,其中兩字□□未釋。按照當時的規定,"乘傳"是四馬駕的車,不同於一馬二馬所駕軺傳,所以"乘傳"者當有一定身份。另從"當食酒肉"看,很可能是接待外國使者。簡文説,厨中無現酒,牛羊肉及肉脯也需縣廷調給。

簡十八:

●使者校尉三人食用粺鐵乾粱飯雉兔牛羊肉魚以□所食爲故

(V92DXT1510②:1)

木簡,完整,長23.6厘米,寬0.9厘米,紅柳。存字25個,其中一字以□表示。此簡爲懸泉置招待過往西域官員的記録。使者校尉,是前往屯田渠黎的軍官。《漢書·西域傳》:"自貳師將軍伐大宛之後,西域震懼,多遣使來貢獻,漢使西域者益得職。於是自敦煌西至鹽澤,往往起亭,而輪臺、渠犁皆有田卒數百人,置使者校尉領護,以給使外國者。"①從此簡出土的層位看,該層共出紀年簡16枚,從神爵四年(前58年)到建始四年(前29年),前後30年時間,大部分在建昭年間。因此簡文時間應該在此段時間及其前後。至於"使者校尉三人"是東來還是西往,看不出來。使者校尉是朝廷派往西域的高級官員,比二千石。所以路過時的招待應有盡有,甚爲豐富。主食是"粺鐵乾粱飯"。"粺"是相對於糲米的一種精米。至於"鐵乾粱飯"是否與"粺"連讀,尚難判斷。"鐵乾"在懸泉漢簡中多次出現,有"白鐵乾粟""鐵乾若白糵飯""鐵乾粟""鐵乾米""鐵乾上米"等,似是一種加工更爲精細的米。肉類有雉、兔、牛、羊,還有魚。雉是野雞,可能是廣漠戈壁中一種重要的肉食來源。兔是野兔還是自養,不得而知,很可能也是野物。牛羊是當時主要的肉食種類。魚是捕撈物。當時的敦煌和現在相比,散布着更廣闊的水域,捕魚是生活資料的來源之一。簡文中没有記載接待這些人的消費數量,但

①《漢書》,中華書局,1962年,第3973頁。

提供的品類則相當豐富。

簡十九：

都護丞以下卅一人	用秭米一石八斗六升直五百五十八
●冣吏士妻子私從者二百八人	用糒米十六石二斗一升直二千四百卅
凡二百卅九人=再食	用肉八斤直卅二
積四百七十八食	用果茹百六十一斤直七百九十八
	用醬五斗二升直二百一十
	用鹽二石三斗直百七十二

（Ⅱ90DXT0314②：362）

完整木牘，長23.5厘米，寬2厘米，紅柳，存字110個。一份招待西域都護下屬人員的總帳。頂端一個"最"字，下面分三欄書寫。第一欄四行，第二欄五行，第三欄一行。"最"是總計的意思。《史記·衛將軍驃騎列傳》："最大將軍青凡七出擊匈奴，斬捕首虜五萬餘級。"司馬貞《索隱》："最，謂凡計也。"秭米，當爲稗米。秭與稗，古通。《說文·米部》："稗，毇也。"段玉裁注："稗者，糲米一斛舂爲九斗也。"也就是說，簡中的"秭米"實際是一種比較精細的米。糒米，亦作糒米，比秭米較粗的一種米。果茹，當爲瓜果蔬菜。簡中都護丞以下吏士31人，妻子和私從者208人，總共239人，路過吃兩頓飯，用去秭米、糒米、肉類、蔬菜瓜果、醬、鹽等若干。這是內賓，沒有酒，祇用了八斤肉。但這筆消費仍不算小，共4200錢。

上述從簡九至簡十九，我們集中列舉了中外官員和使者路過懸泉置時爲其提供接待的特殊賬單，一本"酒肉賬"。朝廷的官員出使西域除上列簡十八、十九以外，最典型的還有《懸泉置元康五年正月過長羅侯費用簿》，簡文已有發表，并有多篇論文討論，原簡不再列舉。[①]但《長羅侯費用簿》中，列舉的食物種類仍然

---

① 張德芳：《〈長羅侯費用簿〉及長羅侯與烏孫關係考略》，《文物》2000年第9期。袁延勝：《也談〈過長羅侯費用薄〉的史實》，《敦煌研究》2003年第1期。初昉、初師賓：《懸泉漢簡拾遺（七）》，《出土文獻研究》第十五輯，中西書局，2016年。

是值得關注的,包括牛肉、羊肉、雞、魚、酒以及粟、庚(羹)、豉、醬、鞠(麴)等,主副食和酒肉多達十種以上。

兩漢絲綢之路的盛况是:"使者相望於道,一輩大者數百,少者百餘人。""漢率一歲中使者多者十餘,少者五六輩,遠者八九歲,近者數歲而反。"①外國商客來漢的情况是:"馳命走驛,不絶於時月。商胡販客,日款於塞下。"②如何接待好絲綢之路上的過往客人? 朝廷有規定,地方有義務。作爲邊關地區的敦煌郡則首當其衝,承擔了巨大的物質保障方面的責任。上面所列懸泉置的接待賬目,衹是懸泉置一個置的情况。而當時的敦煌郡有九個類似的接待機構,而每個接待機構的費用開支,都要由敦煌太守統一籌措,這就是我們要説的敦煌太守在物質保障方面爲絲綢之路所作的特殊貢獻。

總之,我們從軍事駐防、行政管理到物質保障等方面,論述了敦煌太守在絲綢之路保障方面的所起的特殊作用,旨在説明當時的絲綢之路,東到西安、洛陽,西到中亞、西亞、南亞和地中海沿岸,在經過的無數站點中,每個站點的作用,以及他們對絲綢之路的貢獻和絲綢之路對其自身的影響,是不一樣的,不平衡的。敦煌地區尤其特殊。儘管目前對"絲綢之路"的概念,言人人殊。對其内涵的寬嚴有不同的理解。本文所講的兩漢"絲綢之路",主要指漢朝與中亞、西亞、南亞和地中海沿岸一帶的經濟文化交流,以官方外交爲主,以朝貢貿易爲主。因而在這個過程中,絲綢之路沿綫的各個國家,其地位和作用是不一樣的。誰起主導作用,取決於誰在世界格局的整體實力。

(原載《絲綢之路研究》第 1 輯,2017 年)

---

①《漢書·張騫傳》,中華書局,1962年,第2694頁。
②《後漢書·西域傳》,中華書局,1965年,第2931頁。

敦煌漢簡：漢代絲綢之路暢通的歷史見證

馬智全

　　2000年前漢代絲綢之路開創時期,位於河西走廊西端的敦煌,在中西文明交流中發揮了重要作用。20世紀以來,敦煌漢塞及郵驛遺址先後出土的大量漢代簡牘,記録了華夏文明與西方文明傳播交流的生動歷史進程。

　　1907年和1914年,英籍匈牙利人斯坦因兩次來到敦煌漢塞,將盜掘的漢簡3000餘枚與莫高窟敦煌經卷一同劫掠而西,保存在今大英圖書館。羅振玉、王國維聞之扼腕歎息,奮筆數月著成《流沙墜簡》,喚醒了國人對漢代簡牘的珍視。1944年,向達、閻文儒在玉門關遺址發現漢簡48枚,現藏於臺北"中研院"史語所。

　　中華人民共和國成立後,敦煌地區屢出漢簡。1979年敦煌馬圈灣烽燧遺址出土漢簡1217枚,內容豐富。1990年至1992年,敦煌懸泉置遺址出土漢簡20000餘枚,這是目前國内外單一地點出土漢簡數量最多的一次,懸泉置遺址因而被列入世界文化遺產。在歷年文物調查工作中,敦煌漢塞陸續發現漢簡數百枚,也有重要的文獻價值。

　　從兩漢史籍和漢簡文獻來看,敦煌在漢代絲綢之路開拓階段具有重要地位。由於張騫鑿空西域,漢代對西方神奇的土地充滿了解的渴望。出於抵禦匈奴進攻的需要,漢朝實施了聯通西域的重大策略。霍去病出師河西,漢開河西四郡,在敦煌設立陽關、玉門關作爲出入西域的樞紐,中西文明交流的進程在敦煌留下了清晰的印迹。

漢與西域的暢通交流,是外交與軍事協同作用的結果。漢武帝派遣張騫通西域後,以西域絶遠,非人所樂往,於是"募吏民毋問所從來,爲具備人衆遣之"。漢朝使者經敦煌到達西域,由於路途遙遠,食糧不繼,往往受到西域諸國欺凌。太初二年(前103年),漢武帝派遣貳師將軍李廣利西伐大宛。初次出征,由於糧草準備不足,大軍到郁成而中道返回。漢武帝聞之大怒,派出使者遮玉門關,下詔説"軍有敢入者輒斬之",李廣利祇好駐師敦煌。次年,漢又徵發六萬多人,廣備糧草,李廣利復出敦煌一路向西,最終取得了征伐大宛的勝利,得天馬而歸。這一事件,充分反映出敦煌在西域開拓史上的重要地位。此後,無論長羅侯聯通烏孫、都護鄭吉屯田西域,還是匈奴日逐王歸漢、西域諸國入朝中原,敦煌出土漢簡文書都有反映。東漢時西域三通三絶,敦煌發揮的作用更加重要:西域副校尉一度設在敦煌,敦煌太守兼領西域——敦煌是漢代聯通西域的咽喉要地。

張騫開拓的絲綢之路,經過武、昭、宣以來數世經營,到西漢中後期,已經形成了使者商旅不絶於途的盛況,掀起了中西文明交流的第一個高潮。從華夏文明向西傳播的進程來看,隨着中原使者商賈經敦煌到達西域,中原文化開始面向西方傳播。首先,漢朝爲了解決使者食糧供應問題,先後在西域的輪臺、渠犂、車師、伊循、赤谷城開設屯田。隨着屯田規模的擴大,漢代農業技術在西域得到了廣泛傳播。特別是水利灌溉技術的實施,有效促進了西域的農田開發。其次,隨着中原使者、商賈出使西域,中原的手工業技術如冶煉、髹漆等技藝也傳到西域諸國,促進了西域社會文化的進步。再次,中原的傳統文化與禮儀制度也向西傳播,西域一些國家如龜兹嚮往中原文明,將中原禮儀制度實施於本國。不少國家派遣侍子、貴人到中原學習文教禮儀。漢朝在西域諸國設官分職,也是華夏文明向西傳播的標志。

從西方文明向東傳播的狀態來看,敦煌所處的地位更加重要。由於敦煌是西域進入漢朝的第一個郡治,因此它也是漢朝接受西方文化的要衝之地。從敦煌懸泉漢簡的記載來看,西域重要國家如西域北道的車師、孤胡、山國、危須、焉耆、烏壘、渠犁、龜茲、姑墨、温宿、烏孫、大宛,西域南道諸國如樓蘭(鄯善)、且末、小宛、精絕、扜彌、渠勒、于闐、皮山、莎車、蒲梨、疏勒,都有與漢朝往來的記載。而不屬西域都護的國家如中亞的康居、大月氏,西亞的烏弋山離,南亞的罽賓,以及史籍未載的祭越、折垣等國,也屢次派遣使者到中原出使貢獻。敦煌設有傳置機構,爲西域來漢的國王、貴人、使者提供飲食傳車住宿,懸泉置出土的漢簡對此有忠實記錄。如位於今烏茲別克斯坦費爾幹納盆地的大宛,經李廣利征伐之後,與漢朝保持着密切往來。懸泉漢簡記載元康年間朝廷發出傳書,派遣使者經敦煌去迎取天馬。漢成帝時,大宛使者又經敦煌到中原貢獻。位於今哈薩克南部的康居,是張騫出使西域官方接待的第一個國家,雖不屬都護管轄,但一直與漢朝保持着密切往來。宣、元時期,康居遣使貢獻。漢成帝時,又遣子入侍,顯示出與漢朝的重要關係。居於今阿姆河上游的大月氏,是張騫出使西域的目的國。雖然大月氏已據有大夏地而不願東歸,但是懸泉漢簡記載了大月氏使者多次到達中原的情況。特別是簡文記載的大月氏雙靡翖侯、休密翖侯派遣使者到達漢地,更是反映了大月氏占有大夏地後鬆散的統治。五翖侯可以自主和漢朝交往,是大夏政治形態的重要反映。處於西亞的烏弋山離,懸泉漢簡記載了敦煌傳置爲其使者提供傳車的情況。處於今喀什米爾地區的罽賓,懸泉漢簡記載了傳置機構出錢沽酒接待其使者的情況。綜上,中亞、西亞、南亞國家都有與漢朝交往的記載。從簡牘文書來看,這種中西之間的使團交往頗爲頻繁,規模不一,大的使團有數百人,一般的也有數十人,是漢代中西文明交流的主要形式。

伴隨着中西使者團體的往來,貢賜及商業貿易也促進了中西文化的交流。西域商賈常常以進貢爲名獲取漢朝的賞賜,所謂"欲通貨市買,以獻爲名"。懸泉漢簡記載了當時貢賜貿易的發達。如有七枚漢簡組成的康居王使者册,記載了元帝永光五年康居王使者到酒泉貢獻駱駝,使者自言他們數次奉獻,進入敦煌後都會受到當地郡縣的飲食接待,地方官吏與使者共同登記所獻駱駝的肥瘦價值。但是這一次待遇不公,不但得不到飲食,地方官員獨自評價貢物,而且將他們進獻的白駱駝説成了黃駱駝,把肥駱駝説成了瘦駱駝,爲此而上書朝廷。朝廷下文到敦煌郡縣置,要求查清當地接待康居使者的情況。這件文書生動地反映了中亞使者到漢地貢獻的真實狀況。使者争辯的駱駝黄白肥瘦,正是當時商貢貿易的典型體現。懸泉漢簡記載西方使者貢獻的物品有駱駝、獅子、良馬等物,是絲路貿易的重要内容。

　　敦煌漢簡記載的漢代絲綢之路上東西文明交流的盛況,與敦煌所處地理位置有密切關係。史書言西域地區"東則接漢,扼以玉門、陽關",敦煌兩關正是通往西域的必經之路。中原使者在此休整準備而踏上西行征途,西域貴人使團到此而得到食宿接待。漢代的敦煌,已經成爲絲綢之路上的"華戎所交一都會"。

　　(原載《光明日報》2017年2月16日)

郵驛交通

圖 4-1　郵驛交通

古代從長安到敦煌走多長時間

張德芳

　　絲綢之路東段，即從長安到敦煌，在選擇不同的行走路綫、利用不同的交通工具、面對不同的社會環境、肩負不同的出使使命的情況下，究竟需要多長時間？

　　通過考察漢簡材料、文獻記載和當事人的行程日記，得出一個初步認識：漢代的烽火邊警和軍情急報，通過沿途驛站的快馬飛報，八天時間，即可從敦煌上報到長安；正常情況下官員的出使，利用沿途驛站提供的車輛，從長安到敦煌，需要一個多月到兩個月。從漢唐到明清，在機動車輛未發明之前，兩千多年中始終一貫，幾乎沒有根本的變化。當然其中也有二十多天的個例，那是由於情況緊迫而日夜兼程的結果；行走在絲綢之路上的民間商團，由於受到政府的鼓勵并持有政府的節信，同樣受到沿途驛站的接待，從長安到敦煌的行走速度，大致可以參照出使官員的情況。前往西天求法的僧人，情況各異，他們要一路行走，一路弘法交游，往返一次，數年數十年都是正常情況。

　　一般在對絲綢之路的考察中，從長安到歐洲地中海沿岸以及南亞次大陸的路綫分爲東、中、西三段。從長安到敦煌爲東段，從兩關以西至蔥嶺（即帕米爾）即今新疆地區爲中段，蔥嶺以西爲西段。在過去的研究中，我們對行走路綫以及各個站點的空間位置比較關注，但對行進速度及往返周期等時間上的問題關注

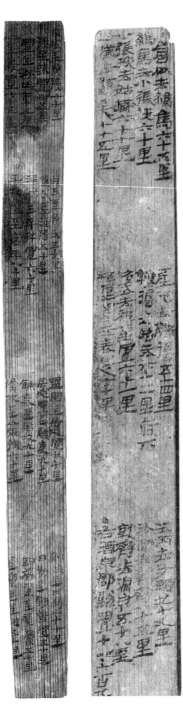

圖4-2 居延里程簡、懸泉里程簡

較少。從某地到某地需要多長時間諸如此類的問題,尚不十分清晰。本文根據出土漢簡和文獻記載,對漢唐到明清從長安到敦煌,在選擇不同的行走路綫、面對不同的社會環境、利用不同的交通工具以及肩負不同的出使使命的情況下,究竟需要多長時間,進行一些初步考察,供人們在對絲綢之路進行全方位思考時作以參考。

眾所周知,張騫通西域,從公元前138年出行到公元前126年返回,用了13年時間。但是這13年并不全在路上,而是在往返酒泉某地時,被匈奴所羈留,大部分時間是在匈奴度過的。緊接着,張騫第二次出使西域,霍去病遠征河西設四郡據兩關、李廣利遠征大宛(前104—前101年)、漢朝派使者校尉屯田渠犁、設立西域都護府(前60年)等,中原與西域的道路得以暢通。在這種情況下,長安到敦煌需要多長時間?

我們先舉軍情急報的例子。神爵元年(前61年),先零羌反,宣帝派趙充國率大軍出兵金城(郡治允吾,在今河口一帶)。當時朝廷議決的方略是先進剿依附先零但勢力比較弱小的罕、開二種(羌人種落),然後再集中力量平定先零。但是趙充國上書陳策,不同意這種方案。他認爲對罕、開可采取招撫,施以恩惠,瓦解先零與罕、開二種的盟約,起到孤立先零的作用,然後再集中力量平定先零。大軍出征,箭在弦上。兩種意見，截然相反。趙充國的上奏需要以最快的速度在最短的時間上奏皇上，由皇上作出裁奪。史書記載："六月戊申奏，七月甲寅璽書報從充國計焉。"這是我們看到的有準確記載的速度最快的奏報。公元前61年8月20日上奏，8月26日得到皇帝的璽書，前後7天時間。7天中，包括了上奏到達朝廷後，皇上召集公卿大臣廷議決策的時間，至少得1天。如此，6天時間，從金城到長安一個來回，3天一個單趟，700多千米，每天至少要行走240千米。馬不停蹄，日夜兼程，每小時10千米，6分鐘1千米。這在當時驛路暢通的情況下，每個驛站快馬飛報，才可實現。按此速度，長安到敦煌1800千米左右，如果是皇帝的緊急詔書和出征將領的軍情急務，至少需要七到八天時間。也就是説，河西邊郡包括敦煌在內，一旦有緊急情況，漢塞烽燧和沿途驛站，可在八天之內上報朝廷。

但上面的例子，祇有在烽火邊警，國家安全受到嚴重威脅時，才可啟動如此高效的運轉機制。至於正常的官員出使，那就是另一種速度。根據漢簡的記載，舉下面幾個不同的事例：

永光五年（前39年），一位叫李忠的官員丟失了一份重要公文。爲防止不法之人獲此以從事不法活動，朝廷向全國發通報懸賞，要求獲此公文者必須儘快上交官府，否則要嚴加懲處。這份通報從六月乙亥（7月23日）發出，七月庚申（9月6日）到敦煌，走了46天。再如，也是永光五年（前39年），有康居王使者一行前來漢朝貢獻通好，結果到酒泉後由於在評估貢物和接待方面的一些具體細節與地方官員發生了糾紛，結果康居使者將此事上告朝廷，朝廷派負責外交事務的官員到酒泉、敦煌沿途追查。該官員從是年六月癸酉（7月21日）從長安出發，至七月庚申（9月6日）到敦煌，途中用了47天。按照當時的行程要求，"率日行百里。"相當於今天41千米左右。從長安到敦煌，約1800千米，4300多漢里，一般需要40多天時間。上面兩例的速度基本與此吻合。

當然也有比此更快的情況。如甘露四年（前50年），朝廷派一位郎中名叫馬倉的人到敦煌來督辦開挖漕渠的事，他六月辛丑（8月16日）從長安出發，至七月癸亥（9月7日）到達懸泉置，走了23天，走得相當快。每天要走近80千米。當時，朝廷與烏孫（烏孫都城在赤谷城，今吉爾吉斯斯坦伊塞克湖附近）有事，準備發兵攻烏孫,穿渠治水是當時的軍情要務,可能需要加快速度。還有,建平三年(前3年),朝廷派了一位叫忠的人來敦煌出任玉門都尉。他從五月壬子(6月21日)從長安出發,六月丙戌(7月25日)到敦煌懸泉置,一共走了34天。玉門都尉,屬於駐邊軍官,上任履職,不能延誤,比正常速度提前了10天。

漢朝時從長安到敦煌的路綫,主要是沿今天312國道從西安到平涼後,沿六盤山東側西北行,進入景泰直插武威,不經過今天的蘭州。朝廷的官員出行,借助沿途驛站,乘驛站的傳車一站一站前進。像懸泉置這樣的驛站在敦煌郡就有9處之多,每處相距30千米。驛站除了有一定數量的驛馬專供傳遞公文信件外,還須有一定數量的傳車供來往使者和客人乘坐。如懸泉置,就有定額傳馬36匹,傳車10~15輛,工作人員40人左右。傳車要根據身份地位的不同分爲一馬二馬所駕的軺車和四馬所駕的乘傳。上述例子中的官員從長安到敦煌,都是乘坐像懸泉置這樣的驛站接待機構提供的車子行進的。

至於民間的商貿團隊,還没有準確的材料可資説明。《漢書》中有籠統的記載,説"初置酒泉郡,以通西北國。因益發使抵安息、奄蔡、犛軒、條支、身毒國。而天子好宛馬,使者相望於道,一輩大者數百,少者百餘人,所齎操,大放博望侯時。其後益習而衰少焉。漢率一歲中使者多者十餘,少者五六輩,遠者八九歲,近者數歲而反"。看得出來,這段文字中雖然説的是天子派出的使團,但實際上也就是當時政策鼓勵下經朝廷認可的民間商貿,出使的目的主要是經商貿易。他們"遠者八九歲,近者數歲而反"。材料太籠統,無法知道其具體行程和時日。

東晉時有一個叫法顯的和尚,他於399年前往印度取經,到412年才從海路回到青島。法顯西行,正當北方十六國紛爭,他從399年出發,由長安經乞伏乾歸的西秦(都金城,即今蘭州),然後夏坐,再到秃髮南凉(都城已由樂都遷西寧),過扁都口進張掖。當時張掖的後凉政權已被段業所取代,法顯在張掖夏坐後,又至李暠西凉政權控制下的敦煌。先後歷西秦、南凉、北凉、西凉四個割據政權。僅長安到敦煌就用了兩年時間。一百多年後,敦煌人宋雲,受北魏胡太后派遣往印度,求得一百七十部大乘佛經。其西行路綫大致從北魏首都洛陽出發,經陝西、甘肅,從河州渡河,經柴達木盆地,過若羌,沿昆侖山北麓越帕米爾、興都庫什山，經今阿富汗到巴基斯坦白沙瓦。從神龜元年(518年)年底到正光三年(522年)，來回四年多時間。

大唐高僧玄奘西天取經，貞觀元年(627年)八月從長安出發，經過四個多月的跋涉，至貞觀二年(628年)初才到高昌。根據《大慈恩寺三藏法師傳》的記載，他的行程是這樣："時有秦州僧孝達在京學《涅盤經》，功畢返鄉，遂與俱去。至秦州，停一宿，逢蘭州伴，又隨去蘭州。一宿，遇涼州人送官馬歸，又隨去至彼。停月餘日。時國政尚新，疆場未遠，禁約百姓不許出蕃。時李大亮爲涼州都督，既奉嚴敕，防禁特切。彼有慧威法師，河西之領袖，神悟聰哲，既重法師辭理，復聞求法之志，深生隨喜，密遣二弟子，一曰慧琳、二曰道整，竊送向西。自是不敢公出，乃晝伏夜行，遂至瓜州。"根據後人研究，玄奘在涼州停留月餘，在瓜州停留月餘。"從京師西北行三千三百里至瓜州"，以每日百里計，至少也須三十餘日。從瓜州到伊吾(今哈密)，路途極爲艱險，"惟望骨聚馬糞等漸進。四顧茫然，人鳥俱絕。夜則妖魑舉火，爛若繁星，晝則驚風擁沙，散如時雨"。曾四日五夜未見水。

五代後晉天福三年(938年)，于闐王李聖天派人到後晉都城開封奉獻，石敬瑭派臣下張匡鄴、高居誨前往于闐册封于闐王爲大寶于闐國王，從天福三年到天福七年(938—942年)，來回歷時四年。主要是從靈州(今銀川一帶)出發，經騰格里沙漠到民勤，再經涼州、甘州、肅州、沙州，進入于闐，沿途經過黨項、吐蕃、曹氏歸義軍以及敦煌以西的一些割據政權，一路關卡，通行受阻。

耶律楚材從成吉思汗遠征西域，從1218年到1224年，歷六年時間，遠達中亞的花剌子模(今烏茲別克斯坦)。長春真人邱處機於1219年受成吉思汗徵召西行，至1221年到阿富汗北部成吉思汗的帳前謁見，走了三年時間。不過，這兩位從今天的内蒙古地區經阿爾泰山往西行，未走河西走廊。

明初的陳誠曾多次出使西域，其中第二次出使帖木耳帝國首都哈烈(今阿富汗赫拉特)，有《西域行程記》和《西域番國志》傳世。當時，陳誠的使團從永樂十一年(1413年)由北京出發，至永樂十二年(1414年)正月到達酒泉，用了三個多月時間。《西域行程記》的記載是從永樂十二年正月十三(1414年2月3日)從陝西行都司肅州衛出發往西開始的，他們沿途經新疆伊犁，再經中亞撒馬爾汗，於閏九月初一（10月14日）到達目的地。從酒泉到阿富汗的赫拉特，一共走了254天。而這次出使的全程，從永樂十一年九月從北京出發至永樂十三年十月再回到北京，來回用了兩年時間。

清代往西域，尤其是新疆建省以後，交通正常化，一般的行程，從西安到敦煌需要兩個月左右。下面是四個具體例子。

一是嘉慶四年（1799年），著名西北史地學家洪亮吉獲罪斬立決。後免死發配伊犁。著有《伊犁日記》和《天山客話》。他從是年八月二十九（9月28日）出京，次年二月初十（1800年3月5日）到伊犁將軍府報到，一路走了161天。從北京經河北、山西到陝西。十月十一（11月8日）從西安出發，十二月十五（1800年1月9日）到敦煌柳園，行走63天。

二是咸豐年間，倭仁被任爲葉爾羌幫辦大臣。根據其《莎車行紀》的記載，他從咸豐元年正月二十（2月20日）從北京起程，七月初三（7月30日）到葉爾羌任所，也是走了161天。其中從西安到敦煌，從二月二十七（3月29日）到四月二十二（5月22日）走了54天。

三是林則徐鴉片戰爭後於1842年被發配伊犁。他的《荷戈紀程》是每天的行程日記。他從是年七月初六（8月11日）從西安動身，沿今312國道，經蘭州到敦煌，九月十六（10月19日）到柳園，走了70天。

四是浙江秀水人陶模於光緒十七年（1891）赴任，其子陶保廉一路陪同，并著有《辛卯侍行記》一書。九月十四（10月16日）從西安起程，十一月十二（12月12日）到柳園，走了58天。

值得注意的是，上述四例中的西進人物，都是當時的封疆大吏或學界名流，有著極高的社會地位和影響，不管前往赴任還是發配流放，一路都有門生故吏和沿途官員的應酬接待，自然要耽誤一些時間。

從上面所舉漢唐到明清的例子中，可以引出如下的看法。一、從漢唐到明清的兩千多年中，在人類還沒有發明機動車輛之前，從長安到敦煌的時間，需要一個半月到兩個月，兩千年中沒有根本的變化。因爲交通工具都是一如既往地乘坐馬車或騎乘駝、馬。二、在國力強盛而大一統的情況下，從中原到西域，必然的選擇就是河西走廊的寬闊大道，漢代、唐代和清代的大多數時間都是如此。而在民族紛爭、割據林立的情況下，祗能選擇人煙稀少的柴達木盆地或漠北之路。三、以法顯、宋雲、玄奘爲代表的出行僧人，他們一路行走還要一路弘法，交游僧眾，所以他們的出行沒有時間上的限制，一次出游，數年數十年都是正常的。四、當時的民間商團基本都持有朝廷的憑據和節信，受到政府的保護鼓勵，得到沿途傳舍驛站的接待，在域外的活動很大程度上也代表朝廷的意旨和對外方針，所以他們的出行速度，亦可參照官員使者的行進節奏。

（原載《甘肅日報》2016年9月20日）

肩水金關漢簡所見新莽改酒泉郡爲右平郡考^①

肖從禮

中西書局2016年出版的《肩水金關漢簡(伍)》中刊布有一條簡文,整理者釋讀如下:

(1)始建國天鳳元年十二月☒

戍卒市藥右平郡☒ (73EJF3:44)^②

此簡出自漢代肩水金關編號F3的房址内。簡爲木質,下部殘斷,兩行書,文字清楚,原整理者釋讀意見可從。

該簡年代明確,屬新莽時期,"始建國天鳳元年十二月"這一時間段爲公元14年12月11日到公元15年1月9日間。^③依文書格式,"十二月"後所殘缺的簡文應爲十二月朔日和具體某日,肩水塞某機構遣戍卒到右平郡市藥。"市藥"即到市場上購買中藥材。漢簡中可見居延邊塞各級機構派遣官吏到張掖郡、酒泉郡中市

---

① 本文係國家社科基金重大項目"懸泉漢簡整理與研究"(項目批准號:13&ZD086)子課題"懸泉漢簡與河西社會生活"的階段性成果。

② 甘肅簡牘博物館等編:《肩水金關漢簡》(伍)下册,中西書局,2016年,第6頁。

③ 本書曆日參徐錫祺著《西周(共和)至西漢曆譜》,北京科學技術出版社,1997年。

藥,如簡載"令史孫政爲官市藥酒泉郡中"(73EJT4H:10+61)①、"守吏□市藥張掖郡中"(73EJD:40A)②。此外,市藥地點還有可能遠至長安。如簡載"☒□常樂爲官市藥長"(73EJT26:126)③。此簡出自肩水金關,常樂爲人名,此官當爲某候官。據簡例,"市藥"之後一般是指某地某郡,未知此簡所記"長"是否即是"長安"之殘。

根據上引與市藥有關的簡例可知,"戍卒市藥右平郡"之"右平郡"當爲新莽時期之郡名,然"右平郡"在《漢書·地理志》中未見記載。《地理志》載有"右北平郡",漢初屬燕國,景帝后歸漢,置邊郡,新莽稱"北順"。④然右北平郡距張掖郡太過遙遠,市藥於右北平郡似無可能。結合西北漢簡中屬新莽時期簡文記載可推知,此簡中的"右平郡"亦當是新莽時改某郡之新名。

諸多證據表明,此右平郡應即新莽時所改西漢時的酒泉郡。下面結合文獻和漢簡記載,略作論證。

《漢書·地理志》載:"酒泉郡,武帝太初元年開。莽曰輔平。"是知新莽時改酒泉郡爲輔平郡,這在漢簡中多有記載,如簡:

> (2)新始建國地皇上戊三年五月丙辰朔乙巳,裨將軍輔平居成尉伋、
> 丞　謂城倉、閒田、延水、甲溝、三十井、殄北,卒未得……付受相與校計,同
> 月出入,毋令繆,如律令。][甲溝　掾閎、兼史憲、書吏獲。
>
> (EPT65:23A/B)⑤

此簡出自甲渠候官。年代明確,爲"新始建國地皇上戊三年五月丙辰朔乙巳"。據徐錫祺《西周(共和)至西漢曆譜》,該年五月當丙戌朔,簡文誤書。乙巳爲五月二十日,公元22年6月8日。簡中所記載的"裨將軍""居成""閒田""甲溝"諸詞均是新莽時改稱。其中,裨將軍即屬令、屬長,職如都尉;居成,即居延;

---

① 《肩水金關漢簡》(伍)下册,中西書局,2016年,第46頁。
② 《肩水金關漢簡》(伍)下册,中西書局,2016年,第57頁。
③ 甘肅簡牘博物館等編:《肩水金關漢簡》(三)下册,中西書局,2013年,第57頁。
④ 王先謙《漢書補注》載:"高帝六年屬漢,仍屬燕國,景帝后以邊郡收。"中華書局,1983年,第815頁。
⑤ 張德芳、韓華:《居延新簡集釋》(六),甘肅文化出版社,2016年,第229頁。

閑田,官府名,或指居延縣;甲溝,即甲渠。同樣,輔平,即酒泉郡。據簡載"輔平居成尉"來看,新莽地皇三年前後,居延(居成)都尉府或曾一度從張掖郡脱離劃歸於酒泉郡(輔平郡)。

右平郡也是新莽時改酒泉郡之稱,可由漢簡證之。簡載:

(3)☑□昌自言願以令取傳爲家私使之酒泉右平郡……☑][☑尺齒五歲斛斛☑　　　　　　　　　　　　　(73EJF1:84A/B)①

此簡出自肩水金關。從簡正背面記載來看,與出入關傳文書相類,但簡的背面書有牛馬的尺寸和齒齡,且又連書有兩個"斛"字。推測此簡正面爲正式記錄,而背面則爲習字。簡的大致時代可由簡文中所記載的"斛"來推知。斛,即石,爲新莽時所習稱。漢簡所見,至新莽始建國元年起,表示容積單位的石、斛已同時混用,始建國天鳳元年至新莽末已多用斛稱量。據此可大致斷定此簡年代爲新莽始建國元年至新莽末期。此簡正面書"酒泉右平郡"則提示我們,右平郡即酒泉郡。之所以如此書,很可能是因爲新莽時改酒泉郡爲右平郡的通知剛下發至居延邊塞。鄉嗇夫在爲昌出具出入關證明文書時,爲了讓肩水金關關吏明白所書"右平郡"即酒泉郡之改稱,故特意加注了"酒泉"二字。新莽時期對一地之名多次改易的現象很普遍。如《漢書·王莽傳》載:"其後,歲復變更,一郡至五易名,而還復其故。吏民不能紀,每下詔書,輒繫其故名,曰:'制詔陳留大尹、太尉:其以益歲以南付新平。(注引蘇林曰:"陳留圉縣,莽改曰益歲。")新平,故淮陽。以雍丘以東付陳定。陳定,故梁郡。以封丘以東付治亭。治亭,故東郡。以陳留以西付祈隧。祈隧,故滎陽。陳留已無復有郡矣。大尹、太尉,皆詣行在所。'其號令變易,皆此類也。"由此亦可知,簡文中既稱右平又稱酒泉,其主要原因即在於此。

又,右平郡之"右"通"佑",義同輔,輔助,輔佑。《詩·大雅·大明》:"篤生武王,保右命爾。"《毛傳》:"右,助。"《書·周官》:"敬爾有官,亂爾有政,以佑乃辟。"《孔

---

① 甘肅簡牘博物館等編:《肩水金關漢簡》(肆)下册,中西書局,2015年,第146頁。

傳》:"言當敬治官政,以助汝君長。"《漢書·蕭何傳》:"高祖爲布衣時,數以吏事護高祖。高祖爲亭長,常佑之。"顏師古注:"佑,助也。"《書·蔡仲之命》:"皇天無親,惟德是輔。"《孔傳》:"天之於人無有親疏,惟有德者則輔佑之。"是知,"右(佑)平"義同"輔平"。

新莽時先後更改酒泉郡爲"右平"或"輔平"的做法并不奇怪。如漢簡所載,新莽時就曾先後改敦煌郡爲"敦德"和"文德"。王國維《流沙墜簡》:"'文德',地名,不見《漢志》,據上簡,文德有大尹,有長史,則爲邊郡矣。他簡舉西北邊郡,有文德、酒泉、張掖、武威、天水、隴西、西海、北地八郡,舉文德而無敦煌,故沙氏釋彼簡文德爲王莽所改敦煌郡之初名,以此簡證之,沙説是也。此簡稱文德爲始建國元年事,至地皇元年(20年)一簡則又稱敦德,與《漢志》合。然則《漢志》所載,乃其再改之名也。"①陳直《漢書新證》:"王莽在始建國元年改敦煌爲文德,繼又改文德爲敦德也。吳縣吳氏藏有敦德壓戍虎符,與志文同,其改文德,則志文未注。"②陳文豪《"文德"地名考實》則進一步認爲,"'文德'之名,係比附經義,師法孔子所云'故遠人不服,則修文德以來之'之意。'文德'之名的使用年限,爲始建國元年至天鳳三年,約有八年之久。至於又將'文德'改爲'敦德',鄙意係受對周邊民族的矛盾政策及天鳳三年對西域戰爭失敗的影響,使王莽改變主張,不再强調仁義禮樂政教來招撫西域諸國。因之,作爲通往西域門户的'文德'再度易名爲'敦德'"。③

新莽時改稱酒泉郡爲右平郡或輔平郡的大致時間亦可由敦煌郡名的相關記載進行推測,如簡載:

(4)厶移偏將軍文德尹乃戌部☒　　　　　　　　　(131)④

---

① 羅振玉、王國維:《流沙墜簡》卷二《屯戍叢殘考釋》,中華書局,1983年,第125頁。
② 陳直:《漢書新證》,天津人民出版社,1959年,第213—214頁。
③ 陳文豪:《"文德"地名考釋》,載甘肅省文物考古研究所、西北師範大學歷史系編《簡牘學研究》第2輯,甘肅人民出版社,1998年。
④ 張德芳:《敦煌馬圈漢簡集釋》,甘肅文化出版社,2012年,第407頁。

　　此簡爲新莽天鳳三年(16年)征伐西域時五威將王駿幕府上報文書檔案。據此簡可知,直到天鳳三年時尚稱文德,大概在天鳳四年(17)後,這批上報文書始多以敦德稱之。

　　(5)☑丁丑,尚書大夫武威男并下張掖、酒泉、文德、☐☐張掖屬國太尉,下當用者　　　　　　　　　　　　　　　　　　　　　　　　　　　(2053)①

　　此簡中"尚書大夫武威男并"即新莽時的趙并。據《漢書·王莽傳》中載,始建國三年(11年),"遣尚書大夫趙并使勞北邊,還言五原北假膏壤殖穀,异時常置田官。乃以并爲田禾將軍,發戍卒屯田北假,以助軍糧。"簡文所記當與趙并勞北邊之事有關。此簡中,張掖、酒泉、文德并記,似説明改稱敦煌爲文德的始建國三年時酒泉尚未改稱。從前引漢簡(73EJF3:44)知,至遲在始建國天鳳元年時已經稱酒泉郡爲右平郡。

　　漢簡所見稱酒泉郡爲輔平郡的具體時間爲前引漢簡(EPT65:23)中的"新始建國地皇上戊三年",這個時間點相對較晚。新莽再改右平郡爲輔平郡的時間很可能就在公元14—22年。

　　綜上所述,本文認爲,新莽時先改酒泉郡爲右平郡,後又改右平郡爲輔平郡。《地理志》所載新莽改酒泉郡名爲輔平郡是再改右平郡之名。至於前後兩次改稱的具體時間根據現有漢簡記載是難以確定的。陳文豪先生在文中所推測的新莽改文德爲敦德是在征伐西域失利後的改名。或許新莽時改右平郡爲輔平郡也是基於此。其改稱的大致時間是在天鳳三年後,其改名的背景亦和當時西域局勢惡化,征伐西域叛亂諸國的軍事行動失利有關係。當然這衹是一種推測,事實如何還需要更多的證據來論證。

　　(原載《簡牘學研究》第7輯,2018年)

————————

① 甘肅省文物考古研究所編:《敦煌漢簡》下册,中華書局,1991年,第299頁。

簡牘材料所見兩千年前敦煌地區大風與沙塵暴

朱建軍　　趙玉琴

　　傳世史籍中有兩千多年前我國西北地方出現"黄沙""雨塵"等的記載。《漢書·五行志》是這樣描述沙塵暴席捲西漢都城長安一帶的："大風從西北起,雲氣赤黄,四塞天下,終日夜,下着地者黄土塵也。"漢成帝建始元年,出現了异常天象,《漢書·成帝紀》記載:"夏四月,黄霧四塞。"現在看來,當時的這場"异象"其實就是强風夾帶大量沙塵,造成能見度極低的災難性沙塵暴天氣。文獻記載中沙塵暴天氣在3至5月最爲頻繁,尤以5月爲多。漢成帝年間發生的這次沙塵暴,體現了同樣的特徵。

　　收藏於甘肅簡牘博物館的簡牘材料中,也記録了當時河西地區遭遇沙塵暴的情況。從多枚館藏簡牘的記載中,兩千年前大風和沙塵襲卷河西地區的情景仿佛展現在我們面前。比如一枚簡記載,"送使渠犁校尉幕府掾遷,會大風,折傷蓋簹十五枚,御趙定傷"(Ⅱ90DXT0215④:36)。這枚簡出土於敦煌縣泉置遺址,記録了兩千年前敦煌的一次大風天氣。從記載可知,朝廷派遣的使者在出使途中正好碰上了大風,大風把車蓋刮折了,駕馭馬車的車夫趙定也受了傷。通過簡文我們可以想象當時狂風大作、漫天黄沙的情景。另一處記載,"二月中送使者黄君,遇逢大風,馬驚折死一匹"(Ⅱ90DXT0215④:71)。這枚同樣出土於敦煌縣

圖4-4 玉門關漢簡"除沙"簡(Ⅱ98DYT4:28)

泉置遺址的簡牘記録了農曆二月間敦煌的一次大風和沙塵。從記載可知,朝廷使者於途中遇上大風,馬匹受驚而死,可想當時大風沙塵的殺傷力之大。

"日不顯目兮黑雲多,月不可視兮風飛沙"。出土於敦煌長城烽燧腳下的漢簡,以詩歌的形式很直觀地向我們描繪了兩千年前黑雲壓城、黃沙漫漫、遮天蔽日、日月無光的沙塵暴景象。我們知道,沙塵暴天氣的形成有着諸多影響因素,尤其是氣候因素。在西北出土的簡牘中就有河西地區"地熱、多沙、冬大寒"的記載,這也是河西地區沙塵暴頻發的主要原因之一。甘肅簡牘博物館館藏簡牘中多次記載了河西地區的氣候情況。

"建昭二年九月庚申朔壬戌,敦煌長史淵以私印行太守事,丞敝敢告部都尉卒人、謂南塞三候縣郡倉,令曰敦煌、酒泉地勢寒不雨,蚤(早)殺民田,俗種穬麥皮芒厚以廩當食者,小石。"(Ⅱ0215③:469)這枚簡出土於敦煌懸泉置遺址。簡文是公元前37年敦煌郡府下發的文書,其中強調敦煌、酒泉氣候乾燥,冬季又寒冷,乾旱少雨,田地莊稼受旱嚴重。"懸泉地熱多風,塗立乾燥,毋其濕也。"(Ⅱ0211②:26)。其中也記載了兩千年前的敦煌懸泉地區酷熱乾燥的氣候特點。

隨着沙塵暴天氣愈發嚴重,政府必須派專人除沙,并且規模越來越大。從除沙人數到每天的除沙量,簡牘上的記載極爲詳細地展示了河西地區亦被沙塵暴困擾的情況:"二月廿三日乙巳卒十九人作簿。其一人削工,一人門府門,一人守庫,二人養傳馬,二人治外園,二人治内園。一人治席,一人治革,一人治葦篋,二人治府上清,五人除司馬丞舍屋上沙。"(Ⅱ98DYT4:28)"三月甲辰,卒十四人,其一人養,定作十三人。除沙三千七百七十石。率人除二百九十石。與此七萬六千五百六十石。"(EPT51:117)這枚居延甲渠候官遺址出土的簡牘是一份戍卒每天除沙的登記簿。從簡文記載可以看到,三月甲辰這天,官府派出14人,1人做飯,13人專門來除沙,共除沙3770石,平均每人除沙290石。儘管對此學界有不同解讀,但筆者認爲從中似乎可以看出除沙已屬常態化工作,可窺漢代敦煌乃至河西地區沙塵天氣之頻繁。

此外,考古工作中也發現了沙塵暴的痕迹。據敦煌懸泉置遺址發掘隊領隊何雙全研究員記載,懸泉置遺址發掘時,在劃分地層時發現,第一層與第二層之間、第二層與第三層之間,均有細沙層分布,并隔斷文化層之間的聯繫,推測爲大風沙暴所致。這兩層文化層爲王莽至西漢成帝時堆積,由此可以推斷公元前20年至公元20年間,曾有特大沙塵暴襲擊過懸泉置。

（原載《光明日報》2021年5月24日）

西北漢簡所見“鞇”及相關資料略考①

李　燕

在新刊布的《懸泉漢簡》(壹)②一書中有不少關於懸泉置車馬器的完殘登記簿。這些記載對於我們深入探究漢代驛置管理和車馬制度等提供了不可多得的材料。本文選取《懸泉漢簡》(壹)和其他西北漢簡中幾條與車馬器相關的語詞試加分析。不妥之處,尚祈方家指正。

(1)十一月餘因八,其二黄韋,六白韋,四幣,二完

(Ⅰ90DXT0109③:5)

(2)□□車茵五故完　　　　　　　(Ⅰ90DXT0109S:265)

(3)□吏徒失亡器物名　□□□□亡□一　佐楊博亡緹履苓戀各一直百八十　奴周生便亡鞇鞁　韋杠衣各一直千二百 (Ⅰ90DXT0110①:14)

以上三簡均出自敦煌懸泉置遺址,從三枚簡文記載推知屬懸泉置車馬器

---

① 本文係國家社科基金一般項目“地灣漢簡整理與研究”(18BZS014)的階段性成果。
② 甘肅簡牘博物館、甘肅省文物考古研究所、陝西師範大學人文社會科學高等研究院、清華大學出土文獻研究與保護中心編:《懸泉漢簡》(壹)下册,中西書局,2019年。

登記簿,三簡均爲木質。簡(1)上部爲一行書,下部爲兩行書。簡文内容是關於懸泉置車馬器完殘程度的登記簿。大意爲:"十一月剩餘八件因,其兩件爲黄韋;六件白韋,其中四件殘損,兩件完整"。簡(2)下部殘缺,一行書,文字不甚清晰,原釋文無誤。從殘存簡文推知爲懸泉置車馬器登記簿。"故完"是説器物"茵"雖故舊但完好。簡(3)自題名"吏、徒失亡器物名",簡中羅列了諸人失亡的器物名稱、數量及價值。其中提到奴僕周生便失亡鞠、靫和韋杠衣各一件,價值一千二百錢。

我們認爲,上引三簡中的"因""茵""鞠"字异而實一,即《説文》中提到的"車重席"。試析如下:

一、因、茵、鞠三詞音同義近

"因""茵""鞠"都屬影母真部,三字音近可通。《説文》:"因,就也。""茵,車重席。從艸,因聲。鞠,司馬相如説,茵從革。"[①]按,江永《群經補義》卷五:"因字,象茵褥之形,中象縫綫之文理。"[②]又朱駿聲《説文通訓定聲》:"因,囗、大俱非義。按即茵之古文。江説是也。"[③]江氏和朱氏二人認爲《説文》解"因"爲"就"非字之本義,"因"當爲象形字,象席紋理和褥之形。筆者認爲此説有一定道理。《説文》所謂"重席"當指層疊之席。如《左傳》襄公二十三年:"季氏飲大夫酒,臧紇爲客,既獻,臧孫命北面重席,新樽絜之。"楊伯峻注:"重席,二層席。古代席地坐,席之層次,依其位之高低。"[④]依此例推知,"車重席"即指車上的雙重席。

二、黄韋因、白韋因

據上文所述,懸泉置車馬器"因"("茵""鞠")爲車重席。又據簡文載"因"分"黄韋"和"白韋"兩種,本文認爲此簡中記録的"因"的材質爲韋皮,染以黄、白二色。韋皮是鞣後的軟皮,用作車上的席墊。在居延漢簡中也可見"黄韋茵"的例

① [清]段玉裁撰:《説文解字注》,中華書局,2013年,第280頁。
② 文津閣四庫全書(影印本),商務印書館,2008年。
③ [清]朱駿聲撰:《説文通訓定聲》,武漢市古籍書店影印,1983年,第833頁。
④ 楊伯峻:《春秋左傳注》,中華書局,1981年,第1079頁。

子,如下簡:

> (4)詔所名捕:平陵長雀里男子杜光字長孫,故南陽杜[衍]……皆坐役
> 使流亡屯户百卅三,擅置田監。爲人黑色、肥大、頭少髮、年可卅七八、長
> [七]尺四五寸。□□□楊伯……史□法不道。丞相、御史□、執金吾家屬
> 初亡時駕驪牡馬,乘闌輂車,黄韋茵、伏,白布蓋,騎驪牡馬。……所二千石
> 來捕。　　　　　　　　　　　　　　　　　　　　　　　　　(183.13)①

此簡出土於居延地灣遺址(即肩水候官,貝格曼編號A33),簡文有殘缺,但主要内容清楚,爲朝廷下發全國的詔所名捕文書,追捕的對像是南陽郡杜衍縣人杜光,他因私自收留流民屯墾而犯法。追捕詔書中對杜光逃亡時所乘闌輂車的描述是"黄韋茵、伏,白布蓋"。其中"白布蓋"指白布製作的車頂蓋;"黄韋茵、伏"應即"黄韋靷、靰"②,靷和靰皆爲黄色韋皮製成。

在曾侯乙墓出土的戰國簡中也可見相似的例子,如白于藍在《曾侯乙墓竹簡考釋(四篇)》中將"靭"釋爲"茵",即車重席。他認爲"茵是一種車上所使用的用皮革製造的坐蓐,與普通用竹、草編製而成的席有所不同"③。羅小華在《戰國簡册中的車馬器物及制度研究》一書中也提到"曾侯乙墓簡中的"靭"應該是用作車席"。④這與懸泉漢簡中寫作"因""茵""靭"的簡文不謀而合。⑤

---

① 居延漢簡整理小組:《居延漢簡》(貳),臺北"中央研究院"歷史語言研究所,2015年,第209頁。按,簡文"白布蓋"原釋文作"白□□",此據簡照補釋。

② 漢簡中習見"靷靰"并舉,如簡載"靷靰"(Ⅰ90DXT0110①:53)、"出靷靰各二"(Ⅰ90DXT0114①:70)。所謂"靰",按《釋名·釋車》:"伏也,在前,人所伏也";《急就篇》卷三"靷靰"條,顔師古注:"韋囊在車中,人所憑伏也,今謂之隱囊。"

③ 白于藍:《曾侯乙墓竹簡考釋(四篇)》,《中國文字》新三十期,藝文印書館,2004年,第202頁。

④ 羅小華:《戰國簡册中的車馬器物及制度研究》,武漢大學出版社,2017年,第120頁。

⑤ 按,關於楚簡中的"因"的具體所指,學者尚有不同意見,如田河在《出土戰國簡册所記名物分類匯釋》(2007年吉林大學博士學位論文)一文中將"紫因之席"中的"因"讀"絪",訓爲"麻蒉",推測是"一張用紫麻製的車席"。可備一説。

三、重席（茵、鞇）材質推測

從出土文物和相關文獻記載可推知，重席（茵、鞇）的材質大致有四類：皮製、草編、竹編和絲綢。段注："《秦風》'文茵'，文，虎皮也。以虎皮爲茵也。葢亦《凡將》篇字。《廣雅·釋器》曰：'鞍鞿謂之鞇。'《釋名》曰：'鞍鞿，車中重薦也。'"①按，段注所言的"文茵"即《詩·秦風·小戎》："文茵暢轂，駕我騏駵。"鄭玄箋："茵，車席也。"②據此知，茵作爲車廂上的墊褥，其製作的材料有如虎皮之類的韋革之皮。考慮到供人乘坐的車廂爲防顛簸，減少震動，故需在車廂底墊上以葦草編織的席薦。從出土文物還可知，漢代亦有以錦製的茵。按，孫機《載馳載驅——中國古代車馬文化》一書中記載："始皇陵銅車的車廂中有帶花紋的銅茵，似代表用絲織物作的車茵。湖北江陵鳳凰山8號西漢墓出土的遣策記有'豹首車綱'。豹首是一種錦的名稱，見於《急就篇》，則漢茵也有用錦縫製的。錦茵不便踐踏，所以它是供坐乘用的坐墊；同一批遣策中還記有'繡坐巾'，可證。而上述磨咀子西漢墓中的木車模型，車上左側爲御者，右側空着主人的位置，這裏的朱色墊子特別厚，所鋪的茵似不止一層，當即所謂'重茵'。"③此外，棗陽九連墩楚墓出土的木安車中發現有"人"字形篾條編織的車茵。④因爲古時車輿駕乘有嚴格的尊卑等級的規定，對車席也應該有一套制度。故車席分單席和復席，復席即在草編席上覆以韋皮，以供級別較高的官吏使者乘坐。如《韓詩外傳》卷六："齊君重鞇而坐，吾君單鞇而坐。"⑤即有重鞇和單鞇的區別。《急就篇》卷三"鞇靰"，顏師古注："鞇，車中所坐蓐也。"⑥又《玉篇·革部》："鞇，亦作茵，車中重席。"⑦正是因爲覆有韋革的席褥有草質和革質兩種材料，故人們將這類重席寫作"茵"或"鞇"。

---

① [清]段玉裁撰：《説文解字》，中華書局，2013年，第44頁。
② 《詩經》，《十三經注疏》，中華書局，1980年，第370頁。
③ 孫機：《載馳載驅——中國古代車馬文化》，上海古籍出版社，2016年，第44頁。
④ 王先福等：《湖北棗陽九連墩M2發掘簡報》，《江漢考古》2018年第6期。
⑤ 許維遹校釋：《韓詩外傳集釋》，中華書局，1980年，第225頁。
⑥ [漢]史游著，顏師古注，王應麟補注：《急就篇》，嶽麓書社，1989年，第226頁。
⑦ 宗福邦、陳世鐃等編：《故訓匯纂》，商務印書館，2003年，第2477頁。

綜上所述，本文所列簡文中的"因""茵""鞇"音義互通，均指《説文》中所言"車重席"。在先秦兩漢時期"車重席"的材質有皮製、草編、竹編和絲綢等。懸泉漢簡中記載的"黄韋因""白韋因（茵）"或指以皮革覆面的車墊褥。此外，西北漢簡對"鞇"的材質、色彩以及價值都有詳細而明確的記載，這進一步彌補了傳世文獻記載的不足，豐富了我們對漢代車輿制度的認識。

（原載《都市生活》2021 年 9 月）

懸泉漢簡中"亶"含義略考①

——以漢簡所見與"亶"相關車馬器詞語爲主

伍楚嘉

在肩水金關漢簡、懸泉漢簡等簡文中多記載有"亶""亶帶""亶鞣"等詞。這些簡文多見載於與車馬器具相關的記錄中。關於這些與"亶"相關諸詞的具體含義,就已有的研究成果來看,學界還存有一些爭議。近年來隨着懸泉漢簡等簡牘資料的刊佈,爲我們進一步探究此問題提供了一些新的資料。茲不揣譾陋,擬在學界已有研究的基礎上,就此問題再略加補充,不妥之處,還祈方家指正。爲討論方便,茲按類別將相關簡文羅列如下,分別加以分析。

一、"亶"通"毡"

(1)出,護羌使者傳車一乘,黄銅五、羨一具,伏兔兩頭,梔兩頭,亶帶二幣,鞄、靴、韋土簿各一,故卓複蓋蒙完,蚕具毋金承,鞠勒二完,中靳,對各一

① 本文係甘肅省哲學社會科學規劃項目"《懸泉漢簡(壹)》綜合整理研究"(2021YB154)階段性研究成果。

完。傳三□，韋把杠二，有陽，鞅、韈各一，靮、鋦各二，于于少四，韋□一，赤鞮，皮各一，穿銅鐕一具。河平二年七月癸巳，縣泉徒趙齊付遮要佐趙忠。

（90DXT0110①:53）①

　　此簡出自敦煌懸泉置，除個別文字模糊難以釋讀外，餘皆可釋讀。該簡文屬於懸泉置傳車出入記録簿。從簡文記載知，該傳車於河平二年七月癸巳日（前27年8月7日）由懸泉置徒趙齊交付給遮要置佐趙忠，以供護羌使者乘用。此登記簿中詳細記録了傳車的器具完殘情況，共記録有黄銅、羨、伏兔、柅、宣帶、鞇、軨、韋土簿、故皁複蓋蒙、蚤具、勒勒、中靳、對、傳、韋把杠、有陽、鞅、韈、靮、鋦、于于、韋□、赤鞮、皮、穿銅鐕共25種車馬器具，其中即明確記載“宣帶二幣”，即傳車上有兩件已經破弊的宣帶。

　　本文認爲，此簡中的“宣帶”可讀作“氈帶”，爲以羊毛或其他動物毛撚搓而成的帶狀物品。宣，古音爲端紐元部，氈屬章紐元部，二字古音近可通。《説文·毛部》：“氈，撚毛也。”意即以動物毛搓撚而成之物稱之爲氈。②氈是羊毛或其他動物毛經濕、熱、壓力等作用，縮製而成的塊片狀材料，有良好的回彈、吸震、保溫等性能，可用作鋪墊及製作禦寒物品、鞋帽料等。如《周禮·天官·掌皮》：“共其毳毛爲氈，以待邦事。”北魏賈思勰《齊民要術·養羊》：“凡作氈，不須厚大，唯緊薄均調乃佳耳。”《梁書·江革傳》：“（謝朓）見革弊絮單席，而就學不倦，嗟歎久之，乃脱所著襦，”“手割半氈與革充臥具而去”。從文獻記載來看，氈主要用作墊席、簾子，或製成衣帽等。文獻中似未見將動物毛搓撚製成條帶形用作捆繫或牽拉之用的記載。但在實際生活存在以動物毛搓製而成的氈帶。③如上簡例可知，在西北漢簡中則有“宣（氈）帶”的記載。除上引簡例中出現在傳車簿中可證明屬於車馬器之屬外，由下列簡文亦可知“宣（氈）帶”爲車馬器。

---

　　① 胡平生、張德芳：《敦煌懸泉漢簡釋粹》，上海古籍出版社，2001，第172頁。

　　② 按，氈，亦作“氊”或“氈”，字異而義同。

　　③ “宣帶”是何用途，根據簡文，一説爲馬的胸帶，一説爲懸繫車鼓的長條形帶子。“宣帶”如何炮製，文獻資料不足，據高啟安教授言，西北地區有將毛搓製成帶狀繩子再編織成較寬帶子或將毛撚製成帶子的實例，作捆繫或牽拉之用。

　　(2)●所寄張千人舍器物記:胡狗一;小米庣一,取其蓋;大斤一;大庣
一;告從史孫長卿必之廣地行此書案如署。凡二封。長卿必責李長君錢及
長卿所賣澗上羊錢。長卿所持封五安左以侯屬長卿急責所受文君床主錢。
長卿必得□□封書。□長卿□自北之橐他。

(73EJT24:247A+73EJT24:268B)

　　葦延席一;六尺席一;弓一;□一;□五;篜二;白革騎勒一;大众閒八居
米庣中;復、參靳、亘帶各一,居米庣中;幣舍橐盛家室幣寫。短延席一;榆莢
二斗;櫼一　　　　　　　　　(73EJT24:268A+73EJT24:247B)①

　　此簡出自肩水金關遺址。該簡由學者綴合考訂而成②,屬松木,因殘斷故簡
文不全,正背面書寫。簡文屬記類文書,主要記録了一位名叫張千人的舍器物,
記載有胡狗、大斤、大庣、葦延席、羊錢、弓、榆莢、櫼等各類物品,分屬牲畜類、生
產工具類、盛具、居器等類。此外,該簡還記載篜、白革騎勒、復、參靳、亘帶等屬
於車馬器的物品。何茂活先生在《肩水金關漢簡《所寄張千人舍器物記》名物詞
語考釋 ——兼補胡永鵬《讀〈肩水金關漢簡(貳)〉札記》文意》一文中詳細討論過
此簡文中所涉及車馬器物的具體含義。③该文認爲,“復”通“鞴”,車軛裹以皮革,
意在保護駕車的牛馬的頸部,防止磨傷;“參靳”通“驂靳”,指驂馬胸帶;“亘帶”即
“亘(檀)輿之帶”。檀輿,即檀車,車輪多以質堅的檀木製成。帶,即“當膺”,亦即
馬拉車時橫在胸前的皮帶,亦和胸帶、大帶。亘帶與靳的區別大概在於:靳可指

---

　　① 該簡文引自何茂活文。詳參何茂活《肩水金關漢簡《所寄張千人舍器物記》名物詞語考釋——兼補
胡永鵬《讀〈肩水金關漢簡(貳)〉劄記》文意》,何茂活《河西漢簡考論——以肩水金關漢簡爲中心》,中西書
局,2021年,第54頁。按,此文原刊《魯東大學學報》(哲學社會科學版)2014年第6期。
　　② 按,此簡有胡永鵬、何茂活二位先生先後做過綴合考訂工作。詳參何茂活《肩水金關漢簡《所寄張千
人舍器物記》名物詞語考釋——兼補胡永鵬《讀〈肩水金關漢簡(貳)〉劄記》文意》,第52—53頁。
　　③ 詳參何茂活《肩水金關漢簡《所寄張千人舍器物記》名物詞語考釋——兼補胡永鵬〈讀《肩水金關漢
簡(貳)〉劄記》文意》(何茂活:《河西漢簡考論——以肩水金關漢簡爲中心》,中西書局,2021年)一文。下
文所引何先生該文觀點,不一一出注。

胸帶,亦可包括與之相連的套繩,而亶帶則僅指胸帶。①

　　本文認爲,何文將"亶帶"理解爲"亶(檀)輿之帶"似可商榷。由先將"亶帶"理解爲"亶(檀)輿之帶"似有增字爲釋之嫌。②以"檀輿"單稱作"亶"似未見傳世文獻和西北漢簡的例證。此外,該簡例中"亶帶"之"帶"爲"當膺"亦需更多文獻例證。綜此,此簡文中的"亶帶"仍讀作"氈帶"爲是。

　　對於"氈帶"的形制和用途,由於簡文記載過略,無法具體了解,下面還有一些簡文中記載有"氈帶"一詞,可以借此稍作探討。

　　(3)六月餘大將軍衡鼓車亶帶二完　　　　（Ⅰ90DXT0110①:34)③

　　此簡出自敦煌懸泉置。簡文屬懸泉置物資查驗登記簿。時間是六月。餘,即剩餘。大將軍衡,衡當爲人名,其官職爲大將軍。鼓車亶帶二完,即鼓車上的兩條亶帶完整。"鼓車亶帶"爲偏正結構詞語,"亶帶"一詞位於"鼓車"之後,意爲"鼓車的亶帶",可證明其爲鼓車上的配件或用具。此"亶帶"也應讀作"氈帶",專用於懸繫車上之鼓。此鼓車或爲一位名叫衡的大將軍出行所用的儀仗車。以"氈帶"固定車上之鼓的記載僅此一例,傳世文獻亦無相關記載,故對於漢代鼓車上的"氈帶"的具體形制和用法尚需更多文獻和考古材料來證實。

　　從前引例簡(1)中知,簡文中的"亶帶"與"鞇"(車上的坐墊)、"軏"(車上供人憑伏的靠墊)、與例簡(2)中的"復、參靳"并列出現,説明"亶帶"也爲車馬器,且并列器物的材質多爲皮質或織物。此外,還有一些簡文記載"亶帶",兹羅列如下:

　　(4)☑亶帶十☑　　　　　　　　　　（Ⅰ90DXT0109 S:156)④

---

① 何茂活《肩水金關漢簡〈所寄張千人舍器物記〉名物詞語考釋——兼補胡永鵬〈讀《肩水金關漢簡(貳)》劄記〉文意》,何茂活《河西漢簡考論——以肩水金關漢簡爲中心》,第56—60頁。

② 何茂活先生認爲:"亶帶"爲"亶(檀)輿之帶"。本文按,根據(1)~(10)簡例,"亶"若爲"亶(檀)輿"之意,不應大量與"帶"字并列出現,且"亶"後并未出現車輛相關字詞如"轝"輿"或"車"等,説明"亶帶"爲單獨的專有名詞,而"亶輿"中的"亶"應另當別論。

③ 甘肅簡牘博物館等編:《懸泉漢簡》(壹),中西書局,2019年,第363頁。

④ 甘肅簡牘博物館等編:《懸泉漢簡》(壹),中西書局,2019年,第37頁。

(5)亶帶六☑　　　　　　　　　　　　　　（Ⅱ90DXT0112③：130）①

(6)亶帶三幣　　　　　　　　　　　　　　（Ⅰ90DXT0110①:33）②

(7)郡庫以龍勒丞所治……杠衣二、亶帶二、皁韋伏一

（Ⅰ91DXT0309③：68）③

以上諸簡均出自敦煌懸泉置。由於簡多殘斷，簡文殘泐，對例(4)(5)(6)中記載的“亶帶”的具體含義并不能明確，但根據懸泉漢簡中的有關器物統計簿文例可推知，“亶帶十一”“亶帶六”“亶帶三幣”這類簡文也應屬於器物核查統計簿，“幣”讀“敝”，破爛、破舊之義，與“鼓車亶帶二完”之“完”均屬核查術語。由例簡(7)知，“亶帶”與“杠衣”“皁韋伏”等車馬器并列，皆從郡庫（注:當指敦煌郡）提供給敦煌郡龍勒縣丞使用等信息來看，上述諸例中的“亶帶”皆可讀作“氈帶”，皆屬車馬器。

二、“亶”通“檀”

(8)☑□敦煌☑，

☑故完可用☑。

☑乘，敝可用。

第四傳車一乘，敝可用。

第五傳車一乘，轝完，輪轅敝盡會福四折傷不可用☑，

第六傳車一乘，轝左軸折，輪轅敝盡不可用☑。

亶轝一，左軸折。

亶轝一，左軸折。

亶轝一，右軸折。

---

① 甘肅簡牘博物館等編：《懸泉漢簡》（貳），中西書局，2019年，第259頁。
② 甘肅簡牘博物館等編：《懸泉漢簡》（壹），中西書局，2019年，第57頁。
③ 甘肅簡牘博物館等編：《懸泉漢簡》（貳），中西書局，2019年，第60頁。

陽朔二年閏月壬申朔癸未縣泉置嗇夫尊敢言之謹移傳車、=[1]、亶擧簿

一編敢言之。　　　　　　　　　　　　　　（Ⅰ90DXT0208②:1—10）[2]

此簡出自敦煌懸泉置,字迹清晰,編繩猶存,存簡10枚,多殘斷,此册書學界習稱"陽朔二年傳車亶擧簿"。該文書爲懸泉置嗇夫尊呈報給上級部門文書,主要涉及懸泉置的傳車和亶擧的損壞情況統計。由此簡文來看,懸泉置"傳車"皆有編號,從第一到第六,册書殘存有"第四""第五""第六"等編號。關於此簡册中的"亶擧"一詞的具體含義,學界有不同意見。

《敦煌懸泉漢簡釋粹》注曰:亶,通氈,亶擧可能是以毛氈爲車篷和車厢内部裝飾的車子,可以保暖。[3]

何茂活《肩水金關漢簡〈所寄張千人舍器物記〉名物詞語考釋——兼補胡永鵬《讀〈肩水金關漢簡(貳)〉札記》文意》一文則認爲,"亶"非通"氈"而通"檀","亶擧"即"檀輿"。檀輿也稱檀車。役車、兵車之所以稱檀車,乃因檀木質堅,車輪多取以製之。[4]

揆之上述二説,本文同意何茂活先生的上述觀點。兹結合相關簡文,再略加陳述。如下列簡文:

(9)☐車一乘,亶擧二☐☐　　　　　　　（Ⅱ90DXT0112③:116)[5]

此簡出自敦煌懸泉置。簡上下端皆殘斷,文句不全。[6]末字"☐"簡上作"▨",左邊殘筆似"幣"字,又懸泉漢簡中多稱"輻車"或"傳車"爲"一乘",故不

① 按,《懸泉漢簡》(壹)釋文"傳車=亶擧簿"之"="簡上作""。是否爲"車"的重文號,或爲墨漬,非册書正文,需再考證。

② 甘肅簡牘博物館等編:《懸泉漢簡》(壹),中西書局,2019年,第295頁。

③ 胡平生、張德芳:《敦煌懸泉漢簡釋粹》,上海古籍出版社,2001年,第86—87頁,注[六]。

④ 何茂活:《肩水金關漢簡〈所寄張千人舍器物記〉名物詞語考釋——兼補胡永鵬《讀〈肩水金關漢簡(貳)〉劄記》文意》,何茂活《河西漢簡考論——以肩水金關漢簡爲中心》,中西書局,2021年,第59—60頁。

⑤ 《懸泉漢簡》(貳),第258頁。

⑥ 末字"☐"簡上作"▨",左邊殘筆似"幣"字筆畫。

排除此簡原爲"傳車一乘,亶舉二幣"。此簡中的"亶舉"或也可讀作"檀輿",即檀木材質的役車。承重之車多以檀木爲之,如役車,兵車等。《詩·小雅·杕杜》:"檀車幝幝,四牡痯痯。"鄭玄箋:"檀車,役車也。"《後漢書·劉陶傳》:"目不視鳴條之事,耳不聞檀車之聲。"李賢注:"檀車,兵車也。"由此可知,檀輿也稱作"檀車",未知懸泉漢簡是否有相關記載。

漢簡中相似用例有"亶輪",簡例如下:

(10)四乘,亶輪一具,輸郡庫,未得親車,今置簿餘見傳

(Ⅱ90DXT0112③：114)①

此簡出自敦煌懸泉置。簡完整,簡文似爲懸泉置關於傳車使用情況的上報文書。"四乘""見傳"諸語或與傳車有關。"具"爲核驗術語,此指"亶輪"完好無損。"亶輪"可讀作"檀輪",即以檀木製成的車輪。

綜上所述,根據"亶"在懸泉漢簡中的各例證可初步推知,首先漢簡中記載的大量"亶帶"應作爲一種車馬器物。本文認爲"亶"通"氈","亶帶"即"氈帶",爲以羊毛或其他動物毛撚搓而成的帶狀物品。其次,"亶舉""亶輪"屬於專有名詞,此二詞中"亶"通"檀",即檀木,"檀舉""檀輪"皆因以檀木爲原料製成車馬器而命名。以上論述說明在漢簡中"亶"字的會義因語境變化而不同。

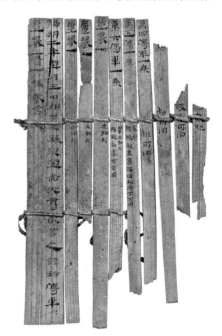

圖4-5 傳車簿

① 甘肅簡牘博物館等編:《懸泉漢簡》(貳),中西書局,2019年,第257頁。

漢鸞鳥縣與唐神鳥縣沿革考辨

蘇　陽

西漢武帝時開置武威、張掖、酒泉、敦煌四郡，後世稱之爲"河西四郡"。其中武威郡下轄十縣，鸞鳥即其中之一。關於漢代鸞鳥縣的位置，學界争論早已有之。[1]直到20世紀90年代初，考古工作者在甘肅酒泉市瓜州縣與敦煌市交界處發現了漢代懸泉置遺址，其中就就發掘出土了有關漢代河西地區驛置道里情況的里程簿，并由此進一步確定了漢代鸞鳥縣的位置。[2]然而遺憾的是前輩學者并未利用此結論，對漢代鸞鳥縣與唐代嘉麟縣、神鳥縣之間的沿革關係進行深入分析。基於此，本文將在前賢研究基礎之上，利用出土墓志與敦煌文書對史籍中鸞鳥縣相關記載進一步考證辨析，以圖厘清鸞鳥縣在唐代的沿革變遷。不足之處，

---

[1] 關於漢代鸞鳥縣治所在，概括而言史家共持三種説法：一是武威西北説，見《元和郡縣圖志》《舊唐書·地理志》《新唐書·地理志》《輿地廣記》《太平寰宇記》等，均采取唐嘉麟縣爲漢鸞鳥縣地，即在姑臧（今武威市涼州區）西北七十里處；二爲永昌西南説，發端於《讀史方輿紀要》，以鸞鳥城在永昌衛（今永昌縣）西南；三爲武威以南説，見《續漢書·郡國志》《後漢書·段熲傳》《大清一統志》等。此外，《中國歷史地圖集》《中國歷史地名大辭典》《中國古今地名大辭典》均認爲漢鸞鳥縣位於今武威市涼州区南。譚其驤：《中國歷史地圖集》（第二册），北京：中國地圖出版社1982年，第57—58頁。史爲樂：《中國歷史地名大辭典》，《中國社會科學出版社》，2005年，第2391頁。臧力禾：《中國古今地名大辭典》，上海書店出版社，2014年，第1410頁。

[2] 參見郝樹聲《敦煌懸泉里程簡地理考述》，《敦煌研究》2003年第3期，收入於張德芳、郝樹聲著《懸泉漢簡研究》，甘肅文化出版社，2009年，第113—116頁。李并成：《漢代河西走廊東段交通綫考》，《敦煌學輯刊》2011年第1期。

敬祈方家斧正。

一、漢鸞鳥縣沿革與唐代諸縣關係

關於漢代鸞鳥縣位於何處,《漢書·地理志》與《續漢書·郡國志》并未明確指出其地望,然檢閱史籍并不難發現鸞鳥縣在歷史中的蹤迹。漢安帝建光元年(121年),護羌校尉馬賢正是在鸞鳥縣招降西羌麻奴部。史載:

> (建光元年)秋,(麻奴)遂相結共脅將諸種步騎三千人寇湟中,攻金城諸縣。(馬)賢將先零種赴擊之,戰於牧苑,兵敗,死者四百餘人。麻奴等又敗武威、張掖郡兵於令居,因脅將先零、沈氏諸種四千餘户,緣山西走,寇武威。賢追到鸞鳥,招引之,諸種降者數千,麻奴南還湟中。[①]

根據史料中涉及的地名,不難復原麻奴進犯的路綫。其先由湟水中游地區進攻金城郡(治今蘭州市西)屬縣,接着在牧苑、令居(今永登縣西北)相繼戰勝馬賢部眾後,沿山(烏鞘嶺)[②]西行,兵鋒直指河西走廊的武威郡。隨後馬賢及時出兵追至鸞鳥,并招降其眾,使得麻奴祇能回到湟中。從這次戰爭經過來看,由於麻奴部尚未進入凉州城,僅出令居後緣烏鞘嶺而西行就爲馬賢所敗,故此可判斷鸞鳥縣位於今武威市以南、烏鞘嶺以北,且是通往凉州城的交通要道之處。無獨有偶的是,東漢桓帝永康元年(167年)時,段熲平叛西羌也正發生在鸞鳥縣。《後漢書·段熲傳》云:

> (段)熲復追擊於鸞鳥,大破之,殺其渠帥,斬首三千餘級,西羌於此弭定。李賢注曰:鳥音爵,縣名,屬武威郡,故城在今凉州昌松縣北也。[③]

---

① [宋]范曄:《後漢書》卷八十七《西羌傳》,中華書局,1965年,第2892頁。
② 按其行軍路綫來看,出令居緣山西行再北上可至今武威市,符合此形勢的祇有今烏鞘嶺,後文《晉書》中"洪池嶺"亦指烏鞘嶺。
③ [宋]范曄:《後漢書》卷六十五《段熲傳》,中華書局,1965年,第2148頁。此事亦見《後漢書》卷七《桓帝紀》:"永康元年春正月,先零羌寇三輔,中郎將張奂破平之。當煎羌寇武威,護羌校尉段熲追擊於鸞鳥,大破之。"

懸泉里程簡Ⅱ
90DXT0214①:130

從章懷太子李賢的注解可知鸞鳥縣故城在唐代昌松縣(今古浪縣)以北,其位置正與此前推測的位置相吻合,可互爲印證。除傳世史籍資料外,出土漢簡更爲有力的證明了上述推測的合理性。1990年發掘出土的敦煌懸泉里程簡,記録了從武威郡倉松到酒泉郡淵泉的14個地名和里程①,如下:

第一欄文字:"倉松去鸞鳥六十五里,鸞鳥去小張掖六十里,小張掖去姑臧六十七里,姑臧去顯美七十五里。"

第二欄文字:"氏池去觻得五十四里,觻得去昭武六十二里府下,昭武去祁連置六十一里,祁連置去表是七十里。"

第三欄文字:"玉門去沙頭九十九里,沙頭去乾齊八十五里,乾齊去淵泉五十八里,右酒泉郡縣置十一●六百九十四里。"

根據簡文中"倉松去鸞鳥六十五里,鸞鳥去小張掖六十里,小張掖去姑臧六十七里"的記載,李并成利用各縣置之間道里數據,進而確定了漢代鸞鳥縣的準確位置,即在今甘肅省武威市古浪縣小橋堡一帶②,則漢鸞鳥縣位於姑臧之南的説法是確鑿無疑的。

兩漢以後,歷經魏晋南北朝中原板蕩、政權頻繁更迭後,鸞鳥縣在史書中已難覓蹤迹,已爲統治者棄置不用。至唐宋時,地理總志普遍以"唐神烏縣"爲漢鸞鳥縣之所在。《元和郡縣圖志·隴右道》"神烏縣"條載:

神烏縣,上。舊郭下。本漢鸞鳥縣,張天錫改置武興縣,後廢。武德三年,又於城內置神烏縣,與姑臧分理,神烏理西,姑臧理東。貞觀元年廢,總

---

① 胡平生,張德芳:《敦煌懸泉漢簡釋粹》,上海古籍出版社,2001年,第57頁。
② 李并成:《漢代河西走廊東段交通路綫考》,《敦煌學輯刊》2011年第1期。

章元年又置也。①

《元和志》不僅記載了神烏縣爲漢鸞烏縣這個事實，還追溯到了前涼武興縣的設置。然而在檢閱《晉書·地理志》後，不難發現武興縣的設置與《元和志》記載并不相符。其云：

> 永寧中，張軌爲涼州刺史，鎮武威，上表請合秦雍流移人於姑臧西北，置武興郡，統武興、大城、烏支、襄武、晏然、新鄣、平狄、司監等縣。②

對比兩則史料不難發現，同爲唐代文獻的《元和志》與《晉書》對武興縣的認識存在一定出入。按照《晉書·地理志》的説法，武興郡乃前涼張軌時爲收納流民開置，而非《元和志》所謂張天錫時改置，此爲其一；其二，武興郡位於姑臧（今武威市涼州区）西北，武興縣爲其屬縣亦當如此。在《元和志》中，神烏縣是作爲涼州城附郭縣出現的，治所理應在姑臧城西。因此，嚴格來説神烏縣與武興縣位置并不相牟而存在一定差異，最關鍵的是無論武興縣還是神烏縣的位置，均與此前得出鸞烏縣在姑臧城南的説法相抵牾，這使筆者對《元和志》的記載產生了懷疑。

再看《舊唐書·地理志》中有關"神烏縣"的記載：

> 神烏，漢鸞烏縣，屬武威郡。後魏廢。總章元年，復於漢武威城置武威縣。神龍元年，改爲神烏。於漢鸞烏古城置嘉麟縣。③

結合《元和志》與《舊唐志》的内容，可以清楚地看到神烏縣在唐代的沿革變化過程：武德二年（619年）唐廷在戰勝盤踞涼州的李軌後④，武德三年（620年）始置神烏縣并作爲涼州附郭縣，治姑臧西城；至貞觀元年（627年），廢除神烏縣；總

---

① ［唐］李吉甫：《元和郡縣圖志》卷四十《隴右道下》，中華書局，1983年，第1020頁。
② ［唐］房玄齡：《晉書》卷十四《地理志上》，中華書局，1974年，第434頁。
③ ［後晉］劉昫：《舊唐書》卷四十《地理志下》，中華書局，1974年，第1640頁。
④ 參見《元和郡縣圖志》卷四十《隴右道下》涼州條序，第1018頁。

章元年(668年),又於漢武威城復置,并更名爲武威縣;神龍元年(705年)將武威縣更名爲神烏縣,但此時神烏縣經反復置廢,已不在漢鸞鳥縣位置,取而代之的則成爲嘉麟縣所在。這一變化過程也爲《唐會要》所證實,其曰:

> 神烏縣,證聖元年(694年),改爲武威縣。神龍元年(705年)二月,復爲神烏縣。……嘉麟縣,神龍二年(706年)三月二十五日置。景龍元年廢。先天二年(713年),復置。①

由是,既然已經分析得嘉麟縣所在即漢鸞鳥縣之地,再根據"嘉麟縣東南至州七十里"就得出了漢鸞鳥縣位於姑臧西北七十里處。儘管這一論證過程看似正確,也爲後代地理志所沿襲,但令人費解的是《元和志》中記載嘉麟縣"本漢宣威縣地",而非前文所推理的漢鸞鳥縣所在,因此這些説法都是存在疑問的。

關於漢宣威縣的位置,《水經注·禹貢山水澤地所在》載:

> 河水又與長泉水合,水出姑臧東揩次縣,王莽之播德也,西北曆黄沙阜,而東北流注馬城河。又東北逕宣威縣故城南,又東北逕平澤、晏然二亭東,又東北逕武威縣故城東。②

按《水經注》的記載可以確定漢宣威故城位於姑臧以東、馬城河(今石羊河)北岸的位置,而新置在漢武威縣故城的神烏縣在馬城河的下游地區。也就是説,史料記載嘉麟縣確爲漢鸞鳥縣地,但實際上嘉麟縣所在之處與鸞鳥縣位置南轅北轍,不在同一位置。顯然,唐代史籍對涼州地區的認識已經產生了諸多錯誤,如何解釋嘉麟縣、神烏縣與鸞鳥縣的位置關係就顯得至關重要。

---

① [宋]王溥:《唐會要》卷七十一《州縣改置下》,上海古籍出版社,2006年,第1502頁。
② [北魏]酈道元著,陳橋驛校證:《水經注校證》,中華書局,2007年,第953頁。

二、神烏縣與鸞鳥縣位置考辨

揭上文,筆者根據史籍在考證漢鸞鳥縣在唐代的沿革過程時産生了諸多疑惑,關鍵就在於唐代史籍所載鸞鳥縣位置與鸞鳥縣實際沿革地望出現了偏差。因此,除傳世史籍的使用外,出土墓志與敦煌文書的利用將對地名考證有所幫助。

根據20世紀在武威市青嘴喇嘛灣吐谷渾王族墓葬遺址發掘情況來看,出土的九方唐代墓志墓主身份均爲吐谷渾王族成員,九方墓志分別爲:大周故西平公主墓志(弘化公主墓志)、青海國王慕容忠墓志、金城縣主墓志、代樂王慕容明墓志、輔國王慕容宣徹墓志、政樂王慕容宣昌墓志、燕王慕容曦光墓志、夫人李氏墓志、夫人武氏墓志。爲方便討論,筆者現將幾篇墓志銘按埋葬時間與埋葬地點繪製爲下表:

表1 武威市青嘴喇嘛灣唐代吐谷渾王族墓志銘

墓主姓名	埋葬時間	埋葬地點	墓志名稱
慕容忠	聖曆元年(698年)	葬於涼州城南之山崗	《大周故青海王墓志銘》
慕容忠	聖曆二年(699年)	葬於涼州南陽暉谷冶城之山崗	《大周故西平公主墓志》
慕容宣昌	神龍二年(706年)	葬於涼州神鳥縣天梯山野城里陽暉谷之原	《大唐故政樂王墓志銘》
慕容宣徹	景龍三年(709年)	奉於涼州神鳥縣界	《大周故輔國王慕容志》
慕容曦光	開元二十四年(736年)	遷窆於涼城南卅里神鳥縣陽暉谷之西原	《大唐故武氏墓志之銘》

注:上表墓志內容均摘録自夏鼐先生《武威唐代吐谷渾慕容氏墓志》、周偉洲先生《吐谷渾資料輯録》。[1]

由上表可知,唐代吐谷渾王族均埋葬在涼州陽暉谷中(即今武威市青嘴喇嘛灣)。根據墓志中記載的埋葬地點可以發現"神鳥縣"的存在。按,唐代文獻中均

---

[1] 夏鼐:《考古學論文集》,科學出版社,1961年,第95—115頁。周偉洲:《吐谷渾資料輯録》(增訂本),商務印書館,2017年,第62—75頁。

無神鳥縣的記載,與此相似的僅有"神烏縣"①;"烏""鳥"二字字形相近,在書寫和識讀過程中都有可能造成訛誤。既然作爲歷史地名出現的話,志文書寫自然對應的是史籍中的"神烏縣"。

結合上表墓志中記載的埋葬時間與埋葬地點可以看到:神龍二年(706年)以前的墓志中均未出現神烏縣而僅以陽暉谷來指代,但從神龍二年到開元二十四年(736年)間的幾方墓志均直接寫作"神烏縣"。聯繫上文中討論神烏縣的沿革來看,這條墓志的發現是很有意義的。根據《舊唐書·地理志》的記載"總章元年,復於漢武威城置武威縣。神龍元年,改爲神烏。"②與此對應的正是《大唐故政樂王墓志銘》中出現"神龍二年,葬於涼州神烏縣天梯山野城里陽暉谷之原"的記錄。與墓志發掘地點不同的是,史籍中神龍元年神烏縣本是由漢武威城所置武威縣改名而來,結合前文《水經注》的説法來看,神烏縣本該位於涼州城(姑臧)東馬城河(今石羊河)下游地區,這顯然與墓志銘中記載涼州城南神烏縣的位置相去甚遠。

除上述墓志的記載外,敦煌文書中有大量晚唐歸義軍時期涼州地區的史料可以作爲補充。如P.4640《住三窟禪師伯法門心贊》載:

> 禪伯,即談廣之仲父也。本自軒門,久隨旌旆。三秋狝獵,陪太保以南征。萬里橫戈,執刀鋋於瀚海。既平神烏,克復河湟。職業崇隆,以有懸車之至(志)。數年之後,師乃喟然歎曰:"樊籠人事,久累沉疴,徇日趨名,將無所益。"遂辭旌旆,南入湟(湟)源。舍俗出家,俄然落髮。期年受具體,仗錫西還。一至岩泉,永拋塵迹。③

這篇贊文主要記叙了名叫"法心"僧人生平概況。關於贊文的寫作時間,鄭炳林先生憑借序文中"陪太保以南征"的記載,斷定此乃指咸通十三年張議潮戰

---

① 筆者在對照《通典》《元和郡縣圖志》《舊唐書·地理志》《新唐書·地理志》,僅《舊唐書》中一處作"神烏縣",而中華書局在校勘時也將其改爲"神烏縣"。

② [後晋]劉昫:《舊唐書》卷四十《地理志下》,中華書局,1974年,第1640頁。

③ 鄭炳林、鄭怡楠輯釋:《敦煌碑銘贊輯釋》(增訂本),上海古籍出版社,2019年,第305頁。

死後唐朝"詔贈太保"之事,因而得出這篇贊文寫作於咸通十三年後。至於"既平神烏,克復河湟"則指咸通二年(861年)法心跟隨張議潮收復涼州、河湟的過程,神烏即唐代涼州神烏縣,此處以神烏借指涼州。

另有P.4640《大唐宗子隴西李氏再修功德記碑》載:

> 二十餘載,河右麾戈;拔幟抶囊,龍韜盡展。克復神烏,而一戎衣。殲勍寇於河蘭,馘獫戎於瀚海。加以隴頭霧卷,金河泯湍瀨之波;蒲海梟鯨,流沙弭列烽之患。[1]

這篇碑文回顧了歸義軍時期李明振的生平,又因此碑立於乾寧元年(894年)也被稱爲"乾寧碑"。碑文中明確記載了李明振跟隨張議潮東征西討,并在收復神烏的戰役中立下戰功一事。鄭炳林先生認爲碑文中神烏即涼州之神烏縣,并進一步指出唐代神烏縣與前涼神烏并非一地,前涼神烏在昌松(今古浪縣下古城一帶),唐代神烏即今之武威。[2]而碑文中的河蘭即指河湟地區和蘭州,瀚海指庭州,金河乃今酒泉北大河,蒲海即蒲昌海。"蒲海梟鯨"當指張議潮西同之役追擊吐蕃至石城鎮,是證張議潮兵鋒所及已達蘭州之廣武縣及河湟部分地區。[3]按上述行軍路綫看來,歸義軍是由北向南征討爲吐蕃占領的涼州及金城,在"克復神烏"後"殲勍寇於河蘭"就是最好的例證。

此外還有P.4640《沙州釋門索法律窟銘》云:

> (亡兄)次子押牙忠顗,勇冠三軍,射穿七札;助收六郡,毗贊司空;爲前矛之爪牙,作後殿之耳目。……許國之稱已彰,攻五涼而克獲。駐軍神烏,鎮守涼城;積祀累齡,長衝白刃;俄然枕疾,殂殞武威。[4]

---

[1] 鄭炳林、鄭怡楠輯釋:《敦煌碑銘贊輯釋》(增訂本),上海古籍出版社,2019年,第228頁。
[2] 鄭炳林、鄭怡楠輯釋:《敦煌碑銘贊輯釋》(增訂本),上海古籍出版社,2019年,第235頁。
[3] 鄭炳林:《晚唐五代歸義軍疆域演變研究》,《歷史地理》第十五輯,上海人民出版社,1999年,第56—75頁。
[4] 鄭炳林、鄭怡楠輯釋:《敦煌碑銘贊輯釋》(增訂本),上海古籍出版社,2019年,第294頁。

　　這篇窟銘主要記載了敦煌教團中的都法律索義辯的過往,除此之外,還記叙了其侄索忠顥在跟隨張議潮收復涼州後"駐軍神烏,鎮守涼城"的經歷。關於銘文完成的時間,石璋如先生判斷應在咸通八年至十一年(867—870年)之間。[①]榮新江先生又根據碑文内容研究認爲:銘文中出現的神烏即是唐代涼州所轄五縣之一,其位置在涼州城西舊郭,索忠顥等駐軍於此,控制涼州的西半部。[②]此外,李軍也曾指出這篇銘文反映了歸義軍收復涼州的一個過程,即歸義軍在收復涼州之役中先攻克了涼州西部的神烏縣,然後以此作爲跳板,最終收復涼州全境。[③]

　　上述所舉敦煌文書中的三個例證,學者均根據史籍將"神烏縣"定位在涼州舊郭、姑臧西城之處,然而前文中筆者已經詳細梳理了神烏縣在唐代的沿革變化,可知唐代神烏縣屢次改置易名,其名稱與地望皆處於相對動態的變化過程中。若按此理解,將會對復原歸義軍收復涼州的過程産生偏差。那麼收復涼州時神烏縣位於哪里呢?

　　根據《新唐書》的記載,咸通三年(862年)三月,歸義軍節度使張義潮克復涼州。[④]此時神烏縣已不再是唐初姑臧城西,而應位於唐代地理志所記載的漢武威城。事實上,不論吐谷渾墓志還是敦煌文書的記載,均以涼州城南爲神烏縣所在,這也就推翻了《舊唐書·地理志》與《新唐書·地理志》認爲改置後神烏縣位於漢武威城的説法。

　　除此之外,筆者認爲唐代對神烏縣的認識或許可以追溯至十六國前涼時期。與《後漢書》馬賢、段潁與西羌戰於鸞鳥相似,《晋書·張軌傳》中也有謝艾拒敵於"神鳥"[⑤]之事。《晋書·張軌傳》載:

---

①　石璋如:《敦煌千佛洞遺碑及其相關的石窟考》,《歷史語言研究所集刊》第34本上,1962年,第73—74頁。

②　榮新江:《歸義軍史研究——唐宋時代敦煌歷史考》,上海古籍出版社,1996年,第153頁。

③　李軍:《敦煌寫本〈歸義軍僧官書儀〉拼接綴合及相關問題研究》,《敦煌學輯刊》2006第3期。

④　[宋]歐陽修、宋祁:《新唐書》卷九《懿宗傳》,中華書局,1975年,第257頁。

⑤　關於"神鳥"還是"神烏"史籍記載各有不同,《十六國春秋》作"神烏",而《晋書》《太平御覽》《册府元龜》作"神鳥",儘管不知孰是孰非,但以上諸書對此次戰事記載無異,可以確定的是均指姑臧以南的區域。

麻秋又據枹罕,有眾十二萬,進屯河內,遣王擢略地晉興、廣武,越洪池嶺,至於曲柳,姑臧大震。重華議欲親出距之,……於是以(謝)艾爲使持節、都督征討諸軍事、行衛將軍,退爲軍正將軍,率步騎二萬距之。艾建牙旗,盟將士,有西北風吹旌旗東南指。退曰:"風爲號令,今能令旗指之,天所贊也,破之必矣。"軍次神烏,王擢與前鋒戰,敗,遁還河南。[①]

按上述記載,張重華時,後趙麻秋自占據枹罕後意圖北上,派遣王擢進一步北上晉興、廣武二郡後又翻越洪池嶺(即今烏鞘嶺)到達曲柳,欲圖凉都姑臧。正在此時,張重華以謝艾爲將軍組織禦敵,謝艾在神烏整頓軍隊并與王擢交戰,大敗王擢,王擢祇得向南返回到黃河以南地區。從此次雙方交戰過程可以大致推測"神烏"的位置,即在洪池嶺(今烏鞘嶺)以北、姑臧(今武威市凉州区)以南的廣大區域。這又與此前《後漢書》中段熲追擊當煎羌於"鸞鳥"的位置大致吻合,也較此前神烏縣位置處於同一區域,此或指代一處。

綜上所述,筆者以爲唐代地理志所謂"神烏縣,本漢鸞鳥縣"的説法是正確的。從漢末至唐後期,大量史籍文獻與考古資料顯示神烏縣位置較鸞鳥縣位置并未有大的遷移變化,至於唐代嘉麟縣的位置更是與鸞鳥縣相背離,因此筆者認爲唐代神烏縣地即漢鸞鳥縣所在。

三、結語

從研究方法來看,地名考證已不是單向度史料或方法簡單的描述性判斷所能滿足的,以地名沿革、方位、路綫走向、里程數等多項條件對地望進行約束,滿足的限制條件越多,可信度也就越高。本文根據傳世史料和出土文獻的記載,詳細考證了漢鸞鳥縣的沿革變化,認爲唐神烏縣地即爲漢鸞鳥縣所在,而非此前學者普遍認爲的嘉麟縣。由於魏晋南北朝處於社會動蕩、政權頻繁更迭的特殊時

---

① [唐]房玄齡:《晋書》卷八十六《張軌傳》,中華書局,1974年,第2243頁。

期,全國行政區劃的設置複雜多變,加之史料散佚而未能流傳,致使後世對鸞鳥縣地望認識産生了偏差。同時,神鳥縣在唐代屢次改置易名,影響了後世史籍的記載,造成了錯誤的延續。

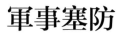
軍事塞防

圖5-1　軍事塞防

兩漢時期的敦煌太守及其任職時間[①]

張德芳

敦煌郡設置於武帝後元元年（前88年）。[②]其地理範圍，兩漢時期大體從東經93°到98°，東西400多千米；北緯38°到41°，南北300多千米。總面積10萬平方千米。當時所轄敦煌、龍勒、效穀、廣至、冥安、淵泉六縣，即今天的敦煌市、瓜州縣、玉門市所轄地境。

關於敦煌一名的由來，當出於《山海經·北山經》所記"敦薨"的音譯，乃早先活動於西域及敦煌的吐火羅一族的轉譯。[③]《漢書·地理志》注引應劭曰："敦，大也。煌，盛也。"後人多以此爲據，認爲"敦煌"乃廣大之意，實爲望文生義，不足爲憑。

早在置郡之前，"敦煌"一名就已見諸史書。除了烏孫、月氏俱在"祁連、敦煌

---

① 本文係2013年度國家社會科學基金重大項目"懸泉漢簡整理與研究"（批准號13&ZD086）的階段性成果。

② 河西四郡的設置年代由於《史記》《漢書》記載的歧异，引起後世學者多有爭論。至於敦煌郡的設置年代，《漢書·武帝紀》原文是：元鼎六年（前111年）"又遣浮沮將軍公孫賀出九原，匈河將軍趙破奴出令居，皆二千餘里，不見虜而還。乃分武威、酒泉地置張掖、敦煌郡，徙民以實之"。《地理志》的記載是："敦煌郡，武帝後元年分酒泉置。"後元年是公元前88年，前後相差24年。本書取劉光華主編《甘肅通史》的觀點，即酒泉、張掖二郡設置於武帝元鼎六年，敦煌郡設於武帝後元元年，武威郡設於昭帝元鳳元年至宣帝地節三年間（前80—前67年）。

③ 王宗維：《敦煌釋名——兼論中國吐火羅人》，《新疆社會科學》1987年第1期。

間"①的記載外,還有如《漢書·武帝紀》載,元鼎四年秋(前113年),"馬生渥洼水中。作《寶鼎》《天馬之歌》",顔師古注引李斐曰:"南陽新野有暴利長,當武帝時遭刑,屯田敦煌界,數於此水旁見羣野馬中有奇者,與凡馬異,來飲此水。利長先作土人,持勒群於水旁。後馬玩習,久之代土人持勒靽收得其馬,獻之。欲神異此馬,雲從水中出。"②《漢書·地理志》"效穀"條,顔師古注:"本漁澤障也。桑欽説孝武元封六年濟南崔不意爲魚澤尉,教力田,以勤效得穀,因立爲縣名。"還有太初元年到四年(前104—前101年),貳師將軍李廣利遠征大宛,都曾"起敦煌""出敦煌""至敦煌""留屯敦煌"等。

敦煌郡是河西四郡之一。"設四郡,據兩關",在漢朝經營西北邊疆,管理天山南北、開通絲綢之路等各方面都有重要意義。兩漢時期的敦煌太守作爲西北邊陲的最高行政長官,在維護漢朝的大一統江山、保障絲綢之路的暢通、促進中西經濟文化的交流、和睦周邊各民族團結、抵禦外來入侵等方面發揮了重大作用。但他們中的人和事,留存於以往史籍中者一鱗半爪,不足以勾勒出一個完整的面貌,這影響了我們對歷史的全面認識。本文依據出土漢簡的記載,爬梳排比,將宣帝以後至西漢末年包括新莽時期七十多年間歷任敦煌太守的人名及任職時間加以羅列,并將東漢時期敦煌太守的記載附之於後,供研究歷史和編寫地方史志參考。

郡的主要官員是太守、丞和長史。《漢書·百官公卿表》:"郡守,秦官,掌治其郡,秩二千石。有丞,邊郡又有長史,掌兵馬,秩皆六百石。"《續漢書·百官志》:"每郡置太守一人,二千石,丞一人。郡當邊戍者,丞爲長史。"敦煌郡的歷任太守,根據漢簡和文獻記載,可考者如下:

本始二年(前72年),敦煌太守登

□□□□三月丙戌朔丁□,敦煌大守登、候充國行丞事謂縣官

---

① 《漢書》卷六十一《張壽傳》,中華書局,1962年,第2691頁。
② 《漢書》卷六《武帝紀》,第184—185頁。相關記載也見《史記》卷二十四《樂書》及《史記集解》引"李斐曰"。

(I90DXT0209⑤:19)①

　　從太初改曆以後到西漢末年,"三月丙戌朔"者祇有本始二年、永光三年(前41年)、永始二年(前15年)三個年份。而"敦煌太守登"根據下簡有明確紀年者,其任職時間在本始年間,故此簡的時間祇能在本始二年。故知"太守登"在本始二年就已任職於敦煌。

本始三年(前71年),敦煌太守登

　　■本始三年二月辛巳朔癸巳,敦煌大守登行縣,謂淵泉縣:以次爲

　　[駕]②,當舍傳舍如律☐　　　　　　　　　　(V92DXT1412③:77)

　　此簡長19.4厘米、寬1厘米,檉柳,下部殘。存字31個,字體向右下傾斜,中間奪一"駕"字。内容爲敦煌太守行巡屬縣時提前下發給淵泉縣的文件而途經懸泉置所作的登記,時當本始三年二月十三日(前71年3月31日)。"太守登"是漢簡中記載的最早的有名可查的敦煌太守。

　　此外關於敦煌太守"登"的漢簡還有:

　　七月庚子,將屯敦煌大守登敢告部都尉卒人,謂縣官:戌卒起郡☐

(1368)

　　此簡1981年出自敦煌酥油土③,其中的"七月庚子"也應該在"敦煌太守登"

---

　　① 所引漢簡,有些祇是片段,不引全文。所引簡號:引自《敦煌漢簡》一書者,括號中直引阿拉伯數字;引自《居延漢簡甲乙編》的,兩組阿拉伯數字之間有一小點如(6.22),前者是當年發掘的包號,後者是同一包的流水號;引自《居延新簡》者,其格式如(EPT3:1),前兩個字母代表額濟納旗破城子;引自肩水金關漢簡者,其格式如(EJT1:1),前兩字母代表額濟納河流域肩水金關所出;引自懸泉漢簡者,其格式如(I90DXT0108②:1)。

　　② 原簡脱漏,能補出者用方括號"[ ]"標出。

　　③ 甘肅省文物考古研究所編:《敦煌漢簡》,中華書局,1991年。

任職的本始年間前後。①但是從上引三簡中大致可以看出,"敦煌太守登"的任職時間在宣帝初年的十幾年内,他是"敦煌太守快"的前任。

神爵元年(前61年),敦煌太守快

《漢書·趙充國傳》宣帝下詔給趙充國:"今詔破羌將軍武賢將兵六千一百人,敦煌太守快將二千人,長水校尉富昌、酒泉候奉世將婼、月氏兵四千人,亡慮萬二千人。齎三十日食,以七月二十二日擊罕羌,入鮮水北句廉上,去酒泉八百里,去將軍可千二百里。"②此詔發於神爵元年,快也是《漢書》中唯一記載的有名可查的敦煌太守。

神爵二年(前60—前59年),敦煌太守快

> 神爵二年三月丙午朔甲戌,敦煌大守快、長史布施、丞德謂縣、郡庫:大守行縣閱,傳車被具多敝,坐爲論□□□□□到,遣吏迎受,輸敝被具,郡庫相與校計,如律令。
>
> 掾堅來、守屬敝、給事令史廣意、佐富昌。 (I91DXT0309③:236)

漢簡中關於"敦煌太守快"的簡文較多,此簡爲最早具年者,時當神爵二年三月二十九日(前60年5月13日)。敦煌太守快向屬縣發一份文件,説太守要巡視各縣檢查傳車被具,各縣要做好迎接的準備并將損壞的車具送往郡庫校核。

> 御史中丞臣强、守侍御史少史臣忠昧死言:尚書奉御史大夫吉奏,●丞相相上酒泉大守武賢、敦煌大守快書言二事:其一事,武賢前書穬麥皮芒厚,以稟當食者,小石三石少不足。丞相請郡當食廩穬麥者,石加
>
> (I91DXT0309③:221)

---

① 查有關曆譜,"本始二年"前後比較相近的"七月庚子"有元鳳四年(前77年)、元鳳五年(前76年)、元鳳六年(前75年)、元平元年(前74年)、本始元年(前73年)、地節四年(前66年)、元康元年(前65年)、元康三年(前63年)、元康四年(前62年)。因頻率較高,從公元前77年到公元前62年這十六年的時間裏,無法確指究在何年。

② 《漢書》卷六十九《趙充國傳》,中華書局,1962年,第2980頁。

　　這是一枚中間起脊而兩面削成坡形的"兩行"。内容是酒泉太守辛武賢和敦煌太守快給朝廷的上書,計二事,其中一事是辛武賢的上書,言積麥皮厚芒長,按規定每人發放小石三石,但實際上數量不足,請求每石加發若干。①另一事顯然是敦煌太守快的上書,但文字未能容納於此簡,不知何事。兩太守的上書内容由丞相上奏,而丞相的奏摺又經御史大夫轉呈皇上。這是漢朝的制度。至於留在了懸泉置遺址的此簡性質,當是皇帝的恩准詔書,其中復述了兩太守上奏的内容。辛武賢於神爵元年六月被任命爲破羌將軍,與敦煌太守快等人發兵配合後將軍趙充國對羌作戰,一年之後羌事結束,又於次年五月回到酒泉太守任上。簡文稱辛武賢爲"酒泉大守",故此簡所言史實或者在神爵元年上半年,或者在神爵二年下半年。但神爵元年上半年羌事正熾,趙充國率兵進駐金城,作爲酒泉太守的辛武賢正上書朝廷同趙充國就對羌作戰問題一論高下,一個主張速戰速決,一個主張屯田積穀,似乎還來不及注意到一石積麥因皮厚芒長而不足數的問題。所以此事的可能性當在神爵二年下半年。羌事結束後,面對對羌作戰中發現的一些弊端諸如糧食發放不足數等問題向朝廷提出了改善的建議。神爵三年丞相魏相死,丙吉在擔任御史大夫八年之後升任丞相,所以此簡的内容祇能在此之前。敦煌太守快與酒泉太守辛武賢并爲邊郡太守,但快在史書中僅有一見,而辛武賢則要出名得多。而且辛氏一門從此發迹,累世官宦,成爲臨洮望族。敦煌太守快祇是在漢簡中才有了較多的記載:

　　　　敦煌大守快使守屬充國送牢羌庌侯、羌侯琅何羌□君强藏,奉獻詣行
　　　在所,以令爲駕二乘傳。十一月辛未皆罷。人十二。神爵二年十一月癸
　　　卯朔……爲駕,當舍傳舍,從者如律令。　　　　　　　(I90DXT0210③:6)

---

　　① 積麥,今稱大麥,禾本科大麥屬的縮稱。按積皮有無分爲皮大麥和裸大麥,即穎果成熟時内外穎與籽粒黏合的爲皮大麥,分離的爲裸大麥。在西北地區和青藏高原稱青稞。我國古籍多有記載,但都語焉不詳。《説文·禾部》:"積,芒粟也。"《玉篇》云:"積,大麥也。"文獻中通稱大、小麥爲"牟"和"來"。甲骨文中已有麥、來、牟的記載。《詩經》有"貽我來牟"。根據野生大麥的分布及考古學資料,大麥的起源地有二:一是從小亞細亞經過美索不達米亞到伊朗高原的中東地區和從埃及、北非,到俄羅斯的北高加索等地區;二是中國的青海、西藏和四川的西部。此處積麥,當指皮大麥而非青稞。

這是神爵二年年底之事,十一月癸卯朔,辛未爲三十日(前59年1月5日)。此時羌事結束,歸義羌人十二人到京奉獻,一路由敦煌太守快派人護送并出具了上述文件。其中的"琅何羌"即《漢書》中所謂"狼何羌"。趙充國對策中稱:"狼何,小月氏種,在陽關西南。"①既然在陽關西南,由敦煌太守派人護送就順理成章。簡文印證了《漢書》的記載,并提供了上述細節。

神爵四年(前58年),敦煌太守快

> 神爵四年正月丙寅朔壬辰,敦煌大守快、庫丞何兼行丞事,告領縣泉里史光:寫移書到,驗問,審如倚相言,爲逐責,遣吏將禹詣府,毋留如律令。
> 掾舒國、卒史壽、書佐光、給事佐赦之。　　　　　(Ⅱ90DXT0215③:3)

這是敦煌太守快發給監領懸泉置史的一份文件,要求將有債務糾紛者送到官府。時在公元前58年3月22日。

> 神爵四年六月癸巳朔甲寅,敦煌大守快、庫丞何兼行丞事謂縣:廣至東魚澤亭長安世案縣置,見器少。前遣小府佐廣成將徒復作=□。
> 掾□國、守屬敞、廣利、助府佐慶。　　　　　(Ⅰ91DXT0309③:86)

這是公元前58年8月11日,敦煌太守快發的一份文件,説魚澤亭長安世曾檢查各縣置,發現各縣應配備的一些設施器具不夠數,又談到與此事有關的小府佐,等等。

> 神爵四年八月乙卯,敦煌大守快、長史布施、千人充行丞事,謂小府縣官案徒復作官奴婢各有數……
> 　　　　　　　　　　　　　　　　　　　　　　　(A)

---

① 《漢書》卷六十九《趙充國傳》,中華書局,1962年,第2973頁。

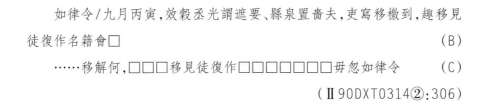

如律令/九月丙寅,效穀丞光謂遮要、縣泉置嗇夫,吏寫移檄到,趣移見

徒復作名籍會□　　　　　　　　　　　　　　　　　　（B）

……移解何,□□□移見徒復作□□□□□□□毋忽如律令　　（C）

（Ⅱ90DXT0314②:306）

這是一枚三棱觚,內容是效穀縣丞光給遮要、懸泉置嗇夫轉發的敦煌太守府下發的文件。前一部分是敦煌太守府的文件,由敦煌太守快等人聯名簽署,要求所屬各縣、小府等將復作徒和官奴婢的名單匯總上報,時間是神爵四年八月二十四日(前58年10月11日)。後一部分是效穀丞光的轉發內容,時在同年九月五日,相隔11天。

敦煌千人充以近次行大守事,□□□定上。神爵四年十月辛卯朔己酉,

敦煌千人充以近次行大守事□□。

大守快印綬小史以令為駕二封軺傳……者如律令……

（Ⅰ91DXT0309③:112）

這是一份千人充代敦煌太守所發文件,時在神爵四年十月十九日(前58年12月4日)。雖然不是"敦煌太守快"親自所發,但其中提到了太守快的印綬。或許此時的"敦煌太守快"臨時離署,下屬以公務緊急而發了這份文件;或許此時的敦煌太守快已經離任,新太守尚未到任視事。

五鳳元年(前57年),敦煌太守常樂

敦煌大守遣守屬馮充國,上伊循城都尉□印綬御史,以令為駕二封軺傳。七月庚午食時□□。五鳳元年五月戊午朔戊寅,受敦煌大守常樂、丞賢謂部□□□□駕,當舍傳舍如律令。　　　（Ⅰ91DXT0309③:193）

馮充國是七月庚午即十四日(前57年8月21日)路過懸泉置的,而此行的文

件早在五月戊寅即二十一日（6月30日）就由太守常樂等人簽發了。時隔八十多天，是否馮充國拿到文件以後先由敦煌去了伊循，再由伊循轉回東進，不得而知。伊循城，地在新疆若羌縣東北之米蘭。元鳳四年（前77年）傅介子刺殺樓蘭王，漢廷另立質漢的王弟尉屠耆爲新王，"更名其國爲都善，爲刻印章，賜以宫女爲夫人，備車騎輜重，丞相將軍率百官送至横門外，祖而遣之。王自請天子曰：身在漢久，今歸，單弱，而前王有子在，恐爲所殺。國中有伊循城，其地肥美，願漢遣一將屯田積穀，令臣得依其威重。'於是漢遣司馬一人、吏士四十人，田伊循以填撫之。其後更置都尉。伊循官置始此矣。"①從此以後伊循成爲漢朝在西域屯田的一處重要區域。黄文弼在土垠發現的漢簡以及敦煌懸泉漢簡中都有很多伊循屯田的記載。現在米蘭發現的古管道，當是當時及其後屯田的遺迹。根據後來考古工作者的調查和最近的第三次文物普查，古管道除南部被沙漠埋没者外還剩一段4000米左右的幹渠，幹渠北端分成支汊，有7條支渠和若干毛渠、斗渠。分汊之處的座標是東經88°57′20.3″，北緯39°12′51.1″，西北距新疆建設兵團三十六團團部6000米左右，至今仍是一片可以耕種的平衍沃野。②從元鳳四年到五鳳元年歷經二十年，不知此時發生了何種變故，何以要把伊循城都尉的印綬上交御史？但此事既由敦煌太守常樂辦理，説明敦煌太守在處理西域的關係上處於重要地位。

　　敦煌大守遣守屬唐宫明收蕉郡中。以令爲駕二封軺傳。五鳳元年六月
　　戊子朔甲寅，敦煌大守常樂、丞賢謂敦煌：以次爲駕，當舍傳舍如律令。六月
　　甲寅過東。　　　　　　　　　　　　　　　　　　　　（I91DXT0309③:252）

　　簡文是敦煌太守常樂派人收蕉的文件。蕉指薪柴。《列子·周穆王》："覆之以蕉。"張湛注"蕉與樵同。"時當五鳳元年六月二十七日（前57年8月5日）。

---

①《漢書》卷九十六上《西域傳上》，中華書局，1962年，第3878頁。
②《新疆維吾爾自治區第三次文物普查成果集成·巴音郭楞蒙古自治州卷》，科學出版社，2011年，第77頁。

五鳳二年（前56年），敦煌太守常樂

尉候千人令史王時

☐誠

五鳳二年九月庚辰朔壬辰，敦煌大守常樂、丞賢謂敦煌☐☐☐爲駕，承
書從事如律令　　　　　　　　　　　　　　　　　（87-89DXC:15）

這是一支簡上的兩欄殘文，下欄三行，我們將之連讀并加標點，可構成一個
文件的落款。五鳳二年九月壬辰是十三日（前56年11月6日）。

☐☐☐壬午，敦煌大守常樂、騎千人禹行長史事、倉長廣漢兼行丞事，
謂效穀廣至：寫☐☐書到，如護☐使者書，如律令。/掾德、守屬廣利、助府
佐廣意、富昌。　　　　　　　　　　　　　　（I91DXT0309③:88）

此簡没有具體紀年，但據下文可知敦煌太守常樂任期祇有兩年，所以當爲五
鳳元、二年之物。文件是一份例行公文，要求屬縣效穀、廣至等按照傳達的文件
辦理。

五鳳三年（前55年），敦煌太守步

☐夫田弘　五鳳三年十月甲辰朔癸酉，敦煌大守步、長史奉憙、丞賢謂
敦煌：以次爲駕，當舍傳舍，如律令。　　　　（I90DXT0114②:7）

此簡上部殘斷，但所釋簡文清晰。簡中十月甲辰朔癸西是十月三十日（前
55年12日12日）。由此可推測，“敦煌太守步”大概就任於五鳳三年。

四月乙丑，敦煌大守步、丞賢謂縣：寫移書到，白報，會五月廿日，如［丞］
相府書律令。

掾卒定、史當、書佐充。 （Ⅱ90DXT0215③:117）

據下文可知"敦煌太守步"任職從五鳳三年到甘露元年（前55—前53年），在此三年中，四月有"乙丑"者唯五鳳三年，故此簡是五鳳三年之物。四月丁未朔，乙丑爲十九日（前55年6月7日）。

五鳳四年（前54年），敦煌太守步

以請詔：擇天水郡傳馬付敦煌郡。移金城、武威、張掖、酒泉、敦煌二封。詔書擇天水郡置傳馬八十匹付敦煌郡置。□□縣次傳牽馬卒☒ （A）
得如律令。□七月丙子，敦煌大守步、長史奉憙、丞破胡謂縣泉：移檄到毋令使☒ （B）
遮要、縣泉置：寫移檄到，毋令使檄到不辦如律令。 （C）
（Ⅱ90DXT0112③:157）

此簡係三棱觚，長33厘米，徑1厘米，比一般的簡長10厘米。此觚含請詔的内容和朝廷的詔書，同下簡可以參讀。敦煌是邊郡要地，傳置馬匹病傷短缺，故從天水郡調馬八十匹以補敦煌郡所缺馬匹。文件逐級下達到了遮要置和懸泉置，説明從天水郡調來的馬匹已分別下撥到了各個傳置。五鳳三年、四年，七月都有"丙子"，然據上文五鳳三年十月敦煌郡丞尚是賢而非破胡，故此簡可能是五鳳四年之物。且下簡所記傳馬問題與此簡似相關，故此簡應與下簡是同一年之事。

五鳳四年十一月戊辰朔戊申，敦煌大守步、敦煌令延壽行丞事，謂效穀言：縣泉置傳馬三匹，其一匹騮、駮、牡，齒十八歲，高五尺六寸，錭病傷要。一匹驃、□、牡，齒十四歲，高五尺六寸。一匹騮、牡，病狂，醫治不能偷，日益篤。 （Ⅰ90DXT0116②:43）

此簡是敦煌太守下達效穀縣的文件，談到懸泉置傳馬的病傷情況。簡中的時間是"五鳳四年十一月戊辰朔戊申",是年十一月戊辰朔,不當有"戊申",可能是記載的筆誤,但不影響説明五鳳四年的敦煌太守仍然是"步"。

五鳳五年(即甘露元年,前53年),敦煌太守步

五鳳五年二月丁酉朔庚申,敦煌大守少、長史奉憙、庫丞捐之兼行丞事,謂過所置:龍勒左尉張義爲郡逐賊酒泉郡中,乘用馬二匹,當舍傳舍,從者如律令。卩七月乙卯一食東。　　　　　　　　　　　(Ⅵ92DXT1222②:2)

此簡是敦煌太守府爲龍勒左尉開具的證明。左尉的職責是治安管理,要去酒泉郡中捉拿嫌犯。簡中"五鳳五年"實當甘露元年,這類年號超長現象在漢簡中多見。[①]本簡文字清晰,釋讀準確,唯敦煌太守"少"疑爲"步"的訛誤。一則"步"和"少"下部相同,形近致誤;二則從五鳳三年到甘露元年任職的敦煌太守祇能是"步"而不是"少",下簡"甘露元年七月"簡可證。

敦煌大守丞破胡行縣塞蓬隧,以令爲駕一乘傳。

甘露元年七月甲午朔甲辰,敦煌大守步、長史奉憙、丞破胡謂敦煌:以次爲駕,當舍傳舍,如律令卩。七月戊申過,往來再食東。

(Ⅱ90DXT0113④:121)

簡中甘露元年七月甲辰爲十一日、戊申爲十五日分別爲前53年9月3日、9月7日。敦煌太守丞破胡要行巡邊塞烽燧,太守府出具文件令所屬各地按規定接待。從漢簡看,此是"敦煌太守步"任職的最後一年。

甘露二年(前52年),敦煌太守千秋

從甘露二年正月起,敦煌太守易人,"步"去職而由"千秋"繼任。敦煌太守千秋曾先後兩度任職。第一次從甘露二年到初元二年(前47年)上半年,計六年左

---

① 張德芳:《悬泉漢簡中若干紀年問題考證》,《簡牘學研究》第四辑,甘肅人民出版社,2004年。李學勤:《諭漢簡、錢範所見紀年超長現象》,《湖南大學學報》2005年第5期。

右。千秋去職後的三年多先後由"敦煌太守恭"和"敦煌太守衆"繼任。從永光元年到永光四年(前43—前40年),敦煌太守千秋二度出山,任職計四年時間。從漢簡材料看,"千秋"兩度擔任敦煌太守十年,是任職最長的敦煌太守。

> 甘露二年正月辛卯朔壬辰,敦煌大守千秋謂縣:遣守屬李衆逐事敦煌,當舍傳舍,從者如律令。 (Ⅱ90DXT0213③:25)

這是甘露二年正月壬辰初二日(前52年2月18日)敦煌太守府爲李衆開具的證明。簽發者就是剛上任的敦煌太守千秋。

> 甘露二年正月庚戌,敦煌大守千秋、庫令賀兼行丞事,敢告酒泉大守府卒人:安遠侯遣比胥楗罷軍候丞趙千秋上書,送康居王使者二人、貴人十人、從者六十四人。獻馬二匹、橐他十四。私馬九匹、驢卅一匹、橐他廿五匹、牛一。戊申入玉門關,已閱[名]籍、畜財、財物。[①]
> (Ⅱ90DXT0213③:6+T0214③:83)

此牘是敦煌太守發往酒泉太守府的一份重要公文。大致意思是:西域都護騎都尉安遠侯鄭吉派人送康居王使者一行前往京師,同行人員七十六人,所帶牲畜七十八頭。這些牲畜一部分是給朝廷的貢獻之物,一部分是爲上述人等的隨行所用。進入玉門關時敦煌郡已對人員、牲畜和所帶之物進行了入關檢查。現在他們要進入酒泉境内,請你們按規定做好接待工作。這是敦煌太守千秋剛一上任就遇到的外事接待。康居使者的過關時間是甘露二年正月戊申十八日(前52年3月6日),而這份文件的發出時間是正月庚戌二十日(3月8日),時隔兩天之後。

---

① 此牘背面還有文字,爲二月辛酉初二日(前52年3月19日)以後所記,内容是過往公文登記,同正面所記非同一事件。簡文是:"東書三封。其一封(安)遠侯上書,一封敦煌大守上書,一封玉門上書。甘露二年二月辛酉日出時,受遮要御郭令,報從御□□來行。"

甘露三年(前51年),敦煌太守千秋

甘露三年十一月辛巳朔乙巳,敦煌大守千秋、長史奉憙、丞破胡謂過所縣河津:遣助府佐楊永事,上甘露三年計最丞相御史府。乘用馬一匹,當舍傳舍,從者如律令。□月丙辰東。　　　　(Ⅱ90DXT0213②:139)

甘露三年年底,敦煌太守府按慣例派官員趕赴京師,把本郡本年度上計簿報送丞相御史府。本簡是敦煌太守開具的過所文件,要沿途各地給予所派人員吃住乘車的接待。甘露三年十一月乙巳爲二十五日(前51年12月23日),這是敦煌太守千秋在甘露三年履太守一職的記錄。

甘露四年(前50年),敦煌太守千秋

甘露四年六月丁丑朔丁丑,敦煌大守千秋、長史奉憙謂縣:遣助府佐敞罷卒郡中。以令爲駕……如律令。六月□□西。　　　　(V92DXT1410④:1)

簡文"罷卒郡中"前可能奪一"送"字,應該是"送罷卒郡中"。這也是一份太守府簽發的官員公務出差的通行證明。時當甘露四年六月初一日(前50年7月23日)。

甘露五年(即黃龍元年,前49年),敦煌太守千秋

敦煌大守使守屬呂輔趣軍食郡中,以令爲駕一封軺傳。甘露五年□□癸酉朔甲申,敦煌大守千秋、長史奉憙謂□□以次爲駕當舍傳舍如律令。二月丁亥東,丙申西。　　　　(V92DXT1412③:1)

甘露五年即黃龍元年,是年二月癸酉朔,所以簡面刮削的二字"□□"當爲二月,甲申爲二月十二日,丁亥爲二月十五日,丙申爲二月二十四日(分別爲前49年3月26日、3月29日、4月7日)。呂輔爲太守府守屬,受太守委託往敦煌郡所

屬各地催辦軍糧,3月39日東去,4月7日西還,都有詳細記録。這是敦煌太守千秋處理軍政事務的記録。

> 黃龍元年三月癸卯朔壬戌,敦煌大守千秋、長史奉憙謂過所河津關☒
> 肥市藥安定郡中,乘用馬二匹,當舍傳舍從者如律令。七月辛丑☒
>
> (Ⅱ90DXT0115③:346)

這是敦煌太守千秋派人到安定郡購買藥材而開具的通行證明。黃龍元年即甘露五年,此簡和前簡一樣,實際記述的都是敦煌太守千秋在同一年的活動。

黃龍二年(即初元元年,前48年),敦煌太守千秋

> 黃龍二年正月戊戌朔癸卯,敦煌大守千秋、長史奉憙、守部千人章行丞事,謂過所河津:遣廣至長唐充國送詔獄囚長安,乘用馬二匹,當舍傳舍,從者如律令。正月戊申東。
>
> (V92DXT1310③:213)

簡中黃龍二年即初元元年,正月戊戌朔癸卯爲夏曆正月初六日(前48年2月8H),簡文內容是敦煌太守派廣至長唐充國押送囚犯到長安,要沿途按規定接待的例行公文。

> 初元年閏月癸巳朔丙申,敦煌大守千秋、長史奉憙、丞破胡謂過所河津:遣淵泉亭長韓長逐命三輔、□□、上郡、西河郡,乘用馬二匹,當舍傳舍、郡,從者如律令。三月癸亥西。
>
> (Ⅱ90DXT0213②:140)

是年閏十月,丙申爲初四日(前48年11月28日)。這是敦煌太守派亭長韓長到内地各郡捉拿逃犯的證明。而此逃犯身有命案。韓長從初元元年閏十月初四日(11月28日)出發,147天後於次年三月癸亥(前47年4月24日)返回。

初元年十一月癸亥朔庚辰,敦煌大守千秋、守部千人章行長史事、丞破
胡謂過所河津:遣守卒史……上獄計最□□□,乘用馬二匹,當舍傳舍,從者
如律令。正月癸丑東。　　　　　　　　　　　　　　（Ⅱ90DXT0213③:114）

初元元年底敦煌太守派守卒史某人去長安報送獄囚的上計。通行文件於初
元元年十一月庚辰十八日(前48年12月11日)發出,而該守卒史正式出發已到
了次年正月。正月癸丑初二日(前47年2月23日)路過懸泉置。此簡與上引甘
露三年十一月簡一樣,記載的是郡太守派人赴京上計之事。祇是此簡說的是"上
獄計最",看來郡縣獄囚的多少,每年都要單獨上計。

初元二年(前47年),敦煌太守千秋、敦煌太守恭

初元二年正月壬戌朔丁卯,敦煌大守千秋謂縣:遣候丞□□□縣鄉中,
當舍傳舍,從者如律令。正月丁亥西。　　　　　（Ⅱ90DXT0213②:138）

此簡在"候丞□□□縣鄉中"的字面上濃墨重寫一"重"字,使"□□□"三字
無法釋讀。正月壬戌朔丁卯爲正月初六(2月27日),丁亥爲正月二十六日(3月
19日)。

初元二年四月庚寅朔乙未,敦煌大守千秋、長史奉熹、守部候修仁行丞
事,謂縣:遣司馬丞禹案事郡中,當舍傳舍,從者如律令。四月乙巳東。
　　　　　　　　　　　　　　　　　　　　　　（Ⅱ90DXT0213②:136）

四月乙未爲初六日(5月26日),乙巳十六日(6月5日)。

初元二年十一月丁巳朔甲戌,敦煌大守恭、守部候修仁行長□
呂安移簿使者凉州刺史治所,乘用馬二匹,當舍傳舍從者如□
　　　　　　　　　　　　　　　　　　　　　　（V92DXT1311③:37）

這是一支長15.3厘米、寬1.6厘米的木牘。牘上存字48個,清晰可辨,惜下部殘斷三分之一。甲戌爲十一月十八日(前47年12月31日)。從此簡可以看出,初元二年下半年,敦煌太守千秋在任職將近六年後卸任,繼任者是"敦煌太守恭"。

初元三年(前46年),敦煌太守恭

> 初元三年三月乙卯[朔]丙辰,敦煌大守恭、守部護(候)修仁[行]長史事,謂過所河津:遣卒史常光辟事太常,乘用馬二匹,當舍[傳舍],從者如律令。　　　　　　　　　　　(V92DXT1411②:59)

此簡"乙卯"後奪一"朔","修仁"後奪一"行","當舍"後奪"傳舍","守部候"訛爲"守部護"。但字迹清晰,所記史實無誤。這是敦煌太守派卒史常光前往太常府辦理某種法律糾紛的通行證件。時當前46年4月12日。

初元四年(前45年),敦煌太守恭

> 初元四年正月辛亥朔丙寅,敦煌大守恭……
> 當舍傳舍,從者如律令。　　　　　　　　　　　(V92DXT1510②:90)

此簡存字兩行,第一行下部漫漶不清,但上述釋文準確無誤,是"恭"在是年年初仍在敦煌太守任上的證據。

初元五年(前44年),敦煌太守衆

> 敦煌大守臣衆上書一封,初元五年七月乙亥……
> 　　　　　　　　　　　(V92DXT1311③):87)

敦煌太守衆的材料祇此一條,擔任太守的時間祇有一年。

永光元年(前43年),敦煌太守千秋

> 永光元年三月戊子,敦煌大守千秋☒
> 三人,關未敢内,今入處待報。
> 到各□□□□到令亡覺部界中 　　　　　　(V92DXT1411②:9)

此簡殘斷,而且模糊。殘長9厘米,寬1.5厘米,存殘文三段,但所記年月和人名是清楚的。可證永光元年,千秋在卸任敦煌太守三年多後二度出山,再任敦煌太守。

> 使大月氏副[使]者將軍史柏聖忠將大月氏雙靡翕侯使者烏若、山副使蘇賴皆奉獻言事詣行在所,以令爲駕一乘傳。
> 永光元年四月丁酉朔壬寅,敦煌大守千秋、長史章、倉長光兼行丞事,謂敦煌:以次爲循當[舍]傳舍如律令,四月丙午過東。
> 　　　　　　　　　　　　　　　　(V92DXT1210③:132)[①]

簡文是接待西域使者的内容,亦是是年敦煌太守千秋在太守任上的證明。

> 永光元年七月丁亥,敦煌大守千秋、長史章、倉長光行丞
> 　　　　　　　　　　　　　　　　(V92DXT1211③:24)

此簡完整,長23.3厘米,文字亦清晰,但文義不全,祇是一個文件的開頭,但有準確的人名、官名和時間。

———————————

① 此牘正常長度23厘米,寬1.8厘米。簡上兩欄三行字,墨色淺淡,字迹綿密。背面記初元二年事,與此當系不同的兩件事情。

永光二年(前42年),敦煌太守千秋

永光二年二月癸巳朔庚子,敦煌大守千秋、長史章、守部候修仁行丞事,謂縣:遣守屬張充辦軍食郡中,當舍傳舍,從者如律令。　(V92DXT1510②:84)

這是永光二年二月庚子初八日(前42年3月6日)敦煌太守派守屬張充往所屬各縣采辦軍糧的文件。

永光三年(前41年),敦煌太守千秋

……朔己未,敦煌大守千秋、守部候修仁行長史事、丞破胡謂☐
與守丞俱上永光三年計丞相府。乘用馬二匹,當舍傳舍,從者如律令。掾光、書佐順。二月甲☐　　　　　　　(Ⅱ90DXT0115③:205)

木牘,長19.7厘米,下部殘斷,原寬2.2厘米,右側殘缺,剩1.5厘米,存字兩行,右行只剩筆道,但所釋文字應準確無誤。同前引簡文一樣,是年底敦煌太守派人赴京上計的記録。時任敦煌太守千秋。

永光四年(前40年),敦煌太守千秋

永光四年七月己卯朔甲午,敦煌大守千秋、長史章、守部候修仁行丞☐
☐☐☐☐買馬補如牒,書到☐謹養食,毋令☐☐☐☐如律令。掾慶、佐
譚。　　　　　　　　　　　　　　(Ⅱ90DXT0215②:433)

本簡下部殘斷,殘長17.4厘米,寬1.6厘米。字體是規整漢隸,然蟲蝕嚴重,一些字已無法釋讀,但大體意思能讀懂。敦煌郡缺馬,太守府派人到民間買馬,并將所買得的馬匹認真餵養,不得掉膘減瘦。此亦敦煌太守千秋於永光四年(前40年)履職期間之事。"敦煌太守千秋"第二次任職從永光元年到永光四年,此年是最後一年。

永光五年（前39年），敦煌太守弘

永光五年三月甲辰朔癸酉,敦煌大守弘、長史章、守部候修仁行丞事,謂
縣:遣守許常有覆問郡中。　　　　　　　　　　　　（Ⅱ90DXT0115③:39）

三月癸酉爲夏曆三月三十日（前39年5月22日）。從是年開始,敦煌太守弘
接替了"敦煌太守千秋"的職務。

敦煌守長聖、守丞福

淵泉守長長、丞馴

效穀守長合宗、丞數

廣至守長光、遂事、守丞賞

冥安長遂昌、丞光

七月庚申,敦煌大守弘、長史章、守部候修仁行丞事,謂縣:寫移使者稱
縣置謹敬莊事,甚有意,毋以謁勞。書到,務稱毋解隨,如律令。/掾登、屬
建、書佐政。　　　　　　　　　　　　　　　（Ⅱ90DXT0216②:871-876）

這是一份敦煌各縣（除龍勒）縣長和縣丞的名單。六枚簡,書繩尚在,聯爲一
册,最後一枚由敦煌太守弘和其他郡府官員連署。這份簡册同另一個簡册編聯
在一起,從内容看是兩份文件,但從形式看是一份册書,總共十一簡。前一册第
一簡有明確紀年"永光五年",因此上引簡文中的"七月庚申"當爲永光五年七月
庚申。因此這也是敦煌太守弘任職於永光五年的明證。

建昭二年（前37年），敦煌太守强

建昭二年,太守强任職敦煌,而且相關的簡文比較密集,下面衹引《調史監置
册》以證其事。

監遮要置史張禹罷。

守屬解敞，令監遮要置。

建昭二年三月癸巳朔丁酉，敦煌大守强、長史章、守部候修仁行丞事，告史敞謂效穀：今調史監置如牒，書到，聽與從事如律令。

三月戊戌，效穀守長建、丞□謂縣泉置嗇夫，寫移書到如律令。／掾武、守令史光、佐輔。　　　　　　　　　（Ⅱ90DXT0216②:241-244）

文件由敦煌太守府所發，四枚簡編成一册。遮要、懸泉、魚離三置均爲效穀縣屬下的郵驛機構，其管理人員置嗇夫、置佐應由效穀縣任命，但太守府要派一個“史”來監領。此文件涉及遮要置的吏員任命，但還要轉發到懸泉置，一種可能是所任命的解敞之前爲懸泉置吏員，這次調往遮要置，涉及兩單位的人員調動；另一種可能是太守府所派“史”同時監領遮要、懸泉等置，祇是駐地在遮要而已。①

建昭三年（前36年），敦煌太守强

建昭三年三月丁巳朔癸亥，敦煌大守强、守部騎千人云行丞事，謂縣：案所移十月盡二月傳馬簿出馬病死斥賣移爰書，賈直校錢簿不入，效穀出遮要傳馬十七匹病死，賈或三百，或二百。傳馬皆食穀賈賤疑非實，方遣史案校，今移舉各如牒，書到

掾慶、守屬宮、守書佐禹。　　　　　　　（Ⅱ90DXT0214②:550）

這是一份派人對死馬斥賣情況進行核查的文件。僅遮要置從建昭二年十月到建昭三年二月，五個月時間裏病死傳馬十七匹。一般情況下，馬死以後應立即將皮、肉斥賣，收入交公。但根據效穀縣的報告，或二百，或三百，懷疑其中有作弊行爲，所以派“史”進行審查。

---

① 郝樹聲、張德芳：《懸泉漢簡研究》，甘肅文化出版社，2009年，第24頁。

建昭三年五月丙辰朔癸未,敦煌大守彊、長史淵、丞敝謂敦煌、效穀、廣至:今調私財物馬、官馬補騎馬、傳馬如牒,書到,同月相付受,毋令繆如律令。 (Ⅱ90DXT0216②:650)

這是太守府發給敦煌、效穀、廣至三縣的文件。傳置缺少馬匹,要求官馬、私馬一律以補騎馬、傳馬。本簡和上簡是敦煌太守彊在建昭三年任上處理馬政的相關公務。是年,西域戰事吃緊,西域都護甘延壽、副校尉陳湯正在征發各國軍隊進軍康居,圍追匈奴郅支單于。軍書旁午,驛馬傳馬不能或缺。

建昭三年七月乙卯朔丁巳,敦煌大守彊、長史淵、丞敝告守部司馬千人、司馬丞、假司馬千人。謂縣:詔書候者數言有虜兵氣,其驚逢火,遠候望,察動靜,謹□□已第下,方秋旁 (Ⅰ90DXT01I6②:54)

這是一份敦煌太守府下達給各邊防要地和所屬各縣的文件,説接到朝廷的詔書,占候者多次觀測到虜兵氣,要求各地加強警戒,以防匈奴入侵。這是敦煌太守彊在建昭三年的履職情況。

建昭四年(前35年),敦煌太守彊

建昭四年二月壬午朔乙酉,敦煌大守彊、長史淵、丞敝謂過所縣道河津:遣冥安令史樂護爲郡治傳車。當舍傳舍,從者如律令。五月己亥西 (Ⅱ90DXT0216②:622)

這是敦煌太守彊在建昭四年(前35年)在其任上履職的文件。派冥安令史樂護出外置辦傳車,要各地接待云云。

建昭五年(前34年),敦煌太守彊

建昭五年閏月乙[巳]朔壬申,敦煌長史淵行大守事、丞敝謂縣:遣守卒

史鮑尊客□□戌卒郡中。當舍傳舍，從者如律令。（Ⅱ90DXT0111③:68）

是年，太守强可能不在署，或者已經卸任，所以由長史淵行太守事。但長史淵和丞敞幾年來一直與太守强共事，所以將此年敦煌太守府行政繫於"敦煌太守强"的名下。是年閏四月乙巳朔壬申爲二十八日（前34年6月24日）。

竟寧元年（前33年），敦煌大守山都

竟寧元年十月丙申朔辛亥，敦煌大守山都、守部騎千人云行丞事，敢告部都尉卒人謂小府：　　　　　　　　　　　　　　（Ⅱ90DXT0216②:605）

這是一份文件的前半部分，雖不知具體内容，但可知竟寧元年的敦煌太守是山都。關於"敦煌太守山都"的簡文還有兩支殘簡，未注明具體年月，大體不外乎此前此後。

建始元年（前32年），敦煌太守通

建始元年□□辛卯朔癸巳敦煌……

使者　敦煌大守通承（丞）義……當舍傳□☑

行在所以

令爲駕　　　　　　　　　　　　　　　　　　（V92DXT1712②:42）

此簡文字被刮削，僅存上述殘斷釋文，然紀年和敦煌太守通則是清楚的。是年"辛卯朔"當在十月，癸巳爲初三日（前32年11月1日）。

建始二年（前31年），敦煌太守通

建始二年八月丙辰朔壬申，敦煌大守通、守部候强行長史事、丞義謂縣□☑。

言胡客數輩在道，馬榖使外國今少，恐乏調給，有書大司農□□□□☑

（Ⅱ90DXT0114②:291）

簡文的意思是外國的使者一批接一批絡繹往來,沿途存糧少,無法供給,要求大司農給予調撥。時當八月丙辰朔壬申十七日(前31年10月60)。

> 東合檄二,敦煌大守章。其一詣護羌使者治[所],一詣刺史治所,建始二年五月辛亥,遮要御□□以來,即時御石禹行。 （V92DXT1812②:206）

這是兩封蓋有敦煌太守章的合檄被送往護羌使者和刺史治所的記錄。是年五月丁亥朔,辛亥爲二十五日(前31年7月17日)。此時的敦煌太守當爲上簡所言之"通"。

> □□月丙戌朔戊子敦煌大守通丞□□
>
> □□□□□輸柔幣盡縣□　□ （V92DXT1611③:310）

在敦煌太守通的任上,"丙戌朔"唯建始二年七月,是年丙戌朔,戊子爲初三日(前31年8月23日)。

建始四年(前29年),敦煌太守賢

> 建始四年閏月癸酉朔丁丑,榆中守長允街尉、守丞賀☑武威、張掖、酒泉、敦煌界中,當舍傳舍從者如律令。 （A）
>
> ☑大守賢長史福丞義□當舍傳舍,從者如律令。/掾登、屬元、且譚。
>
> （B）（Ⅱ90DXT0314②:220）

建始四年閏十月,丁丑爲初五日(前29年11月29日)。這是榆中縣守長、守丞因公到河西各郡出差的文件。後半部分内容是敦煌開具的過所。

河平元年(前28年),敦煌太守賢

　　河平元年八月戊辰朔壬午,敦煌大守賢、丞信德,謂過所縣道:遣廣至司
空嗇夫尹猛收流民東海、泰山,當舍傳舍,從者如律令。八月庚寅過東。

　　　　　　　　　　　　　　　　　　　　　　　　(Ⅱ90DXT0315②:36)

　　這是河平元年敦煌太守賢爲廣至司空嗇夫開具的過所。上年,"河果決於館
陶及東郡金隄,泛溢兖、豫,入平原、千乘、濟南,凡灌四郡三十二縣,水居地十五
萬餘頃,深者三丈,壞敗官亭室廬且四萬所。……徙民避水居丘陵,九萬七千餘
口"①。此時敦煌太守派人去東海、泰山等郡收集流民,大概與此事有關。敦煌地
廣人稀,徙民實邊,是一項長期政策。

　　河平元年十一月丁未朔己未,敦煌大守賢、守部騎千人□行丞事,謂過
所:遣守屬董發上計丞相府,當舍傳舍,從者如律令。四月戊子過西。

　　　　　　　　　　　　　　　　　　　　　　　　(Ⅱ90DXT0313②:1+10)

　　這是河平元年年底"敦煌太守賢"派人去京師例行上計的過所。守屬董發從
上年十一月出發,次年四月戊子二十四日(前27年6月3日)返回時所記。河平
元年十一月丁酉朔,非丁未朔,可能書寫有誤。

河平二年(前27年),敦煌太守賢

　　河平二年九月壬辰朔庚辰,敦煌大守賢、長史福、守部騎[千]人舜行丞
事,謂過所:遣冥安亭長楊忠鐇令淵泉,當舍傳舍,從者如律令。淵泉亭長校
未央。

　　　　　　　　　　　　　　　　　　　　　　　　(Ⅱ90DXT0112③:78)

―――――――――

①《漢書》卷二十九《溝渠志》,中華書局,1962年,第1688頁。

九月壬辰朔,無庚戌,可能書寫有誤。"儺令淵泉",尚不知爲何公幹。

> 河平二年十月壬戌朔辛巳,敦煌大守賢、長史福、敦煌長章行丞事,謂過
> 所:遣效穀□左尉廣詣酒泉界中,當舍傳舍,從者如律令。十月戊子過東。
>
> (Ⅱ90DXT0314①:29)

此過所於河平二年十月辛巳二十日(前27年11月23)開出,七天之後,二十七日廣過懸泉置東去。

河平三年(前26年),敦煌太守賢

> 三月丁未,敦煌大守賢、長史福、丞信□▢
> 者如詔書▢ (Ⅱ90DXT0111①:320)

此簡衹兩段殘文,但可作"敦煌太守賢"河平三年在太守任內的證據。查有關曆譜,河平元年、二年、三年三月均有丁未,而河平四年三月無丁未,所以此簡非河平四年簡。此其一。簡文最後有"丞信(德)",與下簡河平四年的丞信德當爲同一人。而前兩簡河平元、二年間丞信德尚未到職,故由別人代行其職。此其二。故此簡衹能是河平三年之物。

河平四年(前25—前24年),敦煌太守賢

> 河平四年十一月庚戌朔癸酉,敦煌大守賢、長史譚、丞信德,謂過所:遣
> 冥安庫佐馮慶治傳車長安。當舍傳舍如律令。 (Ⅰ90DXT0207④:5)

河平四年十一月庚戌朔癸酉二十四日,新舊曆已跨年,即前24年1月3日。

陽朔元年(前24年),敦煌太守賢

> 陽朔二年十一月丁卯,遣行丞事守部候强奉上陽朔元[年]計最行在

所。以令爲駕乘傳。載卒史吏所奉上者。敦煌大守賢長史譚以次爲萬如律
令。五月□☑。　　　　　　　　　　　　　　　　（Ⅱ90DXT0112③:108）

　　此簡雖云"陽朔二年"，但實際可能是陽朔元年之物。簡文完整但字迹潦草，
可能書寫時將"元年"誤寫成二年。查相關曆譜，陽朔二年十一月戊辰朔，無丁
卯。唯陽朔元年十一月甲辰朔，丁卯爲二十四日（前24年12月230）。另外，根據
漢朝的規定和前引有關赴京上計的時間均在當年十一月，而不可能拖到第二年
十一月。當時的交通條件，往返幾個月。如果把上計時間拖到第二年，它對朝廷
的參考價值已大打折扣。因此將此簡係於陽朔元年條下。

陽朔二年（前23年），敦煌太守賢

　　　　敦煌大守守屬張博。陽朔二年閏月甲戌，大守賢、守部司馬丞意行丞
事。博逐賊命漢中、蜀郡、三輔　　　　　　　　　　（Ⅰ90DXT0110①:6）
　　　　敦煌大守守卒史李鳳。陽朔二年閏月甲戌，大守賢、守部司馬丞意行丞
事☑　　　　　　　　　　　　　　　　　　　　　（Ⅰ90DXT0110①:7）

　　陽朔二年閏三月壬申朔，甲戌爲初三（前23年4月29日）。前簡完整，即派
守屬張博赴上述各郡追拿人犯。後簡不完整，但年月、人名清楚。

　　　　入東書一封，敦煌大守上。陽朔二年七月壬午夜食時，臨泉驛騎薛福受
平望驛騎石衆。　　　　　　　　　　　　　　　　（Ⅵ92DXT1222②:3）

　　此簡當是陽朔二年敦煌太守賢給朝廷上書的傳遞記録。七月庚午朔，壬午
爲十三日（前23年9月4日）。

敦煌太守宗（陽朔三年至鴻嘉二年，前22—前19年）

　　下面的簡文係太守宗和長史譚連署文件，而長史譚在河平四年和陽朔元年、
二年間（前25—前23年）同太守賢一起具名，陽朔三年（前22）到鴻嘉二年（前

19)任職的敦煌太守又屬空白,因而可以推斷,"太守宗"的任職年代很可能就在此時。

> 十月己酉,敦煌大守宗長☒
> 書律令☒　　　　　　　　　　　　　　　　（I90DXT0209S:3）

此簡下部殘斷,殘長祇有6厘米,存字兩行。陽朔三年有十月己酉。

> ☒申敦煌大守宗、長史譚移部都尉謂:官☒　　（Ⅱ90DXT0215②:112）

殘觚,殘長10厘米,三面有字。此處祇引一面,字迹極清晰。

> 五月戊戌敦煌大守宗長史譚上……☒
> 鄉亭市里門顯見處……☒　　　　　　　　　（Ⅱ90DXT0216①:9）

此簡下半部殘,殘長14厘米,蟲蝕嚴重,兩行字僅留半段。鴻嘉元年、二年均有五月戊戌。

鴻嘉三年(前18年),充國兼行太守事

> 鴻嘉三年正月壬辰,遣守屬田忠送自來鄯善王副使姑麗、山王副使烏不勝,奉獻詣行在所。爲駕一乘傳。敦煌長史充國行大守事,丞晏謂敦煌:[以次]爲駕,當舍傳舍、郡邸,如律令。六月辛酉西。　（Ⅱ90DXT0214②:78）

此簡記載敦煌太守府派人送西域客人到京師長安。是年正月甲戌朔,壬辰爲十八日(前18年2月20日)。此時開具的文件,然守屬西返時已是六月辛酉二十日(7月19日)。此簡及以下兩簡都由長史充國行太守事,説明當年太守可能暫缺。

鴻嘉三年三月癸酉,遣守屬單超送自來烏孫大昆彌副使者簿游、左大將掾使敝單,皆奉獻詣行在所,以令爲駕一乘傳。凡二人,三月戊寅東。敦煌長史充國行大☐六月以次爲駕,如律令☐　　　　（Ⅱ90DXT0214②:385)

烏孫大昆彌和左大將派使者到京師奉獻,敦煌太守府派守屬單超前往護送。三月癸酉初一日(前18年4月2日)開具的文件,三月戊寅初六日(前18年4月7日)過懸泉置。文件顯示的仍然是長史充國行太守事。

鴻嘉三年七月辛未朔己丑,敦煌長史充國行大守事,庫守令守部千人喜兼行丞事,謂郡庫、效穀:今調牛車,假效穀爲遮要、縣泉置運甲卒所伐茭如牒,書到遣吏持縣泉置前年所假牛車八兩輪郡庫。　　（Ⅰ90DXT0110①:22）

這是應效穀縣請求從郡庫借車爲遮要、懸泉置運茭後要求儘快把牛車還回郡庫的文件。七月辛未朔,己丑爲十九日(8月16日),可見到了下半年,長史充國仍然行太守事,也可證當年的敦煌太守確未能到位。

永始元年(前16—前15),敦煌大守吉

永始元年十二月丁巳朔癸未,敦煌大守吉、守部千人喜行長史事、庫令勳行丞事,謂過所:遣守庫令　　　　（Ⅰ90DXT0111②:29）

此簡雖記永始元年,但就具體月日已經跨入前15年。十二月丁巳朔,癸未爲二十七(前15年1月26日)。

永始二年(前15年),敦煌大守吉

永始二年七月癸丑朔癸丑,敦煌大守大吉告丞忠,謂過所:使守屬李勳賦縣候橐他,當舍傳舍,從者如律令。七月甲寅遇東。

（Ⅱ90DXT0115③:202）

　　此簡"敦煌大守大吉"疑爲上簡所載"敦煌守吉",同一個人,抄寫時衍"大"字。簡文説派守屬李動到各縣、候,辦理與駱駝有關的賦稅。[①]七月癸丑初一日（前15年8月24日）發放的過所,初二日甲寅（前15年8月25日）過懸泉置。

元延四年（前9年）,敦煌大守寬

　　元延四年十一月丁丑朔戊寅,敦煌大守寬、長史昌、部千人遷行丞事,移過所:遣淵泉守　　　　　　　　　　　　　　（Ⅱ92DXH12:5）

　　這是一件過所的開頭,時當元延四年十一月初二日（前9年12月15日）。可知是年任職的敦煌太守名"寬"。

綏和二年（前7年）,敦煌大守漢昌

　　綏和二年正月戊子,臨泉亭長章敢言之:迺二月癸丑,譯馬一匹,行軍書到。

　　……不盡度謹與馬醫慎治不能偷至辛卯日□□　　　　　　　　　　A

　　敦煌大守君詣謁,叩頭死罪,叩頭言,會月廿日,掾崇、博、助府陽。　　B

　　大守君敦煌大守漢昌再拜□謁,大守□府告效穀敢言　　　　　　　C

　　　　　　　　　　　　　　　　　　　　　　　　（Ⅱ90DXT0112②:3）

　　上文抄寫在一枚三棱觚上。時間是綏和二年正月戊子十九日（前7年2月18日）。當時的敦煌太守叫"漢昌"。

建平二年（前5年）,敦煌太守永

　　建平二年十一月甲申朔壬子,敦煌大守永、長史臨、丞涉,謂過所:使龍

---

　　① "賦"也有發放、賦予的意思。

勒少内皆嗇氾政與守部千人□成遷市繕兵物長安。當舍傳舍,從者如律

令。二人。 (I90DXT0114①:50)

簡文是敦煌太守永派人到長安購置和修繕兵器及相關物件而開具的證明。

時當建平二年十一月壬子二十九日(前5年12月28日)。

建平三年(前4年),敦煌太守永

☑寅朔丁亥,敦煌大守永、庫令奉德兼行丞事,黠過所:使守卒史馬

晏、辟巴免奴婢酒泉。☑傳舍從者如律令。重。十月辛亥過西

(II90DXT0214②:55)

此簡是"敦煌太守永"任職期間所發文件,而"永"任職期間祇有建平三年十

月有"戊寅朔",丁亥爲建平三年十月初十(前4年11月28日)。故可證建平三年

的敦煌太守仍然是"永"。

上面按明確的紀年或據有關綫索考證出的具體時間,排列了從本始二年(前

72年)到建平三年(前4年)69年間的51年中17位擔任敦煌太守的具體人名,分

别是登、快、常樂、步、千秋、恭、衆、弘、强、山都、通、賢、宗、吉、寬、漢昌、永。太守

暫時離署或長期缺位由其他官員代行其事,這在兩漢是通行慣例。在河西漢簡

中由於敦煌太守不在而由其他官員"行太守事"簽發的太守備文件有40多件。

其中建昭五年(前34年)和鴻嘉三年(前18年)大致在整個一年時間裏太守缺位

而由長史"行太守事",因此將該兩年亦列入有明確記載的年代。其他18年,或

者太守長期缺位,或者没有在我們所能看到的漢簡中留下記録。

漢簡中的敦煌太守：

公元年代	年號	任職太守	公元年代	年號	任職太守
公元前72年	本始二年	敦煌太守登	公元前51年	甘露三年	敦煌太守千秋
公元前71年	本始三年	敦煌太守登	公元前50年	甘露四年	敦煌太守千秋
公元前70年	本始四年		公元前49年	黃龍元年	敦煌太守千秋
公元前69年	地節元年		公元前48年	初元元年	敦煌太守千秋
公元前68年	地節二年		公元前47年	初元二年	敦煌太守千秋、恭
公元前67年	地節三年		公元前46年	初元三年	敦煌太守恭
公元前66年	地節四年		公元前45年	初元四年	敦煌太守恭
公元前65年	元康元年		公元前44年	初元五年	敦煌太守衆
公元前64年	元康二年		公元前43年	永光元年	敦煌太守千秋
公元前63年	元康三年		公元前42年	永光二年	敦煌太守千秋
公元前62年	元康四年		公元前41年	永光三年	敦煌太守千秋
公元前61年	神爵元年	敦煌太守快	公元前40年	永光四年	敦煌太守千秋
公元前60年	神爵二年	敦煌太守快	公元前39年	永光五年	敦煌太守弘
公元前59年	神爵三年	敦煌太守快	公元前38年	建昭元年	
公元前58年	神爵四年	敦煌太守快	公元前37年	建昭二年	敦煌太守強
公元前57年	五鳳元年	敦煌太守常樂	公元前36年	建昭三年	敦煌太守強
公元前56年	五鳳二年	敦煌太守常樂	公元前35年	建昭四年	敦煌太守強
公元前55年	五鳳三年	敦煌太守步	公元前34年	建昭五年	長史淵行大守事
公元前54年	五鳳四年	敦煌太守步	公元前33年	竟寧元年	敦煌太守山都
公元前53年	甘露元年	敦煌太守步	公元前32年	建始元年	敦煌太守通
公元前52年	甘露二年	敦煌太守千秋	公元前31年	建始二年	敦煌太守通
公元前30年	建始三年		公元前16年	永始元年	敦煌太守吉
公元前29年	建始四年	敦煌太守賢	公元前15年	永始二年	敦煌太守吉
公元前28年	河平元年	敦煌太守賢	公元前14年	永始三年	
公元前27年	河平二年	敦煌太守賢	公元前13年	永始四年	
公元前26年	河平三年	敦煌太守賢	公元前12年	元延元年	
公元前25年	河平四年	敦煌太守賢	公元前11年	元延二年	
公元前24年	陽朔元年	敦煌太守賢	公元前10年	元延三年	
公元前23年	陽朔二年	敦煌太守賢	公元前9年	元延四年	敦煌太守寬
公元前22年	陽朔三年	敦煌太守宗	公元前8年	綏和元年	敦煌太守寬
公元前21年	陽朔四年	敦煌太守宗	公元前7年	綏和二年	敦煌太守漢昌
公元前20年	鴻嘉元年	敦煌太守宗	公元前6年	建平元年	
公元前19年	鴻嘉二年	敦煌太守宗	公元前5年	建平二年	敦煌太守永
公元前18年	鴻嘉三年	長史充國行太守事	公元前4年	建平三年	敦煌太守永
公元前17年	鴻嘉四年				

　　除上表所列 17 名具有確切任職年代的敦煌太守外,還有兩名因簡文殘缺而沒有明確紀年或紀年不完全,難以系聯到具體年代。他們是敦煌太守客、以及王莽時期的文德大尹倫。下面,將有關簡文排列如下:

敦煌太守客

　　☑敦煌大守客以月八日☐☐☐道置用乘車六乘,馬廿四匹,幣車卌☐☑
　　☑☐務約省,尉以下謹備列,毋令道督留物故界中,事當奏聞☐☑。
　　☑☐掾崇、守卒史相、助府佐譚。
　　☑掾尊、嗇夫并　　　　　　　　　　　　　　　　(Ⅰ90DXT0109S:116)

　　四段殘文寫在一木牘上。牘寬 3 厘米,殘長 13 厘米,上下均殘斷,從下面五個署名中未能系聯到相關的時間信息。

文德大尹倫

　　月壬子文德大尹倫☐☐。　　　　　　　　　　　(Ⅱ90DXT0114③:101)

　　此簡係一片削衣,長 6 厘米,寬 1 厘米左右,存字 8 個。王莽改制先改敦煌爲文德、後又改爲敦德。敦德一名《漢書·地理志》有載,但文德一名不見史書,却在漢簡中多見。大致"文德"一名改於始建國年間,而"敦德"一名行於地皇以後。上簡"倫"是唯一留存下來的大尹人名。

　　還有一些敦煌太守的人名,因字迹模糊,無法判斷。《廣韻》"氾"字條下云:"國名,又姓。出敦煌、濟北二望。皇甫謐云:本姓凡氏,遭秦亂避地於氾水,因改焉。漢有氾勝之,撰書言種植之事。子輯爲敦煌太守,子孫因家焉。"氾勝之是西漢晚期成帝時人,其子氾輯何時做敦煌太守,不得而知。如果將其亦算在西漢。那現在能知道的從宣帝本始年間到王莽時期的敦煌太守(包括大尹)有 20 位。

　　東漢的敦煌太守,文獻中有記載者 13 人。由於不是本文的叙述重點,下面僅以簡表列出:

敦煌太守	在職時間	簡略史實	出處
辛肜	建武元年至七年（25—31年）	及更始敗，乃推融行河西五郡大將軍事。於是以辛肜爲敦煌太守，七年（31年）夏，更以酒泉太守。建武八年（32年）拜扶義侯。	《後漢書·竇融傳》
裴遵	建武十四年至二十一年（38—45年）	建武十四年（38年），莎車王賢與鄯善王安并遣使詣闕貢獻，西域始通。十七年（41年），賢復遣使奉獻，請都護。帝賜賢西域都護印綬，及車旗黃金錦繡。敦煌太守裴遵以爲不可，更賜賢以漢大將軍印綬。二十一年（45年）冬，西域十八國俱遣子入侍，裴遵以狀聞。	《後漢書·西域傳》
王遵	章帝建初元年（76年）	春正月，敦煌太守王遵、酒泉太守殷彭將兵五千人破車師。范羌分兵二千人赴疏勒救耿恭，恭得出，隨軍還敦煌，吏士餘十三人，西域遂絕。	《後漢紀》
曹宗	安帝元初六年（119年）	安帝永初元年（107年）詔罷都護，西域遂絕。北匈奴即復收屬諸國，共爲邊寇十餘歲。敦煌太守曹宗患其暴害，元初六年，乃上遣行長史索班，將千餘人屯伊吾以招撫之。	《後漢書·班勇傳》《西域傳》
張珰	安帝延光二年（123年）	北虜連與車師入寇河西，朝廷不能禁，議者因欲閉玉門、陽關，以絕其患。延光二年，敦煌太守張珰上書陳三策。帝納之，於是復以班勇爲西域長史，將兵五百人出屯柳中。	《後漢書·西域傳》
張朗	順帝永建二年（127年）	敦煌太守張朗將河西四郡兵三千人與西域長史班勇討焉耆、尉犁、危須三國，破之。	《後漢書·順帝紀》《班勇傳》《西域傳》
徐由	永建四年至陽嘉元年（129—132年）	于寊王放前殺拘彌王興，自立其子爲拘彌王，敦煌太守徐由上求討之。陽嘉元年，徐由遣疏勒王臣槃發二萬人擊于寊，破之。	《後漢書·西域傳》（《續漢書·天文志》訛爲徐白）
裴岑	順帝永和元年（136年）	將郡兵三千人，誅滅呼衍王等，斬馘部眾，克敵全師，除西域之灾，蠲四郡之害，邊竟艾安，振威到此，立海祠以表萬世。	《隸續》十四《裴岑碑》
馬達或司馬達	桓帝元嘉元年（151年）	桓帝元嘉元年，呼衍王將三千餘騎寇伊吾，夏，遣敦煌太守司馬達將敦煌、酒泉、張掖屬國吏士四千人救之。元嘉元年，長史趙評在于寊病癰死，評子迎喪，拘彌王告評子其父爲于寊王所毒，還入塞，以告敦煌太守馬達。馬達聞之，欲將諸郡兵出塞擊於寊，桓帝不聽，征達還，而以宋亮代爲敦煌太守。	《後漢書·西域傳》（同出《西域傳》，一云司馬達，一云馬達。同在元嘉元年爲敦煌太守，其中必有一誤）。

續表

敦煌太守	在職時間	簡略史實	出處
宋亮	元嘉二年 （152年）	朝廷徵馬達還,以宋亮代爲敦煌太守。	《後漢書·西域傳》
趙咨	靈帝時	靈帝初,咨乃謝病去。太尉楊賜特辟,使飾巾出入,請與講議。舉高第,累遷敦煌太守。	《後漢書·趙咨傳》
趙岐	中平元年 （184年）	中平元年,車騎將軍張温西征關中,請補長史,別屯安定。大將軍何進舉爲敦煌太守。	《後漢書·趙岐傳》

（原載《簡牘學研究》第五輯,2014年）

居延出土"牛頭檢"蠡測

——河西漢塞出土封檢形制考

肖從禮

甘肅居延考古隊於1973—1974年在弱水下游(今內蒙古額濟納河流域)的漢代居延烽燧遺址進行考古發掘,出土了近萬枚漢簡和眾多的屯戍遺棄物。據《居延漢代遺址的發掘和新出土的簡册文物》[1]一文介紹,甲渠塞第四燧(發掘代號EPS4)位於甲候官遺址(即貝格曼編號A8,俗稱破城子)南5.3千米,與甲渠候官相隔兩座烽臺。在第四燧西區塢院的燒灰層中出土了兩件木器物,如圖所示:

圖5-2　封檢[2]

---

① 甘肅居延考古隊:《居延漢代遺址的發掘和新出土的簡册文物》,《文物》1978年第1期。
② 甘肅居延考古隊:《居延漢代遺址的發掘和新出土的簡册文物》,《文物》1978年第1期,圖一六。

對於這兩件形制特殊的木器，《居延漢代遺址的發掘和新出土的簡册文物》一文認爲，"前述第四燧的封檢，可能就是榮，很象戟形"①。這個解釋裏，首先認爲這兩件器物的名稱是"封檢"，後又認爲可能是榮，且象"戟形"。實際上這種推斷已經涉及三個概念了，即榮戟、榮和封檢。綜合文獻記載來看，這三種器物在形制、功能和用途上是有區别的。

首先看榮戟。榮戟是古代官吏使用的一種儀仗，供出行時使用，其作用是用以增加威儀感。其次看榮。《説文》："榮，傳，信也。從木，啟省聲。"按，傳，是由官府頒發給辦事官員或個人的通行憑證。傳是通稱，有多種類型，如符、節、繻、榮等，皆具有憑信的功能，故傳又可稱"傳信"，榮祇是傳信之一種。據《説文》可知，榮屬於傳的一種，木質，起憑信之用。根據文獻記載，作爲通行憑證的榮有如下特徵：榮的材質有繒帛，也有木質；榮長五寸；作通關津隘口之用的榮，捺御史印章，并書符於榮上以爲信；配合節的使用，在榮上題有持傳者所帶物品和規定到達的日期等信息；榮，又稱榮傳。凡需出入宫門，必須執有由其長史負責密封榮傳，題寫上出入宫門之人的相關信息，交由守衛者審查印信後，方可出入。

最後看封檢。封檢是一種特製的用於物品或文書封緘的木板，功能如《釋名·釋書契》所載："檢，禁也，禁閉諸物使不得開露也。"可知檢起密封之用。《釋名·釋書契》曰："署，書文書檢曰署。署，予也，題所予者官號也。"檢的封緘和題署方式在文獻中亦有所記載，如徐鍇《説文繫傳》曰："書函之蓋三刻其上，以繩封之，填以金泥，捺題書之印。"由這些記載可知，封緘文書的封檢有三道凹槽，封繩纏於三道凹槽中，填以封泥以密閉之，捺上印章，在封檢之上寫上接收官府的名稱。近世以來，全國各地墓葬、烽燧遺址等出土的漢代封檢實物較多，多與徐鍇所述相符。出土的封檢雖然形制多樣，但多是單體構件，即以一塊木板作爲封檢，也有以兩塊木板合封的封檢實物出土，這種情況并不常見。

將上述傳世文獻中榮戟、榮、封檢三類器物的記載與甲渠候官第四燧出土的兩件木器相對照，我們初步認爲，至少從形制和尺寸上看，這兩件木器與榮戟、

---

① 甘肅居延考古隊：《居延漢代遺址的發掘和新出土的簡册文物》，《文物》1978年第1期。

榮、封檢有較大的差別。居延甲渠塞第四燧出土的這兩件木器的尺寸雖有不同，但外形相一致。以上圖右邊的木器而言，該木器保存完整，縱木長16.5厘米，橫木長23厘米，封檢槽長6.1厘米，寬3.7厘米。這兩件木器皆屬於組合而成，各件都可拆卸成4部分，如圖所示：

圖5-3　牛頭檢(肖從禮攝)

圖5-4　(肖從禮攝)

該木器縱木構件爲四棱方形，"⌣"型和"⌐"形木件中間所鑿皆爲方孔，套在縱木上後并不能轉動。有三道封槽的方形封檢可嵌在縱木的槽中，可以拆下。該木器物上也沒有署任何文字。此木器應該可以反復使用。從所附的三道槽封檢可以初步斷定，此物與封檢有關。根據其整體形制，可作假設，即木器是用於簡册一類的封檢之用。具體使用方法爲，三道槽之封檢用於以三道麻繩圍纏簡册，打結於封檢之上，然後填塞封泥，再在封泥上蓋印。"⌐"形橫木左右兩邊各有三道封槽，則用於縱向用麻繩圍纏簡册。"⌣"形橫木當爲手柄，用於提拿簡册諸物。當然，這祇是一種假設，此木器究竟做何之用，如何使用，囿於資料和學識，本文尚不能得出明確的結論。在這裏筆者不揣淺陋，提出個人想法，期能抛磚引玉，以俟博雅。

筆者以爲，第四燧出土的這兩件形制特別的木器物或許應該稱作"牛頭檢"。從整體造型上來看，這兩件木器外形酷似牛頭。與這兩件木器同出土於甲渠塞的一枚漢簡上記載有如下簡文：

（1）物牛頭檢　入一枚箸檢（"入"字以下爲後書）　　（EPT65:167）①

該簡出土地爲居延甲渠塞,俗稱破城子(A8)。該遺址屬於漢代張掖郡居延都尉府下轄的甲渠候官治所地,出土這兩件木器的第四燧爲甲渠候官的下轄機構。關於簡文的書寫,整理者注曰:"'入'字以下爲後書。"筆者按,此簡上端殘斷,下端完整。從簡上所書字迹可知,"物牛頭檢"和"入一枚箸檢"爲先後兩次書寫而成。簡文中的"牛頭檢",《中國簡牘集成》注釋曰:"牛頭檢,一種特製的檢署,未見實物。"②本文認爲,居延甲渠候官第四燧遺址出土的兩件外形酷似牛頭形的封檢就是居延漢簡中所謂的"牛頭檢"。簡文中的"箸"讀作"着",附着義。"入一枚箸檢"或指甲渠候官收到附有封檢的牛頭檢一枚。第四燧出土的牛頭檢縱木上有三道槽的封檢一枚,可取下,證明牛頭檢可附封檢,也可不附,簡文特記錄上"箸檢"二字,以説明此次所入甲渠候官的牛頭檢上附有一枚封檢。

此外,從傳世文獻和出土漢簡記載可以知道,在漢代,人們對封檢有不同的稱法,這是有例可證的,茲舉例説明之。一是稱封檢爲"斗檢封"。《周禮·地官·司市》:"凡通貨賄,以璽節出入之。"鄭注:"璽節印章,如今斗檢封矣。"賈疏:"案漢法,斗檢封,其形方,上有封檢,其内有書。則周時印章上書其物,識事而已。"二是稱封檢爲"偃檢"。"偃檢"一詞在西北漢簡中多次出現,筆者曾在《西北漢簡所見"偃檢"蠡測》一文中認爲,偃檢即是專門爲客田之類所用的傳上的附件。偃檢實際上衹是傳的代稱而已。與爲家私市等爲目的持傳者不同的是,簡文所見以偃檢爲封的傳的持有者主要有兩類人員,一類是赦罪之人願返回故籍之人,一類是舉家徒往外地進行客田(或買客田)行爲的人。根據居延新簡簡文"七匼(偃)檢部一以松若萩廣三寸三"(EPT5:88)的記載知,偃檢是統一以松木製作,當若楸木一樣染爲赤色,其寬度爲三寸三。③三是稱封檢爲"緼檢"。在懸泉漢簡中還有"緼檢"之稱,相關簡文爲"出緑緯書一封,西域都護上,詣行在所,公司馬以聞,

①甘肅省文物考古研究所等編:《居延新簡》,文物出版社,1990年,第431頁。
②中國簡牘集成編委會編:《中國簡牘集成》第11冊,敦煌文藝出版社,2001年,第253頁。
③肖從禮:《西北漢簡所見"偃檢"蠡測》,張德芳主編《甘肅省第二屆簡牘學國際學術研討會論文集》,上海古籍出版社,2012年,第245頁。

緑緯孤與縕檢皆完,緯長丈一尺"(II0114②:206)。對於簡文中的"縕檢",《敦煌懸泉漢簡釋粹》注曰:"赤黄色封檢。縕,赤黄色。"①按,縕,古音屬影母諄部,偃,古音屬影母元部。元諄旁轉,二字音近可通,故"偃檢"和"縕檢"或指同一物,均指赤黄色的封檢。

四是稱封檢爲"檄檢"。檄是一種文書,主要用於軍情、征討、命令的傳達,檄書根據所傳達信息的用途、重要性和保密性等情況,有合檄和板檄等不同的類別。一般情況下,河西漢塞發現的檄書簡的尺寸較普通的尺簡爲長,且多面書寫。檄書簡上面一般契刻有一到兩個不等的封檢槽,有的封檢槽内還書寫年月日等信息。還有檄書上的封檢槽内放置有傳送的書信,如敦煌馬圈灣漢簡記載"正月十六日因檄檢下赤䠰與史長仲齋已部掾"(974A)和"爲記□檄檢下"(974B)②,"赤䠰"讀作"赫䠰",是一種薄紙片。從簡文記載可知,此薄紙片上書寫有信(即"記"),被壓在檄檢的封檢下面,其目的自然是起保密作用,又此紙質書信以檄書的形式傳送,説明此信件比較重要。

綜上所述,我們對漢代居延甲渠候官第四燧所出的這兩件形制特別的木器的基本認識是:從形制和尺寸上看,這兩件木器不是榮戟和榮;從功能上看,與封檢相似,但又與單板類的封檢不同,這兩件木器屬於組合器。從形制上推測,我們傾向認爲這兩件外形似牛頭的木器物就是甲渠塞遺址出土的漢簡上所記載的"牛頭檢"。關於此推論尚有其他旁證,如漢代的封檢有不同的稱法,文獻上記載有"斗檢封""偃檢""縕檢""檄檢"等可爲證;從出土實物封檢可知,封檢的形制亦是多種多樣,如近世以來全國各地出土的封檢。當然,以上所論,僅是我們就相關文獻和考古所得出的個人觀點,居延甲渠候官第四燧出土的這兩件形制特別的封檢類木器的具體名稱、功能和用途還需要進行更爲深入的研究。

(原載《絲綢之路》2020年第1期)

---

① 胡平生、張德芳編撰:《敦煌懸泉漢簡釋粹》,上海古籍出版社,2001年,第111頁。

② 張德芳:《敦煌馬圈灣漢簡集釋》,甘肅文化出版社,2013年,第187頁。

西北漢簡所見"偃檢"蠡測

肖從禮

在西北漢簡中有"偃檢"一詞的記載,筆者陋見,似無專文予以討論,此不揣譾陋,撰此小文,不當之處,還祈方家指正。西北漢簡中載有"偃檢"一詞的有如下幾例,兹分别説明。

例1

河平四年七月辛亥朔庚午,西鄉有秩嗇夫誼、守斗食佐輔敢言之,中安男子楊譚自言:欲取偃檢,與家屬俱客田居延界中。謹案譚等年如牒書。皆非亡人命者,當得取偃檢,父老孫都證。謁移居延如律令,敢言之。七月癸酉長安令　右丞萬移居延如律令　　　　　　　　　(73EJT37:527)①

因未見此簡照片,故依此釋文討論。此簡内容完整,所記屬於過所文書類。河平四年七月辛亥朔庚午:漢成帝河平四年七月二十日。西鄉:據簡文,屬京兆尹長安縣轄。有秩嗇夫誼、守斗食佐輔:皆爲地方小官吏,誼和輔爲人名。中安:

---

① 簡文載於張俊民《簡牘文書所見"長安"資料輯考》,簡帛網http://www.bsm.org.cn,2007年12月8日。

據漢簡文例，當爲里名。牒書：專用文書名，此指楊譚及家屬的年姓長色等皆記載於簡札之上。皆非亡人命：指楊譚一家都不是脱其名籍而逃亡之人。父老孫都證：指楊譚所在中安里的父老孫都爲其作證。七月癸酉：七月二十三日。長安令 右丞萬：長安令和右丞萬爲此文書的簽發者。據此，簡文大意是説，京兆尹長安縣西鄉的有秩嗇夫誼、守斗食佐輔二人上報長安縣，説中安里一男子楊譚自稱將與家屬一起去居延地區客田，需要取得偃檢。楊譚等人的年姓等已經書寫在牒書之上。經查驗，楊譚及家屬皆非脱離名籍而逃亡之人，楊譚應該取得偃檢，父老孫都爲其作證。依律令，上報長安縣，并傳送到居延縣備案。七月二十三日長安令某、右丞萬按律將此文書發至居延縣。

我們注意到，與上簡文中"與家屬俱客田"語相近的簡文還可見如下一例。

例2

　　鴻嘉二年六月丁丑……家屬俱客田①□□……　　　　　　（73EJT7:92）②

此簡亦出土於肩水金關遺址，簡文殘泐，具體文義不詳。鴻嘉二年爲漢成帝年號，丁丑後所殘文字當爲"朔"。據簡例，我們推測此簡亦屬於過所文書類。"偃檢"一詞和"與家屬俱客田"類似語句同時出現在過所文書裏不是孤例。如下面兩簡所記。

例3

　　……誼自言：欲取偃檢，客田……　　　　　　　　　　（73EJT9:65）③

此簡亦出土於肩水金關遺址。簡上下殘斷，簡文殘泐，唯中間的簡文尚可辨識。綜合上面的簡例，從簡文有"誼自言"文句推測，此簡當屬過所文書類。此簡

---

　　① 按，"田"字原釋作"□"，據簡影，此當爲"田"字。參甘肅簡牘保護研究中心等編《肩水金關漢簡》（壹）上、中册，中西書局，2011年，第164頁。
　　② 甘肅簡牘保護研究中心等編：《肩水金關漢簡》（壹）下册，中西書局，2011年，第84頁。
　　③ 甘肅簡牘保護研究中心等編：《肩水金關漢簡》（壹）下册，中西書局，2011年，第106頁。

例中同樣出現了“偃檢”和“客田”二詞。偃檢,在過所文書中又寫作“檢”。如下例。

例4

　　建平五年八月戊□□□□,廣明鄉嗇夫宏、假佐玄敢言之:善居里男子丘張自言:與家買客田居延都亭部,欲取檢。謹案張等更賦皆給,當得取檢,謁移居延如律令,敢言之。][……放行　　　　　　　　　　　　　(505.37A/B)①

建平:西漢哀帝年號,共四年,次年改元元壽,簡文稱“建平五年八月”實即漢哀帝元壽元年。廣明鄉、善居里:或屬於京兆尹奉明縣。②與家買客田居延都亭部:是説與家屬一起到居延都亭部買客田。欲取檢:希望能取得檢。更賦皆給:即没有逃欠更戍與賦税。放行:具體文義不明,或即指關津官員准予丘張通過。③此過所文書裏,“檢”與“與家買客田”語亦同時出現。故我們推測,此“檢”當爲“偃檢”之省寫。除此而外,“偃檢”還出現在下面的過所文書簡裏。如下例。

例5

　　河平四年二月甲申朔丙午,倉嗇夫望敢言之,故魏郡原城陽宜里王禁自言:二年戍④屬居延,犯法論。會正月甲子赦令,免爲庶人,願歸故縣。謹案律曰:徒事已,毋糧。謹故官爲封偃檢,縣次續食給,法所當得。謁移過所津關,毋苛留止。原城收事。敢言之。二月丙午居令博移過所如律令。掾宣、嗇夫望、佐忠。　　　　　　　　　　　　　(73EJT3:55)⑤

----

① 謝桂華等:《居延漢簡釋文合校》下册,文物出版社,1987年,第607頁。
② 居延漢簡中有“奉明善居里公乘丘誼年六十九用馬一匹騂牡齒十歲高六尺居延丞印方相車一乘閏月庚戌北……”(《合校》53.15),據《漢書·地理志》知,京兆尹有“奉明縣”,簡中“奉明”或即指“奉明縣”。
③ “放行”一詞亦可見敦煌漢簡。簡文爲“□□□故曰餘莢四千餘束放行□發□□”(《敦煌漢簡》539)。
④ 按,“戍”原釋作“戌”。據簡影及文義,本文暫改釋作“戍”。簡影參甘肅簡牘保護研究中心等編《肩水金關漢簡》(壹)上、中册,中西書局,2011年,第164頁。
⑤ 甘肅簡牘保護研究中心等編:《肩水金關漢簡》(壹)下册,中西書局,2011年,第33頁。

　　此簡出土於肩水金關,簡文完整。河平四年二月甲申朔丙午:即漢成帝河平四年二月二十三日。倉嗇夫望:據簡文推斷,當指居延縣倉的嗇夫。原城:據《漢書·地理志》載,魏郡有元城縣①,中的"原城"應即《漢書·地理志》所載魏郡的"元城"縣。二年:即河平二年。戎屬居延:戎,指士卒編制之列,《急就篇》卷三"戎伯總閱什伍鄰"。顏師古注:"戎,謂編士卒之列也。"此句意指王禁服役戍邊時被分編到居延縣。犯法論:指因犯法而判定其罪。②會正月甲子赦令,免爲庶人,願歸故縣:據《漢書·成帝紀》載,河平四年:"春正月,匈奴單于來朝。赦天下徒,賜孝弟力田爵二級,諸逋租賦所振貸勿收。"此簡所記正與《漢書》所載相合,罪徒王禁正是因爲正月下發的赦令而得已免爲庶人,可以返回原籍地魏郡原城縣。謹案律曰句至法所當得句:此是引用律令文,大意是説,按律法,服完罪役居作之人,返回原籍途中并無食糧,原籍縣官府當爲其封偃檢,沿途所經各縣應當按律令規定爲其提供糧食。謁移過所津關,毋苛留止:意指居延倉嗇夫望向居延縣府報告,由居延縣府向王禁沿途將經過的縣官發出此公文,沿途所經過的津關,不得隨意扣押。原城收事:收指租賦,事謂役使。③此句指待王禁回到原籍後,由原城縣征收王禁的租賦和按法役使。居令博:即"居延令博"④之省寫,博爲居延令,爲此文書的簽發者。掾宣、嗇夫望、佐忠:宣、望、忠三人爲文書書寫者。在此例簡中,與前幾例中"偃檢"持有者以"客田"爲目的不同的是,"偃檢"的取得者爲因赦令而免罪之人王禁所持有,持有偃檢後依律可以在返回原籍的途中享有地方官府提供的口糧。

　　筆者陋見,傳世文獻中尚未有關於"偃檢"的明確記載,我們對其頒發標准過程以及其具體的形制功能并不清楚。下文所述,亦僅是個人的想法。

　　就文獻記載和出土資料來看,兩漢時代的檢和傳本屬二物,二者在形制和功

---

　　①《漢書·地理志》"元城"條,應劭曰:"魏武侯公子元食邑於此,因而遂氏焉。"

　　②《漢書·東方朔傳》:"廷尉上請請論。"顏師古注:"論決其罪也。"

　　③《漢書》卷八《宣帝紀》本始三年:"大旱。郡國傷旱甚者,民毋出租賦。三輔民就賤者,且毋收事,盡四年。"晋灼曰:"不給官役也。"師古曰:"收謂租賦也,事謂役使也。盡本始四年而止。"

　　④ 按,金關漢簡(73EJT6:27A)載:"居延尉史梁襄陽朔元年九月己巳居延令博爲傳十二月丁……市上書具長安。"筆者以爲此簡文中的"居延令博"或即正文中的"居令博"。

能上是不相同的。下面分述之。

檢，亦稱封檢，是一種特製的用於物品或文書封緘的木板。檢的功能正如《釋名·釋書契》所言，"檢，禁也。禁閉諸物使不得開露也。"檢的封緘方式在文獻中亦有所記載。如徐鍇《説文繫傳》曰："書函之蓋三刻其上，以繩封之，填以金泥，捺題書之印。"此大意是説檢上刻有三道封槽，用繩將檢和所封之物固定，然後在纏上繩的封槽上填上封泥，最後在封泥上蓋印。又按《説文》："檢，書署也。"此指在封檢上題署收件者的官號等信息。即如《釋名·釋書契》曰："署，書文書檢曰署。署，予也，題所予者官號也。"傳世文獻中對於封檢的封緘和題署形式的記載也爲近世以來出土的大量兩漢時期的封檢資料所證實，這些出土封檢資料極大地豐富了今人對兩漢時期的檢署制度的認識。

傳，亦稱傳信，是由朝廷或地方郡縣府頒發給因公出差或因私外出的持有者隨身攜帶的憑信。類似的憑信還有符、節、棨、信、繻等，傳衹是其中的一種。傳信的功能之一是作爲出入門關河津的通行證明。西北漢簡中的過所文書簡較多，這些過所文書皆有一定的行文格式。一般而言，申請取傳者是從其户籍所在縣府取得出入門關河津的傳信。具體步驟是，先由申請取傳者所在户籍的鄉嗇夫等寫明申請者出行的人數及事由，出具取傳者并無官獄徵事，或無違法行爲，或無欠逃賦税徭役等證明文書，此證明文書有些還需要由取傳者所在里的父老做證。然後由縣府官吏簽發傳信文書，遣人傳送致取傳者將要經過的門關河津及取傳者所要到達的縣府，以此作爲取傳者出入門關河津和到達目的地的驗查憑信。如下例。

例6

甘露二年十二月丙辰朔庚申，西鄉嗇夫安世敢言之，富里薛兵自言：欲爲家私市張掖、酒泉、武威、金城、三輔、大常郡中。謹案辟兵毋官獄徵事，當得以令取傳。謁移過所津關勿苛留止。如律令，敢言之。十二月庚申居延守令、千人屬移過所如律令/掾忠、佐充國][居延千人 十二月丙寅□□辟

兵以來 (73EJT10：313A/B)①

　　此過所文書大意是説，甘露二年十二月庚申日，居延縣西鄉富里的薛兵準備到張掖等地私市，故向當地鄉縣負責人提出取傳申請，鄉嗇夫安世爲薛兵出具了其毋官獄徵事，可取傳的證明文書，同天居延縣府簽發了此過所文書。七天以後（即丙寅日）薛兵經過肩水金關時，肩水金關的官吏爲查驗備案，對薛兵持傳過關做了相應的記録。

　　我們知道，傳作爲持有者出入門關河津的憑證自然不會隨意扔棄，在西北漢長城烽燧遺址中并未見有實物傳的出土。上引過所文書即爲其録副。諸如此類的持傳出入門關河津的過所文書在西北漢簡中較爲多見，但由前面所舉的過所文書簡可知，除持傳外，持有偃檢者亦可以憑此偃檢出入門關河津，即是説，偃檢亦具有傳的功能，或者説，偃檢屬於傳的一種。果如此，則檢除了常見的封緘功能外，亦可以具有傳的憑證功能，這多少有點讓人疑惑。

　　筆者以爲，"偃檢"或爲傳之附件。《漢書·平帝紀》載："在所爲駕一封軺傳。"注引如淳曰："律，諸當乘傳及發駕置傳者，皆持尺五寸木傳信，封以御史大夫印章。其乘傳參封之。參，三也。有期會累封兩端，端各兩封，凡四封也。乘置馳傳五封也，兩端各二，中央一也。軺傳兩馬再封之，一馬一封也。"據如淳注，所謂"駕一封軺傳"指駕一匹馬的軺車。從如淳注可知，傳信爲木質，長尺五寸；由御史大夫府發出，加蓋御史大夫印章；傳信要加封，封即封緘，盖以御史大夫印章作爲憑信。以加封多少作爲按律所應享有的乘車規格。除御史大夫府外，地方縣府亦可發出傳，加蓋縣府官吏印章，作爲持傳者出入關口的憑證。這些所謂的"封"即是指將印章捺在封檢槽内的封泥之上。偃檢即是專門用於客田之類所用傳上的附件。偃檢實際上衹是傳的代稱而已。

　　與爲家私市等爲目的持傳者不同的是，簡文所見以偃檢爲封的傳的持有者主要有兩類人員，一種是赦罪願返回故籍之人，如例1中的魏郡人王禁，因在居

---

① 甘肅簡牘保護研究中心等編：《肩水金關漢簡》（壹）下册，中西書局，2011年，第150頁。

延犯法而獲罪,赦罪之後願返故縣,按照律令規定,由其原籍縣府發給偃檢作通過門關河津的憑證,所經過的沿途縣府要爲其提供糧食;一種是舉家徙往外地進行客田(或買客田)行爲的人,如例1中長安縣的楊譚,例2中的某人,例3中的某誼,例4中的男子丘張。縣府是否也會爲這些舉家徙往外地從事"客田"行爲者提供口糧不得而知。按,"客田"一詞既可指外來的客從事耕作的田地,如例4所言的"買客田",又可指外來之客從事耕作活動,如例1中所言的"與家屬俱客田居延界中"和例2所言的"家屬俱客田"①。需注意的是,除例3僅言"誼自言欲取偃檢客田"外,其餘幾例則言"與家買客田""與家屬俱客田""家屬俱客田",看來客田行爲很可能是舉家遷徙到外地進行耕作活動。至於是否是一種"移民"活動則不得而知。

關於"偃檢"的形制,下面一條簡文可能與此有關係。如下例。

例7

　　　　□七匽檢部一以松若萩廣三寸三□　　　　　　　(EPT5:88)②

此簡出土於A8遺址,屬於漢代居延甲渠候官治所地。此簡上下殘斷。七,文義不詳。"匽檢"即"偃檢",匽、偃互通。按,部有統、領之義,如《後漢書·橋玄傳》:"乞爲部陳從事。"李賢注:"部,領也。"簡文中的部,即某之屬義,或"部一"連言,指統一之義。松,即松木。萩,即楸,楸木。《漢書·貨殖列傳》:"山居千章之萩。"顏師古曰:"萩即楸樹字也。"李賀《昌谷詩》:"壟秋拖光穟。"王琦注:"秋樹與梓相似,唯以木理爲別,理白者爲梓,理赤者爲楸。"若萩,即指若楸木之赤色文理。若此推測不誤,簡文中除"七"字義不可曉外,"匽檢部一以松若萩廣三寸三"意指偃檢之物統一以松木製作,當若楸木一樣染爲赤色,其寬度爲三寸三等。

---

① 王子今:《漢代"客田"及相關問題》,中國文物研究所編《出土文獻研究》第七輯,上海古籍出版社,2005年。
② 甘肅省文物考古研究所等編:《居延新簡》,文物出版社,1990年,第24頁。

在西北漢簡中,部分封檢亦有其專名,如王國維在《簡牘檢署考》中認爲文獻所言的"斗檢封"即是"書牘之封檢",乃是因檢之形似覆斗而名之。[①]此外,居延漢簡中還載有"牛頭檢"之名。如下例。

例8

　　□物牛頭檢入一枚著檢　　　　　　　　　　　　　　　　(EPT65:167)[②]

該簡上部殘斷。從簡影所書字迹可知,"物牛頭檢"和"入一枚著檢"爲先後兩次書寫而成。簡文中的"牛頭檢",《中國簡牘集成》注釋曰:"牛頭檢,一種特製的檢署,未見實物。"[③]筆者以爲,在居延漢代烽燧遺址出土的兩件外形酷似牛頭形的封檢就是簡文中所謂的"牛頭檢"[④]。據此,我們推測,"偃檢"之名或許也是因爲其形而來。按,偃有仰倒之義。如《説文·人部》"偃"字,段注曰:"凡仰僕曰偃,引申爲凡仰之稱。"或是因爲題署於檢之正面,眾人皆可見之故。此外,還有一種可能就是"偃檢"應讀作"緼檢",偃檢之名或許是因其表面赤黄色之故。如下例。

例9

　　出綠緯書一封,西域都護上,詣行在所公車司馬以聞,綠緯孤與緼檢皆完,緯長丈一尺。元始五年三月丁卯日入時,遮要馬醫王竟、奴鐵柱付縣(懸)泉佐馬賞。　　　　　　　　　　　　　　　　　　　(II0114②:206)[⑤]

關於簡文中的"緼檢",《敦煌懸泉漢簡釋粹》注曰:"赤黄色封檢。緼,赤黄色。""檢,用於封緘簡牘文書的木制器具,上可題寫收寄人及加蓋封印、印章。"

　　① 胡平生、馬月華校注,王國維著:《簡牘檢署考》,上海古籍出版社,2004年,第88—92頁。
　　② 甘肅省文物考古研究所等編:《居延新簡》,文物出版社,1990年,第431頁。
　　③ 中國簡牘集成編委會著:《中國簡牘集成》第11冊,敦煌文藝出版社,2001年,第253頁。
　　④ 甘肅居延考古隊:《居延漢代遺址的發掘和新出土的簡册實物》圖一六,《文物》1978年第1期。筆者按,其中的一件實物現陳於甘肅省文物考古研究所標本陳列廳,名之爲"封啟"。
　　⑤ 胡平生、張德芳編撰:《敦煌懸泉漢簡釋粹》,上海古籍出版社,2001年,第111頁。

按,緼,古音屬影母諄部,偃,古音屬影母元部。元諄旁轉,二字音近可通,故"偃檢"可讀作"緼檢"。此外,結合上引例7中的"匽(偃)檢"之色爲赤色,亦和"緼檢"爲赤黄色相若。

（原載《甘肅省第二屆簡牘學國際學術研討會論文集》,上海古籍出版社,2012年）

漢簡所見漢代肩水地區水利

馬智全

西漢中期在開發河西的過程中,爲了有效抵禦匈奴入侵,解決軍事保障供給,漢朝在修築烽燧防綫的同時,在水草豐茂地帶積極開設屯田。肩水屯田區便是漢朝在黑河(漢稱羌谷水)流域設立的重要屯田區。爲了保障屯田取得良好收益,肩水地區開展了有效的水利建設工作。在新近公布的肩水金關漢簡中,豐富的水利方面的材料,反映了漢代肩水地區水利建設與管理的真實狀况,具有重要的研究價值。

漢代肩水地區,主要位於今甘肅省金塔縣北部一帶,也包括内蒙古額濟納旗南部部分地區,漢代屬張掖郡肩水都尉管轄。漢代羌谷水流經張掖郡觻得、昭武之後,經酒泉郡表是、會水折而向北,與呼蠶水(今北大河)匯合,形成了肩水地區的緑洲地帶,而後河水蜿蜒而下,最終流入居延澤中。肩水地區地理位置重要,是河西進入居延的咽喉門户,也是西漢朝抵禦匈奴進攻的戰略要地。漢朝在此修築烽燧防綫,設置關隘管理,漢簡材料有着具體生動的記載。在水利方面,肩水地區充分利用羌谷水的水源,修治水渠,開展農業灌溉,從事水利運輸,并設置專職人員進行水利管理,體現出漢代對水利事業的高度重視。

需要説明的是,肩水地區的屯田,是廣義上居延屯田的組成部分。在利用漢簡材料研究居延地區水利方面,張芳先生《居延漢簡所見屯田水利》已經作了深入研究,特別是在管道建設方面有精到論述。①汪家倫和張芳先生編著的《中國農田水利史》對此也有論述。②但是在具體屯田範圍上,肩水屯田區與居延屯田區實際上是有所區別的兩個部分,北部的居延屯田區屬居延都尉管轄,而南部的肩水屯田區屬肩水都尉管轄,陳夢家先生在論述漢代居延屯田形勢時説:"(弱水)北部以甲渠塞、卅井塞和居延澤包圍了居延屯田區,南部以肩水東西兩部包圍了驛馬屯田區。"③《居延漢簡甲乙編·額濟納河流域障隧述要》説:"大灣出土簡有很多有關'驛馬田官'的記載,田卒的名籍和衣物簿以及牛籍等,皆出於此處。大灣附近又有古代田渠的遺迹,而此地與居延區域是兩個適合於農作條件的地方。因此我們以爲在肩水都尉府附近的'驛馬'乃是在居延防綫南部的另一個屯田區域。"④出土於肩水地區的漢簡,包括出自肩水金關(A32)、地灣(A33,肩水候官)、大灣(A35,肩水都尉府)的簡牘,主要記載的是肩水屯田區的水利狀況,因此我們僅以肩水地區的水利作爲考論對象。

一、肩水地區的治渠活動

西漢中期是我國古代水利建設的重要時期,特別是在治渠活動上,取得了重要成績,僅在漢武帝時期,就修治了關中渠、河東渠、褒斜道漕、龍首渠、六輔渠、白渠等水利工程,提高了農業灌溉及水利運輸的效益。在漢代羌谷水流域,史籍所載修治的水渠有千金渠,《漢書·地理志》:張掖郡䁁得"千金渠西至樂涫入澤中。"王先謙補注引《大清一統志》:"千金渠在張掖縣西,蓋引羌谷也。"⑤因此千金渠是引羌谷水從張掖郡䁁得(今張掖市甘州區西北)西到樂涫(今酒泉市肅州區東南)的一條重要水渠。在肩水屯田區,修治水渠的活動在簡文中也有所記載。

① 張芳:《居延漢簡所見屯田水利》,《中國農史》1988年第3期。
② 汪家倫、張芳:《中國農田水利史》,農業出版社,1990年,第101—105頁。
③ 陳夢家:《漢簡綴述》,中華書局,1980年,第4頁。
④ 中國社會科院考古研究所:《居延漢簡甲乙編》,中華書局,1980年,第317頁。
⑤ [清]王先謙:《漢書補注》,中華書局,1983年,第798頁。

簡 1：馬長吏，即有吏卒民屯士亡者，具署郡縣里名姓年長物色，所衣服齎操，初亡年月日人數，白報與病已●謹案居延始元二年戍田卒千五百人，爲驛馬田官穿涇渠，迺正月己酉，淮陽郡　　　（《合校》303.15、513.17）①

此簡出自大灣，即肩水都尉府。簡文所記時間爲昭帝始元二年(前85年)。這件文書在内容上可分兩部分，“謹案”以前，是下發文，要求相關戍所報告吏卒、民、屯士逃亡的具體情況，包括他們的郡縣里、姓名、年齡、身高、膚色、所攜帶物品等情況。“謹案”以後則是上報文書，是收文屯戍單位的具體報告，說自始元二年，共有居延戍田卒一千五百人爲驛馬田官“穿涇渠”。簡文後殘“正月己酉淮陽郡”，是說有淮陽郡吏卒逃亡的情況。這枚漢簡的重要價值在於說明了戍田卒在驛馬田官修治水渠的情況。驛馬田官，是肩水屯田的具體管理機構。“穿涇渠”，意爲開挖水渠。“涇渠”，直渠。《釋名·釋水》：“水直波曰涇。涇，徑也，言如道徑也。”簡文所記修治水渠的時間是昭帝始元二年。《漢書·昭帝紀》記載，始元二年“冬，發習戰射士詣朔方，調故吏將屯田張掖郡”。簡文所記修治水渠的活動應當就是這次“屯田張掖郡”的具體内容之一。最值得關注的是簡文所記這次修治水渠的人數，達到了“千五百人”，人數眾多，充分反映出修治水渠活動規模之大。《漢書·溝洫志》所載武帝時修治水渠的活動，修治關中渠的有“卒數萬人”，修治河東渠的有“卒數萬人”，修治褒斜道漕渠的有“數萬人”，修治龍首渠的有“卒萬餘人”，肩水地區修治水渠的人數雖没有如上之多，但一千五百人治渠，也是規模很大的活動。這種大規模的水渠修治活動，正是屯田取得成功的重要條件和基本保障。

簡 2：積百廿人治渠，往來百廿里，率人治一里

（《金關》[貳]73EJT21:142）②

---

① 謝桂華、李均明、朱國炤：《居延漢簡釋文合校》，文物出版社，1987年。本文簡稱《合校》。
② 甘肅簡牘保護研究中心、甘肅省文物考古研究所、甘肅省博物館、中國文化遺産研究院古文獻研究室、中國社會科學院簡帛研究中心編：《肩水金關漢簡》(貳)，中西書局，2012年。本文簡稱《金關》(貳)。

　　此簡出自肩水金關,内容爲治渠人數及長度的統計。簡文記載的治渠人員眾多,有"積百廿人"參與治渠,治渠里程是"往來百廿里",約今五十千米,可見所治水渠之長"率人治一里"是平均治渠長度,如依此數計算,上簡中的千五百人治渠,則肩水地區的治渠規模是頗爲宏大的。

　　肩水地區的治渠活動,主要有戍田卒來完成。肩水金關漢簡中有豐富的治渠卒的名籍材料,可以使我們對漢代治渠活動有更加具體的認識。

　　　簡3:治渠卒河東汾陰承反里公乘孫順年卅三　　出

　　　　　　　　　　　　　　　　　　　　(《金關》[壹]73EJT3:50)①

　　　簡4:治渠卒河東皮氏還利里公乘□□□年卅長七尺四寸

　　　　　　　　　　　　　　　　　　　　(《金關》[壹]73EJT7:2)

　　　簡5:河渠卒河東安邑賈里公乘王　　　　　(《金關》[壹]73EJT7:33)

　　　簡6:河渠卒河東解監里付章年廿六□□□ (《金關[壹]》73EJT7:41)

　　　簡7:治渠卒河東狐讘山里董凡年廿五長七尺三寸黑色

　　　　　　　　　　　　　　　　　　　　(《金關》[壹]73EJT9:27)

　　　簡8:治渠卒解臨里李騅年卅五長七尺三寸黑色

　　　　　　　　　　　　　　　　　　　　(《金關》[壹]3EJT10:112)

　　　簡9:河渠卒河東皮氏毋憂里公乘杜建年廿五　　(《合校》140.15)

　　以上七簡,全部出自肩水金關,簡文格式相同,先説明戍卒的身份,爲"治渠卒"或"河渠卒",而後説明戍卒的郡縣里、爵位、年齡、膚色等特徵。這種簡文格式,是名籍簡的常見形式。這些簡文的重要價值,在於記載了肩水地區治渠卒大量存在的情況。值得注意的是簡文中的治渠卒均來自河東郡,有着重要的歷史背景。河東郡位於黄河以東,汾水又自該郡注入黄河,水利建設自然是該郡的重要事務。漢武帝時期,就曾在河東郡黄河、汾河沿岸開展過河東渠的修治活動。

---

① 甘肅簡牘保護研究中心、甘肅省文物考古研究所、甘肅省博物館、中國文化遺産研究院古文獻研究室、中國社會科學院簡帛研究中心編:《肩水金關漢簡》(壹),中西書局,2011年。本文簡稱《金關》(壹)。

其後河東守番系言："漕從山東西,歲百徐萬石,更砥柱之限,敗亡甚多,而亦煩費。穿渠引汾溉皮氏、汾陰下,引河溉汾陰、蒲阪下,度可得五千頃。五千頃故盡河壖棄地,民茭牧其中耳,今溉田之,度可得穀二百萬石以上。穀從渭上,與關中無异,而砥柱之東可無復漕。天子以爲然,發卒數萬人作渠田。數歲,河移徙,渠不利,則田者不能償種。久之,河東渠田廢,予越人,令少府以爲稍入。"①

這是漢武帝時一次重要的水利建設活動,目的是引導汾水和黄河水灌溉皮氏、汾陰、蒲阪諸地。由於這次活動得到了朝廷的同意,僅治渠的士卒就有數萬人之多,雖然這次水利建設活動因河水的改道而收效不佳,但"數歲"的勞作,在治渠方面一定積累了寶貴的經驗。而長期從事水渠建設的戍卒,也被冠以治渠卒的特定稱謂。這些治渠卒來到肩水地區以後,繼續從事治渠活動,正反映出漢代治渠活動的組織有序。

二、肩水地區的行水及護渠活動

水道的巡行檢查及管道的維護是保證水渠通暢的基本條件,在肩水地區所出漢簡中,正有"行水"及"護渠"方面的寶貴記載,反映出漢代肩水地區水渠維護的良好狀態。

簡10:張掖居延大尉昌丞音謂過所,遣城倉守丞孫尚行水酒泉界中,當舍　　　　　　　　　　　　　　　　　　　(《金關》[貳]73EJT24:149)

此簡是傳書,出自肩水金關,由居延都尉府發出,遣城倉守丞孫尚行水酒泉界中。居延大尉,指居延都尉,王莽時曾改都尉爲大尉。所遣行水者爲"城倉守

---

① [漢]司馬遷:《史記》,中華書局,1959年,第1410頁。

丞”可見與農業相關。“行水”，指巡行檢查水道狀況。《孟子·離婁下》：“禹之行水也，行其所無事也。”《漢書·溝洫志》：“令吏民勉農，盡地利，平縣行水，勿使失時。”簡文説“行水酒泉界中”，漢代羌谷水出祁連山後，經張掖郡䚍得、昭武，又流經酒泉郡會水縣東部都尉轄地，再流入張掖郡肩水都尉轄地，因此“行水酒泉界中”就是居延及肩水屯田區管道維護的重要内容。同時從簡文又可看出肩水地區水利的監管是通渠管理，而不是僅限於屯田區範圍之内，反映出西漢水政管理工作的全面到位。“當舍”，依據簡文例語，爲“當舍傳舍”，是因公事而享有的一項經濟待遇。應劭《風俗通義》：“諸侯及使者有傳信，乃得舍於傳耳。”行水事而能享受“舍傳舍”的待遇，反映出漢代對水利工作的高度重視。

簡11：昏時出關●護渠　　　　　　　　　（《金關》[壹]73EJT1：144）

此簡也出自肩水金關，下部有所殘斷，不過簡文性質明確，應是關傳文書，簡文記載了相關人員出關的時間“昏時”，以及出關的緣由“護渠”。“護渠”是指對水利管道的維護，因爲有相關機構出具文書，反映出護渠也是公務活動之一。

從這兩枚漢簡可以看出，管道的維護也是肩水地區水利建設的重要内容，簡文記載的“城倉守丞孫尚”等人“行水”“護渠”，相關人員享有“舍傳舍”的特殊待遇。而“行水”“護渠”又有專門的關傳文書，可見這是當時屯戍地區的公事活動之一。行水工作要逆流而上至酒泉郡會水界中，可見水利管理的具體周到。

簡12：右故水門隧長尹野●凡直三千　　（《金關》[貳]73EJT21：288）

簡13：水門隧卒淳于得　　　　　　　　　（《金關》[貳]73EJT23：501）

簡14：□□□

　　作門● 七十付

成賢

　　右水門凡十四　　　　　　　　　　　　（《合校》565.12）

此三簡,前兩簡出自肩水金關,後一簡出自大灣。簡文都提到了水門。水門是水渠的重要構成部分。《漢書・百官公卿表》太常屬官有都水,如淳注:"律,都水治渠堤水門。"《漢書・召信臣傳》:"(信臣)行視郡中水泉,開通溝瀆,起水門提閼凡數十處,以廣溉灌。"可見水門的修治是水渠修治的重要内容。前兩簡中的水門隧,應是設置於水門附近的烽隧。而簡14的水門,張芳先生認爲"此簡文中的'水門',應是指作管道上的木閘門"[①]。水門的設置,也是肩水地區水利建設的内容之一。

三、肩水地區的水利灌溉

漢代對水利在農田灌溉中的作用有明確的認識。漢武帝在元鼎六年的一道詔書中説:"農,天下之本也。泉流灌浸,所以育五穀也。左、右内史地,名山川原甚眾,細民未知其利,故爲通溝瀆,畜陂澤,所以備旱也……令吏民勉農,盡地利,平繇行水,勿使失時。"[②]水利灌溉不僅可以養育五穀,還可以起到防備旱情的作用。在西北地方,由於氣候乾燥,水利灌溉對農業種植的益處更爲明顯。《漢書・溝洫志》載武帝塞黄河瓠子決口之後,"用事者争言水利,朔方、西河、河西、酒泉皆引河及川谷以溉田"。可見西北地方在利用水利進行農田灌溉方面取得了顯著的成績。肩水地區的治渠活動,主要目的也還是爲了農田灌溉。

簡15:●居延　水本始四年涇渠延袤溉田簿

(《金關》[壹]73EJT3:57)

此簡出自肩水金關,是居延地區農田灌溉的簿籍統計。簡文的時間是宣帝本始四年(前70年)。"涇渠",直渠。"延袤",指長度和寬度。"溉田簿",爲灌溉田地的簿籍。"涇渠延袤溉田簿",是指水渠的長寬及灌溉農田面積的統計,正説明了水渠修治對農業灌溉的作用。還需要關注的是簡文的時間,因爲這是宣帝早期的一枚漢簡。如果説前述簡1記載了昭帝時肩水地區水渠建設的大規模進

---

① 張芳:《居延漢簡所見屯田水利》,《中國農史》1988年第3期。

② [漢]班固:《漢書》,中華書局,1962年,第1685頁。

行,那麽此簡反映出宣帝時水渠已經在農田灌溉方面發揮了重要作用。而簡文的性質又是農田灌溉的登記簿,還可以看出肩水地區水利灌溉的有序管理。

四、肩水地區的水利運輸

肩水地區的水利建設,主要目的是爲了農田水利灌溉。此外,肩水地區地面平緩,漢代羌谷水水面寬廣,水利運輸自然也是水利建設的内容之一。肩水地區所出漢簡中船卒、破船簿及津吏的記載,反映出水利運輸的客觀存在。

> 簡16:□□□□凡九人直五千八十
> 嗇夫爲出關船卒轉車兩人數得米□
> 爲定罷卒數案右前左前所移定□　　　(《金關》[壹]73EJT10:406)

此簡中出現了"船卒"的稱呼。《太玄·將》:"次八:小子在淵,丈人播船。"船卒爲專門負責船運事務的戍卒,可證肩水地區水道可以行船,而船卒也要受到肩水金關嗇夫的管理。

> 簡17:肩水候官永始四年七月破船簿　　(《金關》[貳]73EJT23:94)

此簡所記的是永始四年(前13年)七月肩水候官的破船簿。因爲有專門的簿籍對肩水候官的破船進行登記,可見肩水候官船的使用是經常化的一種狀況。

> 簡18:☑孫當從居延來,唯卿　張護成當責會水津吏胡稚卿
> ☑來其主責成,怨長孫知之,前成過自責之,不得一錢
> 　　　　　　　　　　　　　　　(《金關》[貳]73EJT21:176)

此簡也出自肩水金關,其中涉及"會水津吏",與水利運輸有一定的關係。會水,爲酒泉郡屬縣,治今甘肅金塔縣東南,位於黑河西側。會水有津吏。津,指渡

口。津吏,當是專門管理渡口的官吏。津吏的設置,充分説明會水津水利運輸已有一定的規模。會水在邊塞防戍上具有重要地位。《漢書·地理志》載會水縣:"北部都尉治偃泉障,東部都尉治東部障。"津吏的設置,可能與邊塞的管理有一定的關係。

從上面三簡來看,"船卒""破船簿"的出現,以及"津吏"的設置,反映出肩水地區水利運輸已有一定的規模。

五、漢簡所見的水利管理

史籍所載的漢代水利的管理,中央有大司農、太常、少府等職官。大司農下轄職官中,"郡國諸倉農監、都水六十五官長丞皆屬焉"[1]。大司農掌管國家經濟命脈,特別是農田方面的事務,因此水利主要由大司農管理。大司農下轄的都水長丞是決策水政事務、主持水利建設的行政主管。如漢武帝元光年間大司農鄭當時提出修建關中漕渠,他的建議就被采納。太常下屬的都水長丞,主要管理皇家園林及京畿地區的堤防陂池。少府從屬也有都水長丞,職責則是管理水海池澤税收。而在郡縣,水利事務設有專職管理。如《後漢書·百官志五》説:"其郡有鹽官、鐵官、工官、都水官者,隨事廣狹置令、長及丞,秩次皆如縣、道,無分士,給均本吏。"[2]因此郡縣也有相應管理水政的官員。

史書中這些水利方面的記載,對於了解漢代水利的管理具有重要意義,而肩水地區漢簡中有關水利管理的簡文,則使我們對當時的基層水利管理有進一步的認識。

簡19:監渠佐史十人,十月行一人　　　　　　　(《合校》498.10)

此簡出自大灣,簡文中有專門的職官"監渠佐史",這應是專門監督水渠修治事務的吏員。《漢書·百官公卿表》:"百石以下有斗食、佐史之職,是爲少吏。"可見

---

① [漢]班固:《漢書》,中華書局,1962年,第731頁。

② [南朝宋]范曄:《後漢書》,中華書局,1965年,第3625頁。

佐史是少吏一類的職員,應屬於縣級官府所轄。此簡所記"監渠佐史十人",則是監渠佐史從事集中性的活動,可能性最大的便是進行修治水渠的活動。僅監渠者就有十人,則修治水渠者應有數十人甚至上百人之多,可見這次水渠建設活動具有一定的規模。"監渠佐史"的設置,是漢代水利基層管理的重要職官。

此外,出自甲渠候官的兩枚漢簡,記載了"水部掾"與"水工",二者也是水利管理的專職人員。

簡20:將軍仁恩,憂勞百姓元元,遣守千人,迎水部掾三人

(《新簡》EPT65:35)①

此簡出現了"水部掾"的重要職官。史籍所載"水部"的設置,最早爲三國曹魏時尚書下屬的"水部郎"②。此簡則可證漢代已經設有"水部",其職責當是專門負責治水之事。"掾"爲漢代郡縣屬吏中的長者,《後漢書·百官志一》:"(太尉)掾史屬二十四人。"李注引《漢書音義》曰:"正曰掾,副曰屬。"③"水部掾"當指專門負責水利事務的吏員。該簡中有"將軍",應是對太守的稱呼。漢代太守秩二千石,邊塞太守兼掌軍事,故有此稱。太守派守千人迎水部掾,則此水部掾當爲朝廷管理水部事務的少吏。"水部掾"的簡文,使我們認識到漢代已有"水部"的職官設置,這是漢代水利管理方面的重要記録。

簡21:☐禄　六月戌戌延水水工白褒取　　　(《新簡》EPT65:474)

此簡是士卒俸禄簿,是延水水工白褒領取俸禄的簿籍。在俸禄簿中出現"水工"的稱謂,説明水工是專門從事這一工作的專職名稱,而不是臨時性的稱呼。史籍所載的水工,代表性的如修治鄭國渠的鄭國。《史記·河渠書》:"而韓聞秦之

---

① 甘肅省文物考古研究所、甘肅省博物館、文化部古文獻研究室、中國社會科學院歷史研究所:《居延新簡——甲渠候官與第四燧》,中華書局,1994年。本文簡稱《新簡》。
② [唐]杜佑:《通典》,中華書局,1978年,第647頁。
③ [南朝宋]范曄:《後漢書》,中華書局,1965年,第3559頁。

好興事,欲罷之,毋令東伐,乃使水工鄭國間說秦,令鑿涇水自中山西邸瓠口爲渠,并北山東注洛三百餘里,欲以溉田。"裴駰集解韋昭注:"鄭國能治水,故曰水工。"因此水工是一種專職人員的稱呼。《史記·大宛列傳》:"宛王城中無井,皆汲城外流水,於是乃遣水工徙其城下水空以空其城。"可見水工精通水利技術,能夠改變地下水的流向。又漢武帝元光中興修關中漕"令齊人水工徐伯表,發卒數萬人穿漕渠,三歲而通。以漕,大便利"。水工徐伯也是專門負責治漕穿渠之事。水工在水利建設中往往起着專業指導的作用,是水利專家的代稱。簡文中的"延水水工白褒",應是居延地區專門負責水利的工程技術人員。

就簡文中出現的這些與水利相關的職官來看,對水利的管理,有專門的"水部",其下屬吏員"水部掾"對水利活動具有管理權。對於水渠的修治,則有"監渠佐史"進行監管,大灣出土簡文記載"監渠佐史十人",可見這是專門爲治渠活動而設置的職官。在水利建設活動中,還有專門的"水工",負責水利專業技術的指導。漢簡中有關水利管理的這些職官名稱,對於我們認識漢代水利的建設具有重要意義。

史籍所載漢代水利建設,以《史記·河渠書》和《漢書·溝洫志》爲代表。這些記載使我們了解了漢代水利建設所取得的重要成就。肩水地區所出漢簡材料,又使我們對漢代肩水地區水利建設與管理有了新的認識。在水利建設上,肩水地區出土漢簡記載的"千五百人"治渠的事件,以及豐富的河東郡治渠卒的名籍,說明肩水地區修治水渠活動規模之大和組織有序。簡文中的"城倉守丞"等人"行水""護渠"的關傳文書,以及"水門"的記載,反映出肩水地區對水利維護工作的重視。簡文中的"涇渠延袤溉田簿",則說明了肩水水利在農田灌溉方面的重要作用。簡文中"船卒""破船簿"及"津吏"的記載,反映出肩水地區水利運輸已有一定的規模。在水利管理上,簡文記載的治渠佐吏、水部掾等水利管理人員,可補史書文獻之不足,也反映出漢代水利管理的規範科學。漢簡所見肩水地區水利建設與管理方面的材料,對於我們深入認識漢代水利狀況具有重要研究價值,也給今日西北地方水利建設與管理提供了有益的借鑒。

(原載《中國社會經濟史研究》2013年第2期)

姑臧庫與漢代河西兵物管理①

馬智全

在漢代邊塞管理中,武庫因其諸藏兵器的功能,在軍事後勤保障中具有重要地位。就河西地區而言,既有張掖、酒泉、武威等郡庫,又有居延、肩水等都尉庫,以及鰈得、效穀等縣庫,這反映出河西地區武庫設置的多樣性。李永平《河西漢簡中的庫及其源流》②、范香立《漢代河西戍邊軍隊武器裝備考述》等論作對此已有論述。③在河西漢簡記載的各類庫中,有一個庫比較獨特,它雖是武威郡的一個縣庫,但是該庫管理的兵物出現在居延、肩水、敦煌等地區,這就是漢簡中多次出現的姑臧庫。對於姑臧庫的特殊性,杜亞輝《秦漢時期的兵器管理》已有所關注④,出了其爲河西邊塞供應兵物的特點。作爲設置於武威郡的姑臧庫,爲什麼它所掌管的兵物遠至居延、肩水、敦煌地區?其中反映出怎樣的兵物管理特點?值得進一步探討研究。

① 基金項目:國家哲學社會科學重大項目"懸泉漢簡整理與研究"(13&ZD086);甘肅省文物保護科學和技術研究課題"肩水金關漢簡文書整理研究"(GWJ2014008)。
② 李永平:《河西漢簡中的庫及其源流》,《敦煌研究》1998年第1期。
③ 范香立:《漢代河西戍邊軍隊武器裝備考述》,《鄭州航空工業管理學院學報》2013年第3期。
④ 杜亞輝:《秦漢時期的兵器管理》,西北師範大學碩士學位論文,2013年。

一、居延漢簡記載的姑臧庫

簡1:● 武威郡姑臧別庫假戍田卒兵☒ （EPT58:55①）

該簡出自居延甲渠候官(A8),簡首有"參"的標號,可見是一枚標題簡。簡文内容是説"武威郡姑臧別庫"供給戍田卒兵器的情況,下有殘缺。簡文記載爲"姑臧別庫",反映出姑臧庫的特殊性。其次,本簡記載了姑臧庫借給戍田卒兵器的情況。漢代戍卒有自己所帶的"私兵"也有官方配發的"官兵"。此簡記録爲"假"予戍田卒兵器,説明兵器爲官方所有,戍卒祇有使用權而没有所有權,戍卒在罷歸時所借兵器應當交還官府。再次,由於本簡出自居延甲渠候官,因此本簡中的戍田卒很可能屯戍於居延邊塞,這就反映出姑臧庫與居延塞防的特殊關係,至少説明姑臧庫有爲居延地區戍田卒供應兵器的情況。武威郡姑臧與張掖郡居延相隔殊遠,顯示出姑臧庫在河西地區特殊的戰略地位。

簡2:元康二年五月己巳朔辛卯,武威庫令安世別繕治卒兵姑臧敢言之,酒泉大守府移丞相府書曰,大守☒

迎卒受兵,謹披檠持,與將卒長吏相助至署所,毋令卒得擅道用弩射禽獸,鬥已,前□書☒居延不遣長吏逢迎卒,今東郡遣利昌侯國相力、白馬司空佐梁,將戍卒☒ （EPT53:63）

這枚漢簡也出自居延甲渠候官,簡文記載的時間是漢宣帝元康二年(前64年)五月二十三日。該日武威庫令安世移書居延,説明依照丞相府書要求,邊郡吏員要和發送戍卒到邊塞的内郡長吏相互協助,做好戍卒赴邊工作,使戍卒安全到達屯戍地點。特别是要謹慎披持弓弩,不要讓戍卒在路途中擅自亂用兵弩弓射

———————————

① 甘肅省文物考古研究所等:《居延新簡:甲渠候官與第四隧》,中華書局,1994年。

殺禽獸和相互争鬥。現在東郡派遣利昌侯國相力與白馬司空佐梁將戍卒赴邊,而居延方面不派遣長吏逢迎,因此要移書説明情況。

這件文書的發文者是"武威庫令安世"庫令,爲主管兵物庫的吏員。《漢書·河間獻王傳》:"復立元弟上郡庫令良。"顔注引如淳曰:"《漢官》北邊郡庫,官兵之所藏,故置令。"[1]"武威庫令安世"説明武威郡也設有庫,安世是此時的武威庫令,武威庫令安世還"别繕治卒兵姑臧","繕治"意爲修治,"卒兵"指戍卒使用的兵器。如是,安世還兼理姑臧爲戍卒繕治兵器的事務。因爲姑臧設有姑臧庫,武威庫令安世又兼理姑臧庫的職事,充分説明姑臧庫的重要地位。

該文書涉及戍卒發送和迎受兩個方面。作爲戍卒的發送方"將卒長吏"東郡利昌侯國相力和白馬縣司空佐梁帶領戍卒赴邊居延,而作爲戍卒的接受方,依照丞相府書,居延地區要派遣長吏"迎卒受兵"。迎卒是迎受戍卒,受兵是接受兵器。從簡文理解,受兵應是指到姑臧庫迎受兵器,從而證明這些東郡戍卒的兵器是從姑臧所得。而且文書要求戍卒受兵以後要對兵器"謹掫槩持","毋令卒得擅道用弩射禽獸斗已",就是要求戍卒仔細愛護兵器,不要擅自在道路上用弓弩射獵禽獸和相互斗毆。這充分説明居延地區部分戍卒弩一類的兵器來源於姑臧庫,反映出姑臧庫對河西地區兵物的供應關係。

簡3:● 第十七部黄龍元年六月卒假兵姑臧名籍　　　(EPT52:399)

簡文内容是甲渠候官第十七候部黄龍元年(前49)六月戍卒從姑臧借兵的名籍標題。第十七部下轄第十七至第二十二共六個烽燧,漢塞每個烽燧約有三至四名戍卒,則十七部約有二十名戍卒。在對這些戍卒的兵物登記中,有專門的"假兵姑臧名籍",説明至少有一些戍卒的兵器是從姑臧而來。前述簡1説到武威郡設有姑臧庫,而且有"假戍田卒兵"的情況,此簡恰是居延屯戍機構從姑臧借兵的名籍,進一步證明了姑臧對居延地區兵物的供應關係。其次,本簡的性質是

---

① 班固:《漢書》,中華書局,1962年。

兵物名籍,這是漢簡中常見的文書形式,但本簡專門記載"假兵姑臧名籍",有特殊意義。作爲一種文書形式,説明這種現象在居延屯戍生活中是存在的,并不僅僅是第十七候部所獨有的現象。聯繫簡2居延長吏到姑臧"迎卒受兵"的記載,説明當時姑臧庫爲居延地區提供兵物是廣泛存在的。

　　簡4:稾矢銅鍭五十完
　　蘭、蘭冠各一完,毋勒,本受姑臧,冠□
　　糸弦一完,毋勒
　　糸緯一完,毋勒　　　　　　　　　　　　　　　　　(38.39)①

　　這枚漢簡也出自甲渠候官,記載戍卒兵物的完殘情況。包括稾矢銅鍭、蘭、蘭冠、糸弦、糸緯等兵器。其中記載"蘭、蘭冠各一完,毋勒",并特別注明"本受姑臧",這説明蘭與蘭冠這兩件器物是受自姑臧庫。由於本簡出自甲渠候官,也反映出姑臧庫對居延屯戍地區的兵物供應關係。而受自姑臧庫的兵物要特別説明,反映出邊塞地區對姑臧庫兵物管理的細緻嚴密。
　　以上四枚漢簡均出自居延漢塞,簡1是標題簡,反映出姑臧庫爲戍田卒提供兵器的情況。簡2與簡3説明漢宣帝時居延邊塞迎受中原戍卒時要到姑臧庫受兵,而居延屯戍機構在具體管理時要對兵物作登記管理。簡4也説明居延地區戍卒兵物有來自姑臧的情況,這些都反映出姑臧庫與居延屯戍的密切關係。

二、肩水漢簡記載的姑臧庫

　　簡5:地節二年六月辛卯朔丁巳,肩水候房謂候長光,官以姑臧所移卒被兵本籍,爲行邊兵丞相史王卿治卒被兵,以校閲亭隧卒被兵,皆多冒亂不相應,或

---

① 簡牘整理小組:《居延漢簡》(壹),"中研院"史語所,2014年。

易處不如本籍。今寫所治亭別被兵籍并編,移書到,光以籍閱具卒兵。兵即不應籍,更實定此籍。隨兵所在亭,各實弩力石射步數

令可知。齎事詣官,會月廿八日夕。須以集爲丞相史王卿治事,課後不如會日者,致案,毋忽如律令。　　　　　　　　　　　　　　　　　　　　(7.7A)

該簡出自地灣A33,爲漢代肩水都尉所屬肩水候官治地。簡文内容是說漢宣帝地節二年(前68年)六月二十七日,肩水候房給候長光移文書,因爲丞相史王卿要檢查戍卒兵器配備情況,肩水候官以姑臧庫所移戍卒配備兵器名籍檢核,發現多有混亂不實,因此要求肩水候長光核對名簿,上報候官,讓丞相史王卿檢查核實。

這件文書反映出肩水地區戍卒兵器管理中的一個重要信息,即肩水候官在檢查戍卒兵器配備狀況時,要依據姑臧庫提供的兵器配備名單進行檢核。探究其中原因,不難看出這些戍卒的兵器原本由姑臧庫所提供,姑臧庫要對戍卒兵器配備情況進行登記,因此肩水候官才有姑臧所移戍卒兵器名籍。而在兵器管理上,丞相史王卿要以"姑臧所移被兵本籍"進行戍卒兵器配備檢查,這也反映出姑臧所提供的兵器配備名籍的重要性。無論肩水候官的檢查,還是丞相史的檢核,都要以此爲據。至於姑臧"被兵本籍"的内容,依據此簡,有"各實弩力石步數",說明名籍詳細記載了弓弩的石力標準及具體射程,爲規範性的兵器登記簿,爲西北漢簡所多見。

簡6:☐主☐隧如府書

獲胡燒塞所失吏卒兵器☐移姑臧庫　　　　　　　　　　　　　(562.12)[①]

這枚漢簡也出自地灣,簡文上下殘缺,大意是說因爲塞防被焚燒,吏卒兵器失亡,因此要移書姑臧庫,說明兵器得失情況。從簡文還可看出這一移書是根據都尉府書的要求發出的,這反映出姑臧庫對肩水地區兵物的管理情況。此外本

---

① 謝桂華、李均明、朱國炤:《居延漢簡釋文合校》,文物出版社,1987年。

簡也説明肩水候官部分吏卒的兵器來自姑臧庫,而且兵器有所得失要移書姑臧庫説明相關情況。

　　以上兩枚出自肩水候官的漢簡充分説明肩水候部也有戍卒兵器來源於姑臧庫的情況。無論肩水候官還是上級部門(如丞相史)對戍卒兵物的檢查,都要以姑臧庫提供的"被兵本籍"爲依據。如果兵器有所失亡,還要移書姑臧庫説明相關情況,這充分反映了姑臧庫與肩水候官戍卒兵物的密切關係。

三、敦煌漢簡記載的姑臧庫

　　　　簡7:戍卒河東郡汾陰宜都里杜充所假姑臧赤盾一桂兩端小傷各一所

（敦1730）[①]

　　這枚漢簡出自敦煌漢塞 D3(T.Ⅵ.b),羅振玉、王國維《流沙墜簡》考證爲玉門都尉所屬大煎都候官凌胡隧。[②]該簡内容爲戍卒兵物統計,説明戍卒河東郡汾陰宜都里杜充所持有的兵器狀況。簡文説"所假姑臧赤盾一桂兩端小傷各一所,"則説明杜充所持兵爲赤盾,該盾有所缺傷,因此要作具體記録。此簡特別説明了盾的來源是"所假姑臧",即來自於姑臧。簡1中説"假兵姑臧名籍",則敦煌郡戍卒杜充的盾也來源於姑臧庫。由于杜充的籍貫是河東郡,那麽可能的情況是杜充要從河東郡來到敦煌戍守,經過姑臧時得到了姑臧庫所配發的兵器赤盾,并作了兵物統計。現在敦煌邊塞檢查兵物,發現杜充的盾有所損傷,便作了詳細記録。因此該簡證明了姑臧庫兵物有提供給敦煌邊塞的情況。

　　敦煌所出另一枚漢簡也記載了杜充所配備的兵物,可能與上簡有關。

　　　　簡8:□刀一冗,鼻緣刃屬不踁硒,神爵四年繕

　　　　杜充

---

　　① 甘肅省文物考古研究所:《敦煌漢簡》,中華書局,1991年。
　　② 羅振玉、王國維:《流沙墜簡》,中華書局,1983年。

盾一完,元康三年南陽工官造　　　　　　　　　　　　（敦1566）

該簡也出自敦煌漢塞D3,同樣記載的是杜充的兵物,因爲出土地點相同,所以兩枚簡中杜充同爲一人的可能性較大。本枚漢簡也記載了杜充的盾,特別説明是"元康三年南陽工官造",如果該盾即是簡1所記的"赤盾",不防可以作此推論:杜充是河東郡人,他所受的弩來自姑臧庫,該弩又是南陽工官所造,則姑臧庫所有的兵器很可能來源於内地。

除了簡牘記載之外,依據祝中熹、李永平先生《青銅器》所説:"敦煌出土的一件弩機上有'姑臧庫'的銘文。"①弩機上有"姑臧庫"的題字,充分説明該件兵器本歸姑臧庫所管理。雲夢睡虎地秦簡《工律》記載:"公甲兵各以其官名刻久之,其不可刻久者,以丹若漆書之。其叚(假)百姓甲兵,必書其久,受之以久。入叚(假)而毋(無)久及非其官之久也,皆没入公。以齎律責之。"②秦代就有在官藏甲兵上刻題字迹的制度,漢承秦制,大體如是。此件弩機題字正是姑臧庫"以其官名刻久"所題。而弩機之所以出現在敦煌,結合敦煌漢簡中戍卒持有姑臧庫兵物的情況,可以推測此件弩機也是戍卒攜至敦煌,因而遺留在敦煌地區的。

總之,居延、肩水、敦煌出土漢簡有關戍卒兵物來源於"姑臧庫"的記載,爲我們揭示了一個重要現象,值得我們認真思考。首先,居延、肩水、敦煌等地戍卒的兵物,并不全是當地郡、縣的庫所提供的,有些來自河西地區東部的武威郡姑臧庫。其次,中原地區的戍卒到河西,河西邊塞要"迎卒受兵",即迎接戍卒,同時戍卒接收兵器,而這些兵器,正是來自姑臧庫。再次,戍卒得到這些兵器後,戍卒的管理機構要做好兵物的管理登記工作,特別是兵物有損傷遺失,要具體詳細登記。屯戍機構及其上級部門如丞相史在檢查戍卒兵物管理狀況的時候,也要以姑臧庫提供的"戍卒被兵本籍"簡册爲依據,兵器如有遺失,也要移書姑臧庫,這充分説明姑臧庫與漢代河西戍守的密切關係。

(原載《魯東大學學報》[社會科學版]2016年第1期)

---

① 祝中熹、李永平:《青銅器》,敦煌文藝出版社,2004年。
② 睡虎地秦墓竹簡整理小組:《睡虎地秦墓竹簡》,文物出版社,1990年。

居延漢簡反映的漢匈邊塞戰事①

馬智全

20世紀出土於居延漢塞遺址的簡牘文書，主要内容記載的是屯戍吏卒日常的日迹候望和烽隧勞作，其中部分簡牘反映了匈奴騎兵進攻漢塞的情況。與史書對歷史要事的記載不同，簡牘文書作爲檔案文獻，更鮮明地展示了漢代邊塞戰爭的真實狀況，具有獨特的認識價值。特日格樂先生《簡牘所見漢匈關係史料整理與研究》結合相關簡文對簡牘所見漢塞預警體系作了具體研究②，汪桂海先生《漢簡所見匈奴對邊塞的寇掠》也在疏理簡文基礎上討論了匈奴寇掠漢塞的現象③，具有重要參考價值。本文則結合居延地區出土的漢簡資料，對居延邊塞漢匈軍事衝突的時間、匈奴進攻漢塞的規模及攻略方式、匈奴進攻漢塞所造成的危害、漢塞應對的軍事措施等問題分別討論。

一、居延漢簡反映的漢匈軍事衝突的時間

居延漢簡數量眾多，簡文記載的時間主要集中在西漢武帝末年到東漢建武

---

① 基金項目：2016年度國家社科項目"敦煌懸泉置牆壁題記整理與研究"（16BZS011）。
② 特日格樂：《簡牘所見漢匈關係史料整理與研究》，北京交通大學出版社，2015年。
③ 汪桂海：《漢簡所見匈奴對邊塞的寇掠》，《簡帛》第三輯，上海古籍出版社，2008年。

初期,還有一些簡牘涉及東漢中後期。漢簡文獻構成了一部鮮活生動的漢代邊塞屯戍生活史。在漢簡紀時段内,直接記載漢匈軍事衝突的事件具有鮮明的時代特徵,即主要發生在漢宣帝、新莽、東漢建武初期。

漢簡記載的漢宣帝時漢匈衝突的時間以本始年間爲主,還有一枚漢簡反映的是元康年間的情況。

簡1　本始元年九月庚子,虜可九十騎,入甲渠止北隧,略得卒一人,盗取官三石弩一,稟矢十二,牛一,衣物去。城司馬宜昌將騎百八十二人從都尉追　　　　　　　　　　　　　　　　　　　　　　　　　(57.29)①

簡2　本始二年閏月乙亥虜可十六騎入卅井辟非□　　　　(271.9)②

這兩枚漢簡均出自甲渠候官,反映出漢宣帝本始年間匈奴進犯居延甲渠塞的情況。簡1記載本始元年(前73年)九月十二日匈奴進攻漢塞的行動,人數有九十餘騎,攻入甲渠候官不侵候部止北隧,略得戍卒,盗取兵器、畜養、衣物,是對甲渠塞一次嚴重的衝擊。簡2記載本始二年(前72年)閏五月二十一日匈奴進犯卅井候官辟井隧的情況。卅井候官在甲渠候官東南部,可見已深入居延塞防腹地。此次匈奴進攻者有十六騎,人數也不少。這兩次匈奴入塞的記載反映出漢宣帝初期居延漢塞民族矛盾的尖銳。

西漢前期因國力所限,高、惠、吕後、文、景時期對匈奴采取和親政策,但阻擋不了匈奴時常入塞。武帝時采取反擊匈奴政策,特別是經元朔二年(前127年)漠南之戰、元狩二年(前122年)河西之戰及元狩四年(前119年)漠北之戰,對匈奴給予了嚴重打擊。昭帝元鳳三年(前78年),"(匈奴)右賢王、犁汗王四千騎分三隊,入日勒、屋蘭、番和。張掖太守、屬國都尉發兵擊,大破之,得脱者數百人"③。這反映出"漢邊郡烽火候望精明,匈奴爲邊寇者少利"的情況。宣帝本始

① 簡牘整理小組:《居延漢簡》(壹),"中研院"史語所,2014年。
② 謝桂華、李均明、朱國炤:《居延漢簡釋文合校》,文物出版社,1987年。
③ [漢]班固:《漢書》,中華書局,1962年,第3783頁。

二年（前72年），漢匈之間更大的一次戰争發生在對烏孫的争奪上。該年漢遣五
將軍率十萬餘騎出塞二千餘里，常惠發烏孫兵五萬餘騎，給予匈奴重大打擊，"於
是匈奴遂衰耗"，從而贏得了邊境地區的長期安定。簡文本始元年、本始二年匈
奴入塞的記載，正是此時漢匈關係緊張的體現。

　　簡3　　四月乙巳日迹積一日，毋越塞蘭渡天田出入迹
　　收降候長賞候史充國　　乃丙午日出一干時，虜可廿餘騎萃出塊沙中略
得迹卒趙蓋眾
　　丁未日迹盡甲戌積廿八日，毋越塞蘭渡天田出入迹　　　　（EPT58:17）①

　　這枚漢簡出自甲渠候官，依據日迹簡文格式，時間爲元康元年（前65年）②，
四月二日匈奴二十餘騎突然出現，略得日迹戍卒趙蓋眾，這反映出元康時期也有
匈奴入塞的情況。

　　簡4　　第十隧蟲矢百五，正月十三日吏卒五人格射胡虜盡十六日積三
日□
　　　　　　　　　　　　　　　　　　　　　　　　　　（EPT65:52）
　　簡5　　□吏卒三人格射胡虜□　　　　　　　　　　　（EPT65:161）

　　此二簡均出自甲渠候官，簡文都有殘斷。因爲簡文中有"十三日""三人"的
寫法，説明該簡的時代爲新莽時期。饒宗頤、李均明先生《新莽簡輯證》考證，"居
攝元年至始建國二年間，'四'的寫法尚與兩漢同，至遲始建國四年時，'四'字已
寫作'三'。"③簡4反映出新莽時第十隧吏卒五人格鬥射擊匈奴的情況，時間持續
了三天，可見匈奴盤桓不去。簡5也是某隧吏卒四人用弓弩射擊匈奴的記載，反
映出邊塞的緊張形勢。

　　① 甘肅省文物考古研究所：《居延新簡：甲渠候官與第四隧》，中華書局，1994年。
　　② 張俊民：《居延漢簡紀年考》，《簡牘學研究》第三輯，甘肅人民出版社，2002年。
　　③ 饒宗頤、李均明：《新莽簡輯證》，新文豐出版公司，1995年，第105頁。

新莽時期對匈奴采取歧視敵對政策,改換名號,發動戰争,致使匈奴反叛。史載:"初,北邊自宣帝以來,數世不見煙火之警,人民熾盛,牛馬布野。及莽撓亂匈奴,與之構難,邊民死亡繫獲,又十二部兵久屯而不出,吏士罷弊,數年之間,北邊虚空,野有暴骨矣。"①簡文記載薪莽時吏卒格射匈奴的事件,反映出此時匈奴入塞邊境不得安穩的情况。

建武初年,中原擾亂,匈奴又時有入塞,居延漢簡對此多有記載。

簡6　建武四年九月戊子,從史宏敢言之,行道以月十日到橐他候官,遇橐他守尉馮承言,今月二日,胡虜入酒泉□□][入肩水塞,略得焦鳳牛十餘頭,羌女子一人,將西渡河,虜四騎止都倉西,放馬六十餘騎,止金關西,月九日日蚤食時……][前輩到金關西門下,掾誼等皆在金關,不得相聞,閎等在候官,即日餔時,塵煙火到石南亭,昏時火遂……][恐爲胡虜所圍守,閎即夜與居延以合從,王常俱還到廣地胡池亭止,虜從靡隨河水草北行,虜□……□　　　　　　　　　　　　　　　(2000ES9SF3:4)②

此觚記載了建武四年九月匈奴進犯漢塞,攻入肩水都尉所屬之廣地、橐他、肩水諸塞,又深入酒泉郡,一路搶略焚燒,對漢塞破壞嚴重。

簡7　建武五年十二月辛未朔戊子,令史効將褒][詣居延獄,以律令從事。[乃今月十一日辛巳日且入時,胡虜入甲渠木中][隧塞天田,攻木中隧□隧長陳陽爲舉堠上二][蓬,塢上大表一,燔一積薪。城北隧助吏李丹][候望,見木中隧有煙,不見蓬。候長王褒即使][丹騎驛馬一匹馳往逆辟。未到木中隧里所,胡虜四步入][從河中出,上岸逐丹。虜二騎從後來,共圍遮略得丹及所騎][驛馬持去。●案:褒典主,而擅使丹乘用驛馬,][爲虜所略得,失亡馬。][褒不以時燔舉,而舉堠上一苣火,燔一積薪,燔舉不如品約,不憂

① [漢]班固:《漢書》,中華書局,1962年,第3826頁。
② 孫家洲:《額濟納漢簡釋文校本》,文物出版社,2007年,第77—78頁。

事邊。　　　　　　　　　　　　　　　　　　（EPT68:81—92）

該簡册記載了建武五年十一月十日匈奴進犯甲渠候官臨木候部木中隧的情況，匈奴騎兵突然從河中出，逐得候望卒城北隧助吏李丹及其所騎驛馬，因此要追查責任人候長王襃的責任。

　　簡8　出五石具弩一，假亭隧，建武六年四月十六日，胡虜犯塞入，吏格鬥失亡。　　　　　　　　　　　　　　　　　　（EPF22:318）
　　簡9　出橐矢銅鏃六十，假亭隧，建武六年四月十六日，胡虜犯塞入，吏格鬥失亡。　　　　　　　　　　　　　　　（EPF22:319）

此二簡記載了建武六年四月十六日匈奴進犯漢塞，烽隧亡失一件五石具弩，六十枚橐矢銅鏃，造成了兵物損失。

以上數枚簡册記載的建武四、五、六年間匈奴攻入漢塞的情況不是偶然的。建武初期，河西地區屬竇融統治。“河西民俗質樸，而融等政亦寬和，上下相親，晏然富殖。修兵馬，習戰射，明烽燧，羌、胡犯塞，融輒自將與諸郡相救，皆如符要，每輒破之。其後羌、胡皆鎮服親附，内郡流民避凶饑者歸之不絶。”[1]可見，竇融統治河西時期也存在“羌胡犯塞”的情況，特別是由於中原戰亂，匈奴復起。建武六年，“匈奴與盧芳爲寇不息，帝令歸德侯颯使匈奴以修舊好。單于驕倨，雖遣使報命，而寇暴如故”[2]。因此，河西地區此時實際上并不太平。漢簡記載的建武初期匈奴入塞的情況，充分説明當時河西地區民族矛盾的尖鋭。

其次，考察匈奴進攻的具體月份也可以有具體的認識。漢簡中涉及匈奴進攻漢塞的具體月份，有四月（EPT58:17、EPF22:318）、閏五月（271.9）、八月（EPT26:6）、九月（57.29、2000ES9SF3:4A）、十月（EPF16:37）、十二月（278.7、308.35、EPT68:81），這反映出匈奴入侵的季節性特點。其一是春末夏初，邊塞草木初生

　　① ［宋］司馬光：《資治通鑒》，中華書局，1956年，第1290頁。
　　② ［宋］司馬光：《資治通鑒》，中華書局，1956年，第1352頁。

之時。此時匈奴開始擴大活動範圍,因此侵擾邊塞。其二是秋冬季節,匈奴馬匹膘肥體壯,匈奴人也需要準備過冬的物資,正是匈奴頻繁入塞掠奪的關鍵時期。

而匈奴進攻漢塞的具體時辰,漢簡所記有"日出一干時"(EPT58:17)、"日二干時"(308.35)、蚤食時(278.7)以及"日入時"(EPT68:84)、"日舖時(2000ES9SF3:4C)等,可見匈奴主要在早晨與日暮時進攻。

二、匈奴進攻漢塞的規模及方式

總體來看,史籍記載的匈奴進攻漢地規模較大,多以數千人甚至數萬人大規模進攻,而簡牘文書反映的是局部地區的情況,記載的多是小規模的衝突,真實展現出匈奴犯塞的日常狀態。

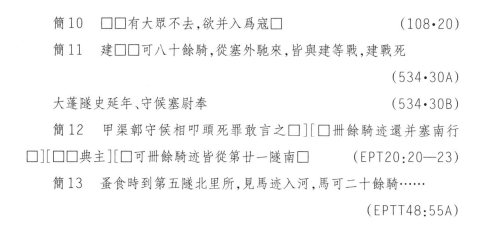

簡10　□□有大眾不去,欲并入爲寇□　　　　　　　　　(108•20)
簡11　建□□可八十餘騎,從塞外馳來,皆與建等戰,建戰死

　　　　　　　　　　　　　　　　　　　　　　　(534•30A)

大蓬隧史延年、守候塞尉奉　　　　　　　　　　(534•30B)
簡12　甲渠鄣守候相叩頭死罪敢言之□][□卅餘騎迹還并塞南行□][□□典主][□可卅餘騎迹皆從第廿一隧南□　　(EPT20:20—23)
簡13　蚤食時到第五隧北里所,見馬迹入河,馬可二十餘騎……

　　　　　　　　　　　　　　　　　　　　　　　(EPTT48:55A)

以上數簡記載了匈奴進攻的不同人數,有"大眾""可八十餘騎""可卅餘騎""可二十餘騎"等不同數量。此外,還有前述簡1"虜可九十騎"、簡2"虜可十六騎"、簡3"虜可廿餘騎"等不同人數。從這些記載看,匈奴進攻常爲群體式作戰。史書上記載的匈奴數千騎進攻的方式反映出某時段進攻的總體狀況,或者説是總體性的人數統計。從簡牘文書的記載看,就特定地域而言,匈奴進攻更多的是數十騎的襲擾,這種入塞方式行動靈活,容易實現略取生活物資和破壞漢方塞防的目的。

簡牘文書不僅反映出匈奴進攻漢塞的規模,而且從漢塞吏卒的視角生動展現了匈奴進攻的具體方式,具有重要認識價值。

簡 14　甲渠鄣守候君免冠叩頭死罪,奉職數毋狀,罪當][萬死,叩頭死罪死罪。十月廿八日,胡虜犯塞,略得吏][士,毋狀。當伏重誅,靡爲灰土。叩頭死罪。][夏良叩頭言掾厶坐前毋恙,起居安平,甚善。先日欲詣門][下,迫蓬起萃萃不及詣門下,毋狀叩頭叩頭,得掾明時數][又壬午言:虜燔燒孝隧,其日出時,乘鄣□□張駿等候望,[□寘,虜且圍守。其晨時,孝、護桃下隧,奏候官言:虜][卅餘騎,皆衣鎧、負魯攻隧。又攻壞燔燒第十一隧以北,][見塞外虜十餘輩從西方來,入第十一隧天田屯止,虜四五][攻壞燔燒第桼隧以南,盡昏寘煙火不絶。又即日平旦][萬歲部以南,煙火不絶,虜或分布在塊間,虜皆][第八隧,攻候鄣。君與主官譚等格射各十餘發,虜復并塞][百騎,亭但馬百餘匹,橐他四十五匹,皆備賀并塞來,南燔][乏卒,以鄣中□米糒給孤單。卒有萬分,恐不能自守。唯][恐爲虜所攻得。案宮中候以下□][力,奈何?反遣吏去,而從後逐之。時蓬起,至今絶,留][府。叩頭死罪死罪,敢言之。][攻居隧,不居隧盡壞,塢][將軍哀貰貸罪法,復令見日月,叩頭死罪死罪。][□白,起居毋它,叩頭叩頭。一日厚賜,叩頭叩頭,謹言□鉌　　　　　　　　　　　　　　　　　　　　　　　(EPF16:36—56)

此爲册書《甲渠候君書》,介紹了匈奴進入甲渠塞焚燒掠奪的情況。匈奴“攻壞燔燒第桼隧以南,盡昏寘煙火不絶”“萬歲部以南煙火不絶”,反映出這次軍事衝突對漢塞造成了嚴重破壞。分析簡文,對匈奴采取的攻略方式會有所認識。

首先,匈奴進攻漢塞采取突襲的方式,使漢塞來不及防守。簡文說“見塞外虜十餘輩,從西方來入第十一隧天田屯止”,以及前述簡11說虜“可八十餘騎,從塞外馳來”,這種馳入攻略的方式給漢塞造成很大破壞。

其次,匈奴還采取包圍伏匿策略進行有重點的攻擊。如簡文說“虜且圍守”,就是匈奴包圍漢塞而尋找進攻機會。簡文說“恐爲胡虜所圍”,説明這樣的包圍策略也爲漢軍所熟知。又如簡7記載"胡虜四步入從河中出上岸逐丹,虜二騎從後來,共圍遮略得丹,及所騎驛馬持去",匈奴騎兵突然從河中出現,上岸追逐丹,另外兩騎從後面衝來,從而略得丹以及所乘驛馬,這就是匈奴采取的包圍策略。有時匈奴還采取伏匿策略,埋伏在河邊或者低窪地帶突然暴掠。如簡3記載,"日出一干時同,虜可廿餘騎,萃出塊沙中,略得迹卒趙蓋眾",這是一個很有代表性的事例,所謂"塊沙中",依據張俊民先生的解釋是指低窪的沙地。[①]20餘騎埋伏在低窪地帶,突然出現略得迹卒一人,這種伏匿襲擊的方式會讓漢塞防不勝防。

再次,在進攻漢塞的方式上,經過百年間的漢匈衝突,匈奴也借鑒中原戰争形式進攻漢塞。如簡文記載,"虜卅餘騎,皆衣鎧負魯攻隧",説明匈奴也穿有鎧甲,用以防禦弓弩的射擊。匈奴還"負魯",當爲運用櫓攻破漢塞,是典型的中原攻城方式。簡文説"攻居隧,不居隧盡壞",匈奴的進攻對漢塞造成了很大破壞。

就居延漢簡的記載,匈奴入塞的範圍是很廣闊的。如簡14記載"入第十一隧""第桼隧以南,盡昏實煙火不絕","萬歲部以南煙火不絕",可見甲渠候官河北塞第十候部、第四候部、萬歲候部都受到焚燒,是規模頗大的破壞行動。

> 簡15　胡虜犯甲渠塞,辨强飲强食,再拜□　　　(EPF22:835+836)
>
> 簡16　●甲渠八月廿六日庚午,遣隧長韓况,徒□覆眾迹,虜到故候官,知虜所出符,符左留官　　　　(EPT26:6)

此兩簡均出自甲渠官,也反映了匈奴深入甲渠塞的情況。甲渠候官出土漢簡眾多,有不少漢簡記載了匈奴深入甲渠塞的情況。如簡12記載,虜"卅餘騎,迹還,并塞南行",匈奴繞着甲渠塞南而行,塞南是漢方戍守的重點地區,可見形勢的危險。"可卅餘騎,迹皆從第廿一隧南",匈奴騎兵從第廿一隧南起,第廿一隧屬甲渠候官第十七候部,説明匈奴已深入甲渠塞。

---

① 張俊民:《漢簡瑣記》,《簡牘學研究》第二輯,甘肅人民出版社,1998年。

　　除了上述匈奴對甲渠候官的進攻外,簡文還記載了匈奴深入卅井候官等居延腹地。

　　　簡17　□□虜□入卅井誠北隧天田,出入臨木

　　　　　　誠北部守尉萌、士吏區捕得虜馬,審　　　　　　　　(231.91)

　　　簡18　匈奴虜入酒泉會　　　　　　　　　　　　(73EJT1:156)①

　　簡17出自甲渠候官,反映出匈奴深入卅井候官誠北隧天田,以及出入甲渠候官臨木候部的情況。簡18出自肩水金關,反映出匈奴深入酒泉會水縣的情況,可與史書記載的"右賢王、犁汙王四千騎分三隊,入日勒、屋蘭、番和"相照應。匈奴騎兵深入河西腹地,正是漢代河西漢匈軍事衝突尖銳的體現。

三、匈奴攻入漢塞造成的危害

　　從漢代史籍記載可以看出,匈奴攻入通常以抄略爲主,殺戮吏士,劫略民眾,盜取兵物,給當地百姓生活造成了嚴重損失。居延漢簡對此有更加具體的記載。

　　　簡19　爲虜所賊殺,詔得毋亡部兵物,檄到具言狀,即□□

　　　　　　　　　　　　　　　　　　　　　　　　　　(EPT40:36)

　　　簡20　應戰死,隧長延　　　　　　　　　　　　　(308.36)

　　匈奴進入漢塞,殺害守塞吏卒,給邊塞造成人員傷亡。簡19記載守塞人員"爲虜所賊殺"。簡20記載"應戰死",以及簡11記載"建□□可八十餘騎,從塞外馳來,皆與建等戰,建戰死"。這些都反映出匈奴入侵對守塞吏卒的殺戮行爲。

　　除了殺害守邊吏士,匈奴還劫略戍卒民眾。如簡1記載,甲渠止北隧戍卒被略,"略得卒一人"。簡3記載迹卒趙蓋眾被略,"萃出塊沙中略得迹卒趙蓋眾"。

---

① 甘肅簡牘保護研究中心:《肩水金關漢簡》(壹),中西書局,2011年。

簡6記載羌女子一人被略,"略得焦鳳牛十餘頭羌女子一人"。簡7記載城北隧助吏李丹被虜所掠,"胡虜四步入從河中出上岸逐丹虜二騎從後來共圍遮略得丹"。簡308.35記載不明人員"爲虜所略得"。匈奴犯塞掠奪戍卒民眾,對漢塞構成嚴重威脅。

其次,盜取兵器及畜力生活用品也是匈奴進攻的重要目的。如前述簡1記載,匈奴"盜取官三石弩一,槀矢十二,牛一,衣物去",簡6記載匈奴略走"牛十餘頭"。

再次,焚燒破壞漢塞防戍設施是匈奴入塞的經常性行爲。如簡14記載,匈奴"燔燒孝隧""又攻壞燔燒第十一隧以北""攻壞燔燒第奈隧以南盡昏實煙火不絕",以及下面簡文所記。

> 簡21　塞燔燒,察虜隧失亡,府教負　　　　　　　　　　　(561.17)
>
> 簡22　□主□隧如府書
>
> 　　　獲胡燒塞所失吏卒兵器□移姑臧庫　　　　　　　　(562.12)
>
> 簡23　北并塞北攻第十七隧,穿塢西垣,壞上堞,入室埃,關破,折塢
>
> 戶蜚橋,略　　　　　　　　　　　　　　　　　　　　(EPF22:490)

匈奴對漢塞的這種焚燒行爲給漢塞造成重大損失,因爲漢塞的防守離不開烽火制度的正常運行,匈奴的焚燒致使漢塞烽火運行失效。這是匈奴經常性的破壞行爲。李均明先生結合簡14考證,"這次事件中甲渠塞受到全面破壞,時或發生在建武八年,此後直至東漢中期甲渠塞的屯戍活動似已停頓,或至少規模縮小"[①]。居延漢簡中建武八年以後簡牘數量銳減,與甲渠塞被焚燒有密切關係。

四、漢塞應對匈奴進攻的措施

面對匈奴的進攻,居延漢塞積極應對,主要采取嚴明烽火制度、禁止人員往

---

① 李均明:《居延漢簡編年——居延編》,新文豐出版公司,2004年,第264頁。

來、堅壁清野的防守措施。

簡24　十二月辛未,甲渠候長安、候史個人敢言之。蚤食時,臨木隧卒□□□□□□□□□□□□□舉蓬,燔一積薪。虜即西北去,毋所失亡敢言之。/十二月辛未,將兵護民官居延都尉謂城倉長禹兼行[丞事](觚)(第一面)

廣田以次傳行至望遠止。(第二面上端)

寫移,疑虜有大眾不去,欲并入爲寇。檄到,循行部界中,嚴教吏卒,驚烽火,明天田,謹迹候候望,禁止往來行者,定蓬火輩送,便兵戰鬥具,毋爲虜所萃椊。已先聞知,失亡重事,毋忽如律令。/十二月壬申,殄北甲[渠](第二面)　　　　　　　　　　　　　　　　　　　　　　　　　　(278.7A)

候長、∨未央候史包、隧長畸等:疑虜有大眾欲并入爲寇。檄到,等各循行部界中,嚴教吏卒,定蓬火輩送便兵戰鬥具,毋爲虜所萃椊。已先聞知,失亡重事,毋忽如律令。(第三面)　　　　　　　　　　　　　　　　　　　　　(278.7B)

此觚出自甲渠候官,反映出甲渠塞防備匈奴進攻的情況。因爲戍卒偵察到"虜有大眾不去",因此要緊急做好應戰準備。漢塞實施的措施以防守爲主,"嚴教吏卒驚烽火,明天田,謹迹候候望,禁止往來行者,定蓬火輩送,便兵戰鬥具,毋爲虜所萃椊"。可見,主要是加強邊塞巡防檢查,禁止人員往來,明確烽火傳遞,準備好作戰器具,以防止匈奴擄掠。漢塞主要依靠塞防設施保護屯戍人員的安全。

當然,如果匈奴已攻入漢塞,邊塞吏卒還是要積極應戰。漢塞最主要的防禦措施是運用弓弩進行射擊,如簡14記載,"鄣君與主官譚等格射,各十餘發",就是對匈奴采取弓弩射擊的方法進行戰鬥,這是漢塞防守得力有效的方法。漢簡中有一些簡文記載了漢塞因與匈奴格鬥而失亡弓弩箭鏃的情況。

簡25　出五石具弩一假亭隧,建武六年四月十六日,胡虜犯塞入,吏

格鬥失亡 (EPF22:318)

　　簡26　出槀矢銅鍭六十假亭隧,建武六年四月十六日,胡虜犯塞入,

吏格斗失亡 (EPF22:319)

　　此兩簡記載匈奴犯塞所失亡一件五石具弩及六十枚槀矢銅鍭,是吏卒運用弓弩積極防守的情况。

　　簡27　戊子胡虜攻隧,吏卒格斗

隧別名及刺卷 (EPF22:747)

　　簡28　□□騎攻第九隧,士吏李孝、騎士成護格射　□　(EPT44:42)

　　這兩枚簡都出自甲渠候官,簡文記載了匈奴進攻漢塞時吏卒格斗的情况。特別是簡28記載匈奴進攻甲渠第九隧,士吏李孝與騎士成護格鬥射擊,反映出邊塞戰鬥的激烈。當然,漢塞防守也會時有所獲,如簡17記載"誠北部守尉萌、士吏區捕得虜馬",是説甲渠塞誠北候部的守尉與士吏追捕獲得匈奴馬匹,可見漢塞戰事也會取得小勝。

　　當然,如果匈奴進攻人數較多時,守塞邊郡都尉、司馬等武職也要積極應對作戰。如簡1記載,匈奴約九十騎入塞,"城司馬宜昌將騎百八十二人從都尉追",可見,居延都尉、居延城司馬組織騎兵進行追擊作戰,是對匈奴進一步的打擊。需要注意的是此次追擊行動人數,匈奴有九十騎,而漢塞追擊的騎兵有一百八十二人,恰好是兩倍的數目,可以保證軍力上的優勢。總結居延漢簡反映的漢匈邊塞戰事可以看出,居延地區漢匈衝突主要發生在漢宣帝本始、元康年間、新莽時期以及東漢建武初年,這與當時漢匈關係緊張有密切關係。簡文記載匈奴進攻漢塞一般在春夏之交與秋冬時節,具體時辰集中在早晚時段。匈奴進攻的規模一般爲數十人的團體式進攻,匈奴的攻略方式或以數十騎從塞外直驅而入,或采取包圍伏匿策略重點進攻,殺略守塞吏士,盜取兵器財物,焚燒塞防,對漢塞形成巨大破壞。面對匈奴的進攻,漢塞采取嚴明烽火、禁止人員往來等防禦措

施。匈奴臨近時吏卒積極格鬥,弓弩射擊是邊塞有效的防禦措施。匈奴進攻人數較多時,居延都尉、居延城司馬積極防守追擊,這説明漢塞對匈奴進攻的抵禦活動是積極有效的。

(原載《西北民族大學學報》[社會科學版]2016年第5期)

由漢簡中的"工"看兩漢河西地區的手工業

韓　華

　　近幾年甘肅河西出土的漢簡開始依次發表，相繼出現了記録工匠的簡文，而這些簡文與兩漢時期西北邊塞的手工業相關。通過對這些簡文的梳理，有助於我們了解當時的手工業發展狀況，本文將對相關情況進行初步探討，以就教於方家。

一、漢簡中的工和相關行業

（一）兩漢時期河西地區的林木業和木工

1.傳世文獻和漢簡中記録的漢代河西地區林業發展概况

　　文獻資料對兩漢時期西北邊塞的林業情況有所記録，如《漢書·地理志》："地廣人稀，水草宜畜牧，故凉州之畜爲天下饒。"這説明漢代河西地區水草豐茂。《肅州志·南山》記載當時祁連山西段森林植被情況："南山松百里，陰翳車師東，參天拔地如帶虯龍，合抱豈止數十圍，拜爵已受千年封，其間最古之老樹曾閲漢唐平西戎。"可見當時祁連山上樹木參天，非常繁茂。漢簡中也明確記録了各類樹種，如下簡：

　　　　荆棘杏梓不吉□　　　　　　　　　　　　　　（EPT65:165B）

☑七匽　檢部一以松若萩廣三寸三☑　　　　　　　　　(EPT5:88)

第十二隧長張宣乃十月庚戌擅去署私中部辟買榆木壹宿　　(82.2)

伐柃柱馬柳六☐　　　　　　　　　　　　　　　　(31.6+31.9)

候官謹案亭踵榆梜十樹主謁　　　　　　　　　　　　(二一三九)

簡文EPT5:88中的"萩"，《集韻》："萩，雌由切，通楸，木名。"《管子·禁藏篇》："'當春三年，萩室炊造。'萩木鬱臭，以辟毒氣，故燒之新造之室。"可知，"萩"是一種樹木。此簡的大意是，某"部"中有一棵和"萩"一樣"廣三寸三☐"的松樹，可見本地產松樹。簡文82.2中，"擅去署""買榆木"，可見當地一定產榆樹。簡文31.6中，既然是"伐"，也應該不會太遠。簡文二一三九中，要求種植"榆梜"，說明當地就產這種樹。其他的樹木種類雖然不太確定，槐樹應該產於本地。此外，《金關漢簡》74EJF16:1—16爲完整的《永始三年詔書册》(永始三年爲前14年)，册中提到"治民之道，宜務於本，廣農桑"，并且要求各地政府切實實行，詔書中也記錄了西漢時期河西地區已經有大量的桑樹種植，這意味着養蠶業的發展，懸泉置、居延等遺址出土的大量絲織品印證了這點。由此可見，松、柳、榆、槐、梜、桑等爲當地的常見樹種。

2.兩漢時期河西地區的林業貿易

豐富的林業資源也爲當地的林業加工和買賣創造了條件，如下簡文：

尉史并白教問木大小賈謹問木大四韋長三丈韋七十長二丈五尺韋五十五●三韋木長三丈枚百六十橡木長三丈枚百長二丈五尺枚八十毋橝槷

(EPT65:120)

子麗足下☐☐過客五人元不備叩頭=謹因言子麗幸許爲賣材至今未得蒙恩受幸叩頭材賈三百唯子麗☐☐決賣之今霍回又遷去唯子麗

(142.28A)

☑以買棺槨冢地穿治喪葬貍有餘廬田二頃禾麥稼度☑　　(564.10)

　　簡文EPT65：120記録了木料的數量、長度和用途。簡文1422.8A則描述了買賣木料事情，簡文中提及的"賈""過客""賣""錢"等詞均與木材買賣相關。簡文564.10中"買棺槨"，説明當時喪葬所用棺木材料來源於本地，在本地製作本地交易。漢簡材料中也記録地方政府對林木的砍伐有着比較嚴格的管理。如下簡文：

　　　　☑後出三千材　　　　　　　　　　　　　　　　（103.28+103.27B）
　　　　郭卒范　去疾☐車　真侯　爲君舍取薪山林用　山　　（136.38A）
　　　　候官謹案亭踵榆莢　十樹主謁　　　　　　　　　（二一三九）
　　　　治隧下毋林木虞遇意見塗☐且已　　　　　　　　（EPT50：226）

　　簡103.27B記録了一次砍伐林木三千，數量非常驚人，如此數量的木材加工没有專業人員的加工是不可想象的。簡136.38反映郭卒參與伐山材，説明采伐的這些林木用於軍事設施。簡二一三九記録的内容説明了基層的各個單位要種植一定數目的樹木，要求要有專人管理各自的樹木。簡文EPT50：226的記録表明如果不按照規定辦理，就要遭受懲罰。

　　3.與林木相關的地域命名

　　樹種的栽培除了氣候條件以外，在地名的命名中也有着體現，如武威郡下有蒼松縣，治所在今古浪縣附近，今天古浪縣位於河西走廊東端，烏鞘嶺北麓，祁連山横貫縣境南部，有一定數量的原始森林分布，松樹爲主要樹種，因此蒼松縣的命名與當地的樹種相關。以樹種作爲遂名和里名的情況在漢簡中也有反映，如臨桐隧（6.21）、望桐隧（EPT4：29）、臨木隧（145.34）、木中隧（EPT59：300）、林中隧（疏833）、桃下隧（EPT16：42）、楨中隧［（疏）911］以及竹里（EPT58：63）、槐里等。其得名應當與當地特有樹種的分布相關。它説明當時這些軍事和行政單位所在地及其附近就曾經分布有一定規模的樹林。木材是人們日常生活中的主要建材和生活用品製作材料，也是"炭"的主要加工來源，如下簡文：

沙隧治炭王卿☐ (229·48)

炭,《說文》曰:"燒木餘也。"故治炭當爲燒製木炭。我國早在商代就已經掌握了炭的製作技術。因其易燃、熱量高被人們廣泛地用於日常生活中。

除漢簡中記錄的以外,甘肅河西地區考古發掘的漢墓中也有與林木相關的畫像磚,如武威磨嘴子漢墓出土的《主婢圖木板畫》,五壩山漢墓壁畫中有《山林狩獵圖》,嘉峪關牌坊梁漢墓中有十二幅彩繪磚畫,其中三幅圖中繪有樹木。四號墓的桑園圖中,桑樹成林。這都説明兩漢至魏晋時期河西地區森林茂密。豐富的林業資源爲林木業的發展創造了條件。

4.木工在林業中的作用

木工,就是指從事伐木以及木材加工的專業人員或木匠,如《吳越春秋·勾踐陰謀外傳》:"越王乃使木工三千餘人,入山伐木。"被譽爲木匠祖師爺的魯班,姓公輸,名般,春秋時期魯國人,相傳他曾經發明了雲梯、斧子、鏟、刨等。小到簡牘、木匙、木筷、木盤、木勺等[①]的加工,大到邊塞軍事防禦設施的修建都體現了木工的作用。如下簡文:

戍卒循成富里左豐,年三十五,省府,木工,美水。府。

(253)

☐六人運三人木工,四人治墼養二人……

五☐一人 (EPT4:93B)

☐二人伐茭,二人木工 (EPT49:61)

	其一人守邸	一人門☐	二人吏卒養
十月戊午鄣卒十人省卒六人	一人守閣	二人木工	一人舂
	一人馬下	二人作席	五人受錢

(EPT65:422)

---

① 甘肅省文物考古研究所:《甘肅敦煌漢代懸泉置遺址發掘簡報》,《文物》2000年第5期,第6頁。

十一月辛巳　肩水卒卅七人　五人病● 定作九十五人

橐他卒六十五人　一人作長● 取薪增落廣六尺槫兩行馬善并高四尺五

寸衺廿丈率人二尺一寸有奇

凡卒百一十二人　一人木工　　六十九人取薪二百七石率人三石薪去□

□□往來卅八里

其十人養●　　　　　　　　　　　　　　　　　　（73EJT24:297）

(二)水工和西北邊塞的水利

　　從目前河西地區的漢代考古遺迹的分布和走向來看,兩漢時期河西四郡的
主要屯戍點圍繞幾條大的河流展開,分別爲黑河、疏勒河、石羊河和黨河,在屯戍
點的歷次考古發掘中,也證實有水渠遺迹與這些河流相關,傳世典籍對當時西北
邊塞的水利建設也有記録。如《漢書·溝恤志》:自漢塞鋭子口之後,“用事者争言
水利,朔方、西河、河西、酒泉皆引河及川谷以溉田”。西北漢簡中水工作爲水利
建設的工匠而出現就是理所當然的了。如下簡:

　　　　☑□禄,六月戊戌,延水水工白襃取。　　　　　　　（EPT65:474）

　　簡文中的水工,傳世典籍中有專門記録。《史記·河渠書》:“而韓聞秦之好興
事,欲罷之,毋令東伐,乃使水工鄭國閒説秦。”《集解》引韋昭曰:“鄭國能治水,故
曰水工。”秦國的鄭國就是一名“水工”,因其在興修水利中的傑出貢獻,由他設計
監造的渠就以他名字命名,就是鄭國渠。又見《漢書·溝洫志》:“可案圖書,觀地
形,令水工準高下,開大河上領,出之胡中,東注之海。”專門記録了水工的工作過
程。相關記載還有王充的《論衡·率性》:“洛陽城中之道無水,水工激上洛中之
水,日夜馳流,水工之功也。”水工的作用不僅僅體現在水利設施的設計、監造、維
護、指導上,文獻也記録了水工直接參與戰争成爲决定勝負的關鍵。《漢書·李廣
利傳》:“天下騷動,轉相奉伐宛,五十餘校尉。宛城中無井,汲城外流水,於是遣
水工徙其城下水空以穴其城。”這則史料記録的是漢武帝太初三年(前102年)貳

師將軍李廣利伐大宛,利用水工實施斷水困城法大破大宛,而獲得汗血寶馬,爲後來漢朝徹底擊敗匈奴創造了條件。除水工以外,漢簡還記録了其他和水利設施相關的人員,如河渠卒和治河卒、主管河渠修繕和水利建設的官員臨渠佐史、參與修築河渠的人員均由專門機構配備,并且有固定的服役期。20世紀70年代的甘肅居延考古隊在肩水金關遺址的考古發掘中,也相繼發現了兩漢時期的水利設施遺迹和用於農田灌溉的工具轆轤與桔槔。①

(三)"犁工"和代田法

"犁工",是首次在金關漢簡中出現記録的。犁,《説文》:"犁,耕也。"犁工指從事犁的製造和維護保養的工匠。如下簡:

　　印曰居延後農長印
　　□月辛亥犁工關卒强以來☑　　　　　　　　　　(73EJT9:266B)

簡文上下殘,書爲兩行,第一行中有"印曰延後",第二行文段的結構爲"時間+犁工+姓名"。簡文中的"農長"爲管理屯田的最基層吏員,可能爲農都尉系統,文意不明確,綜合考慮此簡是和農業相關的簿籍。犁工和趙過推廣的代田法密切關聯。關於"代田法",《漢書·食貨志》記載:"以趙過爲搜粟都尉。過能爲代田,一畝三甽。歲代處,故曰代田,古法也。……令命家田三輔公田,又教邊郡及居延城。"所謂代田法,即"一畝三甽,歲代處"的耕作法。它適應西北地區乾燥的氣候條件,在行溝中播種有利於吸收土壤中的水分,培壅壟土可以抵擋風災,減少水分蒸發,促進種子生根發芽。材料中的"用耦犁,二牛三人",是説耕地時一人掌轅、一人扶犁、一人牽牛。耦犁應是實施代田法所用之犁。這則史料明確記載了代田法已經傳至居延,但對於代田法推行的具體時間,《漢書》沒有明確交代,衹知道代田法的大概時限爲武帝末期,武帝末期的年號分别爲"太始、征和、後元",共十年,其最後一年爲"後元二年",即前87年。居延漢簡記録的"代田

────────────

① 韓華:《漢代居延地區農具的考察——以居延漢簡及其他相關遺物爲中心》,《魯東大學學報》(社科版),2013年第3期,第58—63頁。

倉"爲考察代田法推行的準確時間提供了證據,如簡文273·24"入糜小石十四石
物斗,始元二年十一月戊戌朔,第二亭長舒受,代田倉監止都丞延壽臨"。簡文明
確記載代田倉存在時間爲"漢昭帝始元二年",即前85年。結合上述材料的記録
可以推測代田法推行的時間不晚於前87年。"代田法"與"代田倉"是有着因果關
係的,即代田法推行至居延後,專門設置"代田倉"來儲藏糧食。陳直先生認爲
"代田倉"規模非常大,在昭帝時期代田倉的設置已經非常完善,有專門的管理機
構。①我們可以確證"代田法"的設置和"代田倉"是密切相關的。其推廣範圍可
能在整個河西四郡。伴隨代田法的推行,犁工的出現也就順理成章了。在河西
的漢代遺址中就有犁的模型出土,這爲研究犁的形制提供了直接的考古資料,如
武威磨嘴子16號漢墓中出土的單長轅一般爲二牛牽引,就是人們俗稱的"二牛
抬杠"。磨嘴子A8號漢墓里有木牛、木犁的模型,木牛長31厘米,木犁長18厘
米。犁鏵頭寬3厘米,犁的構造非常簡單,僅有犁轅、犁梢、犁床、犁鏵、犁箭等部
分,看不出犁壁等構造,時間確定爲西漢末年。②在居延遺址、肩水金關遺址、懸
泉置遺址和敦煌地區等漢代遺址中均有數量不等的鐵犁、鐵鋤等農具出土。居
延漢簡中雖没有"犁"的直接記録,但考古資料直接證明犁在河西四郡已經得到
全面推廣。

從上述史料可知,代田法的推行必須具備三個要素:人、犁和牛。這三個生
產要素必須相配套。犁是推行代田法的主要工具之一。犁工的主要職能就是製
造和維護工具。

(四)金關漢簡中的"鍛工"和西北邊塞的冶煉業

秦漢時期,鐵農具全面應用於農業生產。漢武帝在全國廣設鐵官,鹽鐵專
營,但傳統文獻没有明確説明河西四郡鐵製品的來源和鑄造等相關情況。從目
前考古出土的資料來看,在兩漢以前河西地區已經有大量的冶煉遺址存在。③因
此"鍛工"在肩水金關漢簡出現絶非偶然。如下簡:

---

① 陳直:《兩漢經濟史料論叢》,陝西人民出版社,1980年,第46頁。
② 甘肅省博物館:《甘肅武威磨嘴子漢墓發掘》,《考古》1960年9月,第24頁。
③ 梁世林、陶玉樂:《金塔縣文物志》(内部資料),2009年。

☑□卿爲成請肩水鍛工卒名安樂在河　　　　　　（73EJT23:980）

"鍛",《説文》曰："鍛,小冶也。"朱駿聲云："熔鑄金爲冶,以金入火焠而椎之爲小冶。"鍛工就是把金屬材料加熱到一定溫度,鍛造工件的工種。從傳世典籍和漢簡記載來看,與屯墾相關的農具由政府調撥。農具作爲常用工具,其鑄造業一般靠近作業區,因此製作器具的小作坊在西北邊郡應該普遍存在。近幾年河西走廊兩漢時期的幾個遺址中均有數量不少的與鐵相關的生産工具發現,例如敦煌懸泉置遺址出土各類鐵器具260多件、有犁、㞫、鏵、削、鐮、鐯、鐽刀①。漢代居延遺址也有一定數量的鐵器具出土。

（五）削工

削,本義爲裝刀劍的套子。《礼记·曲禮·金工》注："削,書刀也。"東周和秦漢時用書刀除去書寫在木牘或竹簡上的錯字。《漢書·禮樂志》："謂有所删去,以刀削簡牘也。"《墨子·魯問》："公輸子削竹木以爲鵲。"《漢書》："有司請定法,削則削,筆則筆,救時務也。"顏師古注："削者,謂有所删去,以刀削簡牘也。"從目前掌握的資料來看,削工是從事木品加工的人。如下簡:

一人削工　一人治射埻　二人市□

一人守園　二人作□

一人□□　　　　　　　　　　　　　　　　　　（142.25A）

（六）車工與車輛維護

戍卒趙國邯鄲上里皮議車工　　　　　　　　　（73EJT1:19）

---

① 甘肅省文物考古研究所:《甘肅漢代敦煌懸泉置發掘簡報》,《文物》2000年第5期,第6頁。

"車工"首次出現於肩水金關簡中。從漢簡的記錄來看,車輛有專門的檔案記錄,由專門機構和人員管理。漢簡中的與車輛管理相關的名籍有"倉穀車兩名籍""折傷牛車出入簿"等。①這些名籍對車輛出入和完殘程度均有詳細的記錄。如下簡:

倉穀車兩名籍　　　　　　　　　　　　　　　(EPT52:548)

永光四年十月盡

五年九月戍卒折傷

牛車出入簿　　　　　　　　　　　　　　　　(EPT52:394)

結合以上簡文,李清凌先生提出"這些'車''牛車',當都是張掖、敦煌郡本地製造"②,應該是確有所據,車工作爲車輛的製造和維護人員而存在就順理成章了。

二、從漢簡和出土遺物看其他手工業

除本文第一部分所述工匠外,西北漢簡中也有其他手工業的記錄。伴隨簡牘出土的遺物也證明了相關行業的存在,例如皮革、紙張、紡織品等。

(一)食品加工業

1.飯、乾飯和糒祇見簡牘記載不見實物。

飯:

飯六斗直□千陽朔四年　　　　　　　　　　(EPT5:54A)

乾飯:

---

① 李天虹:《居延漢簡簿籍分類研究》,科學出版社,2003年。
② 李清凌:《西北經濟史》,人民出版社,1997年。

夫人付奉世乾飯八石　　奉世付芒得八百

……（以上爲第一欄）　　　　　　　　　　　　（EPT57:69A）

糒：

●右米糒簿　　　　　　　　　　　　　　　　　（EPT59:180）

廿已償糒四斗五升　　令得之　　毋當道居錢謁言吏,敢言之予

（EPT52:533）

□石驚糒　●二千五百六十六石七斗二升少糜一千五百

六斗九升少粟　　　（以上爲第一欄）　　　　　（EPT53:121）

吞遠候長吳詡,糒粟三斛　　　　　　　　　　　（EPT59:352）

　　飯,《説文》:“飯,糧也,從食,反聲。”段玉裁注:“食之者,謂食之也,此飯之本義也。”《廣韻·願韻》:“飯,《周書》云:‘黄帝始炊穀謂飯。’”乾飯,《墨子·備城門》:“爲卒乾飯,人二斗,以備陰雨。”“糒”,《説文·米部》:“糒,乾飯也。”《玉篇·米部》:“糒,乾飯。”《廣韻·至韻》:“糒,糗也。”《集韻·怪韻》:“糒,乾飯。”《史記·大宛列傳》:“益發戍甲卒十八萬,酒泉、張掖北,置居延、休屠以衛酒泉,而發天下七科適,及載糒給貳師。轉車人徒相連屬至敦煌。”《史記·李將軍列傳》:“大將軍使長史糒醪遺廣。”飯、乾飯、糒用計量單位“斗”和“石”,這兩種單位均爲漢代的容量和重量單位,據居延漢簡可知“斗”“石”多用於糧食計量,説明飯、乾飯、糒在此均指乾飯,是爲了保證行軍作戰士卒在較短時間内食用,類似於今日軍隊的速食。簡文中關於糒的類型有糒米、米糒、驚糒、山糒、布緯糒等。“糒米”是製作“糒”的專用米,説明在糒的製作中有專門的用料和嚴格的工序。“米糒”就是以米爲原料製作的糒。①“驚糒”是行軍打仗的軍糧。①“布緯糒”,初師賓先生認爲是用布袋裹束的乾軍糧。②“山糒”,不詳。從簡文可知“糒”的供應和糧食供應一樣,都有嚴

---

① 甘肅省文物考古研究所編:《居延新簡釋粹》,蘭州大學出版社,1988年,第129頁。
② 初師賓:《漢邊塞守禦器考略》,《漢簡研究文集》,甘肅人民出版社,1984年,第155頁。

格的標準。

(2)"豉""醬"和"麴"僅見簡牘不見實物

豉：

度用豉半斗   (EPT4:106)
□二斗豉一斗   (EPT59:405)

豉,《釋民·釋飲食》:"豉,嗜也,五味調和,須之而成,乃可甘嗜也,故齊人謂豉,聲如嗜也。"《史記·貨殖列傳》:"蘖麴、鹽豉千荅。"《世說新語·言語》:"陸機詣王武子,武子前置數斛羊酪,指以示陸曰:'鄉江東何以抵此?'陸云:'有千里蒓羹,但謂下鹽豉耳。'"《齊民要術·作豉法》:"大釜煮之,申舒如飼牛豆,掐軟便止,傷熟則豉爛。"《現代漢語詞典》:"豆豉,用煮熟的大豆發酵後製成。有鹹淡二種,供調味用。淡的也可入藥。也有用小麥製成的。"從傳世典籍中可知,製作"豉"的原料中"鹽"的作用非常重要。居延簡中關於鹽的記錄也較爲豐富,如出鹽、去鹽、用鹽等。鹽除了供食用外還可作爲俸禄和藥。鹽由國家供給。結合居延地區的農業發展狀況,製作"豉"的條件是具備的,其製作工藝應該較爲成熟。

醬：

……
齊將畺   直五
●往來過費凡直千四百七十
肩水見吏廿七人   率人五十五   (EJT21:2-10)

上述簡册1974年發掘於肩水金關遺址第21探方内,全册共9枚簡,内容完

整,是記録招待慰勞邊塞駐軍的花費記録,簡册年代爲王莽地黄三年(22年)。^①

將,通醬。《説文·酉部》:"醬,鹽也。"段玉裁注:"醬,醯也,從肉者,醯無不用肉。"從醬的本義去理解,醬與肉密不可分,傳世典籍中也記録了糧食做醬的情况。《急救篇》第十章"蕪荑鹽豉醬醯酢醬",顔師古注曰:"醬以豆合面而爲之也。"《六書故·工事四》:"醬,今人目豆麥爲黄,投鹽與水爲醬。"《正字通·酉部》:"醬,麥、麵、米、豆皆可罨黄,加鹽曝之。"從簡文内容來看,這里的醬爲麥或其他糧食作物做成的調味品,與"豆豉"功能一樣。

(二)釀酒業

麯:

麯四斗　葵二斗　……餐食如常　長□□□起居得毋有魚百廿頭　它今　遣崔尉史執物如牒十五日寄書萬俠游付　　　　　　　　(EPT44:8A)
　□掌酒者秫稻必齋麯蘖必時湛熾必　絜水泉香陶器必良火齋必得兼六物大酋　　　　　　　　　　　　　　　　　　　(EPT59:343)

關於"麯",《廣韻》:"丘玉切,入聲,屋部。"《説文》:"酒母也。"《列子·楊朱》:"聚酒千鐘,積麯成封;望門百步,糟漿之氣逆入人鼻。"《齊民要術·笨麯并酒》:"作春酒法:治麯欲净,剉麯欲細,曝麯欲乾。"《本草綱目·穀部·麯》:"麯以米、麥包罨而成,故字從麥、從米、從包省文,會意也。酒非麯不生,故曰酒母。《書》云:'若作酒醴,爾惟麯蘖。'是矣。劉熙《釋名》云:'麯,朽也,鬱使生衣敗朽也。'"中國生産酒的歷史非常悠久,從文獻與考古資料來看,早在6000年前就出現人工釀造的酒(《史記·五帝本紀》記載,早在禹做部落聯盟首領時,就有人釀酒獻給他)。EPT44:8A記載"麯四斗",漢代1斗等於10升,"四斗"爲40升。漢簡EPT59:343中也有關於製作酒的記録,説明居延地區也存在釀酒作坊。中國古代釀酒的主要原料是糧食。從"黍"的植物特性可知漢代居延地區釀酒的主要作物應該是黍。

---

① 甘肅省文物考古研究所:《居延新簡釋粹》,蘭州大學出版社,1988年,第129頁。

(三)紡織和皮革

紡織、皮革在漢簡中以人們使用的成品形式出現,未涉及製作人員和製作工藝。伴隨這些簡牘出土的遺物中有大量的紡織品和皮革製品,如懸泉置遺址出土了大量絲織品,質地有絹帛、綢繒等,也有大人和小孩的皮革鞋。居延諸遺址也有大量的絲、麻和皮革製品出土,從發掘出土到現在保存狀態完好,絲織品顏色豔麗,皮革製品手工精良。[①]

(四)造紙業

西漢是否有紙,學界有爭議,甘肅的天水放馬灘遺址和敦煌懸泉置遺址、馬圈灣遺址均有紙張出土,已經有學者利用層位學和同層位紀年簡對紙張的時代做了仔細的考證,此處不再贅述。一般認爲甘肅天水放馬灘遺址出土繪有地圖的紙是目前世界上所知最早的紙。懸泉置遺址出土西漢麻紙有400多件,寫有文字的紙文書殘片近10件,其中有漢紙和晉紙,爲文書殘片和藥方。根據顏色質地可分爲黑色厚、黑色薄、褐色厚、褐色薄、白色厚、白色薄、黃色厚、黃色薄8種。上面寫字者多爲白紙和黃紙。時代從武、昭帝始,經宣帝、元帝、成帝至東漢及晉。[②]從相關機構對懸泉紙選取的標本檢測的成分看,每張紙中麻的比例占70%,還有部分樹皮等。[③]懸泉紙張的製作來源,符合澆紙法造紙的技術特徵。[④]從漢簡記錄中可知,西北邊塞有大量麻類作物種植,具體種類有待對這些出土標本進行檢測;周邊的祁連山分布大面積的原始森林。綜合各類因素,紙張的原料取自當地,紙張的加工也在當地完成。因爲麻在這批紙中的含量占優勢地位,也稱爲"懸泉麻紙"。

三、工的身份與相關的文書

"工"就是工匠。漢簡中與"工"相關的文書,如木工、削工等,有學者列爲作

---

① 甘肅省文物考古研究所:《甘肅敦煌漢簡内容概述》,《文物》2000年第5期,第21—26頁。

② 甘肅省文物考古研究所:《居延新簡釋粹》,蘭州大學出版社,1988年,第129頁。

③ 韓飛:《從紙的一般性能看懸泉置遺址出土麻紙》,《絲綢之路》2011年第4期,第29—31頁。

④ 李曉岑:《早期古紙的初步考察和分析》,《廣西民族大學學報》(自然科學版),2009年12月,第59—63頁。

簿,就是記錄彰卒和省卒從事雜物勞作的簿籍,因爲是按照天爲單位記錄,所以又稱"日作簿"①,如上文中所列的敦煌漢簡253、居延漢簡E.P.T65:422中的木工,居延漢簡E.P.T65:474中的水工、犁工,肩水金關漢簡73EJT23:980中的鍛工等。以上文書的性質和居延漢簡中的木工、削工的文書性質是一樣的,因此這些工的身份是戍卒,其文書爲作簿。漢簡中管理和維護水利設施的還有專門的戍卒,例如"治渠卒"和"治河卒"。

以上考察僅限於公布的簡牘材料,全面系統地反映漢代河西邊塞手工業的發展以及在中西交流中的作用等問題,還有待於相關材料的公布。

(原載《紀念馬王堆漢墓發掘四十周年國際學術研討會論文集》,嶽麓書社,2016年)

---

① 李天虹:《居延漢簡簿籍分類研究》,科學出版社,2003年。

漢代居延地區農具的考察

——以居延漢簡及其他相關遺物爲中心

韓 華

　　居延是漢代比較大的屯戍區。較爲全面地考察居延、肩水金關等遺址出土的遺物和漢簡(居延歷次考古調查與發掘出土農具簡表)對研究漢代該地區農具的發展情況具有十分重要的學術意義。本文試對漢簡所載和居延各遺址出土的農具種類作以考察。

一、整地(翻耕)工具

　　整地工具主要爲"犁"。《釋名·釋用器》:"犁,利也,利則發土絶草根也。"《中國古代農業考古圖録》中解釋:"犁,是從耒耜演變而來的,同爲整地農具,所以後人也常將犁叫作耒耜。"[①]史料和考古資料均已證明,早在春秋戰國時期,"犁"就已經隨牛耕推廣,居延漢簡中未見"犁"的記載,但在漢代河西地區的遺址中有鐵製犁器出土。如在武威磨咀子16號漢墓中出土有一件"V"字形鐵犁鏵,犁鏵頭

---

　　① 陳文華:《中國農業考古圖録》,江西科學技術出版社,1994年,第218—219頁。

寬3厘米,前端呈鋭角,上面凸起,中有凸脊,下面板平,鋭利厚重,適於開溝做渠。此犁的構造非常簡單,僅有犁轅、犁梢、犁床、犁鑔、犁箭等部分,看不出犁壁、犁評等構造,時間確定爲西漢末年。[①]可見漢代的耕犁多爲單長轅,比較笨拙,這種單長轅一般應爲二牛牽引,即人們俗稱的"二牛抬杠"。這樣的犁,耕地時一人掌轅、一人扶犁、一人牽牛,就是趙過創造的二牛三人的耦犁耕作方式。在48號墓裏有木牛、木犁的模型,木牛長31厘米,木犁長18厘米,这説明犁在武帝中後期已經在河西地區開始使用。作爲毗鄰的居延地區代田法的存在也能確證犁在這一地區的運用。

從居延漢簡的記載來看,漢代西北邊塞在進行耕作時已經廣泛使用耕牛,并有專門機構爲耕牛登記造册,記録牛的毛色、年齡、雌雄等,爲耕牛專門設籍,這表明官府很重視對耕牛的管理,也説明耕牛在屯田中有着重要的作用。如下簡:

> (1)☒十五日,令史官,移牛籍大守府求樂,不得樂,吏毋告,劾亡滿三
> 日五日以上。 (36.2)
> (2)力牛一,黑,犉,左斬,齒八歲,絜七尺八寸。 (491.8)
> (3)牛一,黑,牡,左斬,齒三歲,久左☒☒ (510.28)
> (4)出茭八十束,以食官牛。 (217.13)
> (5)積廿九人養牛。 (512.1)

簡文(1)所述大意是下級單位向張掖太守府遞送牛籍;簡文(2)(3)屬於同一册書,依次記録了牛的毛色、性別、齒齡等内容;簡文(4)是餵養官牛的記録;簡文(5)説明牛由專人餵養。綜上所述,居延地區已經大量使用牛作爲耕畜了。[②]

二、播種工具

傳世典籍和農學專著均認爲漢代的播種器具是"耬車"。居延漢簡雖無耬車

---

① 甘肅省博物館:《甘肅武威磨嘴子漢墓發掘》,《考古》1960年第9期,第24頁。
② 沈元:《居延漢簡牛籍校釋》,《考古》1962年8期,第426—428頁。

的記載,但在居延屯戍區殄北塞A10(塢堡遺址)“瓦因托尼”遺址出土有木樓車。①原來在尖端裝置的鐵鏵無存,後端有一個柄,柄的下部是一個扁平的托。它用一種很硬的木材製成,有棱角的地方都經過加工打磨。崔寔《政論》載:“其法,三犁共一牛,一人將之,下種挽樓,皆取備焉。日種一頃,至今三輔猶賴其利。今遼東耕犁,轅長四尺,回轉相妨,既用兩牛,兩人牽之,一人將耕,一人下種,二人挽樓,凡用兩牛六人,一日才種二十五畝,其懸絕如此。”②這則史料説明樓車使用的動力是牛,其工作效率是“一日一頃”。元代王禎的《農書》,明代徐光啟的《農政全書》、宋應星的《天工開物》等農書中均詳細記載了樓車的重要功能和改進狀況。木樓車的出土證實,漢代作爲播種器具的樓車已經在居延屯田區得以推廣。

三、中耕除草

居延考古出土和漢簡記載的主要工具有鋤和耒兩種。

（一）鋤

　　(6)門關戍隨,地表幣;塢户穿,地表染□;□□殘鉏,□□,□少一。

(68.109)

　　(7)☑□左鉏一寸

(73.32)

鉏今作鋤。鉏是鋤的异體字。《釋名》曰:“鉏,助也,去穢助苗長也。”《説文》:“鉏,立薅所用也,從金,且聲。”段玉裁注:“薅者,披去田艸也,云立薅者,古薅艸坐爲之,其器曰木辱,其柄短,若立爲之,則其器曰鉏。”《玉篇·金部》云:“鉏,田器。”《史記·秦始皇本紀》載:“鉏櫌棘矜,非銛於勾戟長鎩也。”《後漢書·獨行傳·李善》載:“乃脱朝服,持鉏去草。”鉏也有“用鋤鋤地也”之意。屈原《卜居》:“寧誅

---

① 陳公柔、徐蘋芳:《瓦因托尼出土廩食簡的整理與研究》,《文史》第13輯,中華書局,1982年,第37—38頁。

② [清]嚴可均輯,許振生審訂:《全後漢文》卷四十六崔寔《政論》,商務印書館,1999年,第470頁。

鉏草茅以力耕乎。"宋蘇軾《升陽殿故址》:"每因鉏耰時,數得寶玉片。"

甲渠候官和肩水金關有鋤出土。20世紀70年代,肩水金關遺址出土的鋤,其形制屬於凹口型鋤,其刃呈弧形,且兩角外撇,適於挖土。甲渠候官出土的鋤爲"鉤如鵝頸"的鐵鎒鋤,其刃平直,人站立時鋤刃可平貼地面,鋤草輕快便捷。

(二)臿

居延漢簡中記録的臿有以下幾種樣式,即臿、鍤、方臿、具四分臿、鍤金、鐵臿。如下簡:

(8)斧二一,臿六一。　　　　　　　　　　　(303.16

(9)第七隧長,王當,持臿詣官來☐。　　　(EPT65:446A)

(10)次吞隧卒,高當,四月乙酉臿一,破耳;伐胡隧卒任林臿一完;第七卒馮忘臿一完;第十四歲隧卒司馬滿臿一,破耳。(摘録)

　　　　　　　　　　　　　　　　　　　(EPT51:212A)

(11)☐大鍤一,小鉤一。　　　　　　　　(EPT53:132)

(12)甲渠候長殷買許子方臿,贛買肩水尉丞程卿牛一直錢三千五百,已入五百,少三千,煩願☐☐。　　　　　(EPT53:73)

(13)之官録日移新到☐☐☑,鐵臿大刀言叩頭死罪☑,箭五十鐵鎧☐☑。　　　　　　　　　　　　　　　　(EPT49:85A)

(14)●趙子思計,六尺席一,直百卅五;鍤金三,直六,付卅,凡二百卅六已得百一十七,少百一十八。(以上爲第二欄)　(EPT50:144A)

(15)車休一枚☐,入什器,膏果一枚,具☐☐☑,車放安一枚,具四分臿。　　　　　　　　　　　　　　　　(85.28)

臿,同鍤,即鐵鍬,挖土工具。《管子·度地》云:"以冬無事之時,籠、臿、板、築各什六。"《説文》曰:"䅳,臿也"。《釋名·釋用器》:"鍤,插也,插地起土也。或曰銷,銷,削也,能有所穿削也。"即挖土的工具。《漢書·王莽傳上》載:"父子兄弟負籠荷鍤,馳之南陽。"①由簡文記載和出土文物可知,"臿"的材質有木質的,有鐵木結合的,也有純鐵製的。楯、方楯、具四分楯爲木質臿,鍤、臿、鐵臿、鍤金爲鐵質臿。

四、灌溉農具

1972年—1976年居延甲渠候官遺址"轆轤"的出土②爲研究居延屯戍區的灌溉器具提供了實物考古資料。"轆轤",《正字通·車部》曰:"轆,轆轤,井上汲水軸也。"《六韜·虎韜》云:"渡溝塹,飛橋一間,廣一丈五尺,長二丈以上,着轉關轆轤八具,以環利通索張之。"由此可知轆轤是汲取井水的起重裝置,一般多用於較深的井。1973年肩水金關F12和F13遺址中有桔槔出土。③從史料的記載來看,桔槔的使用非常早。如《莊子·天地篇》:"子貢南游於楚,反於晋,過漢陰,見一丈人,方將爲圃畦,鑿隧而入井,抱甕而出灌,搰搰然用力多而見功寡。子貢曰:'有械於此,一曰浸百畦,用力甚寡而見功多,夫子不欲乎?'爲圃者仰而視之曰:'奈何?'曰:'鑿木爲機,後重前輕,挈水若抽,數如泆湯,其名爲桔槔。'"兩則史料非常具體地描繪了桔槔的使用形態,即井邊立一木柱,木柱上支一根橫木,一端掛水桶,一端繫重物,靠橫木一升一降來從井中汲水,從其原理來看是巧妙地利用了杠杆原理,即便於操作,又可節省力氣。

五、收穫工具

收穫工具衹見漢簡記載,而無考古实物出土,主要有鉤、鐮兩類。

(一) 鉤

(16)伐大農茭卒錢鉤鐮如□☒　　　　　　　　(EPT50:227)

(17)☒□在尉郭,軸二其一折,毋鉤☒,檄在尉障。　　(EPT51:589)

---

① 《漢書》卷九十九《王莽傳上》,中華書局,1962年,第4084—4085頁。
② 吳礽驤:《河西漢塞調查與研究》,文物出版社,2005年,第139頁。
③ 甘肅居延考古隊:《居延漢代遺址的發掘和新出土的簡册文物》,《文物》1978年第1期,第5頁。

鉤,《説文》曰:"鉤,曲也,從金,從句,句亦聲。"段玉裁依《韻會》在"曲"下補按"句之屬"三字皆會意兼形聲。鐮刀,《方言》卷五:"刈鉤,自關而西或謂之鉤,或謂之鐮。"《淮南子·氾論訓》云:"木鉤而樵,抱甄而汲。"高誘注:"鉤,鐮也。"①《漢書·龔遂傳》:"諸持鉏鉤田器者皆爲良民,吏毋得問。"②因"鉤"尚不見考古實物出土,其形制還有待於進一步研究。

(二)鐮

　　　(18)伐大農茭卒錢鉤鐮如□☒　　　　　　　　(EPT50:227)

《釋名·釋用器》曰:"鐮,兼也,體廉薄也,其所刈稍稍取之,又似廉者也。"《玉篇·金部》曰:"鐮,刈稍也。"《説苑·敬慎》云:"擁鐮帶索而哭。"宋范成大《刈麥行》記:"腰鐮刈熟趁晴歸,明朝雨來麥粘泥。"王禎《農書》卷十四:"鐮,刈禾曲刀也。……《風俗通》曰:'鐮刀自揆,積芻蕘之效。'然鐮之制不一,有佩鐮,有兩刃鐮,有袴鐮,有鉤鐮,有鐮柯之鐮,皆古今通用芟器也。"可見鐮是收割穀物和柴草的農具,形如鉤,有柄。根據鐮的形制可分長柄鐮、短柄鐮和月牙鐮。長柄鐮在出土的漢代畫像磚上有清晰的展示,圖中兩個人在水田內揮舞着長柄鐮,另三個人則在用手鐮割麥穗頭。③一般認爲,長柄鐮是適用於密集型播種的農具。短柄鐮是一種改良了的農具,麥在祗留幾寸高時使用短柄鐮,這樣收割下來的麥秆捆綁起來方便得多,而且不需要再清理農田,發揮短柄鐮的最大功效,但要求作物行列整齊。因此,采用壟作法最有利於短柄鐮的利用。月牙形手鐮可能是從新石器時代的砍刀發展而來的,祗用於割穗頭,麥秆都留在地裏。

① 張雙棣:《淮南子校釋》,北京大學出版社,1997年,第1331—1338頁。
②《漢書》卷八十九《循吏傳·龔遂》,中華書局,1962年,第3639頁。
③ 中國社會科學院考古研究所:《新中國的考古收穫》,文物出版社,圖218。

六、脱粒工具

(一)碓、磑、扇隤、舂簸、石磑

(19)第十九碓磑扇隤舂簸揚頃町☒（大庭脩先生將這枚漢簡中的幾
個類型在其《居延漢簡索引》中均歸爲脱穀類）　　　　　　(EPT6:90)

(20)受六月餘石磑二合,完,毋出入。　　　　　　　(EPT51:90)

簡文(19)所述爲《急就章》的章目。《説文》云:"碓,所以舂也。"王注:"杵臼任
手,碓則任足。"漢代除了用杵臼加工糧食外,還發明了利用杠杆原理和人體一部
分重力的踏碓。桓譚《新論》中説:"及後人加巧,因延力借身重以踐碓,而利十倍
杵舂,又復設機關,用驢騾牛馬及役水而舂,其利乃且百倍。"《正字通》曰:"磑,碎
物之器,晋王戎有水磑,今俗謂之磨。"《六書故》云:"合兩石,琢其中爲齒,相切以
磨物曰磑。"吴礽驤先生在《河西漢塞調查與研究》中記録了居延漢代遺址中發現
的磨盤,如城鄣遺址 F30 有石磨,位於城鄣遺址 K749。《説文》:"舂,搗粟也。"《史
記·淮南衡山列傳》:"一尺布,尚可縫;一斗粟,尚可舂。兄弟二人不能相容。"《論
衡·量知》:"穀之始熟於粟,舂之於臼,簸其秕糠。"簸與揚是兩種净穀方法。"簸",
《説文》曰:"簸,揚米去糠也。"《詩經》已有"或舂或揄,或簸或蹂""維南有箕,不可
以簸揚"的記載。1973年肩水金關遺址出土有灰陶製瓦簸箕,長30厘米,寬24
厘米,高9.5厘米,與現在生活中的小簸箕相當,應爲净穀器具。嘉峪關魏晋墓壁
畫中有人手持木杈揚場的情景。

(二)粉板

(21)粉板一長八尺　　　　　　　　　　　　　(EPT51:524)

大庭脩先生在其《居延漢簡索引》中將"粉板"歸爲"脱穀"類。簡文中的"長
八尺","長"應該指粉盤的直徑,"八尺"應爲8漢尺,1漢尺相當於今天的23.1厘

米,8漢尺爲現在的184.8厘米。從《中國農業考古圖録》中可知漢代磨盤一般呈圓形,中間有孔,兩扇磨盤合起來從中間將糧食作物灌入,用人力或畜力拉,做圓周轉動,面粉就從底下溢出,由此推斷粉盤應爲磨盤。

(三)椎

椎即現在的榔頭,用來碎土和櫓地。碎土,在今天甘肅河西稱敲土塊,是細土保墒的措施。木椎是在木棍一端安一個木製椎頭。20世紀70年代漢代居延甲渠候官遺址有木椎出土(見《居延漢代遺址的發掘和新出土的簡冊文物》),木椎碎土情景也出現在魏晋時期墓葬彩繪磚畫中,有一幅《播種圖》,圖中描繪了農婦播種、農夫打土塊的場景,農夫打土塊用的農具就是木椎。櫓地,是在耙地或播種之後,用一種不帶齒的櫓,把土塊壓碎,將土地櫓平,可以進一步起到保墒作用。櫓也叫耢。王禎《農書》云:"勞(耢),無齒耙也。"諺曰:"耕而不勞(耢),不如作暴。"因爲土地櫓平才宜保墒。魏晋墓彩繪磚畫中的《櫓地圖》,描繪一農夫坐於無齒耙上驅牛櫓地,人坐於櫓上,起到了壓碎土塊的作用。

六、輔助性類農具

除了上述常見的農業工具外,還有一些在農業生産過程中必須利用的輔助工具,居延漢簡中也有反映,如下簡:

(一)斧、鋸、斤

(22)計斤斧各二　　□大小各一　　齒五　　椎二　　　　(EPT43:49)

(23)第廿七燧長李宫,鋸不任事、斧一不任事。　　　　　　(285.18)

(24)第二長别田令史,德,車一兩、斧二、斤二、鋸一。　　　(47.5)

斧,《説文·斤部》:"斧,斫也。"《釋名·釋用器》:"斧,甫也,甫始也,凡將製器,始用斧伐木。已乃製之也。"《漢書·項籍傳》:"孰與身伏斧質,妻子爲戮乎?"顔師古注："質謂鑕也，古者斬人，加於鑕上而斫之也。"①早在新石器時期就有石頭做的斧子，人類在用作打擊野獸的武器的同時，也用來砍伐樹木，加工器物。秦漢以後，斧既可以用作戰場上的武器和殺人刑具，生活中亦用作砍物的工具，鐵斧的應用使生産效率得以大幅度提高。考古出土的斧子和現代的斧子的形製較爲相近，刃縱向，斧頭上有橢圓形孔，用來裝斧柄。民用斧子的柄較短，利於使用。簡文(24)中的"斧"是作爲工具而存在的。居延地區有鐵斧出土。

鋸，《説文·金部》："鋸，槍唐也。"段玉裁注："槍唐，蓋漢人語。"徐灝箋："槍唐，蓋狀鋸聲。"《六書故·地理一》："鋸，解器也，以鐵桑齟齬，其齒一左一右，以片解木石。"《墨子·備城門》："門者皆無得挾斧、斤、鑿、鋸、椎。"②鋸，見於漢簡記載，但居延地區無實物出土，在中原地區則有漢代鋸的出土遺物。

《説文·金部》："斤，斫木也。"段玉裁注："凡用砍物皆用斧；砍木之斧，則謂之斤。"徐灝箋："斧斤同物，斤小於斧。"王筠《説文句讀》："斤之刃横，斧之刃縱，其用與钁相似，不與刀鋸相似。"《國語·齊語》："惡金以鑄鉏、夷、斤、斸，試諸壤土。"韋昭注："斤，形似鉏而小。"可見斤與斧同爲砍物之器，并不相同，居延屯戍區未見斤的出土實物。

(二)連梃

(25)烽不可上下，連梃庆解□多隨折，長斧椎皆摇棓咩呼，稚色不鮮明，繫索敝，絶，弩長臂曲庆不可。　　　　　　　　　　(127.24)

(26)連梃繩解　　　　　　　　　　(68.105)

連梃，《通典·守拒法》曰："連梃如打禾連枷狀，打女牆外上城之敵。"又曰："長斧、長刀、長椎、長鐮……連枷、連棒、白棒。"初師賓先生將連梃歸爲守禦器。③筆者認爲，從"連梃"的結構去判斷，居延屯戍區打穀器物和連梃相似。至

---

①《漢書》卷三十一《項籍傳》，中華書局，1962年，第1805頁。
②吴毓江：《墨子校注》，西南師範大學出版社，1991年，第648頁。
③初師賓：《漢邊塞守禦器備考略》，《漢簡研究文集》，甘肅人民出版社，1984年，第142頁。

今,甘肅有些偏僻的農村打穀仍在用連枷。

(三)帚

　(27)炊帚三百枚　　　　　　　　　　　　　　　(EJT4:47)

　(28)□中□一枲□廿枚,箄炊帚各一;繪紵各一,枲廿枚,□一。

　　　　　　　　　　　　　　　　　　　　　　　(EPT48:18B)

　　《説文》:"帚,糞也。……古者少康初作箕、帚、秫酒。"段注:"帚,所以糞
也。"《禮記·曲禮上》:"凡爲長者糞之禮,必加帚於箕上。"從簡文(27)的組詞方式
來看,"炊帚"應與燒火做飯有關,屬戍卒日常生活用品。

(四)囊和橐

　(29)同隧卒魏郡,内黄城南里吳故,責,故臨之隧長,薛忘,三石布囊,
　一曼索、一具皆薀忘得不可得,忘得見爲復作。　　　　(EPT59:7)

　(30)革橐一,盛糒三斗,米五斗,騎馬蘭越隧南塞天田出西南去,以此
　知而。　　　　　　　　　　　　　　　　　　　　　　(EPT68:27)

　　囊,《説文》:"囊,橐也。"《詩經·大雅·公劉》:"乃裹餱糧,于橐于囊。"毛傳:
"小曰橐,大曰囊。"《漢書·王吉傳》:"及遷徙去處,所載不過囊衣,不畜積餘財。"
顏師古注:"有底曰囊,無底曰橐。"①又《漢書·東方朔傳》:"臣朔長九尺餘,亦奉一
囊粟,錢二百四十。"這裏所謂"囊"即糧袋,一般能容穀二斛多,"錢二百四十",如
果以粟百錢計算,恰好"半錢半穀"。由此説明"囊"和"橐"用來裝糧食,也可以用
"囊"裝衣服等。關於囊和橐的材質,從簡文可知囊主要由麻布製成,橐主要爲皮
革質地。

---

①《漢書》卷七十二《王吉傳》,中華書局,1962年,第3068頁。

(五)布緯

(31)卅井累虜燧

回

布緯糒三斗 (181.8)

布緯,《釋明·釋典藝》曰:"緯,圍也。反復圍繞以成經也。"《廣雅·釋詁》曰:
"緯,束也。"關於"緯",初師賓先生認爲是用來裹束乾軍糧的布袋。[①]簡文(31)的
形製較爲特殊,屬於"封檢",是漢代傳送或寄送東西的文字説明,符號"回"説明
其有封泥并蓋有印章。可知"布緯"是裝乾食的主要工具。

(六)木耙

《説文》曰:"耙,收麥器也。"顏師古解釋説:"無齒爲拐,有齒爲耙,皆所以推
引聚禾穀也。"居延漢簡無"耙"的記載,只見于20世紀70年代居延甲渠候官遺址
出土的木耙,同時期玉門花海遺址也出土有丁字形木耙一件,由此可知,木耙是
糧食儲存地和屯田區常用的工具。

結 語

綜合以上,漢代居延地區的農具種類多樣,技術已經達到一定的水準,是居
延屯田順利實施的重要條件。

---

① 初師賓:《漢邊塞守禦器備考略》,《漢簡研究文集》,甘肅人民出版社,1984年,第142頁。

附錄：居延屯戍區出土農具簡表

名稱	質地	完整狀況	出土地點	出土時間	備注
木樓車	木	殘長31.5厘米，尖端長6.2厘米，寬4.7厘米，厚2.4厘米	珍北塞A10(塢堡遺址)"瓦因托尼"	1973年	A1011:20
鐵農具	鐵		甲渠候官	1972—1974年	具體出土單位見正式考古發掘報告
鐵工具	鐵		甲渠候官遺址	同上	同上
鐵工具木芯	木		甲渠候官P1"保都格"(烽燧)	1974年	同上
鐵鋤	鐵		卅井塞A20(烽燧)	1930年(采集)	
石磨	石		同上	1972年	
磨盤	石	衹有下半部，直徑0.53米，中心留方孔，厚0.13米	居延都尉府所轄中心區K749以北6千米處居民點遺址	1978年吳礽驤先生調查新發現	
鐵鍤	鐵	鍤柄爲倒梯形，中空，方銎。口徑長4.4厘米，寬1.8厘米，刃部寬展，呈梯形、略弧，刃寬9.8厘米，通高9厘米	甲渠塞第十六燧	1999年內蒙古居延考古隊考古發掘	考古編號：99ES16SD1:14
木鍁	榆木	下端從兩側加工出粗略的刃部但未磨損，而柄部和肩部則磨損嚴重，可見應裝有鐵鍁頭，稍有殘失。口徑長4.4厘米，寬1.8厘米，刃部寬展，呈梯形、略弧，刃寬9.8厘米，通高9厘米。全長98厘米，鍁頭長18厘米，寬14厘米	甲渠塞第九燧	2000年內蒙古居延考古隊考古發掘	考古編號：2000ES9S:52
農具			肩水塞A32遺址(肩水金關遺址)	1973年甘肅居延考古對發掘	
瓦箕	灰陶	完整	肩水金關F1	1973年	
瓦帚	灰陶	完整	肩水金關F1	1973年	
磨石	石	稍殘，一面磨痕明顯，殘長6.5厘米，寬8.5厘米，厚1.7厘米		2002年內蒙古居延考古隊考古發掘	考古編號：2002ESCSF2:18
磨棒	石	青藍色砂岩琢磨而成，圓棒狀，兩端略細，使用磨痕明顯，長14.6厘米，粗徑6.2厘米		2002年內蒙古居延考古隊考古發掘	考古編號：2002ESCSF2:17

資料來源：1.吳礽驤《河西漢塞調查與研究》，文物出版社，2005年；2.魏堅主編《額濟納漢簡》，廣西師範大學出版社，2003年；3.陳公柔、徐蘋芳《瓦因托尼出土廩食簡的整理與研究》，《文史》第13輯，中華書局，1982年。

（原載《魯東大學學報》[哲學社會科學版]，2013年第3期）

河西漢塞鑽木取火方式考①

史　亮　肖從禮

　　我們擬對兩漢時期敦煌等邊塞屯戍吏卒日常的取火工具和取火方式作簡要介紹。從出土實物和漢簡中的相關記載可知,在漢代敦煌等邊塞地區,屯戍吏卒的日常取火方式主要有鑽木取火、燧石取火兩種,此外,亦可能采用陽燧取火方式。下面分別予以介紹,其不妥之處,還祈方家指正。

　　中國古代文獻中記載的最早人工取火者當屬燧人氏。《韓非子·五蠹》載:"上古之世,人民少而禽獸眾,人民不勝禽獸蟲蛇……民食果蔬蚌蛤,腥臊惡臭而傷害腸胃,民多疾病,鑽燧取火,以化腥臊,而民説之,使王天下,號曰燧人氏。"②雖然這祇是一個傳説,但從這條記載可以知道,古人告別茹毛飲血、食用熟食的一個重要條件就是懂得利用火,進而掌握人工的鑽燧取火技術,這對古人的健康和體質發展具有極其重要的作用。

　　燧人氏的"鑽燧取火"屬於何種取火方式,這在學術界曾引起過不小的爭議。有學者認爲所謂的"鑽燧取火"并不是我們通常所理解的鑽木取火,而是燧

---

① 本文係2019年度國家社科基金一般項目"河西漢簡科技史料整理與研究"(19XZS001)階段性成果。
② [清]王先慎撰,鐘哲點校:《韓非子集解》,中華書局,1998年,第442頁。

石取火。鑽是火鑽,燧是燧石,鑽與燧即火鐮與火石,急劇地摩擦或撞擊取火。[1]
這種否認中國古代有鑽木取火方式的觀點受到學者普遍質疑,如張壽祺《中國古
代取火方法考證》一文從民族學、考古學和文獻學等方面詳細介紹了現在各地區
各少數民族中仍遺存的鑽木取火的古老方法,在考古領域中出土有鑽木取火工
具,以及文獻中明確載有鑽木取火方式。[2]諸多證據表明,鑽燧取火是指鑽木取
火,這是古今中外的各族人民所熟練掌握的一種古老的取火方式。

在新疆地區考古出土有春秋至戰國時期的鑽木取火實物,如在新疆烏魯木
齊南山礦區魚兒溝及阿拉溝東口發掘了一批墓葬群。據墓葬形制和陪葬器物等
考古信息分析,這些墓葬的年代屬於春秋至戰國時期,其族屬爲車師民族。[3]在
其中一些墓坑中發現有大量的供鑽木取火用的
木片。從這些木片上分布的鑽孔來看,這些木
片均是實用器物,應該是墓主人生前反復使用
過的鑽木取火工具。

在漢代,鑽木取火也是人們所普遍采用的
取火方式。1980年,在新疆鄯善縣蘇貝希遺址的
兩座漢代墓葬中出土有鑽木取火工具。據發掘
簡報稱,出土有取火器的墓葬年代爲公元前3世
紀至公元前5世紀。三號墓地共出土有5件鑽木
取火器。在M3所出土的取火具爲取火板,該板
呈長方體帶圓頭,小孔內繫皮條,一面鑽出11個
圓形印痕,兩邊帶刻槽,長9.1厘米,寬2.8厘米,
厚1.8厘米。M17出土的爲取火棒,錐形,粗頭與

圖5-6 新疆烏魯木齊南山礦區魚
兒溝墓葬出土的取火木片[4]

---

① 閻崇年:《"鑽木取火"辨》,《社會科學戰線》1980年第3期,第125頁。

② 張壽祺:《中國古代取火方法考證——并與閻崇年同志商榷》,《社會科學戰線》1981年第1期,第
98—101頁。

③ 新疆維吾爾自治區博物館:《建國以來新疆考古的主要收穫》,文物編輯委員會《文物考古工作三十
年——1949—1979年》,文物出版社,1979年,第172頁。

④ 新疆維吾爾自治區博物館:《建國以來新疆考古的主要收穫》,文物編輯委員會《文物考古工作三十
年——1949—1979年》,文物出版社,1979年,第172頁。

取火板上的圓孔大小一致，有炭化燃燒痕，粗徑0.9厘米，長12.8厘米。此外，在M27中亦出土有取火板一件，置於一老年男性腰間。[1]除發掘簡報中所介紹的這3件取火器外，尚有2件在發掘簡報中未述及詳情。

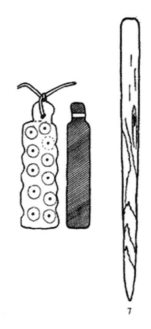

圖5-7　蘇貝希遺址墓葬出土的取火木板和木鑽杆[2]

在漢代的敦煌邊塞亦出土有取火器。據《敦煌馬圈灣漢代烽隧遺址發掘報告》介紹，在敦煌馬圈灣漢代烽燧遺址所出土的取火器爲取火板。該板爲紅柳木製成。一端削成較厚并略向上翹的把柄，兩側鑽外缺圓孔，底部呈圓弧形，左側8個孔，右側上部有2個孔。孔底有燒焦痕迹。該板長27.3厘米，寬3.3厘米，厚1.3厘米。柄部厚2.5厘米。圓孔直徑2.3厘米，深0.9厘米。[3]

① 新疆文物考古研究所、吐魯番地區博物館：《新疆鄯善縣蘇貝希遺址及墓地》，《考古》2002年第6期，第50頁。
② 新疆文物考古研究所、吐魯番地區博物館：《新疆鄯善縣蘇貝希遺址及墓地》，《考古》2002年第6期，第50頁。
③ 甘肅省文物考古研究所：《敦煌馬圈灣漢代烽隧遺址發掘報告》，甘肅省文物考古研究所編《敦煌漢簡》下冊，中華書局，1991年，第58頁。

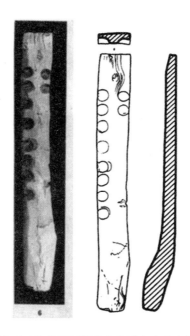

圖5-8　敦煌馬圈灣漢代烽隧出土取火器①

　　在漢代居延長城烽隧沿綫出土有數量更多的鑽木取火器。1930年中瑞西北科學考察團成員中的瑞典考古學家貝格曼在居延邊塞除發掘了10000多枚居延漢簡外，還采獲了數量衆多的屯戍遺存物，這其中就有不少屯戍吏卒所使用的鑽木取火器。據《内蒙古額濟納河流域考古報告》一書記載，共發現有8件鑽木取火器，其中有6件爲取火板，2件爲鑽杆。②

---

　　① 甘肅省文物考古研究所：《敦煌馬圈灣漢代烽隧遺址發掘報告》，甘肅省文物考古研究所編《敦煌漢簡》下册，中華書局，1991年，圖版壹玖陸之6、10，第113頁。

　　② ［瑞典］弗克·貝格曼考察，［瑞典］博·索瑪斯特勒姆整理，黄曉宏、張德芳等譯：《内蒙古額濟納河流域考古報告》，學苑出版社，2014年，第322—323頁。

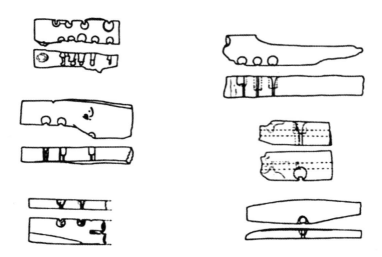

圖5-9　居延邊塞出土的取火鑽板①

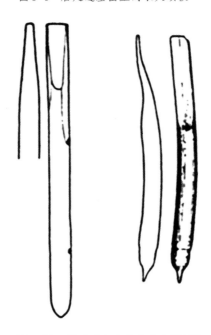

圖5-10　居延邊塞出土的取火鑽杆②

①[瑞典]弗克·貝格曼考察,[瑞典]博·索瑪斯特勒姆整理,黄曉宏、張德芳等譯:《内蒙古額濟納河流域考古報告》,學苑出版社,2014年,第323頁。

②[瑞典]弗克·貝格曼考察,[瑞典]博·索瑪斯特勒姆整理,黄曉宏、張德芳等譯:《内蒙古額濟納河流域考古報告》,學苑出版社,2014年,第322頁。

　　漢代鑽木取火的具體操作方式,在文獻中未有明確記載。從現遺存的鑽木取火方式來看,各地區的人們所采用的材質和輔助工具各有不同。據張壽祺《中國古代取火方法考證——并與閻崇年同志商榷》一文介紹,海南省樂東縣黎族地區的人們普遍以一種"山麻木"爲取火材料。其鑽木取火的方法是:首先取一根山麻木弄平,再在扁平的山麻木表面就其中部靠近邊沿地方刻上一個淺淺的凹穴,在凹穴旁刻上一道淺淺的缺槽。弄好以後,把它放在地上,再用一根山麻細枝當作鑽棒,人坐在地上,兩隻腳把刻有凹穴和缺槽的山麻木踩住,然後拿着鑽棒,以一端接在凹穴上,雙手用力把鑽棒搓動,鑽棒急速回旋,其末端與凹穴接觸處遂發生劇烈的摩擦。由於這樣摩擦,凹穴裏遂産生一些木屑粉末,沿着缺槽落下,堆在缺槽的旁邊,鑽棒末端與凹穴不斷地摩擦,凹穴遂生熱,劇烈的摩擦持續下去,凹穴因熱而生火花,飛出缺槽,燃着堆在缺槽旁的木屑粉末。當這些木屑粉末有煙升起之時,這便是木屑粉末開始着燃的標志。鑽火者繼續再鑽一會兒,便迅速地用手指把這些着燃的木屑粉末輕輕地捏起,放在一把事先準備好的乾茅草裏,順口一吹,茅草就燃起了火焰。[1]

　(1)山麻木的木塊上,刻有浅浅的凹穴,其旁刻有浅的缺槽。

　(2)以山麻木的木枝爲鑽棒。

圖5-11　黎族人所使用鑽木取火工具示意圖[2]

──────────

　①　張壽祺:《中國古代取火方法考證——并與閻崇年同志商榷》,《社會科學戰綫》1981年第1期,第99頁。

　②　張壽祺:《中國古代取火方法考證——并與閻崇年同志商榷》,《社會科學戰綫》1981年第1期,第99頁。

由此介紹可以知道,這種僅以雙手搓動鑽木杆的取火方式所需的基本原材料是山麻木,鑽孔需開有缺槽,以便導引着燃的木屑。此外,還需備有易燃的乾茅草。從漢塞出土的取火器實物照片來看,其取火板上的凹穴均在取火板兩側,且凹穴均鑿有缺槽與之相通,這和海南黎族的現代鑽木取火板鑽木位置和穴槽設計完全一樣,這也是鑽木取火能否成功的關鍵之一。鑽木取火是木與木高速摩擦後使木屑達到燃點,即《莊子·外物篇》所謂的"木與木相摩則然"[1]。此"然"即燃,燃燒。五代時南唐的譚峭在《化書》中載"動静相摩,所以生火也"[2],説的正是摩擦生熱這一原理。

"鑽木取火"在文獻中有不同的稱法,如《論語·陽貨》稱之爲"鑽燧改火"[3],非子·五蠹》稱"鑽燧取火"[4],《管子·輕重戊》名之"鑽鐩生火"[5]等。這幾處的"燧"或"鐩"均指生火之木,故又稱之爲"木燧",如《禮記·内則》:"右佩、玦、捍、管、遰、大觿、木燧。"鄭玄注:"木燧,鑽火也。"孔穎達《疏》引皇侃曰:"陰則以木燧鑽火也。"[6]又如漢班固《白虎通·號》:"鑽木燧取火。"[7]

除文獻所載的"木燧"之稱,近世以來出土的漢簡記載表明,在漢代鑽木取火這種方式還有諸多不同稱法,如居延漢簡中即記載有"出火遂""出火具"等名稱:

(1)出火遂皆小(節録)　　　　　　　　　　　　(《合校》311.31A)[8]

(2)▨▨出火(楬)　　　　　　　　　　　　　　(《合校》456.1)

(3)出火遂二具　　　　　　　　　　　　　　　(《合校》505.10)

(4)守御器簿:茹十斤、出火遂二具(節録)　　　(《合校》506.1)

①[清]郭慶藩撰,王孝魚點校:《莊子集釋》,中華書局,1961年,第920頁。
②[南唐]譚峭:《化書》,中華書局,2009年,第189頁。
③程樹德撰,程俊英、蔣見元點校:《論語集釋》,中華書局,1990年,第1232頁。
④[清]王先慎撰,鐘哲點校:《韓非子集解》,中華書局,1998年,第442頁。
⑤黎翔鳳撰,梁運華整理:《管子校注》,中華書局,2004年,第1507頁。
⑥[清]孫希旦撰,沈嘯寰、王星賢點校:《禮記集解》,中華書局,1989年,第725頁。
⑦[清]陳立撰,吳則虞點校:《白虎通疏證》,中華書局,1994年,第52頁。
⑧謝桂華、李均明、朱國照:《居延漢簡釋文合校》,文物出版社,1987年,第509頁。注,本文所引居延漢簡俱出是書,文中簡稱《合校》,不俱出注。

（5）出火遂一具（節録）　　　　　　　　　　　（《金關》73EJD：47）①

以上諸簡分別出自居延甲渠候官、大灣肩水都尉府、肩水金關和敦煌馬圈灣等漢代遺址。簡的形制有簽牌（楬）、封檢和簡札等。從簡文記載可知，出火遂屬於守禦器，邊塞各級機構如烽隧、部、候官等處皆配備有。

簡中"出火遂"即"出火燧"，指鑽木取火的木燧。鑽木取火的基本材料主要有三樣：一是取火板，二是鑽杆，三是引火物。簡中所謂的"具"即是指鑽木取火的這三種基本材料齊備。取火板和鑽杆已如前所舉考古出土物，唯引火物未見出土。引火之物一般是乾燥、易燃的絨草或植物纖維，如現代海南樂東縣黎族地區的人們以乾茅草作爲引火物，而在文獻中引火物則有用"艾"者。艾，又名艾蒿，多年生草本，其莖、葉可作中藥，葉片柔細，曬乾後可製成艾絨，用於灸療，因艾絨易燃，故用作引火物。《藝文類聚》"火部"引《淮南子》舊注曰："日高三四丈時，向日，持燥艾承之，寸餘，有頃，焦之，吹之，則然，得火。"②此是金燧取火時用乾艾絨作引火物，由此可推知，鑽木取火時的引火之物亦可用乾艾草。

在漢簡中所記載的引火物則稱作"茹"，如上引漢簡守禦器簿中"茹十斤"和"出火遂二具"并記，説明此處之"茹"是邊塞各機構中必需配備的引火之物。茹有柔弱，柔軟之義，如《廣雅·釋詁》："茹，柔也。"《楚辭·離騷》載："攬茹蕙以掩涕兮，沾餘襟之浪浪。"王逸注："茹，柔耎也。"③故有專家推測，"茹"的成分，約是用艾蒲絮末一類植物，經乾燥、碾碎并焦焙而成，内中或摻合某種易燃物品，燃點一定很低。河西邊塞漢簡所載的守禦器"茹"爲艾蒲絮末一類易燃的引火之物的説法是有一定道理的。

（原載《魯東大學學報》2020年第1期）

---

① 甘肅簡牘博物館等編：《肩水金關漢簡》（伍）下册，中西書局，2016年，第58頁。
② ［唐］歐陽詢撰：《藝文類聚》，上海古籍出版社，1985年，第1363頁。
③ ［宋］洪興祖撰，白化文等點校：《楚辭補注》，中華書局，1983年，第25頁。

《甘露二年丞相御史律令》册釋文輯校

楊　眉

　　1972—1976年，甘肅居延考古工作隊在額濟納河流域對居延漢代遺址進行了較大規模的發掘，取得了重要成果。其中，1973年在肩水金關遺址1號探方内出土了三枚木牘，編號爲73EJT1：1—3，《文物》1978年第1期對此已有報導，并附有木牘照片。[①]1974年在破城子43號探方内出土了一枚殘牘，編號爲74EPT43：92，這枚殘牘與金關所出三枚木牘内容相似，可能是同一簡册的不同抄本。這四枚簡即《甘露二年丞相御史律令》册。

　　《甘露二年丞相御史律令》是宣帝時發布全國的文件。其目的是追捕廣陵王劉胥御者惠的同産弟、故長公主蓋卿的大婢——麗戎。故長公主蓋卿即鄂邑蓋長公主，與燕王劉旦、廣陵王劉胥爲同母姐弟，因撫育幼帝（昭帝）有功，驕恣無法，後與上官桀、桀子驃騎將軍上官安、御史大夫桑弘羊等密謀造反，元鳳元年（前80年）事發被誅。廣陵王劉胥爲漢武帝第四子，由於"好倡逸游樂"，故"終不得爲漢嗣"[②]。他在昭、宣時期一直覬覦王位，曾多次使巫下神詛咒，後又與楚王

　　①甘肅居延考古隊：《居延漢代遺址的發掘和新出土的簡册文物》，《文物》1978年第1期，第7頁（圖版伍，6—8。）

　　②《漢書》卷六十三《武五子傳》，中華書局，1962年，第2760頁。

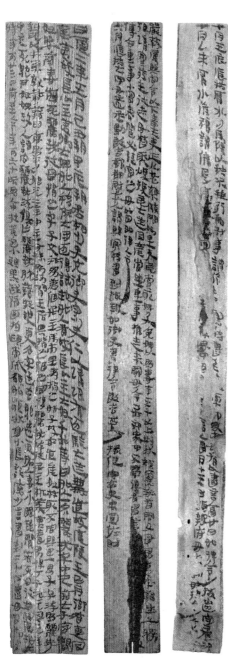

圖5-12 《甘露二年丞相御史律令》册

劉延壽私通謀反。五鳳四年（前54年），謀反事發，劉胥自殺。麗戎在"昭帝元鳳元年'主死絶户'之時"，"趁機逃往民間，一直没被發現。將近三十年以後，由於她的胞兄故廣陵王御者惠犯了大逆無道罪，她又以'大逆同産'的身份受到追捕"①。也可能由於麗戎與鄂邑蓋長公主有這樣一層關係，因而她也可能是鄂邑蓋長公主謀反事件的知情人甚至是參與者。簡册較詳細地描述了麗戎的年齡、身份、經歷、體態、習性等特徵，并要求各郡縣詳加查尋。

該册自發表以後，許多學者對之進行了精密的考釋和深入的研究。主要有：伍德煦先生《居延出土〈甘露二年丞相御史律令〉簡牘考釋》（《甘肅師大學報》（哲學社会科學版）1979年第4期，下稱伍文），初師賓先生《居延簡册〈甘露二年丞相御史律令〉考述》（《考古》1980年第2期，下稱初文），徐元邦、曹延尊先生《居延新出土的甘露二年"詔所逐驗"簡考釋》（《考古與文物》1980年第3期，下稱徐文），裘錫圭先生《關於新出甘露二年御史書》（《考古

---

① 裘錫圭：《關於新出甘露二年御史書》，《考古與文物》1981年第1期。

與文物)1981年第1期,下稱裘文),裘錫圭先生《〈關於新出甘露二年御史書〉一文的更正信》(《考古與文物》1981年第3期,下稱更正信),朱紹侯先生《對〈居延簡册《甘露二年丞相御史律令》考述〉的商榷》(《河南師範大學學報》(社會科學版)1982年第4期,下稱朱文),初師賓、伍德煦先生《居延甘露二年御史書册考述補》(《考古與文物》1984年第4期,下稱初補),裘錫圭先生《再談甘露二年御史書》(《考古與文物》1987年第1期,下稱裘補),以及何雙全先生《甘露二年丞相御史書再辨》(未發表,下稱何文)。這些著作無疑代表了《甘露二年丞相御史律令》册研究的较高水準。本文試圖在前輩研究的基礎上,對照圖版,綜核諸説,對該册再作句讀和釋讀。

由於破城子殘牘與金關木牘在內容上可相互參證,因此先將殘牘釋文抄録於下①:

> ☑所逐驗:大逆無道故廣陵王御者惠同産弟、故長公主蓋卿大☑
> ☑字中夫,前爲故太子守觀奴嬰齊妻,嬰齊前病死,麗戎從母捐☑
> ☑男子,字浒,爲麗戎聟,以牛車就載籍田倉爲事。始元

(74EPT43:92)

金關所出木牘三枚共十二行,前面文字較工整,後面文字潦草,且磨滅較多,難以辨認。其句讀及釋文如下(需注釋者,皆在其後括弧內以數字標明):

> 甘露二年五月己丑朔甲辰朔(1),丞相少史充、御史守少史仁,以請詔有逐驗(2):大逆無道(3)故廣陵王胥御者(4)惠同産弟、故長公主蓋卿(5)大婢外人,移郡(6)太守,逐得試知(7)。外人者,故長公主大奴。千秋(8)等曰:外人,一名麗戎,字中夫,前太子(9)守觀奴嬰齊妻,前死(10),麗戎從母捐之,字子文,私男茢偓居主馬市里(11)。茢,捐之姊子,故安道侯(12)

---

①因未見殘牘原件及圖版,故釋文引自初文,句讀及個别字的釋讀爲本人陋見。

奴,材取不審縣里男子,字浡,爲麗戎聟(13),以牛車就載籍田倉爲事(14)。始元二年中,主女孫爲河間王后,與捐之偕之國(15)。後麗戎、浡徒居机菜弟(16),養男孫丁子沱。元鳳元年中,主死,絕户,奴婢没入詣官(17),麗戎、浡俱亡。麗戎脱籍,疑變更名字,遠走絕迹(18),更爲人妻,介罪民間(19),若死,毋從知(20)。麗戎亡時年可廿三、四歲(21),至今年可六十。所爲人:中壯,黄色,小頭,黑髮,隋面,枸頤,常戚額如頻狀,身小長,詐廆少言(22)。書到,二千石譴毋害都吏,嚴教屬縣官、令,以下嗇夫、吏、正、匕、老 (23),雜驗問鄉里吏民,嘗取婢及免婢以爲妻,年五十以上,形狀(24)類麗戎者,問父母昆弟,本誰生子? 務得請實、發生從迹(25)。毋督聚煩擾民(26),大逆同産當坐,重事,推迹求窮,毋令居部界中不覺(27)。得者書言白報(28),以郵亭行驛長安傳舍。重事,當奏聞,必謹審(29)之,毋留,如律令。

六月,張掖太守毋適、丞勳(30)敢告部都尉、卒人,謂縣寫移,書到,趣報(31),如御史書律令,敢告卒人/掾但,守卒史禹,置佐財(32)

七月壬辰,張掖肩水司馬陽以秩次兼行都尉事,謂侯、[城尉](33),書到,廋索 (34)部界中,毋有,以書言,會月廿日,如律令/掾遂、守屬況。

七月乙未,肩水候福謂候長廣、候史□寫移,書到,廋索部界中,毋有,以書言, 會月十五日,須報府,毋□□,如律令/令史□(73EJT1:1—3)

釋文注釋:
(1)後一"朔"字爲衍文。
(2)伍文、初文、徐文、朱文都在"以請"之後斷開,將"請"字解釋爲"請求""報告"之意。裴文則認爲"請詔"二字不應分開,是"請求詔許或經皇帝批准之意"。由於該文書是下行文書,因此解釋爲"請求""報告"似乎不妥,而解釋爲"經皇帝批准要求追查××"則更爲合理,因而依裴文。另外,此處的"有"字在破城子殘牘中爲"所"字,不知孰是,但可以肯定兩者必有一處爲筆誤。
(3)"大逆無道"爲廣陵王劉胥的罪名,指謀反。

(4)關於"御者",伍文、初文都解釋爲"駕馭車馬之人",後初補改其意爲"近侍親幸者",後者似乎更爲準確。

(5)"蓋",伍文釋爲"夷",初文、徐文、朱文皆釋爲"弟",裴文釋爲"苐",都認爲是長公主之名。唯何文釋爲"蓋",認爲"蓋卿"即鄂邑蓋長公主,而傳統文獻并未具載其名,因而"蓋卿"相對於其他作爲長公主的稱呼應更可靠。

(6)"郡",伍文釋爲"隗",其餘諸家釋爲"郡",本文從"郡"。

(7)"試知",即"識知",考察之意。

(8)"秋",伍文釋爲"北",其他未釋。何文釋爲"秋"。"千秋"乃當時御史大夫車千秋,因爲他曾"復訟太子冤"①,對當時的内情應頗爲了解,也祇有他能夠提供詳細的資料。"故長公主大奴"應是"外人"的修飾語,這裏是先明確所追查物件的身份,然後再對其作更詳細的介紹。

(9)指戾太子劉據,《漢書·宣帝紀》稱"故皇太子"。②

(10)據破城子殘牘可知是"嬰齊前病死"。

(11)從,指隨從、跟隨之意。"捐",伍文釋爲"指",其餘諸家釋爲"捐",本文從此釋。"子文"爲麗戎母捐之字。"私"即私通,指麗戎與其表弟偃有私通關係。而何文認爲姊妹互相稱夫謂之"私","私男弟偃"這句話是以麗戎母親捐之的口吻説的。因而"私"即表明了偃與麗戎的姨表關係。筆者認爲該册中有關麗戎的資料是千秋等人提供的,而這句話若以麗戎的口吻來説則略顯突兀,因而將"私"仍解釋爲"私通"。"居"即"居住",何文將"居主"解釋爲"居住",但在古漢語中,"居住"之意用"居"即可表達,所以"主"可能爲"主人家"之意。"馬",伍文釋爲"虎",初文、朱文釋爲"焉",徐文釋爲"麻",裴文釋爲"馬",初補改釋爲"馬","馬市里"可能是主人家所居之地。

(12)"安道侯"即安道侯韓説,曾與"使者江充等掘蠱太子宫"③。

(13)"材",伍文釋爲"杜",并因此認爲"杜取"是安道侯奴之名。初文也釋

---

① 此處"太子"即在巫蠱事件中遇害的戾太子。見《漢書》卷六十三《武五子傳》,中華書局,1962年,第2747頁。

②《漢書》卷八《宣帝紀》,見本始元年六月詔,中華書局,1962年,第242頁。

③《漢書》卷八《宣帝紀》,中華書局,1962年,第208頁。

爲"杜",但取"杜撰"之意,"杜取"即"假取"。徐文從初文。裘文釋爲"林",朱文釋爲"杜",都認爲是安道侯奴之名。初補改"杜"爲"材",認爲"材"通"裁","材取"即"裁取","裁決而取"之意,較爲合理。"不審",伍文、初文、徐文、朱文皆釋爲"不同",裘文依據《居延漢簡》8534、3720號簡及《居延漢簡甲編》115、1543號簡,釋爲"不審",意即"不確定"。另《敦煌漢簡》683、984號簡中也有"不審郡縣""不審縣里"之説[①],爲一例證。"智"通"婿"。此句意爲偃選擇了一個不明確籍貫的男子(字洰)作爲麗戎的丈夫。

(14)籍田,古代天子、諸侯徵用民力的田稱籍田。《史記·孝文本紀》:"上曰:'農,天下之本,其開籍田,朕親率耕,以給宗廟粢盛'。"裴駰《集解》:"韋昭曰:'籍,借也。借民力以治之,以奉宗廟,且以勸率天下,使務農也。'"此處指官田。本句意爲洰以牛車爲官倉運貨爲業。

(15)偌,此字依何文所釋,爲"侍奉"之意。伍文將之釋爲"酒",初文、徐文、朱文、初補皆釋爲"隨",裘文、裘補釋爲"偕"。此字似應釋爲"偌"。《玉篇·人部》:"偌,侍也。"[②]麗戎爲蓋主奴婢,因而奉命去河間侍奉公主女孫,所以釋"偌"更爲恰當。

(16)漢簡中"竹"字頭皆寫作"艹","杋菜苐"即"杋菜第"。第,府第,"杋菜"當爲蓋主府第的名稱。

(17)元鳳元年九月,謀反事發,蓋主被誅。[③]"詣",伍文釋爲"詔",初文、徐文、朱文、何文釋爲"詣",裘文、初補釋爲"諸"。此字似應釋"詣"。詣,往、到。《史記·孝文本紀》:"乃命宋昌參乘,張武等六人乘傳詣長安。"《漢書·楊王孫傳》:"王孫苦疾,僕迫從上詞雍,未得詣前。"顏師古注曰:"詣,至也。"詣官,指交付官府。漢時奴婢犯罪或因罪牽連,常被交付官府罰服勞役。

(18)"遠走絕迹",伍文釋爲"造估馳,造",初文、徐文、朱文皆釋爲"循匿絕

① 甘肅文物考古研究所編:《敦煌漢簡》,中華書局,1990年。683號:興客不審郡縣姓名習字子嚴年卅所爲人短壯黃色毋須短面(第245頁)。984號:弊部士不審縣里王宏坐要□共爲督盜賊劉況搓殺人者械(第257頁)。

② 漢語大詞典編輯委員會編:《漢語大詞典》(第一卷),四川辭書出版社、湖北辭書出版社,1986年,第193頁。

③《漢書》卷七《昭帝紀》,中華書局,1962年,第226頁。

迹",初補後改釋爲"連去絶迹",裘文、何文釋爲"遠走絶迹"。對照圖版,裘文所釋似更爲準確。

(19)"介"字,伍文釋爲"不",初文、朱文釋爲"妾",初補改釋爲"不",徐文釋爲"小",裘文則釋爲"介",但疑爲"兆"字誤寫。裘補後以居延簡爲例,指出簡常見的"不丁"爲"介亭"的簡體,更斷定此字應爲"介"。對照圖版,此字確爲"不另",此字也見於馬王堆帛書《老子》甲本第91號簡[1],裘文所釋似更準確。《字彙·人部》:"介,繫也。"[2]"介罪民間"指帶罪藏匿於民間。

(20)若,意爲或。此句意爲或者已經死亡也未可知。

(21)"亡"字,伍文釋爲"如",初文、徐文、裘文、朱文皆釋爲"此",何文認爲"亡"字是在"此"字上改寫而成,細看圖版,"亡"字筆畫的確較重。若釋爲"亡",則指麗戎逃亡時年齡約廿三、四歲,至甘露二年(前52年)僅隔二十七年,所以麗戎在甘露二年(公元前52年)如果還活着,其年齡應是五十歲左右,而不是文書中所稱的六十歲,因此疑"廿"乃"卅"的筆誤,此説極有道理。

(22)以上是對麗戎體態特徵的描寫。"壯"通"狀","隋"通"橢"。"枸頤",伍文釋爲"拘頸",爲"曲縮頸部之貌";初文、朱文釋爲"枸頸",意與伍文相同;徐文、裘文、何文釋爲"枸頤",裘文疑"枸頤"爲"尖下巴之意";初補改釋爲"拘頤",認爲"拘假爲狗字。狗頤,乃以鳥獸形比喻面部特徵。"釋"拘頤"似更準確,但"枸頤"應指低頭之狀。枸,彎曲。《荀子·性惡》:"故枸木必將待檃栝烝矯然後直,鈍金必將待礱厲然後利。"[3]頤,指下巴。《史記·春申君列傳》:"剖腹絶腸,折頸摺頤。""頻",伍文、初文、徐文、朱文皆釋爲"顠",裘文、何文釋爲"頻","頻"通"顰",皺眉之意,似更合理。"詐魇少言",詐,欺騙,指麗戎説話較謹慎,少有言語外露。類似關於體態特徵的描寫也見於《敦煌漢簡》,如"循客令居趙放字子阿年卌所爲人中壯黃色毋須。"[4]

---

[1] 國家文物局古義獻研究室編:《馬王堆漢墓帛書》(壹),文物出版社,1980年。同書《老子》乙本第188下釋此字爲"不"。

[2] 漢語大詞典編輯委員會編:《漢語大詞典》(第一卷),四川辭書出版社、湖北辭書出版社,1986年,第103頁。

[3] 北京大學《荀子》注釋組:《荀子新注》,中華書局,1979年,第390頁。

[4] 甘肅文物考古研究所編:《敦煌漢簡》,中華書局,1990年,第240頁,538號簡。

（23）正,指里正。"匕"字,伍文、初文、徐文、朱文皆釋爲"三",裘文、何文釋爲"父"。查看圖版,此字爲"苐",與同册中"廿三、四歲"的"三"字、"問父母昆苐"中的"父"字都不相同,而與武威醫簡中"匕"字寫法相似,因此妄釋爲"匕"。"匕"同"比",《説文・匕部》:"匕,相與比叙也。"段玉裁注曰:"比,亦可作匕。"[1]比,古代基層行政編制,五家爲比。《周禮,地官・大司徒》:"令五家爲比,使之相保;五比爲閭,使之相受。"[2]老,指三老。

（24）圖版爲"彤",因而釋爲"彤"。

（25）"請實",初文、徐文、朱文釋"請聞",伍文、裘文、何文、初補釋爲"請實"。 釋"請實"似更準確。"請"通"情","情實"即"實情"。"發生",伍文釋爲"持之",初文、朱文、何文釋爲"發主",徐文釋爲"□主",裘文、初補釋爲"發生"。"發生"較之"發主"意思更爲明確。"從"通"蹤","從迹"即"蹤迹"。

（26）"督",伍文、初文、徐文、朱文皆未釋,裘文釋爲"趨",更正信改"趣"爲"督",何文釋爲"督"。今依更正信和何文。督,監視。《漢書・蕭何傳》:"及高祖起爲沛公,何當爲丞督軍。"顔師古注曰:"督,謂監視之也。"聚,衆。《左傳》成公十三年:"我是以有輔氏之聚。"洪亮吉《詁》曰:"韋昭〈國語〉注:'聚,衆也'。"[3]又《史記・蘇秦列傳》:"禹無百人之聚,以王諸侯。"此處指百姓。

（27）"覺",伍文、初文、徐文、朱文釋爲"舉",裘文、何文釋爲"覺"。查看圖版,似更像"覺"字。而且根據文意,是要求各郡縣謹慎嚴密地追查,而不要出現被追查者居住在自己的轄區内没有發覺的情況,萬萬不可疏忽大意。

（28）白報,指報告。

（29）"謹審",伍文、初文、徐文、朱文、初補皆釋爲"謹容",裘文釋爲"謹密",何文釋爲"謹審"。從文意看,似釋"謹審"更爲恰當,"謹審"疑"謹慎"之意,指各級官吏要將調查結果謹慎受理,并迅速上報。

（30）毋適爲張掖太守名,丞爲太守屬官,勳爲丞之名。

① ［漢］許慎撰,［清］段玉裁注:《説文解字注》,上海古籍出版社,1981年,第384頁。
②《十三經注疏》整理委員會整理,李學勤主編:《十三經濟疏・周禮注疏》,北京大學出版社,1999年,第264頁。
③ ［清］洪亮吉著,李解民點校:《春秋左傳詁》下,中華書局,1987年,第468頁。

（31）類似格式見於《敦煌漢簡)764、1254 號簡等。①趣報，即促報，迅速報告。《漢書·成帝紀》：永始三年十二月“譴丞相長史、御史中丞持節督趣逐捕”。顏師古注曰：“趣，讀曰促。”

（32）掾、守卒史、置佐皆爲職官名稱，以下皆同。

（33）伍文、徐文未釋，初文、朱文釋爲“塞尉”，裘文、何文釋爲“城尉”。從圖版看，所缺字左側從“土”，因而釋“城尉”。

（34）“廋索”，伍文未釋，初文、徐文、朱文釋爲“逐索”，裘文釋爲“搜索”，何文釋爲“廋索”。今依何文。“廋”通“搜”，廋索即搜索、尋找。《漢書·趙廣漢傳》：“及光薨後……直突入其門，廋索私屠酤……斧斬其門關而去。”顏師古注曰：“廋讀與搜同。”另《敦煌漢簡》1722 號：“隧長常賢充乀世乀绾乀福等雜廋索部界中問戍卒王韋等十八皆相證。”②

《甘露二年丞相御史令》册的發現對我們研究漢代邊郡組織建置、文書下達程序及文書性質都有十分重要的意義，也爲兩千多年前統治階級内部的一場錯綜複雜的政治鬥争找到了實證。可以説漢宣帝始終處在這場政治鬥争的旋渦之中，“雖在襁褓，猶坐收繫郡邸獄”③，在民間度過了其童年和少年時代，後才被霍光推上帝位。五鳳四年（前54年），廣陵王劉胥謀反事發，此次謀反，雖很快以劉胥自殺而告結束，但其仍有深遠的影響。直到甘露二年（前52年），還下令在全國追捕與其有牽連的人，也可見漢宣帝時法治之嚴苛。難怪後世稱“孝宣之治，信賞必罰。綜核名實，政事文學法理之士咸精其能，至於技巧工匠器械，自元、成間鮮能及之，亦足以知吏稱其職，民安其業也。……業垂後嗣，可謂中興。”④

（原載《簡牘學研究》第 4 輯，2004 年）

---

① 甘肅文物考古研究所編：《敦煌漢簡》，中華書局，1990 年。764 號：十一月乙巳玉門關候延壽丞待謂候長口等寫依檄到口口口口口口口出外塞檄楊姓從弟田翔病口如律令（第248頁）。1254 號：八月乙巳敦煌玉門都尉宫謂玉門候官寫移書到如太守府畺律令／掾恩屬漢昌（第267頁）。

② 甘肅文物考古研究所編：《敦煌漢簡》，中華書局，1990 年，第286頁。

③《漢書》卷八《宣帝紀》，中華書局，1962 年，第235頁。

④《漢書》卷八《宣帝紀》，中華書局，1962 年，第275頁。

河西邊塞"倚陽書"蠡測^①

高倩如　肖從禮

"倚陽書"一詞兩見於居延漢簡,爲便於討論,兹先將簡文羅列如下:

　　(1)第八隧長徐宗:倚陽書不鮮明;小積薪一上僵頃;卒張田取馬矢不在署山。　　　　　　　　　　　　　　　　　　　　　(214.108)^②

　　(2)第廿七燧長李宫:鋸不任事;斧一不任事;釜不任事;脂少一杯;轉櫨皆毋柅;薪六石具弩一緋起左;倚傷書白咩呼　　　　(285.18)^③

此二簡中出土於破城子(貝格曼編號A8)^④,延甲渠候官遺址。簡文中第八隧屬甲渠候官第四部所轄。^⑤轄有第四隧、第五隧、第六隧、第七隧、第八隧、臨桐隧、第九隧。第廿七燧屬甲渠候官第廿三部。^⑥二簡簡形和文字均保存完整,簡

---

① 本文係甘肅省哲學社會科學規劃項目"懸泉漢簡(壹)綜合整理研究"(2021YB154)階段性研究成果。
② 漢簡整理小組:《居延漢簡》(三),臺北"史語所"專刊之一〇九,2016年,第22頁。
③ 漢簡整理小組:《居延漢簡》(三),臺北"史語所"專刊之一〇九,2016年,第228頁。
④ 李均明、謝桂華、朱國炤:《居延漢簡釋文合校》下册,文物出版社,1987年,第782、825頁。
⑤ 按,甲渠候官第四部轄有第四隧、第五隧、第六隧、第七隧、第八隧、臨桐隧、第九隧,共八個隧。
⑥ 按,甲渠候官第廿三部轄有第廿三隧、第廿四隧、第廿五隧、第廿六隧、第廿七隧、第廿八隧、第廿九隧、箕山隧,共計八個隧。

文屬於戍務省察的記録,以此作爲將來對隧長徐宗和李宫二人的考課依據。二簡統一上報於自甲渠候官,由此知此次省察由甲渠候官負責。從檢查記録知,第八隧徐宗的燧務中小積薪頂部傾斜、戍卒張田取馬矢而不在署所①,以及"倚陽書不鮮明"等三處戍務存在問題。第廿七燧長李宫所負責的隧務則問題更多,鋸、斧和釜不能使用,用於潤滑的油脂少一杯,"轉櫨皆毋柅",六石具弩存在問題,以及"倚傷書白哶呼"。

從上所羅列的諸多戍務檢查項可知,"倚陽書"應該也是重要的戍務檢查項,檢查的結果分別是"不鮮明"和"白哶呼"。在這篇文章裏,我們所要重點討論的問題是關於"倚陽書"的含義。

筆者所見,陳直對上引編號214.108簡文中的"倚陽"一詞解釋如下:

《廣雅·釋器》:"倚陽,符籬也。"《方言》第五:"符籬南楚之外謂之籬,注似簾篨,江東呼笪。"倚陽當即炊算之類,現今江南人呼爲笪灶,編竹爲之。②

《中國簡牘集成》(本文簡稱《集成》)一書最早對上引編號285.18簡文中"倚陽書白哶呼"作有注解,注分別曰:

倚陽書白,漢塞通告性文書。

哶呼,此指書寫材料乾裂。③

本文認爲,陳直文中對"倚陽"的解釋可商,《集成》的這兩條注解是正確的。不過本文認爲"倚陽書白哶呼"應作"倚陽書"和"白哶呼"理解。下面試作分析,不妥之處,尚祈方家指正。

我們的理解是,居延漢簡記載的兩處"倚陽書"屬於扁書的一種。"扁書"一詞習見於河西邊塞漢簡記載,兹舉數例如下:

(3)五月甲戌居延都尉德庫丞登兼行丞事下庫城倉

---

① 按,簡中"山"一詞具體含義待考;"丿"爲核對符號,表已核過。
② 陳直:《居延漢簡研究》,天津古籍出版社,1986年,第318頁。
③ 中國簡牘集成編輯委員會:《中國簡牘集成》第7册,敦煌文藝出版社,2011年,第204頁。

用者書到令長丞候尉明白大扁書鄉市里門亭顯見　　　　　(139.13)①

(4)知令重寫令移書到各明白大扁書市里官所寺舍門亭隧堠中令吏卒民盡訟知之且遣鄣吏循　行問吏卒凡知令者案論尉丞令丞以下毋忽如律令敢告卒人　　　　　　　　　　　　　　　　　　(1365)②

(5)移書到明白扁書鄉官亭里市里謁善令吏民皆知之督遣部吏……捕部

界中□得毃歸二千石以下反□□□重事當奏聞毋忽如律令

茂陵第八鄣候破胡等購錢□□　　　　　(73EJT21:114)③

(6)十月己卯敦煌大守快丞漢德敢告部都尉卒人謂縣督盗賊史吉光刑世寫移今□□□□□

部督趣書到各益部吏遮泄求捕部界中明白大編書鄉亭市里顯見令吏民盡知□□□□□□　　　　(Ⅰ91DXT0309③:222)④

　　關於上引簡文中"扁書""大扁書""大編書"的形制、材質、功能和用法等,以及懸泉墻壁題記⑤、額濟納漢簡《專部士吏》册⑥等相關資料,學界已有很多專文討論。⑦綜合諸家觀點,對於扁書,較爲一致的認識是,扁書是懸掛在鄉市里門亭顯見處的寬牘文告。主要爲朝廷詔令、赦令、通緝令等重要通告。這是朝廷和官府向基層傳達律令詔書、宣導政令的重要途徑之一。

　　至於扁書的形制和用法則衆説紛紜,迄無定論。歸納諸説,一説扁書書於木

　　①漢簡整理小組:《居延漢簡》(貳),臺北"史語所"專刊之一〇九,2015年,第92頁。

　　②甘肅省文物考古研究所編:《敦煌漢簡》,中華書局,第271頁。

　　③甘肅簡牘保護研究中心等編:《肩水金關漢簡》(貳)下册,中西書局,2012年,第19頁。

　　④甘肅簡牘博物館等編:《懸泉漢簡》(貳)下册,中西書局,第391頁。

　　⑤中國文物研究所等編:《敦煌懸泉月令詔條》,中華書局,2001年。

　　⑥孫家洲主編:《額濟納漢簡釋文校本》,文物出版社,2007年,第5頁。

　　⑦勞榦:《簡牘之制·書傳》,《居延漢簡考證》,歷史語言研究所專刊之四十《居延漢簡考釋之部》,1960年;陳槃:《漢簡賸義之續·扁書》,《漢晋遺簡識小七種》,臺北歷史語言研究所專刊之六十三,1975年。[日]大庭脩:《木簡》,學生社,1979年。初師賓:《漢邊塞守禦器備考略》,《漢簡研究文集》,甘肅人民出版社,1984年。李均明:《簡牘文書學》,廣西教育出版社,1999年。胡平生:《"扁書""大扁書"考》,中國文物研究所等編《敦煌懸泉月令詔條》,中華書局,2001年。汪桂海:《漢代官文書制度》,廣西教育出版社,1999年。

板或版匾之上①;有書寫於牆壁上的扁書,如懸泉置牆壁題記②;有人認爲張掛起來的編聯之册也可能是一種扁書③。本文認爲,諸説皆有一定道理。漢代制定了嚴格的文書制度,這其中就包括文書的規格和尺寸等。在具體的操作實施過程中,也會根據需要,進行必要的調整,以達到文書行政、管理的職能。在扁書的形制和用法上,祇要能最大程度達到政令通告的目的,人們自然會因地制宜,製作出各種形式的扁書。上文中提到的"倚陽書"也是一類較爲特别的扁書。

倚陽,亦作"倚佯",即竹編的粗席,亦即文獻中記載的"符簏"。《方言》第五:"符簏,自關而東,周洛楚魏之間,謂之倚佯。"郭璞注:"似蘧蒢,直文而粗。"《廣雅·釋器》:"佯簏,倚陽,符簏也。"由此知,符簏、倚佯、佯簏、符簏等名異而義一,皆指直文而粗之席類。我們認爲這類竹席以數片寬竹條并排,用細竹條横向編織而成的簡易竹席。這種織法類似於用兩到三道書繩將數枚簡札編聯成册。在四川地區人們一般將這類簡易編織而成的竹席放置在床架上,再舖墊上稻草,以及棕墊或棉絮等,以達到鬆軟以便睡卧之用。這種簡易編織而成的竹席,四川一般稱其爲"床笆"。這類床笆最大的特點是,并排的數根竹條爲床的長度,都很寬厚,可保證承重不塌。一般上中下三編,這就和簡册的編聯方式一樣,祇不過竹笆用細竹篾黄編織,簡册用細麻繩編聯。

我們認爲,上文中所説的這類"床笆"就是文獻中記載的"符簏",亦即"蘧蒢"。《方言》第五:"簟,其粗者謂之蘧蒢。"《晋書·皇甫謐傳》:"以蘧蒢裹屍,麻約二頭,置屍牀上。"《隋書·刑法志》:"(齊文帝)嘗幸金鳳臺受佛戒,多召死囚,編蘧

①勞榦指出,"故門外署書,或作扁書,或作板書,亦或作版書矣。"(勞榦《簡牘之制·版書》,《居延漢簡考證》,台北歷史語言研究所專刊之四十《居延漢簡考釋之部》,1960年,第3頁)。陳槃認爲,"簡策之文縣於門户者,皆可以扁稱之。"漢代的詔文、教令等"每署書木版,懸鄉市門亭顯見處",而這種木版就是"扁"。(陳槃《漢簡賸義之續·扁書》,《漢晋遺簡識小七種》,台北歷史語言研究所專刊之六十三,1975年,第95—96頁。)大庭脩認爲,詔令最初頒布時,乃使人民曉喻,"寫在板上,公示於里門等人口聚集之處"。([日]大庭脩《木簡》,學生社,1979年,第152頁)初師賓認爲,扁書是"題署門庭的匾額或較大的木板、木牌","戍所亭隧所備露布用具。"(初師賓《漢邊塞守禦器備略説》,《漢簡研究文集》,甘肅人民出版社,1984年,第215頁)李均明認爲,"扁書即寫在版匾上的文書,由其載體材料而得名。"(李均明:《簡牘文書學》,廣西教育出版社,1999年,第222頁。)

②胡平生:《"扁書""大扁書"考》,中國文物研究所等編《敦煌懸泉月令詔條》,中華書局,2001年,第51—53頁。

③馬怡:《扁書試探》,孫家洲主編《額濟納漢簡釋文校本》,文物出版社,第178頁。

篩爲翅,命之飛下,謂之放生。墜皆致死,帝視之爲歡笑。"這兩處記載的籧篨,一是用於裹屍,一是以爲翅膀。籧篨由數枚寬竹片橫編而成,堅條不可彎曲,而可以橫卷。因爲堅立的籧篨不能彎曲的特點,故人們又以籧篨代指不能彎腰俯身的人。《詩·邶風·新臺》:"燕婉之求,籧篨不鮮。"毛傳:"籧篨,不能俯者。"《北史·陽固傳》:"有詭其行,有佞其音,籧篨戚施,邪媚是欽,既讒且妬,以逞其心。"皆是指有丑疾不能俯身之人。籧篨,又稱"笪",唐李匡乂《資暇集》卷下:"籭籧篨,因江東呼爲笪,今京洛皆呼爲竹笪。"

綜上,我們認爲,漢簡中記載的"倚陽書"應是以竹片編織而成用於書寫的扁書。由於沒有出土實物或文獻記載,其具體尺寸待考,但推知應該由數枚竹片組成。又據上引簡文"倚傷書白咋呼"和"倚陽書不鮮明",倚陽書供書一面或刷有一層白色塗料,類似於懸泉置的牆壁題記上的白灰底。風吹日曬會導致倚陽書竹片乾裂,以及底色脫落,即簡文記載的"咋呼"和"不鮮明"。

圖5-13 倚陽書不鮮明
(214.108)

圖5-14 倚陽書白咋呼
(285.18)

圖5-15 大編書
(Ⅰ91DXT0309③:222)

藝文典籍

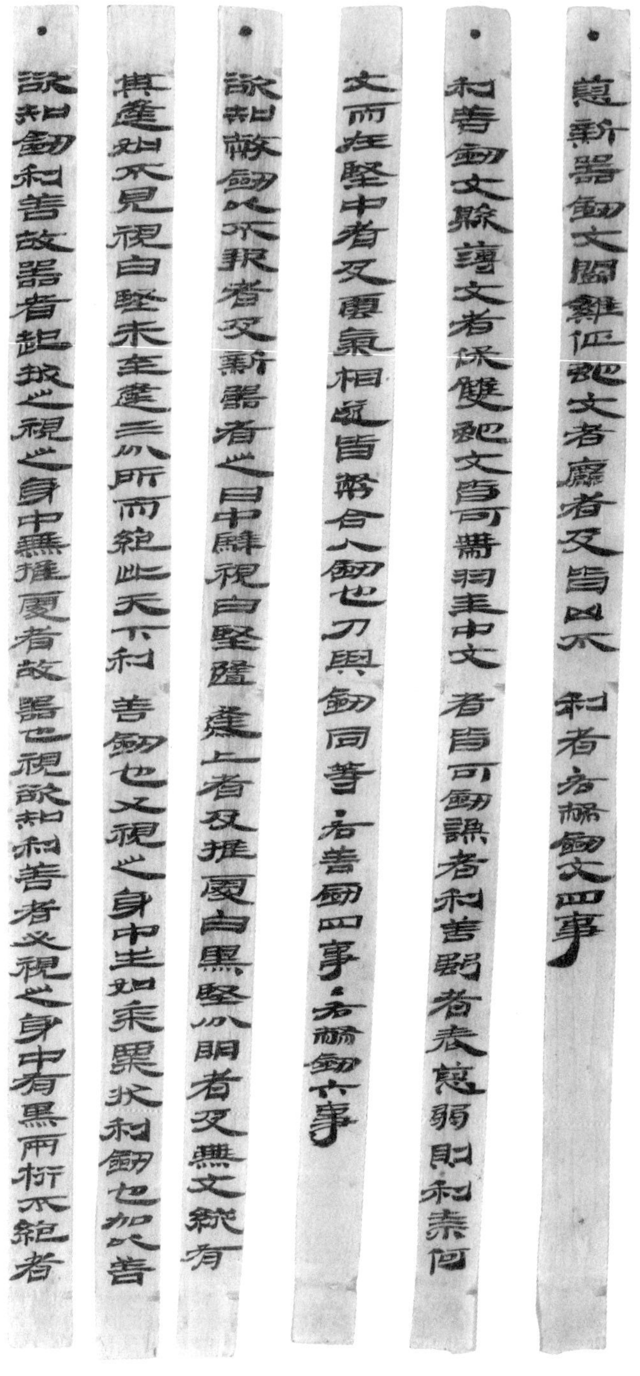

圖6-1　藝文典籍

淺談河西漢簡和敦煌變文的淵源關係

張德芳

　　敦煌漢簡和敦煌遺書，不僅在時間上前後相繼、空間上相互一致，而且在内容上也可找到很多一脈相承的例證。其中的"田章簡"和"韓偰簡"就是最典型的例子，本文主要談"田章簡"。

　　斯坦因第三次中亞考察時，於 1914 年 3 月 17 日至 24 日，再次到敦煌以北的長城烽燧挖掘漢簡 200 多枚。[①]這批簡本來同早先第二次中亞考察所獲文書一起交由法國漢學家沙畹整理，但沙畹衹整理發表了《斯坦因東土耳其斯坦沙漠發現的漢文文書》就去世了，其餘的工作交給弟子馬伯樂繼續完成。其時，中國學者張鳳旅法留學，回國時帶回了馬伯樂送給的照片并於 1931 年在上海有正書局出版了《漢晋西陲木簡彙編》，發表了帶回的全部材料。由於馬伯樂在二戰時死於希特勒的集中營，所著《斯坦因第三次中亞考察所獲漢文文書》遲至 1953 年才在其妻子的多方奔波下得以在倫敦出版。這樣，張氏的《漢晋西陲木簡彙編》就使得國人提前 20 多年看到了這批材料的概貌。

　　其中一簡因簡文有"田章對曰"而被張氏名之爲"田章簡"，斯坦因當時發掘

---

　　① 1953 年在倫敦出版的馬伯樂的《斯坦因第三次中亞考察所獲漢文文書》一書中公布 166 枚，還有 60 多枚現存倫敦英國國家圖書館，尚未公布。

的原始編號爲TXXⅢ.L.i.7。張氏在《彙編》一書中列51頁11號，馬伯樂的書中編此簡爲28號，林梅村、李均明編輯而由文物出版社於1984年出版的《疏勒河流域出土漢簡》，將之編爲730號，而中華書局1991年出版的由甘肅省文物考古研究所編《敦煌漢簡》則將之編爲2289號。

張鳳在《漢晉西陲木簡彙編》一書中，將之釋爲：

> 爲君子田章對曰臣聞之天之高萬萬九千里地之廣亦與之等山嶽谿谷南
> 起江海裏

馬伯樂《斯坦因第三次中亞考察所獲漢文文書》釋爲：

> 爲君子田章對曰臣聞之天之高萬萬九千里地之廣亦與之等岳并谿谷南
> 起江海裏

勞榦在1985年發表的《漢晉西陲木簡新考》一書中，將"嶽并"改釋爲"岳茲"，全簡釋爲：

> 爲君子田章對曰臣聞之天之高萬萬九千里地之廣亦與之等岳茲谿谷南
> 起江海亥[1]

林梅村、李均明在《疏勒河流域出土漢簡》一書中，將之釋爲：

> 爲君子田章對曰臣聞之天之高萬萬九千里地之廣亦與之等□□谿谷南
> 起江海震[2]

---

[1] 臺北"中央研究院"歷史語言研究所單刊（甲種之二十七），1985年，第12頁。
[2]《疏勒河流域出土漢簡》，文物出版社，1984年，第79頁。

1991 年，甘肅省文物考古研究所《敦煌漢簡》一書，除了公布敦煌馬圈灣的新簡外，還將歷年出土的敦煌漢簡重新編號出版，將該簡釋爲：

> 爲君子田章對曰臣聞之天之高萬萬九千里地之廣亦與之等岳兹紛谷南起江海震①

1998 年，裘錫圭先生在其發表的《田章簡補釋》一文中，將簡文重新校釋，并加了標點，成爲：

> ……爲君子？"田章對曰："臣聞之：天之高萬萬九千里，地之廣亦與之等。風發紛（谿）谷，雨起江海，震……"②

裘先生的文章考證詳審，令人稱絶。至此，34 字的簡文經過諸家之手和近 70 年時間的歲月磨礪，使之歷久彌精，最終臻於完善。

"田章簡"因内容十分重要，早就引起了學界的關注。1932 年，容肇祖在《嶺南學報》第 2 卷第 3 期上發表了《西陲木簡中所記的田章》，最早指出了它與敦煌變文的關係。他認爲，"田章簡"的故事當與敦煌寫本中句道興所撰《搜神記》中一則故事有關，故事講昔有一田昆侖者，與天女結合，生一子名田章，得天書八卷，聰明過人，入朝做官，位至宰相。後獲罪流放，流落民間。但朝廷凡遇無人知曉之事，還要詢問於他。③其中有一段對話云：

> "天下之中有大鳥不！"章答曰："有。""有者何也！""大鵬一翼起西王母，舉翅一萬九千里，然始食，此是也。"又問"天下有小鳥不！"曰："有。""有者何是也！""小鳥者無過鷦鷯之鳥，此鳥常在蚊子角上養七子，猶嫌土廣人稀。

---

① 《敦煌漢簡》，中華書局，1991 年，第 309 頁。
② 裘錫圭：《田章簡補釋》，《簡帛研究》第 3 輯，廣西教育出版社，1998 年，第 455—458 頁。
③ 句道興：《搜神記》，王重民等編《敦煌變文集》，人民文學出版社，1957 年，第 882—885 頁。

其蚊子亦不知頭上有鳥,此是小鳥也。"帝王遂拜田章爲僕射。①

　　"田章簡"中的問答形式以及主人公的名字"田章"都與句氏《搜神記》中的故事相類,但内容和情節不盡一致,説明此類民間故事在傳播中亦在不斷發生變化。就在敦煌變文中與此有關的故事還有《晏子賦》和《孔子項托相問書》。前者的典型片段是:

　　　　王乃問晏子曰:"汝知天地之綱紀,陰陽之本姓(性),何者爲公,何者爲母? 何者爲左,何者爲右? 何者爲夫,何者爲婦? 何者爲表,何者爲裏? 風從何處出,雨從何處來? 霜從何處下,露從何處生? 天地相去幾千萬里? 何者是君子,何者是小人?"晏子對王曰:"九九八十一,天地之綱紀。八九七十二,陰陽之本性。天爲公,地爲母。日爲夫,月爲婦。南爲表,北爲裏。東爲左,西爲右。風出高山,雨出江海。霜出青天,露出百草。天地相去萬萬九千九百九十九里。富貴是君子,貧者是小人。出語不窮,是名君子也。"

《孔子項托相問書》云:

　　　　夫子問小兒曰:"汝知天高幾許,地厚幾丈? 天有幾梁,地有幾柱? 風從何來,雨從何起? 霜出何邊,露出何處?"小兒答曰:"天地相却萬萬九千九百九十九里。其地厚薄,與天等同。風出蒼吾,雨出高處。霜出於天,露出百草。天亦無梁,地亦無柱。以四方雲而乃相扶,故與爲柱,有何怪乎!"

　　《晏子賦》和《孔子項托相問書》,一則是"王問晏子",一則是"夫子問小兒",故事主人公不是田章,但問答内容與"田章簡"相同。祇是"田章簡"云天地之高厚爲"萬萬九千里",而《晏子賦》和《孔子項托相問書》則有"九百九十九里之餘

———————————

① 句道興:《搜神記》,王重民等編《敦煌變文集》,人民文學出版社,1957年,第245頁。

數"。衹是行文之疏密不同,而非本質之區别。

"田章簡"同上引句道興《搜神記》中的故事以及敦煌變文《晏子賦》《孔子項托相問書》中的故事,如出一輒,有明顯的傳承關係,追溯其源頭當出自《晏子春秋》。《晏子春秋》是一部古代的短篇小説集,主要講述春秋齊景公時晏嬰的故事,但於歷史上記載的晏嬰其人其事又有一定出入,是在長期流傳的過程中經過不斷的加工、改造和演變的産物。《晏子春秋》的成書年代,有人説是晏子自己的作品,有人説是墨子門徒所假托,還有人則認爲是六朝人的僞造。但《晏子春秋集釋》的作者吳則虞先生經過考證認爲很可能爲秦博士淳于越所作。越爲齊國貴族,齊亡後入秦爲博士,曾在是否分封功臣子弟的問題上與博士周青臣和丞相李斯意見相左。其作書的時間大致在秦統一六國之後。[①]他認爲上述故事與《晏子春秋》同出一源,主要有以下幾個方面的依據。

依據之一:《晏子春秋》外篇第八《景公問天下有極大極細晏子對第十四》。

> 景公問晏子曰:"天下有極大乎!"晏子對曰:"有。足游浮雲,背凌蒼天,尾偃天間,躍啄北海,頸尾咳於天地乎?然而渺渺不知六翮之所在。"公曰:"天下有極細乎!"晏子對曰:"有。東海有蟲,巢於蚊睫,再乳再飛,而蚊不爲驚。臣嬰不知其名,而東海漁者命曰焦冥。"[②]

此則故事,《神异經·南荒經》有載:"南方蚊翼下有小蜚蟲焉,目明者見之,每生九卵,復未常有殽,復成九子,蜚而俱去,蚊遂不知。亦食人及百獸。食者知,言蟲小,食人不去也。此蟲既細且小,因曰細蠛。陳章對齊桓公小蟲是也。"舊注:"陳章鷦鷯巢蚊睫,事見《晏子春秋》。"[③]

《晏子春秋》與《神异經》所載略有不同,但後者確係從前者演化而來,故事的原型是一個。不同的是《晏子春秋》中"景公問晏子",《神异經》在故事的後面和

① 吳則虞:《晏子春秋集釋》序言,中華書局,1962年,第19—21頁。
② 《晏子春秋集釋》,中華書局,1982年,第514頁。
③ 《百子全書》第7册,浙江人民出版社,1985年,影印掃葉山房1919年石印本。

注中則説"陳章對桓公"事。桓公從公元前685年至前643年在位，而景公則於公元前547年至前490年在位，前後相差近百年時間。不過"陳章"則可讀作"田章"，這在前人早已指出。①"田"與"陳"上古都是真部定母字，兩者互通的例子在《左傳》《戰國策》《史記》，甚至《晏子春秋》本身都屢見不鮮。如：《左傳昭公三年》："齊其爲陳氏矣。"《晏子春秋内篇問下十七》陳作田。《左傳昭公年》："陳鮑"，《晏子春秋内篇雜下》作"田鮑"。《左傳昭公二十六年》："其陳氏乎？"《晏子春秋外篇七》陳作田。②可見，"陳章""田章"毫無疑問是可以通讀的。故事的主人公如果往前追溯，那就是：田章→陳章→晏子。

依據之二："田章簡"在河西漢簡中無獨有偶。2002年，内蒙古自治區文物考古研究所在上世紀30年代和70年代大量出土漢簡的烽燧遺址再次進行了調查發掘，又發現一枚"田章簡"，簡文是：

大抵田章新君耳桓公曰田章天下　　　　　　　　（2002ESCSF1:6）③

該簡字迹清晰，釋讀準確，唯因字數太少，尚不能作進一步分析。但田章的故事在漢代的河西地區確曾流行過，這同六朝以後出現在敦煌變文中的同類故事是一脈相承的。

依據之三：河西漢簡中不僅有"田章簡"，而且還有《晏子春秋》的佚文。在《居延新簡》中有一則簡文云：

……也，外不在諸侯，不（否）則貪也。晏子溉（慨）然而大息，其心甚憂，笑而應之曰："固也夫，齊與魯連竟（境）同土，齊不有魯，恐爲之下。往世不……"　　　　　　　　　　　　　　　　　　　　　（EPTS1:390④）

---

① 容肇祖：《西陲木簡中所記的"田章"》，《嶺南學報》第2卷第3期，1932年。
② 高亨、董治安：《古字通假會典》，齊魯書社，1989年，第86頁。
③ 内蒙古自治區文物考古研究所：《額濟納漢簡》，廣西師範大學出版社，2005年3月。
④ 甘肅省文物考古研究所等：《居延新簡》，文物出版社，1990年，第204頁。

　　此條簡文在今傳《晏子春秋》中找不到相同的内容,但應該是《晏子春秋》的佚文則無疑義。因爲《晏子春秋》一書一開始就是一些民間故事。如果按上述吳則虞先生的意見,該書編成於秦滅六國之後,那么在晏子之後到成書之前,晏子的故事至少在民間流傳了300年之久。《漢書·藝文志》有《晏子》八卷,書名“晏子”之後無“春秋”。隋、唐《經籍志》各有《晏子春秋》七卷,而《宋史·藝文志》則有《晏子春秋》十二卷。《崇文書目》曰:“《晏子春秋》十二卷,晏嬰撰。《晏子》八篇,今亡。此書蓋後人采嬰行事爲之,以爲嬰撰,則非也。”可見,《晏子》或《晏子春秋》成書之後的流傳過程較複雜,今本《晏子春秋集釋》就附錄了不見於正文而散見於各書中的佚文十七則,上引漢簡《晏子春秋》的佚文發現於河西散簡之中就不足爲奇了。傳世今本不見此簡内容,説明其價值更爲重要。

　　《晏子春秋》的簡文,最近又有新發現。1999年,内蒙古文物考古研究所在甲渠候官第十八隧發現《晏子春秋》簡文兩則:

　　　……與者半。京(景)公召晏子問之曰:“子先治奈何?”晏子合(答)曰:“始治築壞塞缺,姦人惡之;斬渠通……”　　　　　　　　　(99ES18SH1:1)
　　　☒囗隨(惰)民惡之;止男女之會,淫民惡之;送迎……(99ES18SH1:2)

　　兩條簡的内容可以合而爲一,事實上是意思連貫的一段話。《晏子春秋·内篇·雜上》“晏子再治阿而見信景公任以國政第四”條:

　　　景公仗使晏子爲東阿宰,三年,毀聞於國。景公不説,召而免之。晏子謝曰:“嬰知嬰之過矣,請復治阿,三年而譽必聞於國。”景公不忍,復使治阿,三年而譽聞於國。景公説,召而賞之,辭而不受。景公問其故,對曰:“昔者嬰之治阿也,築蹊徑,急門間之政,而淫民惡之。舉儉力孝弟,罰偷窳,而惰民惡之;決獄不避貴强,而貴强惡之;左右所求,法則予,非法則否,而左右惡之。事貴人體不過禮,而貴人惡之。是以三邪毀乎外,二讒毀乎内,三年而毀聞乎君也。今臣謹更之,不築蹊徑,而緩門間之政,而淫民説;不舉儉力孝弟,不罰偷竊,而惰民説;決獄阿貴强,而貴强説;左右所求言諾,而左右説。事貴人體過禮,而貴人説。是以三邪譽乎外,二讒譽乎内,三年而譽聞於君也。昔者嬰之所以當誅者宜賞,今所以當賞者宜誅,是故不敢受。"景公知晏子賢,乃任以國政,三年而齊大興。

同樣的意思,在《晏子春秋·外篇·第七》"晏子再治東阿上計景公迎賀晏子辭第二十"條載:

> 晏子治東阿,三年,景公召而數之曰:"吾以子爲可,而使子治東阿,今子治而亂,子退而自察之,寡人將加大誅於子。"晏子對曰:"臣請改道而行而治東阿,三年不治,臣請死之。"景公許。於是明年上計,景公迎而賀之曰:"甚善矣!子之治東阿也。"晏子對曰,"前臣之治東阿也,屬托不行,貨路不至,陂池之魚,以利貧民。當此之時,民無饑,君反以罪臣。今臣後之治東阿也,屬托行,貨賂至,并重賦斂,倉庫少内,使事左右;陂池之魚,入於權家。當此之時,饑者過半矣,君乃反迎而賀。臣愚不能復治東阿,乃乞骸骨,避賢者之路。"再拜,便僻。景公乃下席而謝之曰:"子强復治東阿,東阿者,子之東阿也,寡人無復與焉。"①

上引《晏子春秋》中的"三邪""二讒""五惡之",分别是"淫民惡之""惰民惡之""貴强惡之""左右惡之""貴人惡之"。簡中祇有殘文,不完整,但也列出了"奸人惡之""淫民惡之""惰民惡之"三個方面。不同的有"奸人惡之"。也許,把這三個方面作爲"三邪"更合適。不管怎麽説,簡文和傳本《晏子春秋》行文一致,結構相同,内容吻合,祇是個别詞句不同,説明兩者在流傳過程中形成了不同的版本。

通過對晏子其人其事、《晏子春秋》、漢簡中的"田章簡"和《晏子春秋》佚文、敦煌變文中的相關篇章相比對,可以看出,敦煌變文中的有關故事可以在漢簡中

---

① 吳則虞:《晏子春秋集釋》,中華書局,1961年。

找到源頭，而漢簡中的這些記載又可以追溯至《晏子春秋》或更早的歷史故實，它們有着一脈相承而綿延不絕的傳承關係。將漢簡和敦煌文獻結合起來研究，將會給我們帶來更多的啟示。當然，近千年的流傳中，"長期間在人民口頭輾轉傳播，容易發生分歧和有所增損，所以同是一個故事，在幾種不同的記錄裏，内容往往有所出入，在地名人名方面甚至還有張冠李戴的情形。"①但這并不影響我們追尋它的基本脈絡。

（原載《敦煌學輯刊》2005年第2期）

---

① 吴則虞：《晏子春秋集釋》序言，中華書局，1961年，第18頁。

由敦煌漢簡中的候風簡談八卦與八風相配諸問題①

肖從禮

在敦煌馬圈灣漢代烽隧遺址出土的漢簡中有一枚記載八風配以八卦的候風占驗簡文。茲對該釋文試加斷句如下:

> 東北來,則逆根,傷生民、多疾病;風從東方來,則逆震,五穀傷於震;風從東……　　　　　　　　　　　　　　　　　　　　(《敦煌》1179)②

此簡下端殘,存字28個,隸書。簡文中的"根"通艮,《艮》卦;震,《震》卦。逆,相逆之義。按《説卦傳》:"天地定位,山澤通氣,雷風相薄,水火不相射,八卦相錯,數往者順,知來者逆,是故易逆數也。"韓康伯注:"作《易》以逆覩來事,以前民用。"孔穎達疏:"《易》之□用,人欲數知既往之事者,《易》則順後而知之,人欲數知將來之事者,《易》則逆前而數之,是故聖人用此《易》道,以逆數知來事也。"③則此"逆數"有逆推即預測占驗之義。"逆數"又有氣象反常之義。如《國語·周語

---

① 本文係2013年度國家社會科學基金重大項目"懸泉漢簡整理與研究"(批准號13&ZD086)的階段性成果。
② 甘肅省文物考古研究所:《敦煌漢簡》,中華書局,1991年,第264頁。
③《周易正義·説卦傳》,[清]阮元校刻《十三經注疏》,中華書局,1980年,第94頁。

下》："時無逆數,物無害生。"韋昭注："逆數,四時寒暑反逆也。"[1]上引簡文中的"逆"的含義應該與《説卦傳》和《周語》中的"逆數"有關系。此外,簡文中的"逆"與數術中的"衝""衝對"應該是相近用法。《史記·天官書》言魏鮮候八風之占後曰"故八風各與其衝對,課多者爲勝。多勝少,久勝亟,疾勝徐。"[2]此"衝對"一詞爲數術術語,即相克相忌之義。《淮南子·天文》曰："歲星之所居,五穀豐昌,其對爲衝,歲乃有殃。"[3]"其對爲衝"指的就是與歲星方位相對的方位。後天卦位裏,方位相對兩方即屬對衝。如東北方與西南方相衝,東方與西方相衝。同樣,東北風與西南風相衝,東風與西風相衝。《易緯·通卦驗下》載："震,東方也,主春分。……震氣不至,則歲中少雷,萬物不實,人民疾熱,應在其衝。"[4]此"應在其衝"即西方爲衝。上引簡文記載,"東北來,則逆根"即"[風從]東北來,則逆艮","艮"即《艮》卦,後天卦位在東北,與之相衝(簡文稱"逆")的方位即西南方。簡文"風從東方來,則逆震",其"震"即《震》卦,在後天卦位居東方。其相逆方位爲西方,爲《兑》卦。

由簡文"傷生民,多疾病"和"五穀傷於震"來看,此是數術占驗之語,則此簡所記内容應屬數術類。揣其簡文這枚簡所記應即候風占,而候風占從候風術發展演變而來。候風術主要以候風聽音辨氣以測知節氣,并預測年歲收成好壞。這種以四風或八風占驗歲收豐歉的候風術有着古老的來源。早在殷商時代即已出現,如武丁時於某年一月辛亥日卜四方及四風,其卜東方及東方風的辭曰："貞帝

圖6-3　《敦煌》1179

---

① 徐元浩撰,王樹民、沈長雲點校:《國語集解》,中華書局,2002年,第96頁。
②《史記》卷二十七《天官書》,中華書局,1959年,第1340頁。
③ 何寧撰:《淮南子集釋》,中華書局,1998年,第274頁。
④ [日]安居香山、中村璋八輯:《緯書集成》,河北人民出版社,1994年,第211頁。

(祗)於東方曰析,風曰荣,劦年。一二三四。"(《甲骨文合集》14295)①大意是求年收成於東方和東方風。這裏的"劦"即"協風"。《國語·鄭語》載:"虞幕能聽協風,以樂物生省也。"韋昭注:"虞幕,虞後虞思也。"而據《左傳·哀元年》載,虞思爲夏少康時人,可見候風之術的來源更古。②《左傳·昭公十八年》夏五月的丙子日這天起風,梓慎認爲這是"融風",是有火的前兆,七日後宋、衛、陳、鄭四國將會有火災發生。果然,七日後,這四國皆來告失火。③《國語·周語上》記周宣王時虢文公追述古制,籍田之前五日,"瞽告有協風至",韋注:"瞽,樂太師,知風聲者也。協,和也。風氣和,時候至也,立春日融風也。"

　　候風術的起源應該是和古代農業社會裏人們通過觀測氣象,藉以指導農業生產的實踐有關,後來演變成爲一種占卜之術。《左傳·襄公十八年》載楚師伐鄭國,"晉人聞有楚師,師曠曰:'不害。吾驟歌北風,又歌南風,南風不競,多死聲。楚必無功。'"此是師曠吹律聽北風和南風之音,以觀楚之强弱。古人又以候八方之風術稱之爲"風角"。如《後漢書·郎顗》載,郎顗之父郎宗"善風角",曾以暴風占京師有大火發生,後果驗。唐李賢注:"風角,謂候四方四隅之風,以占吉凶也。"④此"四方四隅"即八方,東南西北四方加上東北、東南、西南、西北四隅。李淳風《乙巳占》説:"風角、鳥情,天地之事理,其由來久矣。……事無大小,隨感必臻;祥無淺深,見形皆應。此則法術所由來矣。"⑤此是説風角和鳥情的占法有久遠的歷史,二者所占之事和祥妖皆無大小深淺之分,極易應驗。天水放馬灘秦簡《候歲》篇中有以正月朔日這天的來風方位進行占驗的記載。其簡文爲"入正月一日風,風道東北,禾黍將;從正東,衣者丈夫;從東南,牛枭聖聖;從正南,衣之必死;[從西南……從正西……從西北……](乙162a+93a)兵,邦君[必]或死之;從正北,水漬來。(乙313)"⑥《史記·天官書》載漢初魏鮮有占候八方風之術。"漢魏

---

① 郭沫若主編:《甲骨文合集》第5册,中華書局,1982年,第2047頁。
② 李學勤:《商代的四風與四時》,《中州學刊》1985年第5期。
③《左傳·昭公十八年》:"丙子,風。梓慎曰:'是謂融風,火之始也;七日,其火作乎!'……(宋、衛、陳、鄭),數日皆來告火。"
④《後漢書》卷三〇《郎顗傳》,中華書局,1965年,第1053頁。
⑤ 李淳風:《乙巳占》卷一〇,《叢書集成初編》第713册,第169頁。
⑥ 孫占宇:《天水放馬灘秦簡集釋》,甘肅文化出版社,2013年,第168頁。

鮮集臘明正月旦決八風。風從南方來,大旱;西南,小旱;西方,有兵;西北,戎菽爲,小雨,趣兵;北方,爲中歲;東北,爲上歲;東方,大水;東南,民有疾疫,歲惡。"①可見魏鮮占候八風之法是以臘明日和正月朔旦的風向來預測一年中的年歲收成。如果風是從東北方向來,則是年莊稼大豐收,若從其他七個方向來,皆不是最好的兆頭。

上引敦煌漢簡簡文雖殘泐,但據簡文可推知,簡首可補全作"風從東北來",簡末可補全作"風從東南來"云云。所記爲八方風,起於東北迄於北方,其方位與上引放馬灘秦簡《候歲》篇"風道東北"相同,而與《天官書》中起於南方迄於東南方不同。②較之放馬灘秦簡和《天官書》,敦煌漢簡候風占中包含有八卦之説,這種八風配八卦的形式至遲在東漢時已有明確説法。《左傳》隱公五年:"夫舞,所以節八音而行八風。"疏曰:"八風,八方之風者,服虔以爲八卦之風:乾音石,其風不周;坎音革,其風廣莫;艮音匏,其風融;震音竹,其風明庶;巽音木,其風清明;離音絲,其風景;坤音土,其風凉;兑音金,其風閶闔。"疏所言服虔爲東漢時人,他將八卦、八音與八風相配。八音即石、革、匏、竹、木、絲、土、金。八方配八卦的説法還可見《易緯·通卦驗》:"冬至,廣莫風至,誅有罪,斷大刑。立春,條風至,赦小罪,出稽留。春分,明庶風至,正封疆,修田疇。立夏,清明風至,出幣帛,禮諸侯。夏至景風至,辯大將,封有功。立秋,凉風至,報土功,祀四鄉。秋分,閶闔風至,解懸垂,琴瑟不張。立冬,不周風至,修宫室,完邊城。八風以時,則陰陽變化道成,萬物得以育生。王當順八風,行八政,當八卦也。"③此處是將八風與八卦相配合,而且此八風則明顯屬於節候之風。又見《周禮·保章氏》疏引《考異郵》曰:"陽立於五,極於九,五九四十五,且變以陰合陽,故八卦主八風,距同,各四十五日。《艮》爲條風,《震》爲明庶風,《巽》爲清明風,《離》爲景風,《坤》爲凉風,《兑》爲

---

① 《史記》卷二十七《天官書》中"爲上歲"條,韋昭曰:"歲大穰。"大穰即大豐收。《莊子·庚桑楚》:"居三年,畏壘大壤。"《列子·天瑞》:"一年而給,二年而足,三年大穰。"

② 按,隨州孔家坡漢墓出土《日書》中《占篇》有"正月朔日,風從南方來""從東方""從西方"和"從北方"四個方位來風進行占斷的簡文記載,其四正方位順序與放馬灘和《天官書》不同。參湖北省文物考古研究所、隨州市考古隊《隨州孔家坡漢墓簡牘》,文物出版社,2006年。

③ [日]安居香山、中村璋八輯:《緯書集成》,河北人民出版社,1994年,第248頁。

閶闔風，《乾》爲不周風，《坎》爲廣莫風。"①此是以八卦主八風。《左傳·昭公十八年》的"融風"條，楊伯峻注引《淮南子·地形訓》："東北曰炎風。"高誘注："艮氣所生也，一曰融風。"張晏曰："融風，立春木風也，火之母也，火所始生也。"②

　　從這些文獻記載可知，所謂八風即八方之季候風。而八卦配八方之説則可參考《説卦傳》："帝出乎震，齊乎巽，相見乎離，致役乎坤，説言乎兑，戰乎乾，勞乎坎，成言乎艮。萬物出乎震，震，東方也。齊乎巽，巽，東南也。齊也者，言萬物之絜齊也。離也者，明也。萬物皆相見，南方之卦也。聖人南面而聽天下，嚮明而治，蓋取諸此也。坤也者，地也，萬物皆致養焉，故曰致役乎坤。兑，正秋也，萬物之所説也，故曰説言乎兑。戰乎乾。乾，西北之卦也，言陰陽相薄也。坎者，水也，正北方之卦也，勞卦也，萬物之所歸也，故曰勞乎坎。艮，東北之卦也，萬物之所成終而所成始也，故曰成言乎艮。"③此"萬物出乎震"以下文句是對"帝出乎震"的解説。此段所述即所謂"後天八卦"方位。後天卦位是把八卦分布在八方，即震卦東方、巽卦東南方、離卦南方、坤卦西南方、兑卦西方、乾卦西北方、坎卦北方、艮卦東北方。

　　八方風實際上也是季候風，分屬立春、春分、立夏、夏至、立秋、秋分、立冬、冬至八節。以八節言八風可見《禮記·樂記》鄭玄注："八風從律，應節至也。"④此節、至概指立春、春分、立夏、夏至、立秋、秋分、立冬、冬至等分至啟閉八節。《淮南子·天文訓》："何謂八風？距日冬至四十五日條風至，條風至四十五日明庶風至，明庶風至四十五日清明風至，清明風至四十五日景風至，景風至四十五日凉風至，凉風至四十五日閶闔風至，閶闔風至四十五日不周風至，不周風至四十五日廣莫風至。條風至則出輕繫，去稽留。明庶風至則正封疆，修田疇。清明風至則出幣帛，使諸侯。景風至則爵有位，賞有功。凉風至則報地德，祀四郊。閶闔風至則收縣垂，琴瑟不張。不周風至則修宫室，繕邊城。廣莫風至則閉關梁，決刑罰。"⑤

　　①《周禮·保章氏》，[清]阮元校刻：《十三經注疏》，中華書局，1980年，第820頁。

　　②楊伯峻編著：《春秋左傳注》，中華書局，1981年，第1394—1395頁。

　　③《周易正義·説卦傳》，[清]阮元校刻：《十三經注疏》，中華書局，1980年，第94頁。

　　④《禮記·樂記》，[清]阮元校刻：《十三經注疏》，中華書局，1980年，第1536頁。

　　⑤何寧撰：《淮南子集釋》，中華書局，1998年，第195—199頁。

此是以冬至點爲準,平均每隔四十五日候一風向,這是恒氣布曆的理論。又《易緯·通卦驗》亦曰:"八節之風,謂之八風。"①《白虎通·八風》記載:"距冬至四十五日條風至,條者,生也。四十五日明庶風至,明庶者,迎眾也。四十五日清明風至,清明者,清芒也。四十五日景風至,景者,大也,言陽氣長養也。四十五日凉風至,凉,寒也,陰氣行也。四十五日昌盍風至,昌盍者,戒收藏也。四十五日不周風至,不周者,不交也,言陰陽未合化也。四十五日廣莫風至,廣莫者,大莫也,開陽氣也。故曰條風至地暖,明庶風至萬物産,清明風至物形乾,景風至棘造實,凉風至黍禾乾,昌盍風至生蕎麥,不周風至蟄蟲匿,廣莫風至則萬物伏。"②上引文從陰陽二氣的消長和物候兩方面對八風之名進行解釋。《漢書·魏相傳》載,魏相"又數表采《易陰陽》及《明堂月令》奏之","天地變化,必繇陰陽,陰陽之分,以日爲紀。日冬夏至,則八風之序立,萬物之性成,各有常職,不得相干。東方之神太昊,乘震執規司春;南方之神炎帝,乘離執衡司夏;西方之神少昊,乘兌執矩司秋;北方之神顓頊,乘坎執權司冬;中央之神黃帝,乘坤艮執繩司下土。茲五帝所司,各有時也"③。從其記載來看,魏相所奏議的這些説法乃是雜取於《易陰陽》和《明堂月令》諸書,且標明其出處。"日冬夏至,則八風之序立"即八風配八節之説,此外,他還以五行學説將五方(東、南、西、北、中)、六卦(震、離、兌、坎、坤與艮)、四季結合在一起。按理,魏相也應該按五行學説將八風配之以方位、卦位,但具體如何分配不得其詳。以五行理論解釋八風最早可追溯至春秋時,如《左傳·昭公二十五年》子大叔曰:"則天之明,因地之性,生其六氣,用其五行。……爲九歌、八風、七音、六律,以奉五聲。"據上所引,可以把八方、八卦、八節及八風的相互關系歸之於下。

東北:《艮》卦,立春,條風(或指融風、炎風)。

東:《震》卦,春分,明庶風(或指滔風、條風)。

東南:《巽》卦,立夏,清明風(或指熏風、景風)。

---

① [日]安居香山、中村璋八輯:《緯書集成》,河北人民出版社,1994年,第247頁。
② [清]陳立撰,吳則虞點校:《白虎通疏證》,中華書局,1994年,第341—345頁。
③ 《漢書》卷七十四《魏相傳》,中華書局,1962年,第3139頁。

　　南：《離》卦，夏至，景風（或指巨風）。

　　西南：《坤》卦，立秋，凉風（或指凄風）。

　　西：《兑》卦，秋分，閶闔風（或指飂風）。

　　西北：《乾》卦，立冬，不周風（或指厲風、麗風）。

　　北：《坎》卦，冬至，廣莫風（或指寒風）。

　　由上記載知，立秋應節之風爲西南方向來的凉風，若爲東北方來的條風則逆節，秋分應節之風爲西方來的閶闔風，若爲東方來的明庶風則逆節。這樣我們可以大致理解簡文的意思。此簡記載了在立秋之日和秋分之日的候風之占，立秋之日，如果風從西南方向來則爲應節之風，爲吉；如果風從東北方來，則是逆節之風，爲不吉，即簡文説“（風）從東北來，則逆根（艮）”，結果是“傷生民、多疾病”；秋分之日，如果風從西方來，則是順節之風，吉，反之，如果風從東方來，則是逆節之風，不吉，即簡文“風從東方來，則逆震”，結果是“五穀傷於震”。

　　“八風”之稱最早見載於《左傳》隱公五年、襄公二十九年和昭公二十年。①八風之名則始見於《左傳·昭公十八年》，“夏，五月，火始昏見。丙子，風。梓慎曰：‘是謂融風。火之始也。’”杜預注：“東北曰融風。”此融風即八風之一。八風很可能是由殷商時期的四風演變而來。《合集》14294甲骨刻辭中有四方風名。兹綜合諸家考釋，《合集》14294胛骨刻辭可讀如下：

　　　　東方曰析，風曰協；南方曰因，風曰凱；西方曰彝，風曰韋；［北方曰］伏，風曰役。②

　　上面刻辭中的“析”“因”“彝”“伏”分别爲東、南、西、北四方之名。對於刻辭

　　①《左傳》隱公五年：“公問羽數於衆仲。對曰：‘天子用八，諸侯用六，大夫四，士二。夫舞所以節八音而行八風。”襄公二十九年：“五聲和，八風平。”昭公二十年：“一氣、二體、三類、四物、五聲、六律、七音、八風、九歌。”

　　②胡厚宣：《甲骨文四方風名考》，胡厚宣《甲骨學商史論叢》初集第2册，河北教育出版社，2002年。胡厚宣：《釋殷代求年於四方和四方風的祭祀》，《復旦學報》1956年第1期。楊樹達：《甲骨文中之四方神名與風名》，《積微居甲文説·卜辭瑣記》，科學出版社，1954年，第52—57頁。曹錦炎：《釋甲骨文北方名》，《中華文史論叢》1982年第3期。李學勤：《商代的四風與四時》，《中州學刊》1985年第5期。

四方之名的含義,可以《尚書·堯典》記載"乃命羲和,欽若昊天,厤象日月星辰,敬授人時"之文爲參考:

> 分命羲仲,宅嵎夷,曰暘谷。寅賓出日,平秩東作。日中星鳥,以殷仲春。厥民析,鳥獸孳尾。
> 申命羲叔,宅南交。平秩南訛,敬致。日永星火,以正仲夏。厥民因,鳥獸希革。
> 分命和仲,宅西,曰昧谷。寅餞納日,平秩西成。宵中星虛,以殷仲秋。厥民夷,鳥獸毛毨。
> 申命和叔,宅朔方,曰幽都。平在朔易。日短星昴,以正仲冬。厥民隩,鳥獸氄毛。[1]

《堯典》言羲和分居四方,分掌仲春、仲夏、仲秋、仲冬四時。對於上引文中的"析""因""夷"和"隩"諸詞的含義,傳有解釋:

> 析,冬寒無事,并入室處。春事既起,丁壯就功。言其民老壯分析。
> 因,謂老弱因就在田之丁壯以助農也。
> 夷,平也,老壯在田與夏平也。
> 隩,室也。民改歲入此室處,以辟風寒。[2]

根據傳言,"厥民析""厥民因""厥民夷""厥民隩"均爲四時中百姓的不同行事。甲骨刻辭中的四方名和風名還可與下引《山海經·大荒經》的記載相參考:

> 日月所出名曰折丹,東方曰折,來風曰俊,處東極以出入風。
> 有神名曰因因乎[因乎],南方曰因乎[因],誇[來]風曰乎民,處南極以

---

[1]《尚書·堯典》,[清]阮元校刻:《十三經注疏》,中華書局,1980年,第119頁。
[2]《尚書·堯典》,[清]阮元校刻:《十三經注疏》,中華書局,1980年,第119頁。

出入風。

　　有人名曰石夷，來風曰韋，處西北隅以司日月長短。

　　有女和月母之國，有人名曰鵷，北方曰鵷，來之風曰狻，是處東極隅以止日月，使無相間出没，司其短長。①

　　可以推知，《大荒經》所言之"折""因""石夷""鵷"等神名與甲骨刻辭中的"析""因""彝""伏"四方名雖有异稱，但仍可看出二者之間有着密切關係。《大荒經》所記風名與刻辭差异較大，甲骨刻辭協、凱、韋、役四風名中惟"韋"風與《大荒經》相同。李學勤先生指出，四方名和四風名是有聯係的。《大荒經》四方之神的作用有兩點，一是出入風，一是司日月之長短。這種觀念顯然是古人曆象知識的一種反映。古人已經認識到，一年之中，隨着季候的推移，風向有所變化，晝夜的長短也有不同。不管析、因、彝、伏具體怎樣解釋，由"伏"即"伏藏"一點看，總是和四時分不開的。《堯典》明確講到四時，《大荒經》提及日月長短，也意味着四時。古代人民正是從農業生産的需要出發，建立了當時的天文曆象之學，認識了四時和年歲，并知道四方風的季候性質。②可見，從《堯典》和《大荒經》四方四風的記載來看，則甲骨刻辭中的四方名與四風名之間應有密切的關係，而且四風也應該爲季候風。

　　甲骨刻辭中的析、因、彝、伏四方名與表示東南西北四方的震、離、兑、坎四卦名在從詞義上而言可能有淵源。《大荒經》曰："東方曰折。"《尚書·堯典》："厥民析，鳥獸孳尾。"《説文》："析，破木也。一曰折。"《釋名·釋天》："震，戰也。又曰辟歷，辟，析也，所歷皆破析也。"《説卦傳》："萬物出乎震，震，東方也。"析、出二詞所言均謂春時雷震草木甲坼而出之義。"萬物出"與"鳥獸孳尾"皆指春時的物候，"孳尾"即交尾生産。《大荒經》："南方曰因。"《堯典》："厥民因，鳥獸希革。"《傳》曰："因，謂老弱因就在田之丁壯以助農也。"此"因就"即趨赴之義。③《説卦傳》：

① 袁珂校注：《山海經校注》，上海古籍出版社，1980年。
② 李學勤：《商代的四風與四時》，《中州學刊》1985年第5期。
③《國語·鄭語》："公曰：'謝西之九州，何如？'對曰：'其民遷貪而忍，不可因也。'"韋昭注："因，就也。"

"離也者,明也。萬物皆相見,南方之卦也。"《離·彖》曰:"離,麗也。"注:"麗猶著
也。各得所著之宜。"《周易·繫辭下》:"作結繩而爲罔罟,以佃以漁,蓋取諸離。"
注:"離,麗也。罔罟之用,必審物之所麗也。魚麗於水,獸麗於山也。"此"因"之
本義蓋與夏季日明草茂而民趨時農事有關,物候則此時鳥獸毛羽希疏。《大荒經》
曰:"有人名曰石夷。"《堯典》:"厥民夷,鳥獸毛毨。"《説卦傳》:"兑,正秋也,萬物
之所説也,故曰説言乎兑。"《詩經·風雨》:"云胡不夷。"《毛傳》:"夷,説也。"可知,
夷、兑皆有悦義。《大荒經》:"北方曰鳧。"《堯典》:"厥民隩,鳥獸氄毛。"《傳》曰:
"隩,室也。民改歲入此室處,以辟風寒。"《説卦傳》:"坎者,水也,正北方之卦也,
勞卦也,萬物之所歸也,故曰勞乎坎。"按,可讀作"宛"[1]《説文》:"奥,宛也。"而
《堯典》"隩"也作"奥"。 伏、隩均有隱藏義。《文選·鮑照〈蕪城賦〉》:"重江復關之
隩,四會五達之莊。"李善注:"《蒼頡篇》:'隩,藏也。'"《國語·晋語》韋注:"伏,隱
也。"又《説文·阜部》:"隩,水隈厓也。"段玉裁注:"厓,山邊也。引申之爲水邊,隈
厓謂曲邊也。"是隩亦與水有關,而坎卦之象正爲水。似也説明二者之間的源淵。

兩漢之時,除八風與八卦相結合的形式外,還有一種八風與四卦相結合的形
式。《易緯·乾元序制記》云:

　　坎初六,冬至,廣莫風;九二,小寒;六三,大寒;六四,立春,條風;九五,
雨水;上六,驚蟄。震初九,春分,明庶風;六二,清明;六三,穀雨;九四,立
夏,温風;六五,小滿;上六,芒種。離初九,夏至,景風;六二,小暑;九三,大
暑;九四,立秋,涼風至;六五,處暑;上九,白露。兑初九,秋分,閶闔風,霜
下;九二,寒露;六三,霜降;九四,立冬,始冰,不周風;九五,小雪;上六,大雪
也。[2]

　　坎初冬至廣莫,震初春分明庶,離初夏至景風,兑初秋分霜下。[3]

---

① 胡厚宣:《釋殷代求年於四方和四方風的祭祀》,《復旦學報》1956年第1期。
② [日]安居香山、中村璋八輯:《緯書集成》,河北人民出版社,1994年,第274—275頁。
③ [日]安居香山、中村璋八輯:《緯書集成》,河北人民出版社,1994年,第271頁。

此是分別以坎、震、離、兑四卦的六爻共計二十四爻分領從冬至迄大雪二十四節氣。每卦領二風，計八風。每卦初爻配分至四中氣。即鄭玄注：“此四卦者，始效分至，二十四氣之主，故候其初用事以占之失。”①這種四仲卦配四方風的形式亦可見《易緯·稽覽圖》：

冬至十一月中廣漠風，春分二月中明庶風，夏至五月中凱風，秋分八月中閶闔風。冬至日在坎，春分日在震，夏至日在離，秋分日在兑。②

《乾元序制記》中夏至爲“景風”，《稽覽圖》則作“凱風”。而前引甲骨刻辭中南方風亦名“凱風”。《詩·國風·凱風》：“凱風自南，吹彼棘心。”鄭箋：“南風謂之凱風。”《國語》之《鄭語》和《周語》兩記載“協風”。由此看來，凱風和協風的説法自殷商以來經春秋至漢代一直不曾中斷，這也從一個側面説明四方風名與四卦相配可能有古老的來源。

（原載《簡牘學研究》第5輯，2014年）

①［日］安居香山、中村璋八輯：《緯書集成》，河北人民出版社，1994年，第271頁。
②［日］安居香山、中村璋八輯：《緯書集成》，河北人民出版社，1994年，第172、174頁。

金關漢簡"孔子知道之易"爲《齊論·知道》佚文蠡測①

肖從禮

　　《漢書·藝文志》載:"《論語》者,孔子應答弟子時人及弟子相與言而接聞於夫子之語也。當時弟子各有所記。夫子既卒,門人相與輯而論纂,故謂之《論語》。"據《藝文志》記載,西漢時傳授《論語》者12家,計229篇。其中較爲重要的傳授爲《古論》《魯論》和《齊論》三種傳本。《古論》即西漢武帝時出孔子壁中的古《論語》二十一篇,有兩《子張》篇。孔安國爲之做過訓解,因巫蠱之難,此古《論語》僅存於秘府。亡佚於魏晋時。《魯論》爲魯人傳本,凡二十篇,此爲今傳《論語》篇次所據之本。《齊論》二十二篇,較之《魯論》傳本,所多二篇即班《志》自注中所言的《問王》和《知道》二篇。漢興以來,《論語》的流傳有《齊論》和《魯論》兩大系統。西漢末年安昌侯張禹融合《魯論》和《齊論》,號《張侯論》,爲世人所尊,成爲官方定本。東漢末鄭玄就《魯論》篇章,考之《齊論》《古論》,爲之注解。魏時何晏以鄭注本《論語》作《論語集解》,流傳至今。自何晏《論語集解》流傳之後,至遲到魏晋時期,《齊論》亡佚。

　　儘管《齊論》早已亡佚,今人無法窺其原貌,但我們可以從文獻記載略知《齊

　　① 本文係2013年度國家社科基金重大項目"懸泉漢簡整理與研究"(批准號:13&ZD086)階段性成果;西北民族大學中央高校基本科研費助項目"漢簡河西戍吏卒的衣食住行研究"(zyz2011047)論文。

論》的一些基本特點。班固《漢書·藝文志》載"《齊》二十二篇。多《問王》《知道》"。如淳注曰："《問王》《知道》，皆篇名也。"①此《齊》即指《齊論》。何晏《論語集解序》曰："《齊論》有《問王》《知道》，多於《魯論》二篇。《古論》亦無此二篇，分《堯曰》下章'子張問'以爲一篇，有兩《子張》，凡二十一篇，篇次不與齊、魯《論》同。"②可見，較之《魯論》和《古論》，《齊論》多了《問王》《知道》二篇。又《隋書·經籍志》載"《古論》章句煩省，與《魯論》不异。"③可見《古論》和《魯論》除了章句有差异外，其篇次相同。如此，則《齊論》與《魯論》篇次亦不同。又據何晏《論語集解序》："《齊論》二十二篇，其二十篇中，章句頗多於《魯論》。"④可見，除《問王》和《知道》二篇外，《齊論》另二十篇的章句也比《魯論》要多。上述差别中，最大的區别在於《齊論》多了《問王》《知道》二篇。

《齊論》亡佚之後，歷代學者如王應麟、顧憲成、朱彝尊、段玉裁、劉寶楠等或據傳本《論語》，或據東漢許慎《説文解字》中"論語"資料，或據東漢末鄭玄《論語注》等文獻，提出各種對包括《問王》《知道》篇在内的《齊論》存佚的推測。馬國翰據《漢書·王吉傳》和《貢禹傳》《經典釋文》《禮記正義》等書輯有《齊論》一卷。陳東《歷代學者關於〈齊論語〉的探討》⑤一文言之甚詳，此不贅。這裏我們簡要説説歷代學者對《齊論》中《知道》篇的研究。據班固《藝文志》記載，《齊論》"多《問王》《知道》"二篇。《隋書·經籍志》言："張禹本授《魯論》，晚講《齊論》，後遂合而考之，删其繁惑，除去《齊論》《問王》《知道》二篇，從《魯論》二十一篇爲定，號《張侯論》……漢末，鄭玄以《張侯論》爲本，參考《齊論》《古論》而爲之注。……吏部尚書何晏又爲集解，是後諸儒皆爲之注。《齊論》遂亡。"⑥這裏《隋志》雖然認爲是西漢末安昌侯張禹删去了《問王》《知道》二篇，但東漢末鄭玄時《齊論》尚存，至魏晉之時包括《問王》《知道》篇在内的《齊論》才最終亡佚。劉恭冕《論語正義補》"問王、知道"條引汪宗沂語："《問王》爲《問玉》，見《戴記·聘義》篇，至《知道》佚文，全

---

① ［漢］班固撰：《漢書》卷三〇《藝文志》，中華書局，1962年，第1716—1717頁。
② ［清］阮元校刻：《十三經注疏》，中華書局，1980年，第2455頁。
③ ［唐］魏徵等撰：《隋書》卷三二《經籍志》，中華書局，1973年，第939頁。
④ ［清］阮元校刻：《十三經注疏》，中華書局，1980年，第2454頁。
⑤ 陳東：《歷代學者關於〈齊論語〉的探討》，《齊魯學刊》2003年第2期。
⑥ ［唐］魏徵等撰：《隋書》卷三二《經籍志》，中華書局，1973年，第939頁。

無可考。竊謂《戴記·鄉飲酒義》云：孔子曰：吾觀於鄉，而知王道之易易也。此即《知道》。漢人傳《論語》者以二篇皆見《戴記》，故直删去其説。"[1]嚴靈峰認爲，《荀子·子道篇》記魯哀公及子貢問孔子孝行事，文似《論語》，推測"知道"或者是"子道"之誤。[2]日本學者佐藤一郎認爲今本《論語·里仁》中的"子曰：朝聞道，夕死可矣"之"聞道"爲"知道"，此句後半部分即《齊論》的《知道》篇。[3]陳東結合定州竹簡《論語》中《堯曰》篇"孔子曰不知命"章爲雙行小排附於最後的現象，認爲《問王》是《問正》之誤，來自"子張問"首句"子張問於孔子曰何如斯可以從正（政）矣"。《問王》篇可能就是"子張問"章。所謂《知道》則是"子曰不知命"章中"知命""知禮""知言""知人"的概括，或者是"知之道"的簡略。《知道》篇可能就是"子曰不知命"章。[4]上舉四家分別認爲《鄉飲酒義》之"知王道"即"知道"，《論語·里仁》篇"聞道"即"知道"，"知命""知禮""知言""知人"爲"知道"的概括，這些説法雖有一定合理性，但他們所據的材料均不符合《論語》的命篇原則。關於《論語》的命篇原則本文後面有述。總之，關於《知道》的真相仍是個謎。在這裏，本文想結合肩水金關漢簡的記載，對《齊論·知道》篇提出個人看法。爲方便討論，茲先列簡文并試標點如下。

●孔子知道之易也。易=云者，三日。子曰：此道之美也。　　　　　　　　　　　（73EJT22：6）[5]

圖6-4　《論語·知道》
73EJT22：6

---

[1]［清］劉恭冕：《論語正義補》，藝文印書館，1966年，第20頁。

[2]嚴靈峰：《論語成書年代及其傳授考》，《無求備齋論語集成》，藝文印書館，1967年，第8頁。

[3]［日］佐藤一郎：《齊論語二十二篇考：論語原典批判二》，《北海道大文學部紀要》1961年第9期。

[4]陳東：《歷代學者關於〈齊論語〉的探討》，《齊魯學刊》2003年第2期。

[5]甘肅簡牘保護研究中心等編：《肩水金關漢簡》（貳）下册，中西書局，2012年，第46頁。

按,此簡出土於漢肩水金關遺址第22探方,簡下端已殘泐。此簡中部"三"字處有斷裂,但可綴合。簡影顯示綴合處稍有錯位。簡下端從"也"字處殘闕,從簡的殘存長度推測所闕部分應該還有文句。簡文二"易"字可讀作"易",容易之義。①"易="通"易=",即易易,易於施行之義。=,爲重文號。者,原釋文作"省",按,據簡影釋"者"爲是。②該簡所書內容,我們從其文句用詞等特徵上可以斷定爲典籍佚文。該簡文不見先秦兩漢文獻記載。本文認爲,此簡文或即《齊論·知道》佚文。本文擬從四個方面提出個人觀點。不妥之處,尚祈方家指正。

一、簡文《知道》書寫時代與《齊論》流傳時間相當。漢興以來有關《齊論》的傳布情況,《藝文志》有所記載:

> 漢興,有齊、魯之説。傳齊論者,昌邑中尉王吉、少府宋畸、御史大夫貢禹、尚書令五鹿充宗、膠東庸生,唯王陽名家。傳魯論語者,常山都尉龔奮、長信少府夏侯勝、丞相韋賢、魯扶卿、前將軍蕭望之、安昌侯張禹,皆名家。張氏最後而行於世。③

從這個記載可知,自西漢以來,傳《齊論》和《魯論》二説在西漢時期各據半壁江山,但以傳《魯論》者名家最多,最後以安昌侯張禹所傳《魯論》説後出而勝行於世。張禹其人,《漢書》有傳。據《張禹傳》載,張禹爲河內軹人。青年時從施讎學《易》,從琅邪王陽(即昌邑中尉王吉)、膠東庸生習《齊論》。元帝初元年間,經博士鄭寬中推薦爲太子師,講授《論語》。後出任東平內史。成帝即位後,河平四年,張禹爲丞相,封安昌侯。鴻嘉元年張禹引退,元帝對張禹尊敬有加,親候起居。至哀帝建平二年,張禹去世。對於張禹傳授《論語》的具體情況,《漢書·張禹傳》載:

---

① "易"字在肩水金關漢簡裏多寫作"易"形,如肩水金關漢簡T23:161、1058等記載的"趙國易陽"即《漢書·地理志》所載趙國的"易陽"。

② 者、省二字形可分參金關漢簡EJT22:21A和EJT23:200A(《肩水金關漢簡》[貳]上冊,中西書局,2012年,第96、137頁)。

③ [漢]班固撰:《漢書》卷三〇《藝文志》,中華書局,1962年,第1717頁。

初，禹爲師，以上難數對己問經，爲論語章句獻之。始魯扶卿及夏侯勝、王陽、蕭望之、韋玄成皆説論語，篇第或异。禹先事王陽，後從庸生，采獲所安，最後出而尊貴。諸儒爲之語曰："欲爲論，念張文。"由是學者多從張氏，餘家寖微。①

據上記載可知，張禹爲太子師時曾著《論語章句》獻於元帝。綜班《志》和《張禹傳》來看，張禹最先所習爲《齊論》，却是以《魯論》爲説，曾作有《魯安昌侯説》二十一篇。②張禹晚年可能將《齊論》和《魯論》進行了綜合取捨，删《問王》和《知道》二篇以成《論語》二十篇，最後流行於世。③從肩水金關遺址出土的紀年簡來看，大部分漢簡屬於西漢中後期即宣元時期，金關漢簡T22出土的157枚漢簡中紀年最早爲昭帝始元六年（前81年），最晚爲成帝鴻嘉元年（前20年），此"孔子知道之易也"簡亦當書寫於此時代範圍内。而在這一時期内，張禹爲太子師時曾著《論語章句》獻於元帝，晚年時對《齊論》和《魯論》進行了綜合取捨，後出爲尊。但在張禹《論語》説爲世人所尊的同時，包括《齊論》在内的《論語》諸説仍然傳授不絶。《藝文志》載："傳齊論者，昌邑中尉王吉、少府宋畸、御史大夫貢禹、尚書令五鹿充宗、膠東庸生，唯王陽名家。"此五人傳授《齊論》的時代集中在宣元之際。庸生、王吉與貢禹皆爲齊地人。通過這些齊地學者的教授，《齊論》得以在齊地及周圍廣爲流傳。劉向《別録》説"齊人所學，謂之《齊論》。"④這種認識確有一定道理。

二、簡文《知道》與儒家學説有密切關係。簡文"孔子知道之易也"與儒家倡導的王者教化之道有密切關係。《禮記·鄉飲酒義》載孔子曰："吾觀於鄉，而知王

① ［漢］班固撰：《漢書》卷八一《張禹傳》，中華書局，1962年，第3352頁。

② 《藝文志》"魯安昌侯説二十一篇"條，師古曰："張禹也。"即是認爲安昌侯指張禹。姚振中認爲"鄭氏作注，何氏作集解，即據其本。"同時又説"止於二十篇，此多出一篇"。

③ 《藝文志》載《齊論》二十二篇，班固自注："多《問王》《知道》。"對於《問王》佚篇篇題及内容，後代學者有各種推測。宋王應麟首先推測《問王》實即《問玉》之誤。後世學者認爲許慎《説文解字》玉部中所載"逸論語曰"論玉之語即爲《齊論》之《問王》（即《問玉》）篇。馬國翰《玉函山房輯佚書》以《禮記·聘義》中一段論玉之語作爲《問玉》篇。而《齊論》中的《知道》篇則於文獻無徵，學者認同《知道》失考。

④ 皇侃：《論語集解義疏》，中華書局，1985年，第4頁。

道之易易也。"①是説孔子觀看鄉飲酒之禮有尊賢尚齒之法，從而知道王者教化之道很容易施行。《韓詩外傳》："故聖王之教其民也，必因其情而節之以禮，必從其欲，而制之以義，義簡而備，禮易而法，去情不遠，故民之從命也速。孔子知道之易行也。詩云：'誘民孔易'，非虚辭也。'"②這裏引詩以證聖王之教其民，"誘民孔易"是指教化民衆是很容易實行的事情。簡文"孔子知道之易也"義同"知王道之易易也"和"孔子知道之易行也"，指孔子知曉王者教化之道易於施行。據"易＝云者"之語，我們懷疑簡文"孔子知道之易也"本作"孔子知道之易＝也"，簡文漏書了"＝"重文號。"易易"即易行之義，義同前引《禮記·鄉飲酒義》和《韓詩外傳》之文，指王道易於施行。但根據簡文"易（易）＝雲者三日"來看，可能簡文對"孔子知道之易＝也"尚有不同的解説。"易易云者三日"句應是對前文"易易"的闡釋。簡文"'易易'云者"的用法同"云'易易'者"③。簡文"三日"即是對"易易"的具體闡釋。本文懷疑"三日"後尚有文句漏寫。簡文"子曰：此道之美也"句指孔子以王者教化之道爲美善。按，儒家推崇王道教化，强調教學的重要性。如《禮記·學記》曰："君子如欲化民成俗，其必由學乎。玉不琢，不成器；人不學，不知道。是故古之王者，建國君民，教學爲先。"④這裏以琢玉爲喻以言立學之美。上所舉數例皆可見簡文内容與儒學所倡導的王道教化思想有密切關係。

三、簡文《知道》符合《論語》的命篇原則和分章提示。今傳《論語》二十篇皆取首章首句之詞爲其篇名。如《鄉黨》第十共計二十七章，其篇題即取自首章"孔子於鄉黨，恂恂如也，似不能言者"之"鄉黨"二字。孔壁所出《古論》，班固《藝文志》曰"兩《子張》"如淳曰："分《堯曰》篇後子張問'何如可以從政'已下爲篇，名曰《從政》。"⑤按，今本《堯曰》第二章首句爲"子張問於孔子曰：'何如斯可以從政

① ［清］阮元校刻：《十三經注疏》，中華書局，1980年，第1683頁。

② ［漢］韓嬰撰，許維遹校釋：《韓詩外傳集釋》，中華書局，1980年，第184頁。

③ 按，《禮記·鄉飲酒義》載孔子曰："吾觀於鄉，而知王道之易易也。"關於"易易"，《正義》曰："'吾觀於鄉'者，鄉，謂鄉飲酒。言我觀看鄉飲酒之禮，有尊賢尚齒之法，則知王者教化之道，其事甚易，以尊賢、尚齒爲教化之本故也。不直云'易'，而云'易易'者，取其簡易之義，故重言'易易'，猶若《尚書》'王道蕩蕩''王道平平'，皆重言，取其語順故也。"簡文中的"易易云者"和《正義》"而云'易易'者"的表述是相同的。

④ ［清］阮元校刻：《十三經注疏》，中華書局，1980年，第1521頁。

⑤ ［漢］班固撰：《漢書》卷三〇《藝文志》，中華書局，1962年，第1716—1717頁。

矣?’”班固按首章首句原則稱《古論》別出此篇爲《子張》,因《論語》第十九章已有《子張》篇名,故如淳則稱之爲《從政》以相區別。據《論語》命篇通例,則《齊論》之《問王》和《知道》二篇之名亦應取自首章首句之詞。簡文“孔子知道之易也”句之“知道”二字用作《知道》篇題符合古人擬取篇名的習慣。又簡文上端有“●”,此墨點是篇章標識符號。如懸泉漢簡《子張》殘簡,簡書爲今本《子張》篇第16、17和18章。第16章章首文句已殘泐,在17和18章“曾子曰”前皆有“●”表示此分爲二章。①金關漢簡簡首與懸泉漢簡《子張》簡首的墨點符號其作用是一樣的。

四、簡文《知道》爲戍邊吏卒習字簡。據《藝文志》載,西漢時期就有《論語》十二家。自西漢以降,《論語》和《孝經》等爲兒童蒙學讀物。崔寔《四民月令》載十一月,“硯冰凍,命幼童讀《孝經》《論語》、篇章、小學”②。此“篇章”指六十甲子、九九乘法表,“小學”則指《蒼頡》和《急就》等字書。正因如此,抄寫有《孝經》③《論語》、六十甲子、《蒼頡》和《急就》等内容的習字簡在西北邊塞均有不少發現。這些簡文應該是那些從全國各郡縣來到西北邊塞戍邊的吏卒平時習誦抄寫這些蒙學讀物的殘存。從出土的居延漢簡簡文記載可知,西北邊塞有數量不少的來自齊地的戍邊吏卒。這些接受過蒙學的齊地吏卒中,正好就有學習《齊論》者。他們在閑暇之時便在簡牘上書寫自小誦習的童蒙教材,或多或少地將齊地的經學典籍傳布到了西北邊塞。當然,習誦《齊論》的學習者應不止於齊地之人,除了齊地外,傳習《齊論》區域亦廣爲分布,如武帝時琅邪王卿先任濟南太守後遷御史大夫;貢禹本琅邪人,元帝即位征爲諫太夫;王吉本齊地人,宣帝時任山陽郡昌邑都尉。宣帝時的五鹿充宗爲代郡人。有不少以《齊論》名家的學者或任職京師或調遷郡縣,廣爲授徒,也促進了《齊論》的流傳。正因如此,西漢時期齊地及周邊之人自小接受《齊論》學習也是常理,《齊論》出現在西北邊塞也就不足爲奇了。

（原載《簡帛研究二零一三》,2014年）

---

① 胡平生、張德芳:《敦煌懸泉漢簡釋粹》,上海古籍出版社,2001年,第175頁。

② [漢]崔寔著,繆啟愉輯釋:《四民月令輯釋》,農業出版社,1981年,第104頁。

③ 郝樹聲:《從西北漢簡和朝鮮半島出土〈論語〉簡看漢代儒家文化的流布》,《敦煌研究》2012年第3期。

敦煌漢簡《風雨詩》考

肖從禮

有關漢代歌詩的考古發現,目前我們能見到的就是敦煌漢簡《風雨詩》。該枚漢簡爲斯坦因1913—1915年第三次中亞考古所獲,①甘肅省文物考古研究所編《敦煌漢簡》收録該簡,釋文編號是2253、圖版編號壹陸玖。②張鳳首先對原釋文進行了重釋;③勞榦、李零、許雲和諸學者又先後對《風雨詩》的釋文進行了考訂,并對該詩的時代、體裁、思想内容以及作者等進行了有益的探討。④本文擬在諸家討論的基礎上,就敦煌漢簡《風雨詩》談一些個人想法,其不妥之處,還祈方家指正。爲方便討論,兹先將《敦煌漢簡》一書中的《風雨詩》釋文及圖版引録如下:

《風雨詩》釋文:

---

① 斯坦因編號T. X XⅡ.D.021。馬伯樂編號M.29。張鳳:《漢晋西垂木簡彙編》編號《風雨詩》51:19(張鳳:《漢晋西垂木簡彙編》,有正書局,1931年,第51頁)。林梅村:《疏勒河流域出土漢簡》順序編號687(林梅村:《疏勒河流域出土漢簡》,文物出版社,1984年,第76頁)。吴礽驤等編:《敦煌漢簡釋文》編號2253(吴礽驤等編:《敦煌漢簡釋文》,甘肅人民出版社,1991年,第244頁)。

② 甘肅省文物考古研究所編:《敦煌漢簡》,中華書局,1991年,釋文第307頁、圖版第壹陸玖。

③ 張鳳:《漢晋西垂木簡彙編》,有正書局,1931年,第51頁。

④ 勞榦:《七言詩》,載勞榦《漢晋西陲木簡新考》,"中研院"歷史語言研究所單刊甲種之二十七,1985年,第77—94頁。李零:《簡帛古書與學術源流》,北京:生活、讀書、新知三聯書店,2004年,第348頁。許雲和:《敦煌漢簡〈風雨詩〉考論》,簡帛網http://www.bsm.org.cn/,2009年8月15日。

　　日不顯目兮黑雲多，月不可視兮風非沙。從恣蒙
水誠江河，州流灌注兮轉揚波。

　　辟柱槙到忘相加，天門侯小路彭池。無因以上如
之何，興章教海兮誠難過。

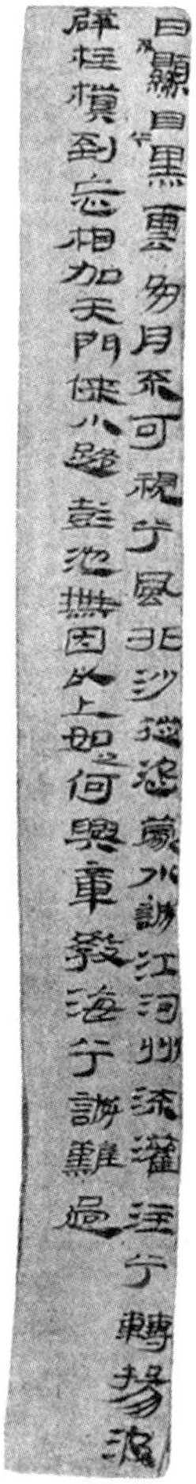

一、敦煌漢簡《風雨詩》校釋

　　對於這首《風雨詩》的部分釋文，茲羅列上舉諸家的考
釋要點，并加按語。

　　風非沙：張鳳讀"非"作"飛"，諸家皆無异説。按：張説
可從，非、飛二字，古多通假。"風飛沙"，即飛沙走石之義。

　　從恣：張鳳有兩種讀法，一種讀"縱恣"，一種讀"從
兹"；李零讀作"縱兹"，是放任之義；許雲和認爲應照原字
讀作"從恣"，形容風雨的肆虐。按：許説可從。

　　蒙水：張鳳讀作"濛水"；李零讀作"蒙水"，在崦嵫山
下；許雲和從李説，認爲"崦嵫山漢稱邽山，即今天水市區
西北的鳳凰山，自古被尊爲秦州鎮山，蒙水即發源於鳳凰
山的羅玉河，洋水則是穿市區而過的藉河。"按：李、許二説
可從。

圖6-5　敦煌漢簡
《風雨詩》2253

　　誠江河：張鳳讀"誠"作"成"。按：張説可從。"誠江河"指暴雨過後，蒙水暴
漲，洪流沟湧似江河。

　　州流：勞榦、李零和許雲和三人皆讀作"周流"。許雲和又引《郊祀歌》"周流
常羊思所并"，"師古曰：'周流猶周行也。'"爲證。按：諸説可從。

　　辟柱槙到：張鳳讀作"壁柱顛倒"。按：張説可從。"辟柱槙到"指暴雨來襲，致
牆傾柱倒。

　　忘相加：妄，張鳳讀作"亡"；李零讀作"妄"；許雲和讀作"更"，認爲"更""妄"

二字古代寫法相近而易相訛。按:張説可從,"妄"當讀作"亡",義同無,"忘相加"即"無以相加"之義。

天門:許雲和據《甘肅通志》卷五:"伏羌縣半博水在縣西南,源出半博山谷中,北流入渭。又天門水出天門山,東流入渭。"又云:"伏羌縣鼉山在縣東二十里,山形如鼉,渭水經其下。天門山在縣南里許,縣之主山,三峰聳峙,有兩穴如門,中有湫池"的記載,認爲此天門當指漢天水郡冀縣天門山。按:許説可從。

俠小:俠,張鳳直接釋作"狹";李零認爲"俠"乃"狹"之訛寫,其義是而其形非;勞榦釋作"俠",讀作"狹";許雲和認爲"俠"當釋作"俠","俠"同"狹"。按:李説可從。當釋作"俠"是,"俠"爲"狹"之訛,"俠小"即狹窄之義。此指天門山對峙之峰間河道狹窄。

路:李零疑"路"讀"露";許雲和認爲當直讀路字。按:"路"當讀作"潞",義同羸、儡諸詞,毀壞之義。《吕氏春秋·不屈》:"士民疲潞。"高誘注:"潞,羸也。"《説文》:"儡,相敗也。"《文選·西征賦》:"寮位儡其隆替。"李善注引《説文》曰:"儡,壞敗之貌。"《文選·寡婦賦》:"容貌儡以頓顇兮。"李善注引《禮記》鄭玄曰:"儡,羸貌。"

彭池:張鳳和勞榦釋讀作"滂沱";許雲和認爲彭池是在漢安定郡彭陽縣境内的彭池原。彭池原是以彭池而得名,蓋彭池消失後化而爲原,人以其名名其所在區域。按:諸説誤,此"彭池"即後來文獻中記載的天門山的"湫池",説詳下文。

無因以上如之何:許雲和認爲,這句是説風雨突如其來,無因而至,使人措手不及。按:許説可從。"無因以上"意指無故而相加,與上句中的"忘相加"(即"無以相加")和"路彭池"(即"相敗彭池")意正相暗合。"如之何",在《詩經》中習見,如《詩經·國風·東山》:"其新孔嘉,其舊如之何?"鄭箋:"嘉,善也。其新來時甚善,至今則久矣,不知其如何也。"

興章教誨:張鳳認爲"教誨"疑叫喚聲相借;勞榦、李零和許雲和皆作"教誨";勞榦改讀"興章"作"典章","典章教誨"即教習典章;許雲和認爲,"興章教誨",義同於《墨子·非命》之"發憲布令以教誨"。"興章"即"發憲布令",意謂向受災百姓發布朝廷的賑災措施,以教諭、安撫百姓。按:綜勞、許二説,"興章教誨"讀作"典章教誨"。"典章"即"發憲布令",意指向受災百姓發布朝廷的撫民措施,以教諭、安撫百姓。

二、敦煌漢簡《風雨詩》的時代和形式

關於該《風雨詩》簡的年代,勞榦認爲屬西漢之時;許雲和認爲屬東漢初期。按:該《風雨詩》簡所書文字,書勢拙樸,書法字體左波右磔、字形扁平,應屬比較典型的漢隸。與此簡同出的其他十幾枚漢簡中有一枚紀年簡爲"建武廿三年"(《敦煌漢簡》2247),據此可以大致斷定《風雨詩》簡當爲西漢後期至東漢初期之物。至於《風雨詩》的創作時間則有可能在西漢昭宣時期。對此問題,下面結合《風雨詩》的形式試加討論。

敦煌漢簡《風雨詩》共八句,每句用韻,其韻腳多、沙、河、波、加、池、何、過皆屬上古音歌部。第一、二、四、八句中有"兮"字,每句八字,其餘四句則無"兮"字,每句七字。該簡文無殘泐,内容完整,當可斷定爲一首完整的漢代詩歌。勞榦認爲此詩可能是西漢時期最早出現的七言詩;許雲和認爲此詩是一首騷體詩。對於《風雨詩》各句中或有或無"兮"字的問題,勞榦認爲"七言詩最初發展時期,應自楚辭體變化而來,而其中用兮字或不用兮字,并不固定。但其發展趨勢,則爲漸次用實字以代替兮字。開始爲前數句具有兮字,而後數句刪去兮字,再後則爲第一句當保留兮字,而以後各句刪去兮字,最後則全部刪去兮字"①。許雲和則認爲"這本是一首騷體詩,照理來説每句都應該有一個'兮'字,但詩首二句、第四句、第八句有'兮'字,其餘句子則無之,這是什麽原因呢? 是作者的原件就是如此呢還是後來被抄者省去了呢? 我以爲是後者。"按:勞榦關於七言詩是自楚辭體變化而來的説法是可以信從的,但關於七言詩中兮字的演變過程的説法還可以討論。比如"再後則第一句當保留兮字"的説法并不符合《風雨詩》,這是因爲勞榦把《風雨詩》第一句"日不顯目兮黑雲多"誤録作"日不顯兮黑雲多",其得出的一些結論也就不符合事實了。許雲和則是認爲《風雨詩》各句中之所以會出現

① 勞榦:《七言詩》,載勞榦《漢晋西陲木簡新考》,"中研院"歷史語言研究所單刊甲種之二十七,1985年,第79頁。

兮或無兮,是因爲抄寫者的有意省略。

本文認爲,從形式和寫作技巧上來看,《風雨詩》已經是一首比較成熟的七言詩。其寫作的時代當在西漢昭宣時期。

七言詩源出楚調,爲民間俗樂,漢時屬樂府。早期七言詩多有"兮"字,其在詩句的作用有二,一是用兮字以成七言;二是作爲音樂要素保留。如劉邦《大風起》(一名《大風歌》):"大風起兮雲飛揚,威加海内兮歸故鄉,安得猛士兮守四方。"①其首句乃用兮字而成七言,第二、三句中的"兮"字則更多是作爲音樂要素保留。漢武帝《秋風辭》:"秋風起兮白雲飛。草木黄落兮雁南歸。蘭有秀兮菊有芳。懷佳人兮不能忘。泛樓船兮濟汾河。横中流兮揚素波。簫鼓鳴兮發棹歌。歡樂極兮哀情多。少莊幾時兮奈老何。"②該詩中首句及其他諸句皆是用兮字以成七言,而第二及末句中之兮字則爲音樂要素。

在七言詩的發展過程中,作爲音樂要素的兮字經歷了一個逐漸被取消的過程。如漢武帝元封年間,烏孫公主所作《悲秋歌》:"吾家嫁我兮天一方,遠托异國兮烏孫王。穹廬爲室兮旃爲牆,以肉爲食兮酪爲漿。居常土思兮心内傷,願爲黄鵠兮歸故鄉。"該詩爲七言詩,每句用韻,句中皆有一"兮"字,此"兮"字僅是作爲一個楚調的音樂要素。漢昭帝始元年間的《淋池歌》:"凉風凄凄揚棹歌,雲光開曙月低河,萬歲爲樂豈雲多。"此已無作音樂要素的兮字。又如《錦繡萬花谷》載漢時琴家仿司馬相如擬作《琴歌》之二:"皇兮皇兮從我棲。得托字尾永爲妃,交情通體心和諧。中夜相從知者誰。雙興俱起翻高飛。無感我思兮使余悲。"此詩中第一句用兮字以成七言,自然不能省略;第二至五句中則已無音樂要素"兮"字,惟末句尚保留有一"兮"字。此正和漢簡《風雨詩》中或有或無"兮"字這一現象相似。據上引三例中七言詩兮字的演變情況,我們可推知,漢簡《風雨詩》的創作時代當在昭宣時期。

在七言詩發展過程中,用兮字以成七言的形式逐漸被實詞取代也是七言詩

---

① [宋]郭茂倩編:《樂府詩集》,中華書局,1979年,第850頁。本文凡引漢代詩歌,如無特别説明,皆出是書,不俱出注。

② 《漢武帝故事》曰:"帝行幸河東,祠後土。顧視帝京,忻然中流,與群臣飲讌。帝歡甚,乃自作《秋風辭》。"參見[宋]郭茂倩編《樂府詩集》,中華書局,1979年,第1180頁。

的一個重要發展趨勢。如傳爲司馬相如作《琴歌》之一："鳳兮鳳兮歸故鄉,遨游四海求其皇。時未遇兮無所將,何悟今夕升斯堂,有豔淑女在閨房,室邇人遐毒我腸,何緣交頸爲鴛鴦,胡頡頏兮共翱翔。"此詩中的首句尚用兮字以成七言。第三句"時未遇兮無所將"句,《玉臺新詠》卷九作"時未通遇無所將",改"兮"爲實詞,當爲漢琴家所爲。漢昭帝始元年間的《淋池歌》:"秋素景兮泛洪波,揮纖手兮折芰荷。凉風凄凄揚棹歌,雲光開曙月低河,萬歲爲樂豈雲多。"該詩在《太平廣記》中又作"商秋素景泛洪波,誰云好手折芰荷,凉風凄凄揚棹歌,雲光開曙月低河,萬歲爲樂豈雲多。"即將前兩句中的兮字換成實詞後而成七言。這種改兮爲實詞亦當是漢代人所爲。

在改兮爲實詞的七言詩演變過程中,首句中仍保留用兮字的傳統一直流行於兩漢時期。從司馬相如的《琴歌》、漢武帝的《秋風辭》一直沿襲至東漢張衡的《四愁詩》。但我們仍可看到,首句中用實詞取代兮字而成七言的這一演變的時間也是相當早的。如前引漢武帝元封年間,烏孫公主所作《悲秋歌》已是典型的七言詩,其首句已不是用兮字以成七言的形式,而作"吾家嫁我兮天一方"。漢簡《風雨詩》亦如此。很明顯,漢簡《風雨詩》與《悲秋歌》在形式上具有相似之處:二者皆爲七言詩,包括首句在內的兮字僅作爲音樂要素,每句用韻。二者在形式上最大區別在於,《悲秋歌》六句中皆有兮字,而《風雨詩》僅第一、二、四、八句中有"兮"字。這種兮字在句中或有或無的現象表明七言《風雨詩》已比較成熟,其寫作的時代當晚於《悲秋歌》。與《悲秋歌》句式呆板、描繪生澀不同,《風雨詩》句式錯落、描寫生動,其寫作技巧顯然要成熟得多。《風雨詩》的這種成熟的寫作技巧與《淋池歌》相當。而且《風雨詩》和《淋池歌》其用韻皆屬上古音歌部,其韻腳"多""河""波""何"(《淋池歌》作"荷")更是相同。據此亦可推斷《風雨詩》當作於漢昭宣時期。

三、敦煌漢簡《風雨詩》與漢琴曲歌辭的關係

琴曲歌辭,顧名思義,就是按古琴曲調所作的吟唱歌詞。據東漢蔡邕所撰

《琴操》①一書所載,《詩經》裏的《鹿鳴》《伐檀》《騶虞》《鵲巢》《白駒》五篇是先秦時期流傳的琴曲;其餘的十二操、九引、河間雜歌等二十一章則皆屬兩漢時期的琴曲作品。②所謂操、引是指按琴曲所表達的不同思想感情而作的分類。河間雜歌也稱河間雜弄,是指流傳於河間地區的琴曲。以操來名琴曲,含有頌揚作琴曲之人具有高尚節操之意。③

今傳本《琴操》已非東漢蔡邕所撰《琴操》一書的原貌,書中間有漢以後增入的琴曲歌辭。逯立欽《先秦漢魏晋南北朝詩》輯録了有歌辭并可定爲兩漢琴家所作的琴曲歌辭。就其所輯録來看,《琴操》中的一些漢代琴曲歌辭與敦煌漢簡《風雨詩》的文句有相類之處。如《琴操》中的《辟曆引》:"疾雨盈河,辟曆下臻,洪水浩浩滔厥天。"與漢簡《風雨詩》:"從恣蒙水誠江河,州流灌注兮轉揚波。"二者皆描寫了暴雨傾泄而下致河水氾濫的景象。

據酈道元《水經注·河水》記載,《琴操》中有"狄水衍兮風揚波,船楫顛倒更相加"。漢簡《風雨詩》中有"州流灌注兮轉揚波"和"辟柱槇到忘相加"句,二者儘管文句相異,但其所描述的内容和表達的意思很是相似;"忘相加"和"更相加"皆有無以復加之意,所不同的是二者所描述的物件不同,前者描述的物件是"辟(壁)柱槇(顛)到(倒)",後者描述的物件是"船楫顛倒"。

唐代的韓愈曾經仿流傳的《琴操》一書記載的琴曲擬作《十操》,從韓愈擬作的《琴操十首》④來看,其中也有不少詞句和文意與敦煌漢簡《風雨詩》相類似。如韓愈所作《拘幽操》中有"目窈窈兮,其凝其盲;耳肅肅兮,聽不聞聲。朝不見日出兮,夜不見月與星"。此與漢簡《風雨詩》"日不顯目兮黑雲多,月不可視兮風非沙"文句雖異,然而其所采用的物象和描述方式何其相似。

從用韻上來看,《將歸操》和《風雨詩》皆用波、加二韻,皆屬上古音歌部。

---

①《琴操》一書見於《隋書·經籍志》,爲晋代孔衍所撰。但學界通行的觀點認爲,蔡邕才是《琴操》的撰集者。此外清代孫星衍對《琴操》有輯佚。
②逯立欽輯校:《先秦漢魏晋南北朝詩》,中華書局,1983年,第299—324頁。
③《後漢書》卷三五《曹褒傳》"詩циа操,以俟君子"條,注引劉向《別録》曰:"君子因雅琴之適,故從容從致思焉。其道閉塞,悲愁而作者,名其曲曰操,言遇災害不失其操也。"
④中華書局編輯部點校:《全唐詩》(增訂本),中華書局,1999年,第3766—3768頁;又《全唐詩》,中華書局,1980年,第3760—3763頁。

從詩歌形式上來看,《琴操》中的漢代琴曲歌辭已經出現不少成熟的七言句。除《將歸操》爲首句加兮字以成七言的七言詩外,還有如《別鶴操》:"將乖比翼兮隔天端,山川悠遠兮路漫漫,攬衣不寐兮食忘餐。"《拘幽操》:"殷道溷溷浸濁煩兮,朱紫相合不別分兮……"《履霜操》:"履朝霜兮采晨寒。考不明其心兮聽讒言。孤恩別離兮摧肺肝。何辜皇天兮遭斯愆。痛殁不同兮恩有偏。誰能流顧兮知我冤。"《貞女引》:"菁菁茂木隱獨榮兮。變化垂枝含秀英兮。修身養行建令名兮。厥道不移善惡并兮。屈躬就濁世徹清兮。懷忠見疑何貪生兮。"《文王操》:"翼翼翱翔彼鸞皇兮。銜書來游以命昌兮。瞻天案圖殷將亡兮。蒼蒼昊天始有萌兮。神連精合謀於房兮。與我之業望羊來兮。"

漢簡《風雨詩》與琴曲歌辭在采用詞句及其用韻等方面的相似恐非一種巧合。我們推測,漢簡《風雨詩》與琴曲應該有關,但究屬何關係則尚需做進一步的探討。

西漢昭宣時期,漢簡《風雨詩》作於漢天水郡,隨後流傳於河西地區,由於該詩流傳頗廣,其出現在邊塞之地也就不足爲奇了。

四、敦煌漢簡《風雨詩》中的"彭池"

正如前面分析那樣,《風雨詩》中的"蒙水""天門"爲水名和山名,二者皆在漢天水郡境內。接下來,我們將試分析《風雨詩》中的"彭池"。"彭池"即天水郡天門山的"湫池"。

作爲地名的"彭池"在史籍中可見。如《漢書·地理志》載巴郡:"閬中,彭道將池在南,彭道魚池在西南。"[1]《後漢書·郡國志》載巴郡閬中縣,李賢注引《巴漢志》曰:"(閬中)有彭池、大澤、名山、靈臺"[2]。《華陽國志·巴志》載閬中縣,"有彭池、大澤,名山、靈臺"[3]。綜合分析,《漢志》所載閬中縣的"彭道將池"和"彭道魚池"即《郡國志》和《巴漢志》中的"彭池、大澤"。《後漢書·郡國志》"巴郡"條,注引

[1]《漢書》卷二八上《地理志》,中華書局,1962年,第1603頁。
[2]《後漢書》志第二三《郡國志》,中華書局,1965年,第3507頁。
[3][晉]常璩撰,劉琳琳點校:《華陽國志校注》,巴蜀書社,1984年,第92—94頁。

譙周《巴郡》:"干寶《搜神記》曰:'有澤水,民謂神龍,不可鳴鼓其傍,即使大雨。'《蜀都賦》曰:'潛龍蟠於沮澤,應鳴鼓而興雨。'"①這裏的"澤水"和"沮澤"就是指閬中縣的"彭池"或"澤水"。據傳"彭池"或"大澤"有神龍居於深淵之中,不能在其池旁鳴鼓,一鳴則會下大雨,甚是奇异。

《元和郡縣圖志》載彭原縣有"彭池"。"(彭原縣)本漢彭陽縣地。……暨於後漢,又爲富平縣之地。後魏破赫連定後,於此復置富平縣,廢帝改爲彭陽縣,屬西北地郡。隋開皇三年罷郡,以縣屬寧州。八十[十八]年改爲彭原縣,因彭池爲名。原南北八十一里,東西六十里。"②據《漢書·地理志》載,安定郡有彭陽縣③,至隋朝時改名爲彭原縣。需注意的是,彭陽縣改名彭原,是因爲該地有彭池之故,彭池水域寬廣,南北八十一里,東西六十里。大概由於水域面積縮小,而成爲平原,故改稱其縣爲"彭原"。可見,所謂"彭池"就是指有一定水域面積的湖泊大澤。

漢安定郡的朝那縣有一大水淵,名叫"湫淵",《漢書·地理志》載安定郡,"朝那,有端旬祠十五所,胡巫祝。又有湫淵祠。"④《史記·封禪書》載:"湫淵,祠朝那。"《索隱》謂:"(湫),即龍之所處也。"《集解》引蘇林曰:"湫淵在安定朝那縣,方四十里,停不流,冬夏不增減,不生草木。"又《正義》引《括地志》云:"朝那湫祠在原州平高縣東南二十里。湫谷水源出寧州安定縣。"⑤關於"朝那湫"的特點,《集解》説"停不流,冬夏不增減",則"朝那湫"或是一四面環閉,水底能湧水之淵,而《括地志》則認爲"朝那湫"是有山谷之水注入,不知孰説爲是。"朝那湫"建祠,此祠即當地民眾祭龍神祈雨之所。《慧琳音義》卷四十"湫水"注:"湫者,即有龍池水也,或在深谷摧山,壅水以爲龍池。或在平原川澤,但有龍池水,即號湫。可就祈禱。"⑥可見,民眾之所以在湫淵邊建祠,是认爲"湫淵"是龍之所居,故建祠以祈雨。

①《後漢書》志第二三《郡國志》,中華書局,1965年,第3507頁。

②[唐]李吉甫撰,賀次君點校:《元和郡縣圖志》,中華書局,1983年,第66頁。

③《漢書》卷二八下《地理志》,中華書局,1962年,第1615頁。

④《漢書》卷二八下《地理志》,中華書局,1962年,第1615頁。

⑤《史記》卷二八《封禪書》,中華書局,1959年,第1372—1373頁。

⑥ 又見《慧琳音義》卷三八"湫所"注:"湫者,大龍池也。多在山林丘壑,摧崖堰谷,作大深池,龍神所居,深水淵也。"

可見,"彭池"和"湫淵"皆是指具有一定水域面積的湖,人們認爲湖泊是龍神所居之處,故在此建祠供奉龍神祈求雨水。

漢天水郡治之北城亦有"湫池",據説池中有白龍。《水經注》卷十七:

> 北有蒙水注焉,水出縣西北邽山,翼帶眾流,積以成溪,東流南屈徑上邽縣故城西側,城南出上邽。故邽,戎國也,秦武公十年伐邽縣之舊。天水郡治五城,相接北城,中有湖水,有白龍出是湖,風雨隨之,故漢武帝元鼎三年改爲天水郡。其鄉居悉以板蓋屋,詩所謂西戎板屋也。蒙水又南注藉水。《山海經》曰:邽山,蒙水出焉,而南流注於洋,謂是水也。[1]

邽山,即崦嵫山,在天水郡。即王逸所言:"崦嵫,日所入山也,下有蒙水,水中有虞淵。崦嵫山在天水郡。"[2]很明顯,"中有湖水,有白龍出是湖,風雨隨之"所言即《楚辭章句》中的"虞淵",這樣的湖正可以稱作"湫池"。如《宋史·安丙傳》載開禧二年"十一月戊子,金人攻湫池堡,破天水,縣西和入成州"[3]。此"湫池堡"之名的由來應該和漢天水郡北城的湖有密切關係。

敦煌漢簡《風雨詩》中的"彭池"則在天水郡的天門山中,"彭池"後來被改稱作"湫池"。《甘肅新通志》卷六:

> (伏羌縣)天門山在縣南里許,邑之主山,三峰聳峙,有兩穴如門,中有湫池。[4]

伏羌縣即漢天水郡冀縣,天門山即在故縣城址南,當地人又稱三月八山。此"湫池"即《風雨詩》中的"彭池",名異而實一。三峰今但存一峰,峰頂還建有一廟宇,峰下已不見有湫池之水。

基於上面的分析,可以確定敦煌漢簡《風雨詩》所描述的是一場突如其來的

---

① [北魏]酈道元撰,楊守敬等疏,段熙仲等點校:《水經注疏》,江蘇古籍出版社,1989年,第1493—1494頁。

② [宋]洪興祖撰:《楚辭補注》,中華書局,1983年,第27頁。

③ 《宋史》卷四○二《安丙傳》,中華書局,1977年,第12188頁。

④ 中國西北文獻叢書編輯委員會編:《甘肅新通志》卷六《山川》,蘭州古籍書店影印出版,1990年,第469頁。

暴風雨致天水郡的天門山和邽山山洪暴發,洪水洶湧,衝毁了沿途的村莊房舍,洪災過後,官府出榜安民,采取措施以撫災民。作者可能是當地的地方長官。從字裏行間我們能感受到該詩作者對當地百姓遭受洪澇之災的深切同情。

(原文刊於《居延敦煌漢簡出土遺址實地考察論文集》,上海古籍出版社,2012年)

居延出土《孫子·地形》篇殘簡初探

常燕娜　李迎春

　　典籍簡研究是近代興起的簡牘學研究的重要組成部分,一直爲學界重視。武威儀禮簡、銀雀山漢簡、郭店楚簡、上博簡,尤其是近來的清華簡、北大簡研究都極大推動了學界對古代典籍文本、源流、形成等問題的認識,取得了引人注目的成果。除上述墓葬出土較完整書籍外,就是以屯戍文書爲主的西北漢簡中也有不少關於典籍的内容,雖多屬殘篇斷句,但仍會對文獻學和相關思想史、社會史研究有較大影響。上世紀初,羅振玉對敦煌漢簡中《力牧》簡的探討,已開屯戍漢簡中典籍研究的端倪。①此後,勞榦、陳槃、陳直、裘錫圭、謝桂華、胡平生、張德芳、劉樂賢、肖從禮等先生在《周易》《論語》《晏子》《吳子》《墨子》等經子典籍,尤其是小學典籍諸簡的研究上精見迭出,有較多收穫。而郝樹聲先生利用居延漢簡研究漢代《論語》《孝經》文本和在邊疆地區的流傳情況,更是對典籍簡社會史價值的深入發掘。②

　　與墓葬出土的系統書籍相比,西北屯戍漢簡中的典籍多以夾雜在文書簡中的殘破片段形式出現,再加上文獻流傳過程中面目的變化和釋讀中的訛誤,更加

---

① 參羅振玉、王國維《小學術數方技書考釋》,《流沙墜簡》,中華書局,1993年版,第82頁。

② 郝樹聲:《從西北漢簡和朝鮮半島出土〈論語〉簡看漢代儒家文化的流布》,《敦煌研究》2012年第3期。

大了其性質、出處判斷的難度。近年來,由於簡牘整理水平和學界關注程度的提高,居延新簡、肩水金關漢簡和懸泉漢簡中的典籍簡辨識和研究工作成就突出,但1930年代居延漢簡中的大部分簡牘簡牘,由於出土時間距今較久、關注度較低,因此有部分典籍簡尚未被發現、辨識。筆者在閲讀居延漢簡中,發現其中一枚簡可能是《孫子兵法》殘篇,擬就其文本面貌及文獻學價值略陳陋見,望方家批評指正。

一、居延漢簡中的《孫子·地形》篇殘簡

居延漢簡268·17號簡,1930—1931年出土於居延地灣遺址(A33),即漢代肩水候官遺址。木質,上部殘斷,長4厘米,寬1.1厘米,厚0.21厘米。[1]

該簡雖殘斷,但字迹較清晰。勞榦《居延漢簡考釋·釋文之部》釋該簡爲"持弱而毋常教道不"[2],其後《居延漢簡甲乙編》《居延漢簡釋文合校》《中國簡牘集成》皆沿用此釋,没有疑議。參圖版可知,"弱而毋常教道不"七字清晰完整,絶無問題,但"持"字上部殘缺,從殘餘字形看雖有"持"字的可能,然似乎并不能確定。

由於簡文本身殘斷,所以關於此簡文字的含義,出土八十多年來,未見有專門討論。勞榦《居延漢簡考釋·釋文之部》將其歸入"雜類",也説明對其性質并不清楚。《中國簡牘集成》的撰者曾將其斷句爲"持弱而毋常,教道不"[3],認爲"持弱"與"無常"文意有關,但并未以注釋的形式疏解。筆者認爲,該簡首字是殘字,但多年來大家都認同勞榦釋其爲"持"的做法,應該是大家都認同"持弱"是較好理

圖6-6 《孫子·地形》
篇殘簡

---

① 該簡長、寬、厚等信息,及紅外綫圖版皆據台北"中央研究院"歷史語言研究所"漢代簡牘數位典藏"系統,網址:http://ndweb.iis.sinica.edu.tw/woodslip_public/System/Search/View_Frame.jsp?regNo=H08258。
② 勞榦:《居延漢簡考釋·釋文之部》,收入勞榦等撰《漢簡研究文獻四種》,北京圖書館出版社,2007年,第558頁。
③ 中國簡牘集成編委會:《中國簡牘集成》第7册,敦煌文藝出版社,2001年,第155頁。

解的一個詞語,甚至不排除有學者如筆者一樣曾認爲該簡可能與戰國秦漢道家思想有關。因爲戰國秦漢道家學派尤其是老子一派不但經常談及"柔弱勝剛强""弱者道之用"的道理,還經常以"無(毋)""常"作爲立論的主要概念,甚至有"無常"連用之例,如《老子》四十九章"聖人無常心,以百姓心爲心"等。①此外,馬王堆帛書《黃帝四經·經法·亡論篇》載:"守國而侍(恃)其地險者削,用國而侍(恃)其强者弱"②,同書《十大經·順道篇》載:"守弱節而堅之,胥雄節之窮而因之"③,其中"侍(恃)""弱"等語句和"守弱"等詞彙也可能會影響人們對該簡"持"字的接受程度。在這種情況下,大家雖然在文獻中找不到準確依據,但可能仍大體承認其有出自散佚黃老之學著作的可能,因此對"持"的釋文也基本無異議。

該簡出自西北邊塞,其字體較古樸、規整,與金關簡中的《論語》《孝經》《詩經》等典籍簡字體相近,與一般屯戍文書有別。因此,筆者認爲其與典籍有關。但由於找不到文獻出處,故長期以來對"持"字則有懷疑。後來筆者偶然發現,《孫子兵法》中似有相關內容。《孫子》卷10《地形》:"將弱不嚴,教道不明,吏卒無常,陳兵縱橫,曰亂。"④其中"將弱不嚴,教道不"顯然可與居延268·17號簡對讀,而原釋"持"字,聯繫該字殘餘部分字形則可判定當爲"將"字之誤釋,原釋"持弱而毋常教道不"也應改爲"將弱而毋常教道不"。

二、居延《孫子·地形》殘簡與銀雀山漢簡《孫子兵法》

居延268·17號《孫子》殘簡雖僅殘餘八字,但據《孫子·地形篇》改釋此簡後,我們對勘傳世文獻和其他出土簡牘,則仍可發現其在文獻學上的重要價值。

該簡的出土填補了近代以來出土戰國秦漢簡牘無《孫子·地形》篇的缺憾,并對相關問題的進一步思考有所裨益。20世紀下半葉是出土文獻大發現的時代,與《儀禮》《老子》一樣,《孫子兵法》簡牘的出土也是典籍文獻研究領域的盛事。

① 此外,深受《老子》一書影響的《韓非子》(尤其是《喻老》諸篇),也經常談及關於"無常"的話題。如《喻老》:"此言智周乎遠,則所遺在近也,是以聖人無常行也。"《八經》:"尊私行以貳主威,行賕紋以疑法,聽之則亂治,不聽則謗主,故君輕乎位而法亂乎官,此之謂無常之國。"

② 陳鼓應:《黃帝四經今注今譯——馬王堆漢墓出土帛書》,商務印書館,2007年,第152頁。

③ 陳鼓應:《黃帝四經今注今譯——馬王堆漢墓出土帛書》,商務印書館,2007年,第329頁。

④《孫子》卷一○《地形》,諸子集成《孫子十家注》本,中華書局,1954年,第175頁。

1972年銀雀山1號漢墓和1978年青海大通上孫家寨115號漢墓都出土有漢代的《孫子兵法》。大通上孫家寨115號漢墓《孫子兵法》包括有此前未曾發現過的《孫子》佚文，但由於材料零散破碎嚴重，故性質尚不易判定。而銀雀山《孫子兵法》却得到學界的廣泛關注，其出土在促進了《孫子兵法》研究的同時，也帶來了很多新問題，如《孫子兵法》篇數、流傳、佚文、异文、簡本與今本關係等，其中争議最大的問題莫過於銀雀山漢簡《孫子兵法》及篇題木牘所涉篇名、排序問題。而包括篇題木牘研究在内的諸多問題的解決，則大多與《地形》篇有關。

銀雀山漢簡《孫子兵法》包括300多枚竹簡（每篇首簡背面還有篇題）。整理者者稱："現在整理出的竹書《孫子》十三篇殘簡共存二千七百餘字，今本十三篇的文字，除去《地形》篇外，每篇都有發現。"①《地形》篇不僅正文在銀雀山漢簡中一無所見，在簡背篇題中也没有蹤迹，銀雀山漢簡《孫子兵法》正文簡背篇題有《作戰》《刑（形）》《執（勢）》《虚實》《九地》《火攻》《用間》七個，無《地形》。同批次簡牘中有簡背篇名爲《地形二》者，整理者懷疑其是《地形》以外另一篇論地形的文字，是解釋、發揮《行軍》《九地》等篇的，因此也將其歸入《孫子兵法》。②但被整理歸入《地形二》中的簡文基本完全不見於今本《地形》，倒是與《九地》篇似有較大關聯，如簡文"九地之法，人請（情）之里（理），不可不□"（189號簡），即與今本《孫子·九地》"九地之變，屈伸之利，人情之理，不可不察也"非常相似，因此《地形二》與《地形》《九地》的關係仍是值得探討的問題。

除去竹簡外，該墓還出土有一塊與《孫子兵法》目録有關的篇題木牘。整理者認爲這塊篇題木牘，可能與《地形》有關，稱："在綴合一號墓所出篇題木牘的碎片時，拼合了一塊記《孫子》篇名的木牘殘片，木牘在《九地》之前有《□形》一題。今本《孫子》中《九地》前一篇爲《地形》，木牘的《□形》當即《地形》。"③其實，至今，這塊"篇題木牘"，仍有不好解釋的地方，不僅其具體包含多少篇目、篇目順序如

---

① 《銀雀山漢墓竹簡》（壹）"編輯説明"，文物出版社，1985年，第7頁。
② 《銀雀山漢墓竹簡》（壹）"編輯説明"，文物出版社，1985年，第7頁。
③ 《銀雀山漢墓竹簡》（壹）"編輯説明"，文物出版社，1985年，第7頁。

何排列學界有争議,就是基礎的文字釋讀和文意理解,大家也都意見不一。①整理者就曾指出:"《火□》應相當於《火攻》,但'火'下一字從殘筆畫看似非'攻'字。"②征諸銀雀山135簡背,其"火攻"的"攻"字作**攻**,與木牘上從阜之字"**陳**"明顯不同,正如李學勤先生所言,後者更似"陳"字③,而"火攻"與"火陳(陣)"的關係并不明了,李學勤先生即認爲兩者無涉,《火陣》當爲一篇佚文。④同樣在釋文方面有較大争議的也包括"地形"二字,而關於"地形"的釋文又牽涉木牘涉及篇目總數和排序。《漢書·藝文志》記録"《吴孫子兵法》八十二篇",《史記·孫子吴起列傳》載"十三篇",《七録》載"《孫子兵法》三卷"⑤,張守節《史記正義》稱"十三篇爲上卷。又有中下二卷",青海大通上孫家寨簡有"孫子曰夫十三篇",銀雀山簡文自稱"[十]三篇"。銀雀山1號漢墓《孫子兵法》篇題木牘按照行數來説有15行⑥,而15行中可辨認的篇名不足10個,10個中没有被整理者稱爲下卷的《吴問》《四變》《黄帝伐赤帝》《地形二》《見吴王》諸篇。十三、十五、八十二這些數字間究竟是何關係,西漢中期的《吴孫子》究竟構成如何、有多少篇、篇目次序如何,這些問題都難以解决,具訟多年。李零認爲篇題木牘15行中第1和15行非篇題,實際篇題十三。⑦李學勤認爲篇題木牘15行代表了15篇篇名,并據此認爲這種超出"十三篇"的文本可謂"《漢志》八十二篇本的前身"⑧。高友謙認爲第7行

① 關於這塊篇題木牘,除銀雀山漢簡整理小組《銀雀山漢墓竹簡》(壹)外,李零《〈孫子〉篇題木牘初論》(載《文史》第17輯,中華書局,1983年)、李學勤《〈孫子〉篇題木牘與佚文》(收入氏著《簡帛佚籍與學術史》,江西教育出版社2001年)、高友謙《銀雀山漢簡〈孫子兵法〉篇題木牘异議》(載《濱州學院學報》2012年第5期)、程浩《銀雀山漢墓1號木牘重審》(載《上海大學學報》[社會科學版]2011年第5期)等文都有專題研究。

② 《銀雀山漢墓竹簡》(壹)"釋文注釋孫子兵法"附"篇題木牘"之"説明",文物出版社,1985年,第29頁。

③ 李學勤:《〈孫子〉篇題木牘與佚文》,收入氏著《簡帛佚籍與學術史》,江西教育出版社,2001年,第335頁。李零《〈孫子〉篇題木牘初論》曾推測此字爲"隊",筆者認爲應以"陳"字爲是。

④ 李學勤:《〈孫子〉篇題木牘與佚文》,收入氏著《簡帛佚籍與學術史》,江西教育出版社,2001年,第336頁。

⑤ 據《史記》卷六十五《孫子吴起列傳》張守節《正義》所引。《史記》,中華書局,1982年,第2161頁。

⑥ 該牘由6塊殘片綴合而成,殘長22.3厘米,寬4.3厘米。牘面縱向分上、中、下三排,中下排各分五行書寫,上排殘損過甚,情況不明。據其他西漢中前期木牘目録,尤其是相對完整的銀雀山漢墓2號木牘可知,篇題木牘上欄應同於中下欄,也有5行,李學勤《〈孫子〉篇題木牘與佚文》認爲:"木牘上共有墨書篇題三欄,上下相對爲五行",可從。本文以先由右到左、再由上到下順序排列該牘,并以1~15的序號標注。

⑦ 李零:《〈孫子〉篇題木牘初論》,載《文史》第17輯,中華書局,1983年。

⑧ 李學勤:《〈孫子〉篇題木牘與佚文》,收入氏著《簡帛佚籍與學術史》,江西教育出版社,2001年,第334—337頁。

"行"字應爲"六"字之誤釋,該行和第15行與其他各行書小題不同,而是書大題和字數,"六(形)"和"七勢"分別概括了《孫子兵法》上卷6篇和下卷7篇的主題,而另外13行所書才分別是13篇的小題。①

由於大家對篇題木牘内容、格式理解不同,而木牘中又有一半左右的篇題完全殘缺或漫漶嚴重,因此對木牘上所書篇名學界也有較大争議,例如第11行篇題是否爲"《地形》",大家的看法就不相同。認同整理者觀點,將其釋爲"《地形》者"多傾向於木牘所書是"十三篇"題名,而否定其爲"《地形》"者,則往往認爲木牘所書有超出十三篇之外者。據圖版,第11行篇題首字漫漶,原釋未釋,次字原釋爲"刑(形)",整理者理解爲"地形"。如整理者理解不錯,由於該題名恰在第12行"《九地》"篇名之前,與今本《孫子兵法》不僅篇名甚至篇序皆同,因此不但可驗證銀雀山漢簡《孫子兵法》中《地形》篇的客觀存在,似乎也可作爲篇題木牘篇名、篇序與今本基本相同,應爲十三篇的佐證。但因"□形"之"□"字殘缺過甚,對比"九地"之"地",從中部殘餘的兩點(或可理解爲一豎畫)來看,是否即"地"字仍有可疑。因此熊劍平提出由於"□形"不能坐實爲"地形",且武經七書本《孫子兵法》有"《軍形》"的存在,故不能肯定第11行篇題爲"地形",更不能據此判斷簡本篇次問題。②還有學者,如程浩則認爲,"□形"下尚有"二"字,第11行篇題實爲"地形二",并根據"地形二"補第10行篇題爲"地形一"③,如此則木牘篇題中有超出今本十三篇者。由於木牘第11行文字的漫漶,各家觀點歧异,關於《地形》篇是否存在,與《地形二》的關係,以及西漢中期《孫子兵法》的篇目、篇序問題,僅據銀雀山漢簡似無法解決。

然而居延268·17號簡"將弱而毋常教道不"的出土、辨識,却給此問題的解決提供了契機、佐證。該簡無可置疑地證明了西漢中後期流傳的《孫子兵法》中不但確有《地形》篇,且内容與今本《孫子兵法·地形》基本一致。至此,西漢本《孫子兵法》中唯一未有着落的《地形》篇文字也有了蹤迹。由於與今本相似的《地

① 高友謙:《銀雀山漢簡〈孫子兵法〉篇題木牘异議》,載《濱州學院學報》2012年第5期。

② 熊劍平:《簡本與傳本〈孫子〉篇次考察》,載《軍事歷史》2015年第3期。

③ 程浩:《銀雀山漢墓1號木牘重審》,載《上海大學學報》(社會科學版)2011年第5期。

形》篇在西漢時期的存在已無可疑,且武經七書本《軍形》與十家注本《形》篇和銀雀山漢簡殘存《刑(形)》篇內容一致,因此銀雀山漢簡《孫子兵法》篇題木牘中置於第12行"九地"之前的第11行"□形"是"地形"而非"軍形"的可能性就大了許多。"□"字殘餘豎畫應即"地"字右側"也"字的豎彎鉤筆畫殘餘。再結合該篇題木牘其餘殘餘筆迹,筆者認爲前述高友謙觀點值得重視。銀雀山漢墓1號篇題木牘中的篇名可與戰國秦漢時期人們常說的"《孫子》十三篇"對應,與後世相近的《孫子》文本至遲在西漢時期已形成,且《地形》篇居於《九地》之前,説明當時至少有部分篇目的排序和今本接近。至於《地形二》《吳問》等篇,應是類似於"傳"的補充文獻,不應列入《十三篇》之內,但可能與《漢書·藝文志》《吳孫子兵法》八十二篇"有關。

三、從居延268·17號簡看《孫子·地形》篇的文本演變

除了有助於解決《孫子兵法》漢代版本篇次問題外,居延268·17號漢簡也有助於我們分析《孫子》一書在漢代的原始面貌。

簡本"將弱而毋常教道不"與今本"將弱不嚴,教道不明,吏卒無常,陳兵縱橫,曰亂"雖有文字差別,但大概意思及用詞是一致的,簡本似可斷句爲"將弱而毋常,教道不","不"後可能殘缺了"明"字。"毋常"在傳世文獻中多作"無常"[①],即沒有常準、標準的意思,此處指將領之命令沒有常準而令吏卒無所適從。《左傳·襄公二十二年》載鄭子産應對晉國責難,稱:"以大國政令之無常,國家罷病,不虞荐至,無日不惕,豈敢忘職? 大國若安定之,其朝夕在庭,何辱命焉?"其中"無常"正與簡文"毋常"意義一致。因此,簡本"將弱而毋常,教道不"的意思很清楚,即將領暗弱,命令無常準(朝令夕改),由於命令"毋常"而"教道不(明)",因此導致吏卒不知所從、陳兵縱橫的後果。

仔細品讀,會發現簡本與今本雖意思大體一致,但實際上仍有些許差別。簡本"毋常"的主體是"將",今本則是"吏卒"。雖然今本"吏卒無常"仍是將領"教道

---

① 傳世文獻中,作爲否定副詞的"無"在西北漢簡中經常寫作"毋",如《論語·衛靈公》"人無遠慮,必有近憂"在肩水金關73EJT24:802號簡中作"(人)毋遠慮必有近憂"。

不明”的結果,但畢竟不完全一樣。杜牧注此句“吏卒皆不拘常度”,直接將“吏卒”作爲“無常”行爲的施動者。張預注此句“吏卒無常,謂將臣無久任也”,皆與曹操“爲將若此,亂之道也”,李筌“將或有一於此,亂之道也”的論述有牴牾。①曹操、李筌認爲此段文字:

> 大吏怒而不服,遇敵懟而自戰,將不知其能,曰崩;將弱不嚴,教道不明,吏卒無常,陳兵縱橫,曰亂;將不能料敵,以少合衆,以弱擊强,兵無選鋒,曰北。凡此六者,敗之道也;將之至任,不可不察也。

皆就“將”而言,但杜牧認爲“無常”是就“吏卒”而言,張預爲彌合文本語序與曹操、李筌詮釋的矛盾,更有“將臣不久任而使吏卒無常”的發揮。杜牧、張預與曹操、李筌對“吏卒無常”一語理解的差別,實因杜牧、張預拘守該句語序,而曹操、李筌堅持通篇文意。後來,賈林調和二者,稱:“威令既不嚴明,士卒則無常稟。如此軍幕,不亂何爲? 謂將無嚴令,賞罰不行之故”②,將“吏卒無常”作爲“將弱不嚴,教道不明”的被動結果,既在此語中强調了“無常”者確實是“吏卒”,但又進一步指出“吏卒”的“無常”是將領不善導致的結果,在總體上保留了“將”在此篇中的主體地位。

　　賈林的解釋暫時調節了學者圍繞此語語序的争論,也影響了今人對該句文字的理解。中國人民解放軍軍事科學院戰争理論研究部《孫子》注釋小組《〈孫子兵法〉新注》翻譯此句爲:“主將軟弱而又缺乏威嚴,訓練教育不明,吏卒無所遵循,布陣雜亂無章,因而失敗的叫做‘亂’。”③李零翻譯此句:“將領懦弱,管束不嚴,教導不明,軍吏和士卒没有紀律約束,陣容不整,叫‘亂’。”④翻譯“吏卒無常”爲“吏卒無所遵循”或“軍吏和士卒没有紀律約束”。《地形》全篇皆以爲將領觀察

---

① 杜牧、張預、曹操、李筌言論皆轉引自孫星衍、吳人驥校《孫子十家注》。曹操等注:《孫子十家注》第6册,諸子集成本,中華書局,1954年,第175頁。

② 曹操等注:《孫子十家注》第6册,諸子集成本,中華書局,1954年,第175頁。

③ 中國人民解放軍軍事科學院戰争理論研究部《孫子》注釋小組:《〈孫子兵法〉新注》,中華書局,1977年,第102頁。

④ 李零:《〈孫子〉十三篇綜合研究》,中華書局,2006年,第71頁。

視角,主題是"料敵制勝,計險厄遠近,上將之道也"[①]。中國人民解放軍軍事科學院戰爭理論研究部《孫子》注釋小組和李零先生認爲"吏卒"是"無常"結果的被動承受者,無疑是精當的。但無論賈林和現代學者做出的解釋多麼精妙合理,杜牧、張預所指出的語序問題,仍未得到完全解決。傳世本在"將弱不嚴,教道不明"後以主動語序直述"吏卒無常",還是會讓人感覺到文意上的扞格。

居延268·17號漢簡"將弱而毋常,教道不"的出土和辨識,可以説爲最終解決此問題提出了有力例證。該簡明確指出,西漢本《孫子兵法·地形》中"毋常"的主語并非"吏卒"而仍是"將",説的是"將"無威儀,約束軍隊無常法、常準,教導士兵不明,因此導致吏卒"陳兵縱橫"。簡本此句語句流暢,文意通順,無絲毫凝滯。曹操以"爲將若此,亂之道也"評價此語,可以説毫無問題。今本"無常"轉入"吏卒"之下,"將弱"與"而教導"間多出"不嚴"二字,可能是文本流傳過程中出現的問題。前者有可能是倒文,後者"不嚴"二字則可能并非《孫子》原文,而是早期注釋者對"弱"的解釋,意爲"無威儀"。[②]推測文本流傳過程中,先是"不嚴"由注文誤作正文,導致文意不暢。爲使語句暢通,後來學者可能采取了倒"無常"入"吏卒"之下的做法,最終導致了"將弱而毋常,教道不(明,吏卒陳兵縱橫,曰亂)"句向"將弱不嚴,教道不明,吏卒無常,陳兵縱橫,曰亂"句的轉變。居延268·17號漢簡反映了漢代《孫子·地形》原貌,曹操所見《孫子·地形》是不是與居延漢簡本一致,我們已不可知,但這種語句訛變至少在唐前已經發生。由於居延268·17號漢簡,我們不但可以見到漢代《孫子兵法·地形》原貌的一斑,更可以尋蹤探求簡本與今本差异的原因、源流,可謂價值不菲。

四、從居延268·17號簡看兵書在漢代邊塞的傳播

居延268·17號漢簡的出土和辨識,不僅是對銀雀山漢簡《孫子兵法》的補

---

① 《孫子十家注》第6册,諸子集成本,中華書局,1954年,第176頁。《〈孫子兵法〉新注》的撰者也稱:"本篇主要論述軍隊在不同地形條件下的行動原則,强調將帥要重視對地形的研究和利用"。中國人民解放軍軍事科學院戰爭理論研究部《孫子》注釋小組《〈孫子兵法〉新注》,中華書局,1977年,第98頁。

② 從文意看,將"弱"理解爲"無威儀",要比理解爲"懦弱"好得多,因爲此句祇是説將領教導不善會導致軍紀渙散,與將領"懦弱""不勇敢"并無關係。

充,對探尋漢代《孫子》原貌有重要價值,還有助於我們了解漢代兵書類典籍在基層及邊塞地區傳播的細節。

今人經常將兵書混入子書中,但在漢代,兵書有着重要而獨立的地位。《左傳·成公十三年》稱:"國之大事,在祀與戎。"對於剛經過長期戰争的漢初社會來説,也不例外。《漢書》卷三十《藝文志》載:"漢興,張良、韓信序次兵法,凡百八十二家,删取要用,定著三十五家。"可見西漢建立後,國家在百廢待興的情况下,仍優先對兵書類書籍進行整理、點校。武帝時,"軍政楊僕捃摭遺逸,紀奏兵録",再次對兵書予以整理。《史記》卷一百三十《太史公自序》司馬貞《索隱》曾引張晏關於《史記》早期散佚情况的見解,"遷没之後,亡《景紀》《武紀》《禮書》《樂書》《兵書》《漢興以來將相表》《日者列傳》《三王世家》《龜策列傳》《傅靳列傳》"[1]。據此則司馬遷《史記》原本是有《兵書》的,足可見"兵學"在西漢時期的流行程度。《漢書·藝文志》中"兵書"能與《六藝》《諸子》《詩賦》《數術》《方技》并列,顯然是以其著作的數量和普及程度爲基礎的。

20世紀70年代以來,銀雀山1號漢墓《孫子兵法》《孫臏兵法》《尉繚子》《六韜》《地典》《守法守令等十三篇》"兵書叢殘",定縣八角廊40號漢墓《六韜》,大通上孫家寨115號漢墓兵法,張家山247號漢墓《蓋廬》等眾多兵書簡的出土,也反映了漢代兵書類圖書流傳的普及。正常推理,邊塞防禦屯戍地區,是對外作戰的前沿陣地,生活於此的人主要爲各種軍隊、戍卒和各級軍官,這些人應該是兵書類文獻最主要的讀者,因此邊塞遺址應該有較多兵書類簡牘出土,但實際情况似乎與此相反,兵書類簡牘主要出土於墓葬之中,邊塞防禦系統遺址却幾乎未見出土。從目前情况看,邊塞出土簡牘以習字用的《蒼頡篇》《急就篇》等小學字書爲主,《論語》《孝經》其次,五經、諸子間或出土,而詩賦、兵書則較少,其中又尤以兵書簡爲少,甚至幾乎無完全確鑿無疑的兵書簡出土。斯坦因第二次中亞考察在敦煌所獲《力牧》殘簡2枚,1930年代居延破城子遺址曾出土"吴起"簡1枚(40·29號簡),有可能屬兵書。但一方面兩者内容都與兵法、行軍無關,另一方面據

---

① 《史記》卷一百三十《太史公自序》,中華書局,1982年,第3321頁。

《漢書·藝文志》,《力牧》和《吳子》都曾兩次著録,《力牧》既有屬於兵書略兵陰陽家者,又有屬於諸子略道家者,而《吳子》也分別著録於諸子略雜家和兵書略兵權謀家(著録於兵書略者稱《吳起》),因此敦煌和居延漢塞出土之《力牧》《吳起》殘文究竟是兵書略文獻還是諸子略文獻,一直都有争議。陳槃即認爲居延40·29號簡所述"吳起對魏武侯故事"與《吳子·圖國》《荀子·堯問》《新序·雜事》等文獻中的相關内容皆極相似,可能屬於其中一家之殘文,并據此得出"戰國秦漢間諸子之文,率多傳聞异辭,間或出於東拼西湊"的結論[1],顯然認爲其當屬諸子。羅振玉雖認爲敦煌漢簡《力牧》應屬兵書,但立論依據却是"今此簡得之塞上則爲兵家而非道家可知也"[2],終究屬臆測之辭。也就是説,長期以來,我們甚至没有在西北邊塞遺址發現一枚無可争議的兵書簡。

居延268·17號《孫子兵法·地形》殘簡的出土則在一定程度上改變了這種狀況,至少可以説兵書類文獻在邊塞遺址確有發現,漢代邊塞遺址確實存在對《孫子兵法》等兵書的使用。268·17號簡出土於地灣遺址(A33),在漢代是肩水候官的駐地。候官作爲邊塞候望系統的中樞組織,聚集了候、士吏、候長、令史、尉史等以"備盗賊寇虜爲職"的中下級軍官,268·17號簡《孫子兵法》有很大可能就是這些中下級軍官學習兵法的讀本。同爲候官遺址的破城子遺址(編號A8)曾出土有一封書信,

　　　　兵書以七月旦發書堂煌將軍☐
　　　　隨將軍自言糵得第卅六卒☐☐
　　　　欲留至門君卒問宣白之合　　　　　　　　　　　(260.20A)

該簡由於殘斷,準確意義不好把握,但從首句看,似應與上級官府(不排除有將軍府的可能)發放"兵書"有關。"兵書"常見於傳世文獻,在漢代是兵法類書籍

---

① 陳槃:《漢簡賸義再續》"吳起對魏武侯文"條,載氏著《漢晋遺簡識小七種》,台北"中央研究院"歷史語言研究所專刊之六十三,1975年,第118頁。
② 羅振玉、王國維:《流沙墜簡》,中華書局,1993年,第82頁。

的意思。通過該簡可知，漢代邊塞上似乎存在上級給基層軍事部門分發兵書以供學習的制度。而268·17號《孫子兵法》殘簡可能就是分發至肩水候官的兵書的殘留，是這種制度的見證。

　　總之，268·17號《孫子·地形》殘簡的辨識不僅證實了未見於銀雀山漢簡的《孫子·地形》篇的存在，在《孫子兵法》篇次、文本考訂、文獻源流訛變等歷史文獻學研究方面有重要意義，更證明了以《孫子兵法》爲代表的兵書類文獻在漢代基層和邊塞地區的傳播。其在居延地灣遺址的出土説明西漢時期《孫子兵法》這種兵書不僅是中上級貴族學習、欣賞的典籍，也是基層社會一般軍官學習軍事理論的教材，有很大的實踐性、普及性。這種實踐性、普及性既是漢代兵學文化興起的表現，更促進了兵學文化的繁榮。可以説，西漢後期兵書最終成爲圖書六大分類之一，《孫子兵法》由"十三篇"能衍生出《漢書·藝文志》著録的"八十二篇"，應該都與兵學、兵書文化的興起繁榮有密切關聯。

　　（本文原載張德芳主編《甘肅省第三屆簡牘學國際學術研討會論文集》，上海辭書出版社，2017年）

附　録

甘肅簡牘博物館簡牘學論著目録

著作類

《懸泉漢簡研究》，郝樹聲、張德芳，蘭州：甘肅文化出版社，2009年。

《肩水金關漢簡》（壹），甘肅簡牘保護研究中心、甘肅省文物考古研究所、甘肅省博物館、中國文化遺産研究院古文獻研究室、中國社會科學院簡帛研究中心編，上海：中西書局，2011年。

《肩水金關漢簡》（貳），甘肅簡牘保護研究中心、甘肅省文物考古研究所、甘肅省博物館、中國文化遺産研究院古文獻研究室、中國社會科學院簡帛研究中心編，上海：中西書局，2012年。

《肩水金關漢簡》（叁），甘肅簡牘博物館、甘肅省文物考古研究所、甘肅省博物館、中國文化遺産研究院古文獻研究室、中國社會科學院簡帛研究中心編，上海：中西書局，2013年。

《肩水金關漢簡》（肆），甘肅簡牘博物館、甘肅省文物考古研究所、甘肅省博物館、中國文化遺産研究院古文獻研究室、中國社會科學院簡帛研究中心編，上海：中西書局，2015年。

《肩水金關漢簡》（伍），甘肅簡牘博物館、甘肅省文物考古研究所、甘肅省博物館、中國文化遺産研究院古文獻研究室、中國社會科學院簡帛研究中心編，上海：中西書局，2016年。

《居延敦煌漢簡出土遺址實地考察論文集》，張德芳、孫家洲主編，上海：上海古籍出版社，2012年。

《甘肅省第二屆簡牘學國際學術研討會論文集》，張德芳主編，上海：上海古籍出版社，2012年。

《甘肅省第三屆簡牘學國際學術研討會論文集》，張德芳主編，上海：上海辭書出版社，2017年。

《地灣漢簡》，甘肅簡牘博物館、甘肅省文物考古研究所、出土文獻與中國古代文明研究協同創新中心中國人民大學分中心編，上海：中西書局，2017年。

《敦煌馬圈灣漢簡集釋》，張德芳主編，張德芳著，蘭州：甘肅文化出版社，2013年。

《甘肅簡牘》第1輯，甘肅簡牘博物館編，成都：西南交通大學出版社，2021年。

《甘肅簡牘》第2輯，甘肅簡牘博物館編，成都：西南交通大學出版社，2022年。

《簡牘樓札記》，張德芳著，南京：鳳凰出版社，2022年。

《簡牘學研究》第5輯，甘肅簡牘博物館、西北師範大學歷史文化學院，蘭州：甘肅人民出版社，2014年。

《簡牘學研究》第6輯，西北師範大學歷史文化學院、甘肅簡牘博物館、河西學院河西史地與文化研究中心、蘭州城市學院簡牘研究所編，蘭州：甘肅人民出版社，2016年。

《簡牘學研究》第7輯，西北師範大學歷史文化學院、甘肅簡牘博物館、河西學院河西史地與文化研究中心、蘭州城市學院簡牘研究所編，蘭州：甘肅人民出版社，2018年。

《簡牘學研究》第8輯，西北師範大學歷史文化學院、甘肅簡牘博物館、河西學院河西史地與文化研究中心、蘭州城市學院簡牘研究所編，蘭州：甘肅人民出版社，2019年。

《簡牘學研究》第9輯，西北師範大學歷史文化學院、甘肅簡牘博物館、河西學院河西史地與文化研究中心、蘭州城市學院簡牘研究所編,蘭州:甘肅人民出版社,2020年。

《簡牘學研究》第10輯,西北師範大學歷史文化學院、甘肅簡牘博物館、河西學院河西史地與文化研究中心、蘭州城市學院簡牘研究所編,蘭州:甘肅人民出版社,2021年。

《簡牘學研究》第11輯,西北師範大學歷史文化學院、甘肅簡牘博物館、河西學院河西史地與文化研究中心、蘭州城市學院簡牘研究所編,蘭州:甘肅人民出版社,2021年。

《居延新簡集釋》(一),張德芳主編,孫占宇著,蘭州:甘肅文化出版社,2016年。

《居延新簡集釋》(二),張德芳主編,楊眉著,蘭州:甘肅文化出版社,2016年。

《居延新簡集釋》(三),張德芳主編,李迎春著,蘭州:甘肅文化出版社,2016年。

《居延新簡集釋》(四),張德芳主編,馬智全著,蘭州:甘肅文化出版社,2016年。

《居延新簡集釋》(五),張德芳主編,肖從禮著,蘭州:甘肅文化出版社,2016年。

《居延新簡集釋》(六),張德芳主編,張德芳、韓華著,蘭州:甘肅文化出版社,2016年。

《居延新簡集釋》(七),張德芳主編,張德芳著,蘭州:甘肅文化出版社,2016年。

《内蒙古額濟納河流域考古報告》,[瑞典]弗可·貝格曼原著,[瑞典]博·索瑪斯特勒姆整理,黃曉宏、張德芳、張存良、馬智全譯,北京:學苑出版社,2014年。

《絲綢之路名簡賞析》,甘肅簡牘博物館編,朱建軍主編,蘭州:讀者出版社,2020年。

《天水放馬灘秦簡集釋》,張德芳主編,孫占宇著,蘭州:甘肅文化出版社,2013年。

《武威漢簡集釋》,張德芳主編,田河著,蘭州:甘肅文化出版社,2020年。

《懸泉漢簡》(壹),甘肅簡牘博物館、甘肅省文物考古研究所、陝西師範大學人文社會科學高等研究院、清華大學出土文獻研究與保護中心編,上海:中西書局,2019年。

《懸泉漢簡》(貳),甘肅簡牘博物館、甘肅省文物考古研究所、陝西師範大學人文社會科學高等研究院、清華大學出土文獻研究與保護中心編,上海:中西書局,2021年。

《玉門關漢簡》,張德芳、石明秀主編,上海:中西書局,2019年。

《金塔居延遺址與絲綢之路歷史文化研究論文集》,中共金塔縣委、金塔縣人民政府、酒泉市文物管理局編,蘭州:甘肅教育出版社,2014年。

論文類

張德芳:《鄭吉"數出西域"考論》,《西域研究》2011年第2期。

張德芳:《絲綢之路上的絲綢——以河西出土實物和漢簡爲中心》,《絲綢之路上的中華文明》,商務印書館,2022年。

張德芳:《懸泉漢簡中若干"時稱"問題的考察》,《出土文獻研究》第6輯,2004年。

張德芳:《懸泉漢簡中的"傳信簡"考述》,《出土文獻研究》第7輯,2005年。

張德芳:《懸泉漢簡中的烏孫資料考證》,《出土文獻研究》第14輯,2016年。

張德芳:《懸泉置:驛站小人物與歷史大事件》,《甘肅日報》2019年10月30日。

張德芳:《懸泉漢簡中有關西域精絶國的材料》,《絲綢之路》2009年第24期。

張德芳:《懸泉漢簡中若干紀年問題考證》,《簡牘學研究》第4輯,2004年。

張德芳:《西北漢簡中的絲綢之路》,《中原文化研究》2014年第5期。

張德芳:《西北漢簡整理的歷史回顧及啟示》,《鄭州大學學報》(哲學社會科學版),2017年第5期。

　　張德芳:《文學人類學研究方法與絲路内涵的充實》,《絲綢之路》2015年第
15期。

　　張德芳:《絲路古紙在世界文明史上的地位》,《絲綢之路》1996年第5期。

　　張德芳:《絲路暢通　漢國保障——漢帝國政權在政治、軍事上對絲綢之路
交通體系的支撑》,《絲綢之路》2014年第15期。

　　張德芳:《弱水流域的兩漢文明——金塔漢塞遺址和出土漢簡的過去、現在
和未來》,《絲綢之路》2021年第4期。

　　張德芳:《淺談河西漢簡和敦煌變文的淵源關係》,《敦煌學輯刊》2005年第2
期。

　　張德芳:《兩漢時期的敦煌太守及其任職時間》,《簡牘學研究》第5輯,2014
年。

　　張德芳:《簡論漢唐時期河西及敦煌地區的十二時制和十六時制》,《考古與
文物》2005年第2期。

　　張德芳:《漢簡中的敦煌郡》,《甘肅日報》2020年7月1日。

　　張德芳:《漢帝國在政治軍事上對絲綢之路交通體系的支撑》,《甘肅社會科
學》2015年第2期。

　　張德芳:《敦煌學研究應該把河西漢簡的研究包括進來》,《敦煌研究》2017
年第1期。

　　張德芳:《敦煌馬圈灣漢簡概述》,《中國書法》2019年第3期。

　　張德芳:《地灣漢簡概要》,《中國書法》2018年第19期。

　　張德芳:《從懸泉漢簡看樓蘭(鄯善)同漢朝的關係》,《西域研究》2009年第4
期。

　　張德芳:《從懸泉漢簡看兩漢西域屯田及其意義》,《敦煌研究》2001年第3
期。

　　張德芳:《從出土漢簡看漢王朝對絲綢之路的開拓與經營》,《中國社會科學》
2021年第1期。

張德芳:《走近驛站小吏》,《人民日報》2019年11月5日。

張德芳:《〈長羅侯費用簿〉及長羅侯與烏孫關係考略》,《文物》2000年第9期。

張德芳:《懸泉漢簡中的中西文化交流》,《光明日報》2019年11月5日。

張德芳:《懸泉漢簡的歷史與學術價值》,《人民日報》2019年2月13日。

張德芳:《〈地灣漢簡〉:西北邊塞歷史的重要拼圖》,《人民日報》2018年9月18日。

張德芳:《簡論懸泉漢簡的學術價值》,《光明日報》2000年8月25日。

張德芳:《河西漢簡中的大月氏》,榮新江、羅豐《粟特人在中國:考古發現與出土文獻的新印證》,北京:科學出版社,2016年。

張德芳:《懸泉漢簡中的絲路繁華》,《人民日報》2018年6月13日。

張德芳:《漢簡確證:漢代驪軒城與羅馬戰俘無關》,《光明日報》2000年5月19日。

張德芳:《古代從長安到敦煌多長時間》,《甘肅日報》2016年9月20日。

張德芳:《構建秦漢的日常生活》,《人民日報》2016年6月16日。

張德芳:《烽火中的居延漢簡》,《人民日報》2015年9月17日。

張德芳:《從出土漢簡看敦煌太守在兩漢絲綢之路上的特殊作用》,李肖主編《絲綢之路研究》第1輯,北京:生活·讀書·新知三聯書店,2017年。

張德芳:《西北漢簡中的絲綢之路》,《中原文化研究》2014年第5期。

張德芳:《漢簡中的絲綢之路:大宛和康居》,《絲綢之路》2015年第1期。

朱建軍:《甘肅簡牘博物館:書寫於簡牘之上的歷史》,《決策探索》(上)2021年第6期。

朱建軍:《木簡無言 文字有意——甘肅簡牘博物館館藏尺牘帛書》,《甘肅日報》2022年4月11日。

朱建軍:《簡牘材料所見兩千年前敦煌地區大風與沙塵暴》,《光明日報》2021年5月24日。

鄭炳林,朱建軍:《敦煌:兼收""蓄中彰顯文化自信》,《光明日報》2019年8月

25 日。

朱建軍：《挖掘敦煌文化　傳播中國聲音》，《甘肅日報》2020 年 3 月 4 日。

朱建軍：《簡牘裏的中國文化》，《讀者欣賞》2021 年第 57 期。

朱建軍：《簡牘上的絲路記憶》，《甘肅日報》2021 年 11 月 8 日。

朱建軍：《尺牘帛書：漢時邊塞親人的來信》，《中國社會科學報》2021 年 8 月 13 日。

楊眉：《簡牘與漢簡》，《檔案》2016 年第 6 期。

楊眉：《〈甘露二年丞相御史律令〉册釋文輯校》，《簡牘學研究》第 4 輯，2004 年。

馬智全：《論漢簡所見漢代西域歸義現象》，《中國邊疆史地研究》2012 年第 4 期。

馬智全：《肩水金關漢簡中的“葆”探論》，《西北師大學報》（社會科學版）2013 年第 1 期。

馬智全：《漢簡所見漢代肩水地區水利》，《中國社會經濟史研究》2013 年第 2 期。

馬智全：《居延漢簡中的“河渠卒”應是“治渠卒”》，《中國農史》2015 年第 4 期。

馬智全：《姑臧庫與漢代河西兵物管理》，《魯東大學學報》（哲學社會科學版）2016 年第 1 期。

馬智全：《居延漢簡反映的漢匈邊塞戰事》，《西北民族大學學報》（哲學社會科學版）2016 年第 5 期。

馬智全：《漢代絲綢之路上的安定道》，《豳風論叢》第 2 輯，2016 年。

馬智全：《敦煌漢簡：漢代絲綢之路暢通的歷史見證》，《光明日報》2017 年 2 月 16 日。

馬智全：《漢代民族歸義與西北邊疆開拓》，《西北民族大學學報》（哲學社會科學版）2017 年第 5 期。

馬智全：《説“僵落”》，《敦煌研究》2018 年第 1 期。

馬智全:《漢簡記載漢塞修築的三種形式》,《魯東大學學報》(哲學社會科學版)2018年第5期。

馬智全:《漢代西北邊塞的"市藥"》,《簡牘學研究》第7輯,2018年。

馬智全:《漢簡逐捕辛興文書略考》,《簡牘學研究》第8輯,2019年。

馬智全:《簡帛目録的編纂與簡帛學史研究》,《鄭州大學學報》(哲學社會科學版)2019年第4期。

馬智全:《從簡册編繩看漢簡册書編聯制度》,《簡帛研究》(2019年秋冬卷),桂林:廣西師範大學出版社,2019年。

馬智全:《漢代敦煌郡庫與西域戍卒兵物管理》,《敦煌研究》2020年第1期。

馬智全:《漢代敦煌苜蓿種植與絲綢之路物種傳播》,《甘肅廣播電視大學學報》2020年第4期。

馬智全:《王杖制度與漢代養老的多樣化政策》,《簡牘學研究》第10輯,2020年。

馬智全:《敦煌懸泉月令詔條的節律詮釋》,《中國社會科學報》2021年4月26日。

馬智全:《肩水金關漢簡中的"宣曲校尉"》,《商丘師範學院學報》2021年第7期。

馬智全:《漢朝與西域的貢賜貿易》,《敦煌研究》2021年第6期。

裴永亮、馬智全:《漢簡警備檄書與西漢昭宣時期河西邊塞防禦》,《敦煌學輯刊》2018年第4期。

馬智全:《飲至禮輯考》,《簡牘學研究》第5輯,2014年。

韓華:《兩漢時期河西四郡自然災害探析——以懸泉漢簡爲中心》,《絲綢之路》2010年第20期。

韓華:《肩水金關遺址所出封檢形制小考》,《甘肅省第三屆簡牘學國際學術研討會論文集》,上海:上海古籍出版社,2017年。

韓華:《由漢簡中的"工"看兩漢河西地區的手工業》,《紀念馬王堆漢墓發掘四十周年國際學術研討會論文集》,長沙:嶽麓書社,2016年。

韓華:《漢代居延地區農具的考察——以居延漢簡及其他相關遺物爲中心》,《魯東大學學報》(哲學社會科學版)2013年第3期。

韓華、狄曉霞:《居延漢簡〈相寶劍刀〉册研究綜述》,《絲綢之路》2009年第20期。

韓華:《兩漢時期河西四郡自然災害探析——以懸泉漢簡爲中心》,《絲綢之路》2010年第20期。

韓華:《由紀年漢簡看敦煌懸泉置遺址出土紙張的年代問題》,《魯東大學學報》(哲學社會科學版),2014年第2期。

韓華:《從漢簡資料看兩漢基層官吏的選拔和調動》,《絲綢之路》2011年第20期。

韓華,狄曉霞:《由居延漢簡看兩漢基層官吏的激勵和監督》,《魯東大學學報》(哲學社會科學版)2012年第6期。

韓華:《1995—2005年敦煌懸泉漢簡研究綜述》,《中國史研究動態》2007年第2期。

韓華:《試論西北簡牘殘簡綴合——以簡牘材質和考古學方法爲中心》,《石家莊學院學報》2018年第1期。

肖從禮:《居延出土"牛頭檢"蠡測——河西漢塞出土封檢形制考》,《絲綢之路》2020年第1期。

史亮、肖從禮:《河西漢塞鑽木取火方式考》,《魯東大學學報》(哲學社會科學版)2020年第1期。

史亮、肖從禮:《三緘其口與漢代封檢形制關係蠡測》,《絲綢之路》2019年第4期。

肖從禮:《肩水金關漢簡中新莽西海郡史料勾稽》,《陝西歷史博物館論叢》2018年。

肖從禮:《河西數術類漢簡札記二則》,《魯東大學學報》(哲學社會科學版)2014年第3期。

肖從禮:《敦煌漢簡易筮類文獻輯考》,《魯東大學學報》(哲學社會科學版)

2013年第5期。

肖從禮:《金關漢簡所見新舊年號""用現象舉隅》,《魯東大學學報》(哲學社會科學版)2012年第5期。

肖從禮:《楚漢簡牘所見"中舍"考》,《絲綢之路》2011年第12期。

肖從禮:《秦漢簡牘"質日"考》,《魯東大學學報》(哲學社會科學版)2011年第3期。

肖從禮:《〈周易〉卦名用商〈易〉略考》,《絲綢之路》2010年第6期。

肖從禮:《從漢簡看兩漢時期量詞的發展》,《敦煌研究》2008年第4期。

肖從禮:《評〈由漢簡"方"與"幡"看漢代邊卒的文化學習〉一文——兼與陳曉鳴先生商榷》,《甘肅社會科學》2006年第6期。

肖從禮:《敦煌、居延漢簡中的數詞和數量標記法》,《敦煌學輯刊》2006年第3期。

馬智全、肖從禮:《甘肅省第二屆簡牘學國際學術研討會會議綜述》,《絲綢之路》2011年第22期。

史亮、肖從禮:《河西漢塞鑽木取火方式考》,《魯東大學學報》(哲學社會科學版)2020年第1期。

肖從禮:《金關漢簡所見新莽"錯田"三解》,《簡帛研究》(2019年春夏卷),桂林:廣西師範大學出版社,2019年。

肖從禮:《居延新簡所見"反笥"略考》,《出土文獻研究》第9輯,2016年。

肖從禮:《由敦煌漢簡中的候風簡談八卦與八風相配諸問題》,《簡牘學研究》第5輯,2014年。

肖從禮:《秦漢簡牘所見"清酒"的祭祀功能考》,《簡牘學研究》第6輯,2015年。

肖從禮、趙蘭香:《1930年和1986年出土地灣漢簡整理研究概述》,《簡牘學研究》第8輯,2019年。

肖從禮、趙蘭香:《金關漢簡"孔子知道之易"爲〈齊論·知道〉佚文蠡測》,《簡帛研究》(2013年),桂林:廣西師範大學出版社,2014年。

肖從禮:《〈繫辭〉"顔氏之子,其庶幾乎"節新解》,《簡帛研究》(2007年),桂林:廣西師範大學出版社,2010年。

肖從禮:《讀簡帛〈周易〉札記五則》,《簡帛研究》(2005年),桂林:廣西師範大學出版社,2008年。

肖從禮:《馬王堆帛書〈繫辭〉"易有大恒"綜論》,《隴右文博》2016年第2期。

肖從禮:《敦煌、居延漢簡中的數詞和數量標記法》,《敦煌學輯刊》2006年第3期。

肖從禮:《敦煌漢簡〈風雨詩〉考》,《居延敦煌漢簡出土地遺址實地考察論文集》,上海:上海古籍出版社,2012年。

肖從禮:《釋"孔="》,《簡帛》第5輯,上海:上海古籍出版社,2010年。

肖從禮:《上博五〈鮑叔牙與隰朋之諫〉"宛悁"考》,《簡帛語言文字研究》第5輯,2010年。

肖從禮:《漢簡所見"偃檢"蠡測》,《甘肅省第二屆簡牘學國際學術研討會論文集》,上海:上海古籍出版社,2012年。

肖從禮:《河西邊塞遺址所出典籍類漢簡零拾》,《金塔居延遺址與絲綢之路歷史文化研究》,蘭州:甘肅教育出版社,2014年。

肖從禮:《漢簡所見新莽時曾改酒泉郡爲右平郡略考》,《簡牘學研究》第7輯,2018年。

肖從禮:《三緘其口——河西漢塞出土封檢考(一)》,《隴右文博》2018年第4期。

肖從禮:《敦煌馬圈灣和懸泉置遺址出土西漢古紙相關問題綜説》,《敦煌文化研究》第1輯,2016年。

肖從禮:《漢簡所見居延弱水的魚》,《甘肅省第三屆簡牘學國際學術研討會論文集》,上海:上海古籍出版社,2017年。

張存良、巨虹:《英國國家圖書館藏斯坦因所獲漢文簡牘未刊部分》,《文物》2016年第6期。

張存良、吳葒:《水泉子漢簡初識》,《文物》2009年第10期。

張存良:《〈蒼頡篇〉的版本、流傳、亡佚和再發現》,《甘肅社會科學》2015年第1期。

張存良、王永安、馬洪連:《甘肅永昌縣水泉子漢簡“五鳳二年曆日”整理與研究》,《考古》2018年第3期。

張存良:《蒼頡篇》“霸暨傅庚”試解》,《文獻》2016年第2期。

常燕娜:《居延出土〈孫子·地形〉篇殘簡初探》,《甘肅省第三屆簡牘學國際學術研討會論文集》,上海:上海古籍出版社,2017年。

常燕娜:《敦煌漢簡與簡牘學的産生及新發展》,《絲綢之路》2022年第2期。

李燕:《西北漢簡所見“鞀”及相關資料略考》,《都市生活》2021年9月。

高倩如、肖從禮:《河西邊塞“倚陽書”蠡測》,《第八屆中國文字發展論壇論文集》,2022年。

高倩如:《守望西北:地灣漢簡講述的邊塞生活》,《都市生活》2021年9月。

甘肅簡牘博物館微信公眾號"簡述中國"推送目録
（2020年6月—2023年6月）

2020年

《天水放馬灘秦墓出土的木板地圖》,肖從禮、高倩如撰,趙玉琴編輯,2020年6月20日。

《最早的實用地圖——天水放馬灘秦木板地圖》,孫海芳撰,趙玉琴編輯,2020年6月20日。

《根據生肖鎖定小偷,大秦帝國這樣的"抓捕"你見過嗎?》,趙玉琴撰,趙玉琴編輯,2020年6月28日。

《簡説"簡牘"》,趙玉琴撰,趙玉琴編輯,2020年7月5日。

《放馬灘秦簡:這裏有赳赳秦人的生活軌迹》,陽颺撰,趙玉琴編輯,2020年7月10日。

《天水放馬灘秦簡·星分度》,肖從禮、高倩如編撰,趙玉琴編輯,2020年7月18日。

《天水放馬灘秦簡·建除》,肖從禮、高倩如編撰,趙玉琴編輯,2020年7月24日。

《天水放馬灘秦簡·吏篇》,肖從禮、高倩如編撰,趙玉琴編輯,2020年7月25日。

《秦漢簡牘裏的建除十二神》,肖從禮、高倩如編撰,趙玉琴編輯,2020年7月

27日。

《這裏有世界上已知最早的地圖》,陽飀撰,趙玉琴編輯,2020年7月30日。

《天水放馬灘五號漢墓·漢紙本地圖》,陽飀撰,趙玉琴編輯,2020年8月8日。

《居延新簡·河平元年九月不侵守候長士吏猛上言衣嚴事》,肖從禮、高倩如編撰,趙玉琴編輯,2020年8月15日。

《居延新簡·河平元年九月不侵守候長士吏猛上言杜未央事》,肖從禮、高倩如編撰,趙玉琴編輯,2020年9月12日。

《居延漢簡出土簡介》,裴海霞撰,趙玉琴編輯,2020年9月26日。

《居延新簡·建武四年三月甲渠候官萬歲部秦恭失鼓爰書》,肖從禮、高倩如編撰,趙玉琴編輯,2020年10月19日。

《漢代是如何驅疫的?》,趙玉琴撰,趙玉琴編輯,2020年10月21日。

《懸泉置漢代帛書〈元致子方書〉》,趙玉琴撰,趙玉琴編輯,2020年10月25日。

《居延新簡·建武三年七月萬歲候長憲上書》,肖從禮、高倩如編撰,趙玉琴編輯,2020年11月1日。

《西海郡:王莽的"四海一統"夢》,肖從禮撰,趙玉琴編輯,2020年11月12日。

《居延新簡·甲渠言丁宫等入關橄留遲推辟書》,肖從禮、高倩如編撰,趙玉琴編輯,2020年11月14日。

《居延新簡·建武五年秋祠社稷令》,肖從禮、高倩如編撰,趙玉琴編輯,2020年11月18日。

《居延新簡·候粟君所責寇恩事》,肖從禮、高倩如編撰,趙玉琴編輯,2020年11月21日。

《慎言與保密:三緘其口的金人和封檢》,肖從禮撰,趙玉琴編輯,2020年11月26日。

《居延新簡·居延都尉府致甲渠候官橄書》,肖從禮、高倩如編撰,趙玉琴編輯,2020年12月2日。

《居延新簡〈急就篇〉》,肖從禮、高倩如編撰,趙玉琴編輯,2020年12月10日。

《"簡"述二十四節氣:冬至》,肖從禮撰,趙玉琴編輯,2020年12月21日。

《居延新簡·〈蒼頡〉篇》,肖從禮、高倩如編撰,趙玉琴編輯,2020年12月23日。

《居延新簡·甲渠候官祠社禱祝文》,肖從禮、高倩如編撰,趙玉琴編輯,2020年12月26日。

《居延新簡·候史廣德坐罪行罰檄》,肖從禮、高倩如編撰,趙玉琴編輯,2020年12月30日。

2021年

《"簡"述二十四節氣:小寒》,肖從禮撰,趙玉琴編輯,2021年1月5日。

《居延新簡·始建國天鳳五年吏除補牒》,肖從禮、高倩如編撰,趙玉琴編輯,2021年1月7日。

《居延新簡·新莽甲渠候官諸部兵簿》,肖從禮、高倩如編撰,趙玉琴編輯,2021年1月10日。

《居延新簡·新莽天鳳四年當食者案》,肖從禮、高倩如編撰,趙玉琴編輯,2021年1月13日。

《居延新簡·甲渠言部吏毋鑄作錢者》,高倩如、吉强編撰,趙玉琴編輯,2021年1月16日。

《居延新簡·甲渠候官隧長取十二月賸錢簿》,肖從禮、高倩如編撰,趙玉琴編輯,2021年1月20日。

《居延新簡·建武七年竇昭公到高平還道不通軍情書》,高倩如、吉强編撰,趙玉琴編輯,2021年1月23日。

《尺牘一封訴衷情》,趙玉琴撰,趙玉琴編輯,2021年1月27日。

《居延新簡·驛置道里簿》,高倩如、吉强編撰,趙玉琴編輯,2021年1月30日。

《"簡"述二十四節氣　立春:萬物之中希望最美》,肖從禮撰,趙玉琴編輯,

2021年2月3日。

《居延新簡·居延令移甲渠吏遷補牒》,肖從禮、吉强、高倩如編撰,趙玉琴編輯,2021年2月6日。

《從簡牘文物中探知漢代是如何過春節的?》,趙玉琴撰,趙玉琴編輯,2021年2月12日。

《居延新簡·建武三年隧長病書》,高倩如、吉强編撰,趙玉琴編輯,2021年2月20日。

《居延新簡·捕斬匈奴虜、反羌購賞科別》,高倩如、吉强編撰,趙玉琴編輯,2021年2月24日。

《居延新簡·建武四年甲渠言部吏毋犯四時禁者書》,高倩如、吉强編撰,趙玉琴編輯,2021年2月27日。

《居延新簡·塞上烽火品約》,高倩如、吉强編撰,趙玉琴編輯,2021年3月3日。

《居延新簡·隧長侯永死駒劾狀》,高倩如、肖從禮編撰,趙玉琴編輯,2021年3月5日。

《居延新簡·相利善弊劍册》,高倩如、吉强編撰,趙玉琴編輯,2021年3月10日。

《居延新簡·建武六年甲渠言部吏毋鑄作錢發塚販賣衣物於都市者書》,高倩如、吉强編撰,趙玉琴編輯,2021年3月12日。

《簡牘文物所見兩千年前河西地區的那場沙塵暴》,趙玉琴撰,趙玉琴編輯,2021年3月18日。

《居延新簡·建武三年居延都尉史奉例》,高倩如、吉强編撰,趙玉琴編輯,2021年3月19日。

《居延新簡·建武五年甲渠言赦令詔書毋應書者》,高倩如、吉强編撰,趙玉琴編輯,2021年3月24日。

《居延新簡·甲渠言部吏毋屠殺牛馬者書》,高倩如、吉强編撰,趙玉琴編輯,2021年3月26日。

《居延新簡·建武四年甲渠言部吏毋嫁娶過令者書》,高倩如、李燕編撰,趙玉琴編輯,2021年4月2日。

《居延新簡·建武六年甲渠言部吏毋伐樹木者書》,高倩如、馬翕嫻編撰,趙玉琴編輯,2021年4月7日。

《居延新簡·地皇四年行塞省兵物録》,高倩如、吉强編撰,趙玉琴編輯,2021年4月9日。

《居延新簡·建武六年甲渠言部吏毋作使屬國秦胡盧水士民者書》,高倩如、吉强編撰,趙玉琴編輯,2021年4月14日。

《居延新簡·建武五年四月吏調守書》,高倩如、吉强編撰,趙玉琴編輯,2021年4月16日。

《世界讀書日:紙書出來前,古人怎麽讀書?》,吉强撰,趙玉琴編輯,2021年4月23日。

《張掖都尉棨信》,高倩如、李燕編撰,趙玉琴編輯,2021年4月28日。

《漢簡裏的勞動節》,肖從禮撰,趙玉琴編輯,2021年5月1日。

《片言紙語:甘肅簡牘博物館珍藏的古紙(一)》,肖從禮撰,趙玉琴編輯,2021年5年7日。

《古紙春秋:甘肅簡牘博物館館藏古紙簡介(二)》,肖從禮撰,趙玉琴編輯,2021月5月12日。

《片言紙語:甘肅簡牘博物館珍藏的古紙(三)》,肖從禮撰,趙玉琴編輯,2021年5月15日。

《居延新簡·建武五年候長原憲劾狀》,高倩如、李燕編撰,趙玉琴編輯,2021年5月19日。

《居延新簡·建武五年士吏馮匡劾狀》,高倩如、李燕編撰,趙玉琴編輯,2021年5月21日。

《居延新簡·建武六年趙良劾狀》,高倩如、李燕編撰,趙玉琴編輯,2021年5月28日。

《居延新簡·建武五年隧長王尊劾狀》,高倩如、李燕編撰,趙玉琴編輯,2021年6月2日。

《館藏擷珍·漢代蹴鞠》,高倩如、李燕編撰,趙玉琴編輯,2021年6月4日。

《館藏擷珍·居延竹笛》,高倩如、李燕編撰,趙玉琴編輯,2021年6月9日。

《肩水金關漢簡裏的端午節》,肖從禮撰,趙玉琴編輯,2021年6月14日。

《館藏擷珍·轉射》,高倩如、李燕撰,趙玉琴編輯,2021年6月16日。

《館藏擷珍·肩水金關漢代漁網》,高倩如、李燕撰,趙玉琴編輯,2021年6月23日。

《館藏擷珍·絲帶和帛魚》,高倩如、李燕撰,趙玉琴編輯,2021年7月7日。

《居延新簡·建武五年候長王褒被劾狀》,高倩如、李燕編撰,趙玉琴編輯,2021年7月14日。

《居延新簡·建武六年隧長王長被劾狀》,肖從禮、高倩如編撰,趙玉琴編輯,2021年7月21日。

《居延新簡·建武六年尚林等被劾狀》,高倩如、李燕編撰,趙玉琴編輯,2021年7月28日。

《居延新簡·甲渠吏廩食名籍》,高倩如、李燕編撰,王麗娜編輯,2021年8月4日。

《弱水河畔的肩水金關》,高澤撰,王麗娜編輯,2021年8月12日。

《一封來自肩水金關的信·趙憲借衣記》,李晶撰,王麗娜編輯,2021年8月18日。

《一封來自肩水金關的信·請麴求葵記》,李晶撰,王麗娜編輯,2021年9月8日。

《一封來自肩水金關的信·獨行關外願慎之》,李燕撰,王麗娜編輯,2021年9月15日。

《館藏擷珍·秋射簡》,李燕撰,王麗娜編輯,2021年9月22日。

《信筆塗鴉·居延軍人的繪畫功夫》,肖從禮撰,王麗娜編輯,2021年9月29日。

《一封來自肩水金關的信·宣致子方書》,李燕撰,王麗娜編輯,2021年10月13日。

《一封來自肩水金關的信·劉儀致孝卿記》,李晶撰,王麗娜編輯,2021年10

月 21 日。

《館藏擷珍:明白大扁書》,李燕撰,王麗娜編輯,2021 年 10 月 27 日。

《一封來自肩水金關的信:劉儀叩頭:借七十一錢路費吧》,李晶撰,王麗娜編輯,2021 年 11 月 3 日。

《一封來自肩水金關的信:胡虜北來慎出入》,肖從禮撰,王麗娜編輯,2021 年 11 月 10 日。

《一封來自肩水金關的信:居延弱水的鮮魚》,肖從禮撰,王麗娜編輯,2021 年 11 月 17 日。

《一封來自懸泉的信:懸泉水潺潺　相憶未應閑》,李晶撰,王麗娜編輯,2021 年 11 月 25 日。

《一封來自懸泉的信:絲路漫長　抱布貿絲忙》,李晶撰,王麗娜編輯,2021 年 12 月 2 日。

《一封來自懸泉的信:長報人伯書》,馬翕嫻撰,王麗娜編輯,2021 年 12 月 10 日。

《一件來自懸泉的習字本:細雨朔風寒,揮毫墨未乾》,伍楚嘉撰,王麗娜編輯,2021 年 12 月 15 日。

《烽火追虜:漢代邊塞的守禦器》,蘇陽撰,王麗娜編輯,2021 年 12 月 22 日。

《從長安到敦煌,你要怎麼走?》,吉强撰,王麗娜編輯,2021 年 12 月 29 日。

2022 年

《甘肅簡牘裏的人間四味:鹽勝雪喜初嘗》,李燕撰,王麗娜編輯,2022 年 1 月 7 日。

《甘肅簡牘裏的人間四味:懸泉置的美清醬》,李燕撰,王麗娜編輯,2022 年 1 月 14 日。

《甘肅簡牘裏的人間四味:吃醋》,李燕撰,王麗娜編輯,2022 年 1 月 21 日。

《甘肅簡牘裏的人間四味:北水咸苦》,李燕撰,王麗娜編輯,2022 年 1 月 28 日。

《甘肅簡牘裏的人間四味:苦盡甘來》,李燕撰,王麗娜編輯,2022 年 2 月 9

日。

《甘肅簡牘之西域往事：公主琵琶幽怨多》，馬麗編撰，王麗娜編輯，2022 年 2 月 16 日。

《甘肅簡牘之西域往事：解憂公主嫁烏孫（上）》，馬麗編撰，王麗娜編輯，2022 年 2 月 24 日。

《甘肅簡牘之西域往事：解憂公主回家》，馬麗編撰，王麗娜編輯，2022 年 3 月 2 日。

《甘肅簡牘之西域往事：馮夫人錦車持節》，馬麗編撰，王麗娜編輯，2022 年 3 月 9 日。

《甘肅簡牘之西域往事：明習外國事 勤勞數有功》，馬麗編撰，王麗娜編輯，2022 年 3 月 16 日。

《甘肅簡牘之西域往事：第一任西域都護鄭吉》，馬麗編撰，王麗娜編輯，2022 年 3 月 23 日。

《甘肅簡牘之西域往事：龜茲王夫婦在懸泉置》，馬麗編撰，王麗娜編輯，2022 年 3 月 30 日。

《甘肅簡牘之西域往事：康居王使者獻駱記》，馬麗編撰，王麗娜編輯，2022 年 4 月 7 日。

《甘肅簡牘之西域往事：天馬出大宛》，馬麗編撰，王麗娜編輯，2022 年 4 月 13 日。

《甘肅簡牘之西域往事：折垣王獻獅記》，馬麗編撰，王麗娜編輯，2022 年 4 月 20 日。

《甘肅簡牘之西域往事：匈奴日逐王歸漢》，馬麗編撰，王麗娜編輯，2022 年 4 月 28 日。

《甘肅簡牘之西域往事：漢簡裏的樓蘭古國》，馬麗編撰，王麗娜編輯，2022 年 5 月 11 日。

《甘肅簡牘之西域往事：精絶古國》，馬麗編撰，王麗娜編輯，2022 年 5 月 20 日。

《甘肅簡牘之西域往事：到長安去》，馬麗編撰，王麗娜編輯，2022 年 5 月 26 日。

《甘肅簡牘裏的書籍：蒼頡篇》，買夢瀟撰，王麗娜編輯，2022年6月1日。

《甘肅簡牘裏的書籍：論語》，買夢瀟撰，王麗娜編輯，2022年6月8日。

《甘肅簡牘裏的書籍：擇日之書》，買夢瀟撰，王麗娜編輯，2022年6月16日。

《來自懸泉置的書籍：律令》，買夢瀟撰，王麗娜編輯，2022年6月23日

《來自懸泉置的書籍：古佚書》，買夢瀟撰，王麗娜編輯，2022年6月29日。

《來自懸泉置的書籍："剛卯"韻文》，買夢瀟撰，王麗娜編輯，2022年7月6日。

《來自懸泉置的書籍：從簡牘到紙張》，伍楚嘉撰，王麗娜編輯，2022年7月13日。

《甘肅簡牘裏的養老制度：年七十授王杖》，伍楚嘉撰，王麗娜編輯，2022年7月20日。

《甘肅簡牘裏的中醫藥：禁寒食飲方》，伍楚嘉撰，王麗娜編輯，2022年7月27日。

《甘肅簡牘裏的動植物：牛》，李燕撰，王麗娜編輯，2022年8月3日。

《萬物生靈——甘肅簡牘裏的奔馬》，李燕撰，王麗娜編輯，2022年8月11日。

《萬物生靈——甘肅簡牘裏的猛虎》，李燕撰，王麗娜編輯，2022年8月17日。

《萬物生靈——甘肅簡牘裏的駱駝》，李燕撰，王麗娜編輯，2022年8月25日。

《萬物生靈——懸泉置一年消耗多少雞》，李燕撰，王麗娜編輯，2022年9月1日。

《萬物生靈——甘肅簡牘裏的羊羊羊》，李燕撰，王麗娜編輯，2022年9月7日。

《萬物生靈——甘肅簡牘裏的警犬》，李燕撰，王麗娜編輯，2022年9月14日。

《萬物生靈——甘肅簡牘裏的苬蒬苜蓿》，李燕撰，王麗娜編輯，2022年9月21日。

《大河向西——甘肅簡牘裏的河西四郡》，蘇陽撰，王麗娜編輯，2022年9月

29日。

《大河向西——甘肅簡牘裏的玉門關》,蘇陽撰,王麗娜編輯,2022年10月12日。

《大河向西——甘肅簡牘裏的陽關》,蘇陽撰,王麗娜編輯,2022年10月12日。

《大河向西——甘肅簡牘裏的武威郡(上)》,蘇陽撰,王麗娜編輯,2022年10月25日。

《大河向西——甘肅簡牘裏的武威郡(下)》,蘇陽撰,王麗娜編輯,2022年11月2日。

《大河向西——甘肅簡牘裏的張掖郡(上)》,蘇陽撰,王麗娜編輯,2022年11月9日。

《大河向西——甘肅簡牘裏的張掖郡(下)》,蘇陽撰,王麗娜編輯,2022年11月16日。

《大河向西——甘肅簡牘裏的酒泉郡(上)》,蘇陽撰,王麗娜編輯,2022年11月23日。

《大河向西——甘肅簡牘裏的酒泉郡(下)》,肖從禮撰,王麗娜編輯,2022年12月2日。

《大河向西——甘肅簡牘裏的敦煌郡(上)》,蘇陽撰,王麗娜編輯,2022年12月7日。

《大河向西——甘肅簡牘裏的敦煌郡(下)》,吉强撰,王麗娜編輯,2022年12月15日。

《邊關來信——漢代簡牘書信禮儀》,李晶撰,王麗娜編輯,2022年12月21日。

《一封來自懸泉置的信——元致子方書》,李晶撰,王麗娜編輯,2022年12月28日。

2023年

《邊關來信——願乞歸家侍父病》,李晶撰,王麗娜編輯,2023年1月5日。

《邊關來信——行役戍備苦官事》,李晶撰,王麗娜編輯,2023年1月11日。

《叮！您有一份來自漢代兔子的新春祝福》,楊升撰,王麗娜編輯,2023年1月21日。

《郵行萬里——郵書刺説了什麼?》,吉强撰,王麗娜編輯,2023年2月10日。

《郵行萬里——什麼是郵書課?》,吉强撰,王麗娜編輯,2023年2月22日。

《郵行萬里——檄書留遲作何解》,吉强撰,王麗娜編輯,2023年3月10日。

《郵行萬里——璽書是什麼?》,吉强撰,王麗娜編輯,2023年3月29日。

《郵行萬里——漢代河西邊塞的記時習慣》,肖從禮撰,王麗娜編輯,2023年4月6日。

《郵行萬里——甘肅簡牘裏那些叫“同”的郵遞員》,肖從禮撰,王麗娜編輯,2023年4月21日。

《敦煌懸泉置出土古紙考述》,常燕娜撰,王麗娜編輯,2023年4月26日。

《郵行萬里——懸泉置的傳馬從哪里來?》,伍楚嘉撰,王麗娜編輯,2023年5月10日。

《郵行萬里——懸泉置的傳馬與厩吏》,伍楚嘉撰,王麗娜編輯,2023年5月17日。

《郵行萬里——懸泉置的傳馬如何命名?》,伍楚嘉撰,王麗娜編輯,2023年6月14日。

《郵行萬里——懸泉置的傳馬如何餵養?》,伍楚嘉撰,王麗娜編輯,2023年6月26日。

後 記

　　本書的輯録整理和前期校對工作主要由甘肅簡牘博物館整理研究部全體人員以及負責本館微信公众号"简述中国"编辑的王麗娜完成。在策劃籌備、資料整理、校稿出版期間,新入職的年輕同事伍楚嘉做了大量繁雜的工作。在甘肅文化出版社的大力支持下,本書順利出版。本書也得到了論文作者的配合和支持,限於時間和能力,書中錯訛難免,如文中有與作者原文或原意相違之處,還祈諒解。

編委謹記

2022年12月